KB069361

마르크스의 생애와 문학

- 인류 역사상 최대의 추종자와 적을 거느린 위대한 사상가 -

Karl Marx and Friedrich Engels

칼 마르크스(1818 ~ 1883)

인류 역사상 가장 위대한 사상가의 한 명이자 공산주의의 창시자
문학, 사회, 경제, 철학, 역사 등 다방면에 뛰어난 족적을 남긴 명문장가이자,
시대를 막론하고 위대한 사상가

프리드리히 엥겔스(1820 ~ 1895)
마르크스를 이해한 유일하고 변함없는 동지
마르크스와 함께 다양한 저서를 남겼으며, 마르크스의 난해한 이론과 문장들을
다듬어 마르크스주의를 정립한 또 한 명의 위대한 사상가

| 마르크스 1818년, 부족할 것 없는 변호사의 아들로 탄생!

우리는 신으로부터 소명을 받았다고 믿는 지위를 마음먹은 대로 차지할 수 없다.
우리가 미처 그것을 알아차리기도 전에
사회적 관계가 어느 정도 결정되어 있기 때문이다.

— 마르크스, 「직업 선택을 앞둔 한 젊은이의 성찰」

모젤 강 연안의 트리어(1832)

마르크스는 가난이나 굶주림 등과는
거리가 먼 환경에서 태어나고 자랐다.
변호사이자 법률 고문관으로 일하던
아버지는 어려서 죽은 장남 대신
칼에게 큰 기대를 걸었다.
하지만 칼은 어린 시절부터 모순적이고
불평등한 사회를 인식하며 성장했다.

트리어에 있는 마르크스의 생가

프리드리히 빌헬름 김나지움

마르크스가 다녔던 트리어의
프리드리히 빌헬름 김나지움(1830 ~ 1835)

마르크스의 김나지움 졸업 증서

| 엥겔스 1820년, 자본가의 아들로 태어남

엥겔스의 아버지는 공장주로, 바르멘 시의 구역 하나를 엥겔스 가가 통째로 차지하고 있었을 정도로 큰 부자였다. 가문의 명성에 걸맞게 프리드리히 엥겔스의 아버지는 네 아들과 네 딸을 종교적이고 금욕적인 사람이 되도록 교육시켰다.

1840년경의 엘버펠트

엥겔스 생가

엥겔스가 역사 노트에
그려놓았던 그림

엥겔스는 아버지의 뜻에 따라 당시 최고로 손꼽히던 엘버펠트 김나지움에 입학했다. 김나지움 학생 시절까지만 해도 엥겔스는 사회적 상황에 대해 전혀 모르고 지냈다.
민감한 사춘기 시절 도시 주변을 산책하면서 만난 노동자들의 모습은 그에게 충격을 던져주었다.
푼돈을 받고 하루종일 혹사당하는 아이들, 하루하루 입에 풀칠하기도 바쁜 비참한 노동자들의 인상은 평생 동안 그가 어떻게 살아가야 할 것인가에 대한 삶의 지표가 되어주었다.

북유럽 신화의 주인공
지그프리트

빌헬름 텔의 저자
프리드리히 쉴러

파우스트를 그린 화가 렘브란트

불굴의 의지와 신념을 가졌던 문학청년 엥겔스 |

엥겔스는 지그프리트와 빌헬름 텔, 파우스트에 심취했다. 독일 문학에 등장하는 세 인물은 엥겔스에게 강압과 억압에 대한 투쟁 정신, 확고한 결단력, 한 번 정한 목표에 대해서 후회 없이 실천하는 용기, 어떠한 어려움이 닥쳐도 굴하지 않는 강인함, 다른 사람들에 대한 끝없는 희생 정신, 옳다고 믿는 것에 대한 신념 등을 가르쳐 주었다.

| 평생 마르크스의 곁을 지킨 아내이자 동반자, 예니 베스트팔렌

마르크스는 같은 김나지움에 다니던 에드가 베스트팔렌의 아버지의 눈에 들어 장서를 보관하는 서재를 마음껏 사용해도 된다는 허락을 받았다. 베스트팔렌의 집에서 에드가의 누이인 네 살 연상 예니 베스트팔렌을 만나 이내 친구가 되었다. 마르크스는 드높은 포부를 지닌 혈기왕성한 젊은이였고, 예니는 아름답고 정숙했으며 수준 높은 교양을 갖추고 있었다. 이 둘은 마르크스의 대학 진학으로 인해 한동안 이별해야 했다.

대학생 시절의 마르크스

예니 폰 베스트팔렌(1850년경)

대학에 가기 위해 예니 베스트팔렌과 떨어져 지내는 동안 마르크스는 그녀에 대한 사랑에 마음 아파했다. 당시 하이네, 샤미소 등 서정시의 영향을 받아 자신의 시에 "영원히 사랑하는, 나의 소중한 예니 폰 베스트팔렌"이라는 헌정사를 짓기도 했다. 마르크스는 귀족 집안의 딸인 그녀를 매우 사랑했으며, 자랑스럽게 생각했다.

마르크스의 김나지움 졸업논문,
직업 선택을 앞둔 한 젊은이의 성찰

야심과 포부로 가득 찬 젊은 마르크스 |

역사는 보편적인 것을 위해 활동하면서 자기 자신만을 고귀하게 여겼던 사람들을 역사에 가장 해로운 사람이라고 부른다. 이에 반해 세상 사람들은 다수의 사람들을 행복하게 해주었던 사람을 가장 훌륭한 사람으로 칭송한다.

……

만일 우리가 많은 사람을 위해 헌신적으로 살아가기로 삶의 방향을 설정한다면, 어떠한 시련도 우리를 굴복시킬 수 없을 것이다. …… 우리가 죽어도 우리의 삶의 자취는 조용히, 그러나 영원히 살아남을 것이며, 타고 남은 재는 고귀한 인간들의 반짝이는 눈물로 적셔질 것이다.

– 마르크스, 「직업 선택을 앞둔 한 젊은이의 성찰」

| 시 쓰는 혁명가와 투쟁하는 시인

마르크스와 하이네는 함께 문학과 사상을 나누며 서로에게 많은 영향을 주었다. 마르크스와
엥겔스 모두 자신들의 투쟁 과정에서 하이네의 신랄한 풍자시를 즐겨 인용했다.

하인리히 하이네

가장 깊은 진리는
가장 깊은 사랑에 의해서만 열린다.

이러한 교수들 뒷전에, 그들의 현학적이고 애매모호한 논의 가운데에, 그들의 졸렬하고 지루한
문장 가운데에 혁명이 깃들 수 있었을까? 당시 혁명의 동조자로 인정받고 있었던 자유주의자
들은 인간의 두뇌를 몽롱하게 만드는 바로 이 철학에 대해 그야말로 맹렬한 반대자가 아니었
던가? 하지만 정부나 자유주의자들 모두가 간파해 내지 못한 것을 이미 1883년에 적어도 한
사람이 보고 있었는데, 그가 바로 다름 아닌 하인리히 하이네였다.

– 엥겔스, 『포이에르바하와 독일고전철학의 종말』(1886)

그러므로 우리 모든 일에
분연히 일어나세
휴식도 없이 피곤도 잊은 채
부드러운 목소리는 내팽개쳐라
그리고 행동하라
고통의 멍에 아래 고개를 떨군 채
분투와 갈망 그리고 행동을 위하여
그렇지, 그것들은 고스란히
여기에 있구나

- 마르크스, 〈감정〉

새로운 노래, 더 좋은 노래
오, 친구여,
나는 너희들을 쓰고자 한다!
우리는 이 땅 위에
하늘 나라를 세우고자 하네
우리는 땅 위에서 행복하고자 하네
더 이상 굶주리고 싶지 않다네
부지런한 손들이 벌어놓은 것을
게으름뱅이들이 낭비해서는 안 되겠지

- 하이네, 〈독일, 겨울동화〉

| 마르크스 – 헤겔 철학자에서 혁명가로의 변신

인간이 환경과 교육의 산물이며, 따라서 변화된 인간은 다른 환경과 변화된 교육의 산물이라는 유물론적 학설은 환경을 변화시키는 것이 바로 인간이며 교육자 자신도 교육되어야 한다는 사실을 잊고 있다. 그렇기 때문에 이 학설은 필연적으로 사회를 두 가지 부분 – 이 가운데 어느 한 부분은 사회를 초월해 있다 – 으로 나눌 수밖에 없게 된다.

– 마르크스, 『포이에르바하에 관한 테제』

베를린 대학은 답답한 독일의 일상과 달리 활력이 넘치는 곳이었다. 마르크스는 여기서 헤겔 철학을 배웠고 청년 헤겔주의자들과 열띤토론을 벌였다.

베를린 대학

독일의 철학자,
헤겔 포이에르바하

프랑스의 공상적 사회주의자, 생시몽

엥겔스 – 문학청년에서 사회비평가이자 논객이 되다 |

엥겔스는 직접 시를 쓰는 것을 좋아했지만, 좋은 성과는 거두지 못했다. 하지만 사회 현상이나 문제점에 대해 비판하고 분석하는 능력이 있었다. 그는 헤겔 철학에 심취해 『역사철학강의』 등 헤겔의 책들을 계속 독파해 나갔다.

엥겔스(1839년)

1

2

1 엥겔스가 청년 시절에 썼던 편지의 그림

2 군인 시절 엥겔스의 자화상 (1842년)

| 두 젊은 혁명가, 그들의 위대한 만남

청년 시절의 칼 마르크스와 엥겔스

두 사람은 1842년 쾰른의 〈라인 신문〉 편집소에서 만났다. 그들은 카페에서 대화를 나누는 것만으로는 부족해 마르크스의 집으로 옮겨 며칠이고 계속해서 대화를 나누었다. 그후 서로의 생각과 글을 나누며 평생의 동지가 되었다.

라인 신문의 표제
(1843)

고집불통의 성격 때문에 친구가 거의 없었던 마르크스.
그러나 엥겔스는 죽을 때까지 마르크스를 이해했고 경제적인 지원을 아끼지 않았다.
다재다능했던 엥겔스는 마르크스가 쓴 글들의 불명확함을 명확하게 잡아주기도 했다.

나는 1845~6년의 낡은 원고를 찾아내어 다시 검토하여 손질하였다. 그중에서 포이에르바하에 관한 부분은 완성되어 있지 않았다. 이미 완성된 부분은 유물론적 역사관에 관한 서술이었는데, 그것은 경제사 분야에 대한 우리들의 지식이 그 당시에 얼마나 불충분하였는가를 보여줄 따름이었다. 초고에는 포이에르바하의 학설 자체에 대한 비판은 없었다. 그러나 그 대신에 나는 마르크스의 어떤 한 낡은 노트에서 포이에르바하에 대한 11개의 테제를 발견하였다.

– 엥겔스, 『독일 이데올로기』

마르크스는 1845년 봄, 이런 메모를 남겼다.

"철학자들은 지금까지 세계를 다양하게 해석하기만 했다.
그러나 중요한 것은 세계를 변혁하게 하는 것이다."

이 메모는 후에 포이에르바하에 관한 테제들의 마지막 구절을 장식하게 되었다.

경제학·철학초고 (1844)

『경제학 · 철학초고』는 마르크스가 본격적으로
경제학 연구를 시작한 1844년 파리에 머물렀을 때 집필되어
『파리초고』로 더 잘 알려진 책이다.
당시 유럽의 선진적인 경제 · 사회 · 철학 사상이었던 영국의
고전경제학, 프랑스의 사회주의, 독일의 고전철학을
비판적으로 수용해서 제시한 노동소외론을 중심으로,
마르크스 최초의 사적 유물론과 정치경제학 비판 및 공산주의
사상을 선보였다.

이론적 관점과 실천적 관점에서 볼 때, 인간본질의 대상화는
결국 인간의 '감각들을 인간적으로' 만들 뿐만 아니라, 풍부하
고 인간적이며 자연적인 본질에 상응하는 '인간적 감각'을 창
조하기 위한 활동이다.

– 마르크스, 「경제학 · 철학초고」

영국 노동자 계급의 상태 (1845)

엥겔스는 영국 내에서의 혁명 가능성에 대해 과감하게
분석하고 '산업 국가라는 개념에 내재된 모순'을 철학적으로
제시했다. 노동자들과 직접 교류했던 엥겔스가 1845년 당시
에 산업의 심장부였던 맨체스터와 영국 북부를 답사하고 여러
보고서들을 종합한 후 자신의 이념을 투영하여 쓴 책이다.

엥겔스는 이 책의 집필을 끝내고 마르크스에게 편지를 썼다.
"지금 영국 프롤레타리아가 처한 상태에 대해 기록한, 나의
책을 출판해줄 만한 신문사나 출판사를 찾고 있다네. ……
나는 영국인들에게 아름다운(?) 범죄 목록을 작성해줄 계획이
네. 살인과 강탈 등 영국 부르주아들이 프롤레타리아 대중을
상대로 자행하는 온갖 범죄들을 낱낱이 고발할 걸세. ……
그놈들은 나를 잊지 못할 거야. 그밖에 나는 영국 부르주아
못지 않게 악랄한 독일 부르주아들도
비난의 대상으로 삼고 있네."

Die heilige Familie,

oder

Kritik

der

kritischen Kritik.

Gegen Bruno Bauer & Consorten.

Von

Friedrich Engels und Karl Marx.

Frankfurt a. M.
Literarische Anstalt.
(J. Rütten.)
1 8 4 5.

신성 가족 (1845)

정식 명칭은 『신성 가족, 혹은 비판적 비판에 대한 비판. 브루노 바우어와 그 일파에 반대하여』이다. 책 제목 '신성 가족'('성 가족'이라고도 한다)은 종교 비판의 선봉이었던 바우어 형제와 그 일파들을 비판한 것으로, 마르크스와 엥겔스의 최초의 공저이다.

이 책에 대해 레닌은 이렇게 말했다.

"'점잖은' 신사들은 모든 현실과 정당과 정치와 동떨어져 있고, 천하기를 거부하며, 주변 상황과 벌어지는 사건들을 비판적으로 관찰하는 것에만 만족하고 있다. 또한 바우어 형제들은 프롤레타리아 스스로는 아무런 생각도 할 수 없다고 하는, 다분히 부르주아적인 판단을 하고 있다. 마르크스와 엥겔스는 이런 불합리하고 유해한 생각을 단호하게 반박했다. 그들은 지배 계급과 국가에 의해 짓밟히고 있는, 진정으로 인간적인 노동자의 이름으로 단순한 관찰을 뛰어넘어 더 나은 사회 질서를 위한 투쟁에 나설 것을 요구했다."

부르주아적 생활의 굴레에서 벗어나 그녀의 성격을 자유롭게 발산할 수 있는 '자연스러운' 환경 속에서, 꽃다운 마리는 삶에 대한 애정과 풍부한 감정, 그리고 자연의 아름다움에서 느끼는 인간적 희열로 가득 차 있다.

……

요컨대 그녀 자신은 선하거나 악한 것이 아니라, 단지 '인간적'일 뿐이다.

— 마르크스, 『신성 가족』

독일 이데올로기 (1846)

1845 ～ 6년에 쓰였는데 출판되지 못하다가
1932년 소련의 '마르크스-엥겔스-레닌 연구소'에 의해서
공식적으로 출판되었다. 마르크스와 엥겔스는 이 책을 통해
그 당시 사회에서 지배적인 자리를 차지하던 온갖 철학적
관념론의 유희들과 포이에르바하 유물론의 약점을 논박했다.

엥겔스가 쓰고
마르크스가 교정 보완한
『독일 이데올로기』
원고의 한 쪽

철학의 빈곤 (1847)

『철학의 빈곤』은 경제학에 관한 마르크스의 첫 저작이다.
마르크스는 프루동이 과학적 변증법의 방법을 파악하지
못하고 경제학 지식이 불충분해 교환가치에 대한 이해에
오류가 있으며, 사회문제 해결 방안을 선험적으로
생각해내려는 유토피아주의에 서 있다고 비판하였다.

경제학자들은 주어진 관계들 속에서 생산이 어떻게 이루어지
는가를 설명한다. 그러나 그들은 이러한 관계들 자체가
어떻게 생산되는가 하는 것, 즉 이와 같은 관계들을 낳게 한
역사적 운동에 관해서는 아무것도 설명해 주지 못한다.

– 마르크스, 『철학의 빈곤』

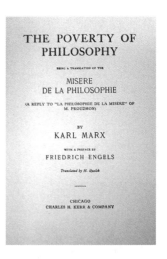

THE POVERTY OF
PHILOSOPHY

BEING A TRANSLATION OF THE

MISERE
DE LA PHILOSOPHIE

(A REPLY TO "LA PHILOSOPHIE DE LA MISERE" OF
M. PROUDHON)

BY

KARL MARX

WITH A PREFACE BY

FRIEDRICH ENGELS

Translated by H. Quelch

CHICAGO
CHARLES H. KERR & COMPANY

공산당 선언 (1848)

마르크스와 엥겔스가 공동집필한
과학적 공산주의의 강령적 문서이다. 1847년 마르크스와
엥겔스가 가입한 의인동맹은 공산당선언을 동맹의 정책문서
로 채택하였다. 1848년 프랑스 2월 혁명 직전에 발표되었다.

지금까지 존재한 모든 사회의 역사는 계급투쟁의 역사라는
유물론적 역사관에 입각하여 봉건 시대부터 19세기 자본주의
에 이르는 역사를 고찰한 뒤, 자본주의는 결국 몰락하여
노동자들의 사회로 대치될 수밖에 없다고 선언하고 있다.
또한 노동 계급의 선봉인 공산주의자들은 사유 재산을
폐지하고 프롤레타리아를 지배 계급의 지위로 끌어올릴
사회 계층으로 규정되었다.

유령이 유럽을 떠돌고 있다. 공산주의라는 유령이.

……

만국의 노동자여, 단결하라!

– 마르크스, 『공산당 선언』

1   2

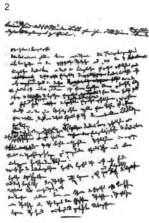

**1 공산당 선언의
원고 첫 쪽**

2 공산당 선언 원고

마르크스의 필적으로 된 공산당
선언 초안 중 유일하게 전해
내려오는 한 쪽. 위의 두 줄은
예니 마르크스가 썼다.

루이 보나파르트의 브뤼메르 18일 (1852)

1848년부터 1851년까지 혁명이 위기 속에서 혁명은 후퇴하고 부르주아 독재가 성립하는 과정을 그렸다. 마르크스는 보나파르트의 쿠데타가 일어나게 된 역사적 배경과 국가의 문제를 계급분석을 통해 다루고 있다.

헤겔은 어디에선가 세계사에서 중차대한 의미를 지닌 모든 사건들과 인물들은 되풀이된다고 지적했다. 하지만 그는 다음과 같은 사실을 덧붙이는 것을, 즉 첫 번째는 비극으로, 두 번째는 소극笑劇으로 끝난다는 사실을 잊고 있었다.

– 마르크스, 「루이 보나파르트의 브뤼메르 18일」

정치경제학비판을 위하여 (1859)

『정치경제학비판을 위하여』는 원래 6편 계획으로 이루어진 마르크스의 정치경제학 비판 체계의 제 1분책이다. 연하의 친구인 F. 라살레의 도움으로 〈둥커〉 서점에서 1859년에 간행되었는데, 내용은 '서문', '제1장 상품', '제2장 화폐 또는 단순유통'으로 이루어졌다.

일단 그 사용가치가 다이아몬드인 상품을 갖고 있다고 가정해 보자. 우리는 다이아몬드를 감정해 보는 것만으로는 그것이 하나의 상품이라고 말할 수 없다. 그것이 창녀의 가슴에나 잔디 깎는 사람의 손에서 심미적 또는 금속적 사용가치로 쓰였을 경우, 그것은 상품이 아니라 일개 다이아몬드에 불과하다.

– 마르크스, 「정치경제학비판을 위하여」

1

자본론 (1867)

마르크스가 집필하고 엥겔스가 편집한 방대한 정치경제학 논문이다. 사회주의가 자본주의를 넘어서는 사회비판이론이 될 수 있다는 생각에 근거하여 자본주의와 당대 경제학자들의 이론들을 분석함으로써 시민사회·자본주의 사회에 대해 객관적으로 비판한 책이다. '사회주의의 성서'로 평가되고 있다.

1 1867년에 출판된 제Ⅰ권 제1판.

2

3

2 1893년에 엥겔스에 의해 편집·출판된 제 Ⅱ권의 제2판(제1판은 1885년에 출판되었다). 편자인 엥겔스가 새뮤얼 무어에게 보낸 헌사가 보인다.

3 1894년에 출판된 제Ⅲ권의 제 1부. 편자인 엥겔스가 아우구스트 베벨에게 보낸 헌사가 보인다.

4   5

4 일반적으로
표준판으로 인정,
번역의 저본으로
이용되는 1890년
엥겔스가 수정한
제I권의 제4판.

5 1887년에 무어와
에이블링이 번역하고
엥겔스가 편집한
제I권의 영어판.

6   7

6,7 1872~1875년에
르와에 의해 번역되고
마르크스 자신이
감수한 프랑어판의
제I권 제1책.

FREDERICK ENGELS

THE PART
PLAYED BY LABOUR
IN THE TRANSITION
FROM APE TO MAN

원숭이에서 인간으로의 진화과정에서 노동의 역할 (1876)

엥겔스는 노동이야말로 사람을 사람이도록 하는 가장 근본적인 특성이라고 주장했다. 언어, 도구, 조직 등 이 모든 인간적 특징들이 모두 노동과 관련된 것이다. 사람은 노동과정에서 자신이 가진 육체적·정신적 능력을 지출하는 동시에, 노동을 통하여 그러한 능력들을 계발하고 증진시킨다.

가족, 사유재산, 국가의 기원 (1884)

인류 역사의 최초의 발전 단계에 대한 과학적 분석서이다. 원시공산주의 사회가 어떻게 생성되는지, 그 사회가 어떻게 인류 역사의 오랜 시기를 걸쳐 결정되는지, 최초의 계급 없는 사회가 어떻게 그 안에서 생긴 모순들에 의해 붕괴되는지, 그리고 원시공산주의 사회가 어떻게 사유재산의 힘에 의해, 계급과 국가의 형성을 통해 제거되는지를 밝히고 있다.

기존의 관념에 따르면, 가족 형태는 일부다처제, 그리고 기껏해야 일처다부제가 있었을 뿐이다. 그런데 기존의 관념은 공적 사회에 의해 제기된 이 경계들이 사실상 슬그머니 그리고 염치없이 무시되고 있는 상황에 대해 위선적인 속물답게 침묵을 지키고 있을 뿐이다. 하지만 원시사 연구가 보여주는 바에 따르면, 남편들이 다처제 생활을 하는 한편 그 아내들도 동시에 다부제 생활을 하며, 이에 따라 쌍방의 아이들이 그들 모두의 공동 자녀로 인정되었던 상태가 있었다.

— 엥겔스, 『가족, 사유재산, 국가의 기원』

| 신라인 신문 창간

**《신라인 신문》을
확인하는 마르크스**

1848년 독일에서 3월 혁명이 일어나자
《신라인 신문》을 발간하였다.
문학에 대한 애정이 각별했던 그들은 게오르그
베르트를 '독일의 최초이자 가장 중요한
프롤레타리아 시인'이라 부르며 그의 문학작품
을 수집하고 《신라인 신문》을 통해
보급하는 데 심혈을 기울이기도 했다.

《신라인 신문》
지령 제 1호 1면

칼 마르크스

프리드리히 엥겔스

빌헬름 볼프

하인리히 뷔르거스

에른스트 드론케

페르디난트 프라일리그라트

| 신라인 신문, 1849년 5월 19일자 붉은색 폐간호

엥겔스는 신라인 신문을 폐간하던 그때를 회고하며 이렇게 적었다.

> "우리는 적들에게 우리의 요새를 넘겨주어야 했다.
> 그러나 우리는 무기와 행장을 갖추고, 노래를 부르며,
> 붉은색 폐간호의 깃발을 휘날리며 뒤로 물러섰다."

그러나 노동자들을 향한 그들의 외침은 붉은색 폐간호의 마지막에 이렇게 끝나고 있다.

> "작별에 즈음하여 신라인 신문 편집자들은 여러분들이 보여준 관심에 대해 감사한다.
> 우리의 마지막 말은 언제 어디서나 변함없을 것이다.
> 노동자 계급의 해방이여!"

마르크스는 단테의 『신곡』을 거의 암기하고 있었으며, 종종 그 전 소절을 큰 소리로 낭독하곤 했다고 한다. 엥겔스 역시 단테를 "그 누구도 필적할 수 없는 고전적 완벽성"을 지닌 인물이자 "거대한 인물"로 묘사했다.

단테 (1265~1321)

이탈리아 최대의 시인.
장편 서사시 『신곡』을 저술해서 유럽 · 라틴 중세의 문학,
철학, 신학, 수사학 등의 전통을 총괄하고, 잇달아 나타난
페트라르카, 보카치오와 함께 르네상스 문학의
지평을 열었다.

마르크스와 엥겔스는 스페인의 위대한 작가 세르반테스도 높이 평가했다. 폴 라파르그는 "마르크스가 발자크와 함께 『돈키호테』의 작가의 지위를 다른 모든 소설가들 위에" 두었다는 사실에 주목했다.

세르반테스(1547~1616)

스페인의 소설가이자 시인이자 극작가이다.
많은 사람에게서 첫 근대소설이라고 평가받는
《돈 키호테》의 작가로서 유명하다.
그의 작품은 문학 전체를 통틀어
가장 중요한 명작에 속한다고 언급되기도 한다.

마르크스와 엥겔스가 그들이 가장 사랑하는 작가들 중의 한 명인 셰익스피어에게 보낸 찬사는 이미 널리 알려진 사실이다. 그들은 그 시대의 생활에 대한 광범위한 묘사와 불후의 등장인물들로 이루어진 셰익스피어의 희곡들을 리얼리즘 드라마의 고전적 본보기로 여겼다.

셰익스피어(1564~1616)

영국의 최고 문호로 손꼽히는 극작가, 시인이다.
그의 작품은 영어로 된 작품 중 최고라는 찬사를 받는다.

괴테는 '신'에 관심을 갖는 것을 싫어했다. 그 단어는 그를 불편하게 했으며, 단지 인간적 문제에서만 평안함을 느꼈다. 이 인간성은 즉 종교의 질곡으로부터 이 예술의 해방이 바로 괴테의 위대함을 이루고 있다. 고대인들이나 셰익스피어도 이런 점에서 괴테에게 비견될 수 없다.
　　― 엥겔스, 「토마스 칼라일의 '영국의 과거와 현재의 상태'」

괴테(1749~1832)

독일의 시인, 소설가, 극작가, 자연과학자, 미술연구가,
또한 바이마르 공국의 요직에 있었던 정치가이기도 하다.

나는 심지어 경제적 세부사항들—예를 들면 혁명 이후에 나타
난 부동산과 사유재산의 재편성—에 대해서조차 당대의 모든
전문 역사학자, 경제학자, 통계학자들에게서 배우는 것보다 더
많은 것들을 그로부터 배웠다

— 엥겔스

발자크(1799~1850)

프랑스 사실주의 문학의 거장으로 꼽히는 소설가이다.
쉰한 살이란 길지 않은 생애 동안 100여 편의 장편소설과
여러 편의 단편소설, 여섯 편의 희곡과 수많은 콩트를 써낸
정력적인 작가이다.

아이스퀼로스
(BC 525?~BC 456)

고대 그리스의 대표적인 비극 작가로.
온 그리스에 명성을 떨쳤다.
비극예술의 창조에 기본적인 형태를
부여한 80여 편의 작품을 만들었다.

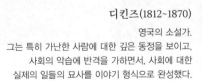

디킨즈(1812~1870)

영국의 소설가.
그는 특히 가난한 사람에 대한 깊은 동정을 보이고,
사회의 악습에 반격을 가하면서, 사회에 대한
실제의 일들의 묘사를 이야기 형식으로 완성했다.

| 마르크스의 가족들

생애의 대부분을 가난과 빈곤 속에서 살았던 마르크스. 후에 그는 두 아들과 딸 등 세 명의
자식이 죽어가는 것을 눈앞에서 지켜봐야 했다.

예니 마르크스와
큰딸 예니

큰딸 예니
(1850)

둘째딸 라우라
(1855)

막내딸 엘레노어
(1864)

둘째딸 라우라 (1864)와
사위 폴 라파르그

런던을 방문한 엥겔스와 마르크스 가족

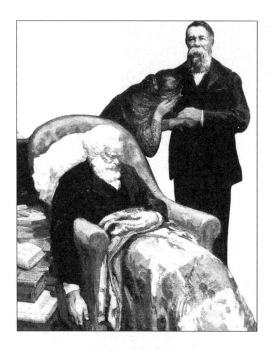

1883년 3월 13일 마르크스는 자신의 연구실에서 숨을 거두었다.

"인류는 하나의 두뇌, 그것도 이 시대의 가장 귀중한 하나의 두뇌를 잃어버렸다."

– 프리드리히 엥겔스

영국 런던의 하이게이트 국립묘지에
위치한 마르크스의 무덤

마르크스
엥겔스
문학예술론

편역자 김대웅

전주고와 한국외국어대학교 독일어과를 나와 민예총 국제교류국장, 문예진흥원 심의위원, 영상물등급위원회 심의위원을 지냈다. 지금은 서울아트센터 대외협력이사로 있으며, 번역가로도 활동 중이다.

역서로 《가족 사유재산 구가의 기원》, 《마르크스(상.하)》, 《독일 이데올로기》, 《마르크스, 엥겔스 평전》, 《마르크스에서 헤겔로》, 《루카치: 사상과 생애》, 《게오르그 루카치의 미학사상》 등이 있으며 다수의 저서와 편역서가 있다.

마르크스·엥겔스 문학예술론

초 판 1쇄 2015년 04월 25일

저 자 칼 마르크스, 프리드리히 엥겔스
편역자 김대웅
펴낸이 류종렬

펴낸곳 미다스북스
등 록 2001년 3월 21일 제313-201-40호
주 소 서울시 마포구 서교동 486 서교푸르지오 101동 209호
전 화 02)322-7802~3
팩 스 02)333-7804
홈페이지 http://www.midasbooks.net
블로그 http://blog.naver.com/midasbooks
트위터 http://twitter.com/@midas_books
전자주소 midasbooks@hanmail.net

ⓒ 김대웅, 미다스북스 2015, Printed in Korea.

ISBN 978-89-6637-375-8 93340
     값 32,000원

「이 도서의 국립중앙도서관 출판예정도서목록(CIP)은 서지정보유통지원시스템 홈페이지 (http://seoji.nl.go.kr)와 국가자료공동목록시스템(http://www.nl.go.kr/kolisnet)에서 이용하실 수 있습니다.(CIP제어번호: CIP2015008949)」

※파본은 본사나 구입하신 서점에서 교환해 드립니다.
※이 책에 실린 모든 콘텐츠는 미다스북스가 저작권자와의 계약에 따라 발행한 것이므로 인용하시거나 참고하실 경우 반드시 본사의 허락을 받으셔야 합니다.

미다스북스는 다음세대에게 필요한 지혜와 교양을 생각합니다.

마르크스
엥겔스
문학예술론

마르크스, 엥겔스 저
김대웅 편역

미다스북스

차례

3장 과학적 사회주의와 예술적 탈소외의 도래

4장 문학과 계급적 가치

5장 예술적 가치의 계급적 수용

6장 리얼리즘의 문제

7장 경향문학

8장 인간의 기본가치의 표현과 지속성

2장 중세의 사상과 문학예술

3장 르네상스 시대의 사상과 문학예술

6장 영국과 아일랜드의 문학

7장 독일 문학

8장 러시아어와 러시아 문학

이 책은 칼 마르크스와 프리드리히 엥겔스의 각종 저서 및 편지 중에서 그들의 예술관과 예술의 사회적 지위에 관한 관점을 살펴볼 수 있는 부분을 발췌해서 번역한 것이다. 물론 과학적 사회주의의 창시자인 이들이 이 주제에 관해 저술한 것 모두를 망라하고 있지는 않다. 하지만 독자들은 이 책을 통해서 예술작업에 관한 마르크스 · 엥겔스의 가장 중요한 사상의 정수를 알 수 있을 것이다.

칼 마르크스와 프리드리히 엥겔스는 세계 예술 전반에 관해 해박한 지식을 갖고 있었으며, 문학, 고전음악, 회화를 진정으로 사랑했다. 마르크스와 엥겔스 모두 젊은 시절에는 시를 썼고, 사실 엥겔스는 한때 시인이 되려고 진지하게 고민했었다.

그들은 고전문학뿐만 아니라, 그리 두각을 나타내지 못했거나 심지어 거의 무명에 가까웠던 작가들, 당대뿐만 아니라 시대적으로 먼 시기에 활동했던 작가들에 대해서도 상당한 지식을 갖추고 있었다. 그들은 아이스퀼로스, 셰익스피어, 디킨즈, 필딩, 괴테, 하이네, 세르반테스, 발자크, 단테, 체르니셰프스키, 도브롤류보프에게 찬사를 보냈는가 하면, 그들보다는 덜 유명하지만 문학사에서 흔적을 남겼던 다른 작가들에 대해서도 언급했다. 또한 그들은 민중예술, 여러 민족들의 서사시와 다양한 유형의 민속, 즉 민요, 설화, 우화, 속담에 대해서도 깊은 애정을 드러냈었다.

마르크스와 엥겔스는 자신들의 저서에서 세계문학의 보고를 광범위하게 활용했다. 문학이나 신화 속의 등장인물들을 자주 인용하거나, 경구, 비유 등을 자주 사용함으로써 그들의 저작은 남다른 문체상의 특징을 갖추게 되었다. 또 마르크스와 엥겔스의 저술들은 그 내용의 풍부함뿐만 아니라 뛰어난 예술적 장점으로 인해서도 주목할 만한 가치가 있다.

빌헬름 리프크네히트는 마르크스의 『루이 보나파르트의 브뤼메르 18일』을 인용하면서 다음과 같이 마르크스의 문체를 격찬했다.

"증오와 경멸, 그리고 자유에 대한 열렬한 애정이 신랄하고 통렬하면서도 고결하게 표현된 적이 있다면, 그것은 『브뤼메르 18일』에서일 것이다. 『브뤼메르 18일』은 타키투스의 분노어린 가혹함을 로마의 시인 유베날리스Juvenalis; 55~127의 신랄한 풍자 그리고 단테의 성스러운 분노와 결합시키고 있다. 여기서 문체는 오랜 옛날부터 로마인들에 의해 무언가를 기록하거나 찌르기 위해 사용되었던 날카로운 송곳, 즉 스틸루스Stilus와 마찬가지다. 문체란 정확히 심장에 박히는 일종의 단검이다."(『마르크스와 엥겔스에 대한 회상』)

마르크스와 엥겔스는 저널리즘이나 논쟁적인 저작에서, 그리고 심지어 『자본론』이나 『반뒤링론』과 같은 기초이론 저서에서조차도 자신들의 사상을 보다 강력하고 생생하게 표현하기 위해 예술적 비유를 사용했다. 당시 프롤레타리아 당을 비방하고 있던 칼 포그트를 겨냥해서 쓴 마르크스의 팸플릿 『포그트 씨』Herr Vogt는 그 중 가장 인상적인 예이다. 이 팸플릿의 신랄한 풍자는 특히 베르길리우스, 플라우투스^{Plautus}, 페르시우스와 같은 고전작가들, 고트프리트 폰 슈트라스부르크, 볼프람 폰 에셴바흐와 같은 중세 독일 시인들, 그리고 발자크, 디킨즈, 쉴러, 하이네와 같은 세계문학의 거장들의 작품들을 적절하게 이용함으로써 아주 큰 효과를 보았다.

세계 예술에 대한 뛰어난 지식 덕분에 마르크스와 엥겔스는 과학적 미학 원리들을 정립할 수 있었다. 그리하여 이들 과학적 사회주의의 창시자들은 이전 시대의 여러 복잡한 미학적 문제들에 해답을 제시했을 뿐만 아니라 근본적으로 새로운 미학체계를 완성할 수 있었다. 그것은 오로지 이 두 사람이 변증법적 유물론과 사적 유물론을 창시하고 그 기초를 세움으로써 철학 내부에 일으켰던 엄청난 혁명적 격변의 결과로 이루어진 것이다. 비록 마르크스와 엥겔스가 예술에 관한 주요 저술을 전혀 남기지 않았더라도 이 분야에 대한 그들의 견해를 하나로 모아보면 그들의 과학적·혁명적 세계관^{Weltanschauung}의 논리적 연장인 조화로운 전체를 조망해볼 수 있다.

마르크스와 엥겔스는 자신의 미학 이론을 전개시키면서 당연히 선행자들이 이루어 놓은 업적을 토대로 삼았다. 하지만 주요한 미학적 문제들, 특히 예술과 현실 사이의 관계 문제를 그들은 변증법적 유물론의 기초 위에서 전혀 새로운 방식으로 해결했다. 관념론적 미학은 예술의 실재적 현실 밖에 존재하는 관념의 재생산으로 간주했다. 그 어떤 예술형식의 기원과 발전, 번성과 쇠퇴도 마르크스 이전 시기의 예술이론가와 구시대 역사가들에게는 불가해한 것으로 남아있었다. 왜냐하면 그들이 이 문제를 인간의 사회적 존재로부터 분리시켜 연구했기 때문이다.

마르크스와 엥겔스는 예술과 문학을 단지 그 내적 발전법칙만으로는 결코 이해할 수 없다고 생각했다. 그들의 견해에 따르면, 예술의 본질, 기원,

발전, 사회적 역할은 전체로서의 사회체계에 대한 분석을 통해서만 이해될 수 있을 뿐이다. 그리고 그 사회체계 내에서는 경제적 요인 ― 생산관계들과의 복잡한 상호작용을 통한 생산력의 발전 ― 이 결정적인 역할을 수행한다고 말했다. 따라서 마르크스와 엥겔스의 정의에 따르면, 예술은 사회적 의식의 형태 중의 하나이며, 결국 변화의 이유는 인간의 사회적 존재에서 찾아내야 한다는 것이다.

마르크스와 엥겔스는 예술의 사회적 본성과 역사 과정상의 그 발전을 밝혔으며, 계급대립이 존재하는 사회에서 예술은 계급모순과 특정 계급의 정치와 이데올로기에 영향을 받는다는 사실을 보여주었다. 이들은 미적 감각 그 자체의 기원에 대해서 유물론적 해석을 가했다. 그들은 인간의 예술적 역량, 즉 세계를 미적으로 지각하고 그 아름다움을 이해하며 예술작품을 창조할 수 있는 능력이 인간사회의 장구한 발전의 결과로서 나타났으며, 예술이 인간노동의 산물이라는 사실에 주목했다. 마르크스는 일찍이 『1844년 경제학·철학 초고』에서 아름다운 것을 지각하고 재생산하는 한편 "미의 법칙에 따라" 대상을 형성할 수 있는 인간능력의 발전에서 차지하는 노동의 역할을 지적했다(『마르크스·엥겔스 전집』MEW, 제3권).

이러한 생각은 이후 『자연변증법』이라는 엥겔스의 저서를 통해 진일보했다. 그는 이 책에서 신고辛苦의 노력에 의해 "인간의 손은 라파엘의 그림과 토르발센Bertel Thorvaldsen의 입상立像과 파가니니의 음악을 탄생시킨 고도의 완벽성을 획득할 수 있었다"고 적었다. 요컨대 이들은 인간의 미적 감각이 선천적인 것이 아니라 사회적으로 획득한 속성이라는 점을 강조했던 것이다.

이 마르크스주의의 창시자들은 인간적 사고의 본성에 대한 자신들의 변증법적 견해를 예술적 창조성에 대한 분석에까지 확대시켰다. 물질계와 사회사의 발전과 함께하는 예술의 발전을 추적하는 과정에서 그들은, 예술의 내용과 형식이 결코 단번에 확고히 성립된 것이 아니라 물질계와 인간사회의 발전과 궤를 같이 하는 일정한 법칙들에 따라 불가피하게 발전·변화해왔다는 사실에 주목했다. 역사상의 각 시기는 그들 나름의 고유한 미적 이상들을 갖고 있으며, 다른 조건하에서는 반복될 수 없는 당대의 특수한 성격에 상응하는 예술 작품들을 생산한다.

예컨대 마르크스와 엥겔스는 라파엘과 레오나르도 다빈치, 그리고 티치아노의 작품을 비교하면서 다음의 사실을 강조했다.

"라파엘의 예술작품은 피렌체의 영향 하에서 완성된 당시 로마의 번성에 의존했으며, 레오나르도 다빈치의 작품들은 피렌체의 상황에 의존했고, 이후의 티치아노는 그와 전적으로 달랐던 베네치아의 발전에 의존했다."

마르크스는 사회의 발전 수준과 그 사회구조가 예술작품의 내용과 어떤 특정 문학·예술장르의 유행을 결정한다는 것을, 특정 시기의 예술이 그와 다른 시기에는 다시 반복되지 않는다는 사실의, 특히 19세기의 조건 하에서는 고대 그리스의 것과 유사한 신화나 서사시가 창조될 가능성이 전혀 없다는 사실의 주된 이유로 보았다. 마르크스는 이렇게 반문했다.

"그리스인의 환상, 따라서 그리스 신화의 근저에 깔려 있는 자연과 사회 관계에 대한 견해 속에 자동방적기, 철도, 기관차 및 전신이 함께 있을 수 있는가?"

물론 마르크스주의가 사회적 의식(특히 예술)의 형태들과 경제적 토대 사이의 관계에 대해서 명백하게 이해하고 있다고 말하기는 힘들다. 마르크스와 엥겔스의 경우 어떠한 사회구성체라도 상호작용하고 각기 타자에 대해 영향을 미치는 요소들의 복잡하고 동적인 체계 — 그 안에서 경제적 요인은 단지 최종적인 분석에서만 결정적인 요인으로 작용하는 체계 — 를 구성한다. 그러나 이들은 예술을 결코 경제체계의 수동적 산물로 본 적이 없다. 오히려 그들은 사회적 의식의 여러 다양한 형식들, 물론 예술창작을 포함한 형식들이 그것들을 배태시켰던 사회적 현실에 능동적으로 영향을 미친다는 사실을 강조했다.

마르크스와 엥겔스는 마치 예술창작 문제에서 사회학적 속류화를 예견했다는 듯이 사회적 생활과 특정 계급의 이데올로기가 기계적인 방식과는 거리가 먼 방식으로 예술에 반영된다는 사실에 주의를 기울였다. 예술적 창조성은 사회 발전의 일반 법칙에 종속된다. 하지만 그것은 의식의 한 특수 형태로서 자신의 독특한 특징과 특수한 양식을 갖는다.

예술의 독특한 특징 중 하나는 발전의 상대적 자율성이다. 예술작품이 특정한 사회구조와 역사적으로 관련을 맺고 있더라도 그 사회구조가 소멸될 때 예술까지도 의의를 상실하는 것은 아니다. 이 점에서 마르크스는 "우리에게 여전히 미적 즐거움을 주고 어떤 점에서는 하나의 규준이자 결코 도달할 수 없는 모범으로 간주되는" 고대 그리스의 예술과 서사시를 인용한다. 그는 또한 이 현상에 대해 심오한 설명을 가한다. 그리스 예술은 인류 발전의 초기단계, 그 유년기의 인류에게 특징적인 현실에 대한 소박하면서도 동시에 건강하고 표준적인 지각을 반영함으로써, 또 모든 사람을 매료시킬 만한 나름대로의 독특한 매력으로써 '자연의 진리'를 향한 노력을 반영했었다.

이 예는 마르크스주의 미학 원리의 중요한 측면을 보여준다. 즉 근본적으로 예술작품을 특정한 사회적 조건과 관계들의 반영으로 간주하면서 이들 작품의 영원한 가치를 형성하는 특징들을 절대로 간과해서는 안 된다는 것이다. 마르크스와 엥겔스는 예술의 융성기가 물질적 생산을 포함한 여타 분야의 사회적 진보와 기계적으로 일치하지 않는다는 사실을 예술의 또 다른 독특한 특징으로 간주했다. 따라서 마르크스는 자신의 『정치경제학비판강요』Grundrisse 서문에서 다음과 같이 쓰고 있다.

"예술의 경우 특정 번영기는 결코 사회의 일반적 발전에 조응하지 않으며, 따라서 예술이라는 유기체의 골격인 물질적 기초의 발전에도 조응하지 않는다는 것은 잘 알려져 있다."

마르크스와 엥겔스는 예술의 발전과 전체 사회의 발전 사이의 이러한 불균형의 이유를 어느 시기의 정신문화가 물적 생산의 발전 수준 — 사회의 '물적 토대' — 에 의해서뿐만 아니라 그 시기의 특수한 사회적 관계들의 성격에 의해서도 결정된다는 사실에서 찾았다. 사회적 관계들의 특수한 성격이나 계급 대립의 발전 정도 그리고 인간 개성의 발전을 위한 특수한 조건들의 존재여부와 같은 요인들은 예술의 성격과 발전을 결정하면서 그것과 중요한 연관관계를 맺고 있기 때문이다.

마르크스와 엥겔스에 따르면, 자본주의 사회에 관한 한 이러한 불균형은 자본주의의 근본적인 모순, 즉 생산의 사회적 성격과 사적 전유 형태 사이에 나타나는 모순의 한 표현으로 간주되어야만 한다고 주장한다. 마르크스는 자본주의의 모순에 대한 분석을 통해 미학적으로 아주 중요한 결론, 즉 "자본주의적 생산은 정신적 생산의 특정분야, 예컨대 예술과 시에 대해 적대적이다"라는 결론을 이끌어낸다. 이러한 주장은 자본주의하에서의 문학과 예술의 발전을 부정하는 것이 결코 아니며, 자본주의적 착취체제의 성격 그 자체가 진정한 예술가들에게 영감을 불어넣어 주는 휴머니즘적 이상과 뿌리 깊은 모순 관계에 있다는 사실을 의미하는 것이다.

예술가들이 자신의 이상과 자본주의적 현실 사이의 모순을 보다 깊이 의식하면 할수록 그들의 작품들 역시(보통 그 작가의 출신 계급과는 상관없이) 보다 큰 목소리로, 그리고 보다 분명하게 자본주의적 관계의 비인간성에 대해 저항한다. 예술에 대한 부르주아 사회의 적의는 심지어 부르주아 문학에서조차도 자본주의에 대한 이러저러한 형태의 비판을 낳는다. 거기에서 자본주의의 현실은 비극적 충돌로 가득 찬 것으로 묘사된다.

마르크스와 엥겔스의 견해에 따르면, 이것이야말로 자본주의하에서의 예술 발전이 갖는 변증법적 특징이다. 부르주아 사회가 자신의 시대적·계급적 환경으로부터 분연히 떨쳐 일어나 엄청난 예술적 힘으로 자본주의적 착취체제의 죄악을 비판할 수 있었던 셰익스피어나 괴테, 발자크, 그리고 여타의 천재적인 작가들을 탄생시켜 왔던 것은 바로 이러한 이유 때문이다.

마르크스와 엥겔스는 자신들의 저작들에서 적대 사회에서의 예술의 계급성에 관해 여러 심오한 사상들을 펼쳤다. 그들은 심지어 보통 자신의 계급적 위치에도 불구하고 실제 생활을 진실하고 생생하게 묘사할 수 있었던 위대한 작가들조차도 계급사회에서는 지배계급의 이념과 이해에 압력을 받고 그들의 작품에서 빈번히 지배계급에게 중대한 양보를 한다는 사실을 보여주었다. 괴테, 쉴러, 발자크나 여타의 작가들을 예로 들면서, 마르크스와 엥겔스는 그들 특유의 모순이 순전히 개인적인 심리구조의 특징에서 나온 것이 아니라 사회생활 속의 실제 모순의 이데올로기적 반영이라는 사실을 깨달았다.

마르크스주의의 창시자들은 예술이 계급들 간의 이데올로기적 투쟁에서 중요한 무기라는 점을 강조했다. 예술은 착취자들의 권력을 침식시킬 수 있는 것처럼 그것을 강화시켜 주고 계급억압의 수호에 봉사할 수 있었으며, 혹은 그 반대로 근로대중을 교육하고 그 의식을 발전시킴으로써 그들을 그 억압자들에 대한 승리에 보다 가까이 가도록 기여할 수도 있었다.

그래서 마르크스와 엥겔스는 봉건적 문화와 부르주아 문화 내의 진보적 현상과 반동적 현상 간에 명백한 구분선을 그어야 한다고 주장하고, 당의 예술에 대한 접근 원칙, 즉 예술은 혁명적 계급의 입장에서 평가되어야 한다는 원칙을 제기했다.

예술과 계급투쟁 사이에는 일정한 관련이 존재한다는 사실을 밝히면서 마르크스와 엥겔스는 이 문제를 도식화하려는 시도들에 분연히 맞섰다. 그들은 계급이란 정적이거나 불변의 것이 아니며, 계급의 상호관계는 역사의 과정에서 변화하고, 사회생활에서 차지하는 계급의 역할 역시 복잡한 변형을 겪는다는 점을 지적했다. 따라서 반(反) 봉건투쟁기에 상당한 정신적 가치를 창조할 수 있었던 부르주아는 반(反) 봉건혁명의 결과로서 권력을 장악하자, 반 봉건투쟁에서 주조해왔던 바로 그 무기를 점차 폐기하기 시작했다. 그리고 부르주아는 역사의 무대에 새로운 세력, 즉 프롤레타리아가 등장하자 자신들의 혁명적 과거와 완전히 결별하게 된다.

이러한 상황 하에서 부르주아 인텔리겐차의 개개 구성원들, 특히 문화나 예술에 관계하는 인물들이 현실을 보다 깊이 이해하고 부르주아적 관계들로부터 벗어나 특정 예술형식을 통해 이에 대한 자신의 저항을 표현하려는 시도는 필히 그들을 공식적인 부르주아 사회와의 충돌과 부르주아적 입장으로부터의 이탈로 이끈다.

마르크스와 엥겔스는 자신들의 변증법적·유물론적 인식론을 예술과 문학의 분석에 적용한다. 그들의 견해에 따르면, 예술창조는 현실을 반영함과 동시에 그것을 지각하고 이해하는 방법들 중의 하나이다. 따라서 그것은 인류의 정신적 발전에 영향을 미치는 가장 강력한 지렛대들 중의 하나이기도 하다. 예술에 대한 이러한 접근방식은 예술의 사회적 중요성과 예술이 사회적 진보에서 차지하는 탁월한 역할에 대한 유물론적 이해의 기초를 이룬다.

따라서 마르크스와 엥겔스가 문학과 예술을 분석할 때 리얼리즘 문제, 예술작품에서의 현실에 대한 가장 정확한 묘사의 문제에 몰두했던 것은 너무도 당연한 일이다.

그들은 리얼리즘을 문학의 한 경향으로서, 그리고 예술창조의 한 방법으로서 세계 예술의 최상의 업적이라고 평가했다. 엥겔스는 현재 일반적으로 인정되고 있는 리얼리즘의 고전적 정의를 다음과 같이 정식화했다.

"내 생각으로 리얼리즘이란 세부적 진실 외에도 전형적인 상황 하에서의 전형적 인물의 진실한 재현을 의미한다는 것이다."

마르크스와 엥겔스는 리얼리즘적인 표현이란 결코 단순한 현실 복제가 아니며, 어떤 현상의 본질 그 자체로 침투해 들어가는 방법, 즉 특정시기의 전형적인 특징들을 드러낼 수 있게 하는 예술적인 일반화의 한 방법이라고 강조했다.

이것이야말로 그들이 셰익스피어, 세르반테스, 괴테, 발자크, 푸시킨 등과 같은 위대한 리얼리즘 작가들의 작품에서 높이 평가하는 부분이다. 마르크스는 19세기 영국의 리얼리스트들 ─ 디킨즈, 태커리, 브론테 자매, 가스켈 ─ 을 소설가들의 찬란한 성좌로 묘사했다. 즉 그는 "이들의 생생하고 감동적인 지면을 통해 모든 직업 정치인, 정치평론가, 도덕가들을 총괄한 것 이상의 정치적, 사회적인 진실들을 세상에 토해냈다"라고 썼다.

엥겔스는 역시 프랑스의 위대한 리얼리즘 작가 발자크의 작품을 분석하면서 이와 비슷한 노선의 사상을 펼쳤다. 『인간희극』Comedie humane에 관한 글에서 그는 발자크가 "매우 놀라울 정도로 사실적인 프랑스 사회의 역사"를 독자들에게 묘사해 주고 있는 점에 주목하면서 "나는 그로부터 심지어 경제적인 세부사실들(예를 들면 혁명 이후에 나타난 부동산과 사적소유의 재배치)에 대해서조차도 당대의 모든 전문 역사가, 경제학자, 통계학자들로부터 보다도 더 많은 것을 배웠다"고 말했다.

마르크스와 엥겔스는 1859년 봄, 라살레에게 보낸 그들의 편지에서 리얼리즘에 관한 몇몇 매우 중요한 사상을 제시했다. 거기서 그들은 독일 농민전쟁 전야에 발생한 1522~23년의 반란을 다루고 있는 라살레의 역사 드라마 『프란츠 폰 지킹엔』Franz von Sickingen에 대해 신랄한 비판을 가하고 있다. 이 두 편지는 마르크스주의 미학의 근본 원리에 대한 진술을 포함하고 있다는 점에서 매우 중요한 의의를 지니고 있다.

마르크스와 엥겔스는 묘사의 진실성, 즉 묘사되는 사건에 대한 그리고 자신이 속해 있는 계급적 환경의 성격과 심리의 전형적인 측면을 반영하고 있는 생생하고 개인적인 특징을 지닌 인물에 대한 구체적·역사적 접근법을 예술가에게 요구한다. 진정한 리얼리즘 작가는 자신의 사상을 독자에게 교훈적인 철학적 설명을 통해서가 아니라 그 예술적 표현으로써 독자의 의식과 감정에 영향을 미치는 생생한 영상을 통해 전달한다. 마르크스와 엥겔스는 라살레가 위대한 독일 시인이자 극작가인 쉴러의 예술적 방법상의 몇몇 약점들, 특히 추상적 수사에 대한 선호를 오히려 더 많이 갖고 있다고 생각했다. 추상적 수사학을 그들 작품의 주인공들을 특정 사상의 추상적이고 일차원적인 낭독자로 전락시키는 결과를 낳았다.

이러한 관점에서 마르크스와 엥겔스는 쉴러의 방법보다 셰익스피어의 리얼리즘을 더 좋아했다. 이들이 라살레에게 한결같이 지적한 것은 그가 쉴러를 모방하는 과정에서 내용의 깊이와 숭고한 이상을 잊고 있으며, 등장인물의 진정한 열정과 다면적인 모습을 묘사할 수 있는 셰익스피어적인 능력과 결합시키려는 리얼리즘 작가라면 당연히 추구해야 할 일의 중요성을 잊고 있다는 점이었다.

또한 마르크스와 엥겔스는 라살레에게 보낸 편지에서 문학과 생활 간의 그리고 문학과 현시대 간의 연계문제를 다루고 있다. 마르크스는 극중 배경인 16세기의 사건과 19세기 중반 상황 사이의 유사점을 끌어내고 "1848~49년의 혁명적 정당의 …… 운명을 낳던" 실로 비극적인 충돌을 연출하려는 라살레의 의도에 대해 결코 비난하지 않았다. 마르크스는 충돌에 대한 라살레의 부정확하고 관념적인 해석, 즉 뜬 구름과도 같이 추상적인 몇 세대 전의 '혁명의 비극'을 충돌의 원인으로 들고 있는 데서 작가의 오류를 보았다. 사실 그 혁명의 비극은 어떤 구체적이고 역사적인 계급적인 내용을 결여하고 있었다.

마르크스는 그 희곡의 정치적 경향이 아니라 그것이 유물론적 역사인식과 프롤레타리아 혁명가들의 세계관의 관점에서 볼 때 본질적으로 잘못되었다는 사실 때문에 라살레를 비판했다. 마르크스와 엥겔스는 문학을 정치학의 위에 놓으려는 시도와 '예술을 위한 예술' 이론에 대해 매우 비판적이었다. 그들은 리얼리즘 작가들의 작품이야말로 진보적인 세계관을 반영하고 진보적인 사상을 관철하며 참으로 시사적인 문제를 다루어야 한다고 주장했다. 그들의 이데올로기적·정치적 당파성으로 해석되는 문학의 경향성을 환영했던 것은 바로 이러한 의미에서였다.

마르크스와 엥겔스는 어리석은 경향, 즉 예술적 방법 대신에 노골적으로 설교하는 투의 교훈주의와 생생한 인물의 성격 대신에 추상적인 의인화를 추구하는 경향에 대해서는 단호하게 반대했다. 그들은 등장인물들의 예술적 열등성과 자신들의 문학적 전문성의 결여를 정치적 주장으로 보상하려는 시도로 점철된 "청년독일" 문학운동의 시인들을 비판했다.

엥겔스는 민나 카우츠키에게 보낸 편지에서 진정한 경향성에 대해 다음과 같이 적절한 정의를 내리고 있다.

"하지만 저는 그 목적이 명시적으로 지적되지 않은 채 상황과 행동 그 자체로부터 드러나야 하며 작가는 자신이 묘사하는 사회적 갈등에 대한 미래의 역사적 해결책을 독자들이 쉽게 알 수 있도록 해야만 한다고 생각합니다."

마르크스와 엥겔스는 진보적 문학이란 당대의 저변에 흐르고 있는 생활 과정을 진실하게 반영하고 진보적인 사상을 널리 선전하며 사회 내의 진보세력의 이익을 옹호해야만 한다는 깊은 확신을 가지고 있었다. 그리고 문학에서 당파성이라는 현대적 용어는 그들이 문학을 어떻게 이해했는가를 보여주고 있다. 그들은 라살레의 극에 결여되어 있는 바로 그 속성, 즉 사상과 예술적 기교의 유기적 결합이야말로 진정한 리얼리즘 예술에 '필수불가결한 조건'sine qua non이라고 생각했다.

이들 과학적 사회주의의 창시자들은 유물론적 미학의 원리와, 예술의 발전을 지배하는 근본적이고 가장 일반적인 법칙을 제시하는 과정에서 마르크스주의 문학·예술 비평의 토대를 구축하고 문학·예술사에 대한 유물론적 해석의 주요한 교의를 제시했다. 그들은 자신들의 저작과 편지에서 역사적·문학적 과정의 가장 중요한 문제들에 새로운 빛을 던지고, 부르주아 문학사가들이 이해할 수 없는 고전작가들과 당대 작가들의 작품 모두에서 그러한 측면을 밝혀냈다.

오늘날 독자들은 그들의 전집에서 인류 역사상 가장 중요한 시기의 예술작품들에 대한 마르크스와 엥겔스의 견해, 특히 고대와 중세의 예술, 르네상스의 문화와 문학, 계몽시대의 문학, 그리고 마지막으로 19세기의 낭만주의 작가와 리얼리즘 작가의 작품들에 대한 평가를 살펴볼 수 있을 것이다. 게다가 독자들은 주요한 문학·예술적 경향 일반에 대한 이 마르크스주의 미학 창시자들의 태도와 개개의 작가나 여타의 예술가들에 대한 의견을 발견할 수 있을 것이다.

　고대 예술에 대한 마르크스와 엥겔스의 견해는 앞서 간략히 살펴본 그대로이다. 이제 다른 시기의 예술에 대한 그들의 평가를 살펴보도록 하자.

　중세의 사회 체계와 문화의 독특한 특징에 대한 진정으로 과학적인 그들의 설명은 특히 흥미롭다. 마르크스와 엥겔스는 중세의 낭만적인 이상화를 발가벗기는 동시에 그 시기를 단순히 사회적 · 문화적 퇴행기로 본 계몽주의자들의 추상적 견해의 부조리함을 논증했다. 그들은 노예소유제로부터 봉건사회로의 이행이 역사적으로 불가피하였다는 사실을 지적하고 봉건제 생산양식의 확립이 그 전단계인 노예제 시대와 비교해서 인간사회 발전의 일보 전진이라는 사실을 보여주었다.

　이로써 마르크스와 엥겔스는 중세의 문화와 예술에 대해 새로운 접근을 시도하고 그것들 속에서 역사발전의 진보적 과정을 반영하는 그러한 특징들을 지적할 수 있었다. 엥겔스는 "중세 초기의 민족 혼합intermingling의 결과로서 새로운 민족이 점차 발전하였다"(『마르크스 · 엥겔스 전집』 제21권)고 기술하고 있는데, 바로 이런 민족의 출현이 인류의 보다 진전된 사회적 · 문화적 발전을 위한 선행조건이었다. 마르크스와 엥겔스는『구(舊)에다』(Elder Edda, 약 1200년경에 나온 고대 아이슬란드의 시집) 및『베오울프』Beowulf(고대 영국의 전설적 영웅, 영문학 최초의 서사시),『힐데브란트의 노래』Lay of Hildebrand,『롤랑의 노래』Chanson de Roland 등의 아이슬란드와 아일랜드의 전설sagas과 같은 중세 초기의 다양한 서사시들을 분석했다. 그들은 이러한 서사시들이 부족 체계의 초기 단계로부터 유럽민족의 형성 초기와 연관된 새로운 수준의 사회적 의식으로의 점진적 이행을 반영하고 있다는 사실을 보여주었다.

　엥겔스가 지적했듯이, 중세의 서사시나 민족영웅시는 고대세계의 고전적 서사시와 비교해서 그 새로운 문화사적 · 미학적 속성들을 나타내는 특징들로 인해 주목할 만하다. 이는 중세 봉건사회의 후기 서정시 — 프로방스 음유시인들Provencal troubadours의 작품이 그 가장 좋은 예인 중세의 낭만적 서정시 — 에도 동일하게 적용된다. 엥겔스는『가족, 사유재산, 국가의 기원』에서 "개인적인 성애性愛와 같은 것은 중세 이전에는 전혀 존재하지 않았다"고 말했다. 바로 이러한 이유에서 중세에 개인적 애정이 출현하고 그 것이 시로써 찬미되었다는 사실은 고대와 비교할 때 일보 진전한 것이라고 엥겔스는 말했다. 더욱이 중세의 연애 시는 다음 세대에 영향을 미치고, 근대에 들어 시가 융성하도록 기반을 마련해 주었다.

마르크스와 엥겔스는 르네상스에 관해서도 새로운 견해를 제시하고 그 것을 실증했다. 그것은 초기 부르주아 문화사가들의 견해와 근본적으로 다를 뿐 아니라 당대와 후기의 부르주아 역사편찬가의 견해와도 여러 면에서 달랐다. 서유럽 르네상스의 기본적인 역사적 의의에 대한 이렇듯 새로운 이해는 1875~76년의『자연변증법』에 대한 입문형식을 띤 엥겔스의 글들 중 하나에서 가장 발전된 형태로 제시된다. 엥겔스는 부르주아 과학의 전통적 견해와는 대조적으로 르네상스를 단지 당시의 이데올로기적 · 정신적 생활의 대변혁으로 보아서는 안 된다는 점을 강조했다.

그에 따르면, 이 새로운 시대의 기원은 무엇보다도 중세로부터 근대로의 이행을 야기한 여러 경제적 · 정치적 변화에서 찾아야 한다는 것이었다. 엥겔스는 그 시기의 문화, 문학, 예술에서 엄청난 전진적 도약을 가능하게 했던 현상들의 본질 그 자체를 통찰했다. 사실 그 가운데 몇몇 업적들은 보다 성숙한 부르주아 사회에서조차 비견될 수 없을 만한 것으로 남아있다. 엥겔스가 지적했듯이 르네상스 예술은 이미 정착된 부르주아 사회의 시기가 아니라 "전반적인 혁명의 와중에서" 발전했다. 그 당시 사회관계들은 부단한 유동과 변화 상태에 있었으며, 성숙한 부르주아 사회에서처럼 아직 개인적인 창의성, 재능, 능력의 발전을 일정 정도 제한하는 세력으로 자리 잡지 못했다. 오히려 그 반대로 발전에 적극적으로 기여했다.

엥겔스는 "인류가 그때까지 경험했던 가장 진보적인 변혁의 시기는 혁명적 성격 때문에 다면성과 학문에 대한 사고력, 열정, 특성을 지닌 거인들을 요구하고 탄생시켰다." "근대 부르주아의 지배를 확립했던 사람들은 부르주아의 한계 이상의 것을 지녔다"고 말했다.

엥겔스는 또한 "그 시기의 영웅들은 아직 노동분업에 얽매이지 않았다. 우리는 다음 세대의 계승자에게서 노동분업의 한정된 일면적 결과를 종종 감지하게 된다"는 사실에 주목했다. 자신의 사상을 명료하게 하기 위해서 엥겔스는 레오나르도 다빈치를 "위대한 화가였을 뿐 아니라 위대한 수학자, 역학, 공학자였다"고 평하고, "화가, 동판조소가銅版彫塑家, 건축가"이자 축성술의 고안자였던 알브레히트 뒤러의 작품을 재고했다. 또한 엥겔스는 다른 르네상스 인물들의 관심사와 학식의 엄청난 다양성을 지적했다.

르네상스를 '전반적인 혁명', '가장 거대한 진보를 이루었던 혁명'의 시대로 보는 마르크스와 엥겔스의 평가는 그 시대의 '거인들'에게 느끼는 호의적인 공감을 보여준다. 그들은 르네상스의 위대한 인물들을 뛰어난 학자, 예술가, 혹은 시인으로서뿐만 아니라 그와 동시에 전 세계의 학문과 문화상의 위대한 혁명가들로 간주했던 것이다.

엥겔스는 르네상스 영웅들의 가장 중요한 특징으로서, "거의 그들 모두가 당대운동의 한복판에서, 실천적인 투쟁 속에서 살았고 활동했다는 사실이다. 그들 중 어떤 사람은 연설과 저술로, 또 어떤 사람은 칼로, 많은 사람들은 양자 모두를 통해 편을 들고 싸움에 뛰어들었다"는 사실을 들었다. 이것이 엥겔스가 미래의 예술가들에게 기대했던 바라는 사실은 그리 어렵지 않게 알 수 있다. 엥겔스는 르네상스 시기의 인물들이 당대의 이해에 따라 삶을 누리고 '편을 들' 수 있었던 능력을 언급하면서, 전문분야밖에 모르는 부르주아의 편협한 탁상공론식 학문의 수준, 그리고 '무당파성'과 '순수예술'을 설파한 19세기의 부르주아 작가 및 예술가들의 수준 위에 있었던 그들의 특징들을 강조했다. 르네상스기의 위대한 인물들은 이러한 특징들을 사회주의 문화와 노동계급 혁명운동의 이상에 더욱 근접하도록 해 주었다.

마르크스와 엥겔스는 단테를 자신들의 작품을 통해 중세로부터 르네상스로의 이행을 알렸던 위대한 작가들 중의 한 명으로 여겼다. 그들은 단테를 천재 시인이자 사상가로 보는 동시에 자신의 시에 당대의 정신을 불어넣은 시, 또 자신의 정치적 이상과 열망으로부터 분리될 수 없는 시를 쓴 불굴의 전사로 보았다. 빌헬름 리프크네히트에 따르면 마르크스는 『신곡』 Divina Commedia 을 거의 암기하고 있었으며, 종종 그 소절 전부를 큰 소리로 낭독하곤 했다고 한다.

마르크스의 『자본론』의 「서문」은 실제로 위대한 피렌체인의 당당한 목소리, 즉 "당신 자신의 길을 가라, 그리하여 사람들로 하여금 그들이 말하고자 하는 바를 말하게 하라"로 끝을 맺는다. 『자본론』의 저자는 단테를 자신이 가장 사랑하는 시인들 ― 괴테, 아이스킬로스, 셰익스피어 ― 에 포함시켰다. 엥겔스 역시 단테를 "그 누구도 필적할 수 없는 고전적 완벽성"을 지닌 인물이자 "거대한 인물"로 묘사했다. 마르크스와 엥겔스는 스페인의 위대한 작가 세르반테스도 높이 평가했다. 폴 라파르그는 "마르크스가 발자크와 함께 『돈키호테』Don Quixote 의 작가의 지위를 다른 모든 소설가들 위에" 두었다는 사실에 주목했다.

마지막으로 마르크스와 엥겔스가 그들이 가장 사랑하는 작가들 중의 한 명인 셰익스피어에게 보낸 찬사는 이미 널리 알려진 사실이다. 그들은 그 시대의 생활에 대한 광범위한 묘사와 불후의 등장인물들로 이루어진 셰익스피어의 희곡들을 리얼리즘 드라마의 고전적 본보기로 여겼다. 라파르그는 마르크스가 셰익스피어의 작품들에 대해 "상세한 연구를 수행했다"고 적고 있다. "그의 가족은 모두 영국의 위대한 극작가를 진정으로 예찬했다." 엥겔스도 셰익스피어에 대해 그의 친구와 견해를 같이 했다. 1873년 12월 10일, 엥겔스는 마르크스에게 다음과 같이 썼다.

"『쾌활한 아낙네들』Merry Wives 제1막에는 모든 독일문학에서보다 더 많은 생활과 현실이 존재합니다."

과학적 사회주의의 창시자들이 17~18세기의 문학 사조인 고전주의에 대해 논평한 가장 중요한 것은 마르크스가 1861년 7월 22일자로 라살레에게 보낸 편지이다. 마르크스는 이 편지에서 문화의 발달에 대한 유물론적 이해에 기초하여, 고전주의가 유명한 연극의 삼일치 원칙도 포함해서 고전적 드라마 및 고전적 미학의 법칙을 잘못 이해한 결과라는 비역사적인 생각을 거부했다.

그는 비록 고전주의 이론가들이 그리스의 고전적 드라마와 아리스토텔레스의 『시학』Poetic을 잘못 이해했다 하더라도 이것은 결코 우연한 일이나 역사에 대한 오해가 아니라 역사적 필연성이라는 점을 지적했다. 즉 고전주의 극작가들은 아리스토텔레스를 "잘못 이해했다." 왜냐하면 아리스토텔레스는 당시의 사회적·문화적 조건에 따라 형성된 그들의 예술적 취향과 미학적 필요에 정확히 일치했기 때문이다.

사상의 계급적 내용을 이해할 수 없었던 예전의 문화사가들과는 달리 마르크스와 엥겔스는 18세기 계몽운동 사상의 사회적, 계급·역사적 기초를 해명했다. 그들은 계몽운동이 단지 사회 사상의 운동이 아니라, 프랑스 대혁명의 전야에 봉건적 절대주의에 맞서 투쟁하기 위해 일어선 진보적 부르주아의 이해의 이데올로기적 표현이라는 사실을 보여주었다.

마르크스와 엥겔스는 18세기의 영국 및 프랑스의 계몽사상가들이 남긴 유산 ─ 그들의 소설과 미학에 관한 저서들을 포함해서 ─ 을 높이 평가했다. 그들은 계몽사상가들의 활동에 대한 포괄적인 분석을 통해 그것이 프랑스 부르주아혁명의 준비기 동안의 사회생활과 계급투쟁에 밀접히 연관되어 있음을 밝혀내고 그 유산 내의 온건한 부르주아적인 요소와 민주주의적인 요소 사이에 선을 그었다.

마르크스와 엥겔스의 저작과 편지들은 그들이 계몽운동기의 영국과 프랑스의 철학적·경제적 문헌과 소설에 뛰어난 식견을 지녔었다는 사실을 보여준다. 그들은 디포, 스위프트, 볼테르, 디드로, 루소, 아베 프레보, 보 마르세예즈 등을 단순히 언급만 하는 것이 아니라, 그 작품들로부터 계몽운동기의 문학 생활상의 가장 중요한 측면들에 관한 일반화를 끌어내는 한편 그에 대해 간결하면서도 동시에 매우 심오하고 정확한 평가를 내리고 있다.

마르크스가 데니 디드로를 그가 좋아하는 작가 무리에 포함시켰다는 사실 역시 주목해야 한다. 그는 디드로의 소설, 특히 그가 '독특한 걸작'이라 불렀던 『라모의 조카』Le Neveu de Rameau를 좋아했다. 엥겔스도 디드로에 관해 자신의 친구와 견해를 같이하여 1886년에 다음과 같이 썼다.

"만일 자신의 전생을 '진리와 정의를 향한 열정' — 좋은 의미에서 이 구절을 사용한다면 — 에 헌신한 인물이 있었다면 바로 디드로가 본보기이다."

마르크스와 엥겔스는 또한 독일 계몽운동의 선두주자들, 즉 레싱, 괴테, 쉴러, 헤르더에 관해서도 글을 썼다. 그들은 봉건적 분할과 반동적인 절대주의 체제가 '30년전쟁(1618~48년)'의 결과로 주어진 독일의 경제적, 사회·정치적 조건들을 밝히면서 이 조건들이 '위대한 독일문학 시대'의 가장 탁월한 인물들 대다수의 사상과 감정에 분명한 각인을 찍은 사실을 보여주었다. 그것은 독일 고전문학의 특징이었던 당시의 사회체제에 대한 반항정신 및 분노와 더불어 현존 권력에 대한 찬미와 굴종을 그 고유한 특징으로 지닌 쁘띠부르주아(독일의 지배적인 사회층)의 감정을 반영하기도 했다. 엥겔스는 괴테와 헤겔에 대해, "그들 각자는 그 자신의 분야에서는 올림포스 산의 제우스와 같은 존재였다. 하지만 그 어느 쪽도 독일의 속물주의로부터 완전히 벗어나지는 못했다"라고 썼다.

마르크스와 엥겔스는 괴테, 쉴러, 그리고 당시의 독일 작가와 사상가들의 강점뿐만 아니라 약점도 조명하면서 결코 그들의 거대한, 전 세계적인 중요성을 소홀히 하지 않았다. 이것은 이미 언급했듯이, 마르크스가 가장 사랑했던 시인들 중 한 명인 괴테에 대한 그의 태도를 통해서 확인된다. 마르크스를 잘 알고 있던 당대인들은 그가 그 위대한 독일 시인의 작품의 꾸준한 애독자였다고 말했다.

마르크스와 엥겔스는 자신들의 저술과 대화에서 『파우스트』와 괴테의 다른 작품들을 자주 인용했다. 1837년, 베를린 대학 학생 시절에 청년 마르크스는 1830년대의 독일 반동분자들이 벌인 괴테에 대한 투쟁의 지도자 중의 한 명이었던 루터파 교회 목사 푸스트쿠헨Pustkuchen에 맞서 괴테를 옹호하는 풍자시를 썼다. 엥겔스는 자신의 문학비평 에세이 중 한 편을 괴테 작품의 분석에 바쳤다. 「운문과 산문상의 독일사회주의」라는 글에서 엥겔스는 독일의 속물적인 '진정한 사회주의'의 미학을 공격했다.

마르크스와 엥겔스의 서유럽 낭만주의에 대한 분석은 진정으로 과학적인 문학사의 고찰에 대단히 중요하다. 그들은 낭만주의를 프랑스 대혁명 이후의 시기의 반영, 즉 그 시기에 고유한 모든 사회적 모순들의 반영으로 간주하면서, 자본주의를 거부하고 미래를 향해 노력하고 있는 혁명적 낭만주의와, 과거의 관점에 따른 낭만적인 자본주의 비판을 구분했다. 또한 그들은 부르주아 이전 사회체제를 이상화했던 작가들 사이의 차이점도 구별했다. 즉 그들은 반동적 유토피아와 소박한 쁘띠부르주아적 이상이라는 허구 아래 민주주의적 · 비관적 요소를 숨기고 있는 작품의 작가들을 가치 있게 평가하는 한편, 과거에 대한 공감이 귀족계급의 이해에 대한 옹호로 귀착된 반동적 낭만주의자들을 비판했다. 마르크스와 엥겔스는 바이런, 셸리와 같은 혁명적 낭만주의자들의 작품을 특히 좋아했다.

19세기 리얼리즘 작가들의 작품에 대한 마르크스와 엥겔스의 평가는 이미 언급한 바 있다. 마르크스와 엥겔스는 리얼리즘 전통을 이전의 문학적 과정 전체의 정점으로 파악했다. 엥겔스는 기 드 모파상, 19세기 후반의 러시아 리얼리즘 소설의 창작자들, 그리고 당대의 노르웨이 극작가들의 작품들에서 리얼리즘 전통의 발전과 융성을 추적했다. 마르크스와 엥겔스는 러시아에 강렬한 흥미를 느꼈으며 러시아 혁명운동에 커다란 의미를 부여했다.

그들은 러시아의 경제적 · 사회적 생활의 발전을 보다 면밀히 추적하기 위해 러시아어를 배웠다. 그들은 러시아의 사회 · 경제 관련 저술들과 언론의 사설들뿐만 아니라 그 나라의 소설들에 대해서도 해박한 지식을 갖고 있었다.

또 그들은 푸시킨, 뚜르게네프, 시체드린, 체르니셰프스키, 도브롤류보프의 작품을 러시아어로 읽었으며, 마르크스는 고골과 네크라소프, 레르몬토프의 작품을 원전으로 읽었다. 엥겔스도 로모노소프, 제르쟈빈, 헴니체르, 주코프스키, 바투슈코프, 크릴로프 등의 작품의 영역본에 정통했었다. 마르크스와 엥겔스는 푸시킨의 『예브게니 오네긴』Eugene Onegin을 19세기 전반의 러시아인의 생활에 대한, 뛰어나게 정확한 묘사라고 생각했다. 특히 이들은 체르니셰프스키와 도브롤류보프를 좋아했다. 엥겔스는 이 혁명적인 작가들을 '두 명의 사회주의적 레싱'으로 간주했으며, 마르크스는 도브롤류보프를 "한 작가로서 레싱과 디드로"에 비교하는 한편, 체르니셰프스키를 "위대한 러시아 학자이자 비평가"라고 칭했다.

마르크스와 엥겔스의 특징은 문학과 예술에 대한 그들의 심오한 국제주의적인 접근이다. 그들은 모든 민족이 세계 예술과 문학의 보고寶庫에 그

나름의 독특한 기여를 하고 있다는 점을 믿으면서 유럽과 비유럽, 그리고 그 크기의 크고 작음을 불문하고 모든 국가의 예술에 동등한 주의를 기울였다. 그들은 동양이나 아일랜드, 아이슬란드, 노르웨이와 같은 작은 나라의 예술적 · 문화적 보배들만이 아니라 영국, 프랑스, 독일, 이탈리아, 스페인, 러시아의 예술과 문학의 발전에도 관심을 기울였다. 그리고 그들의 각종 기록을 통해 판단하건대 신세계 토착민들의 고대 문화도 그들의 시야에 들어왔다.

마르크스와 엥겔스는 프롤레타리아와 가까운 민주주의적 · 혁명적 시인과 작가들에 대해서는 특별한 태도를 취했다. 그들은 전 생애를 통해 당시의 가장 진보적인 작가들을 사회주의운동의 편으로 끌어들이고 그들을 교육 · 단련시키기 위해 노력하는 한편, 자신들의 작품에서 드러난 약점들을 극복하도록 도와주었다. 마르크스와 엥겔스는 프롤레타리아의 혁명적인 문학경향의 형성에 적극적으로 기여했다.

독일의 위대한 혁명시인 하인리히 하이네의 작품에 미친 마르크스의 영향은 아주 컸다. 그들은 1843년 파리에서 만났다. 하이네의 정치적 서정시와 풍자시의 정수는 그가 마르크스와 긴밀하고 친근한 관계에 있었던 1843~44년에 출현한다. 하이네에게 미친 마르크스의 영향은 「슐레지엔 방직공들과 독일」The Silesian Loom Workers and Germany과 같은 훌륭한 시 작품들에서 분명하게 드러난다.

마르크스는 그의 전 생애를 통해 마르크스가의 총애를 받는 시인들 중 한 명이었던 하이네를 칭찬해 마지않았다. 엥겔스 역시 자신의 친구의 견해에 전적으로 동의하여 하이네를 "독일의 모든 생존 시인들 중에서 가장 뛰어난 인물"로 생각했다. 마르크스와 엥겔스는 독일의 반동에 대한 자신들의 투쟁과정에서 하이네의 신랄한 풍자시를 즐겨 인용했다. 마르크스와 엥겔스의 이데올로기 영향은 하이네의 예술가로서의 발전에 보기 드문 역할을 담당했고 그로 하여금 공산주의 혁명의 승리가 필연적임을 깨닫도록 해주었다.

마르크스와 엥겔스는 독일 시인 게오르그 베르트, 그리고 페르디난트 프라일리그라트와도 절친한 사이였다. 이들과는 1848~49년의 혁명기 동안 『신라인 신문』Neue Rheinische Zeitung에서 함께 일했다. 엥겔스는 베르트를 '독일의 최초이자 가장 중요한 프롤레타리아 시인'이라고 불렀다. 베르트가 죽자 마르크스와 엥겔스는 그의 문학작품들을 수집하는 데 심혈을 기울였다. 1880년대에 엥겔스는 이 작품들을 독일 사회민주주의 신문을 통해 보급하는 데 힘을 쏟았다.

1848~49년에 프라일리그라트의 작품이 독일 혁명시의 고전 중 하나로 된 것은 전적으로 마르크스와 엥겔스의 영향 덕택이었다. 당시에 쓴 그의 시들은 마르크스ㆍ엥겔스의 사상과 밀접했으며 그의 시들 중 가장 훌륭한 것이다. 마르크스와 엥겔스가 프라일리그라트에게 쏟은 관심과 배려는 혁명시인들에 대한 자신들의 태도와 자신들의 고결한 대의에서 시인들을 어떻게 도왔던가를 보여주는 좋은 예이다. 마르크스가 1852년 그의 동지 요제프 바이데마이어에게 프라일리그라트를《혁명》지에서 일할 수 있도록 추천했을 때였다. 그는 프라일리그라트를 독려하기 위해 칭찬조의 우호적인 편지를 그 시인에게 써 보내도록 바이데마이어에게 특별히 요청했다. 따라서 프라일리그라트가 1850년대에 마르크스와 엥겔스로부터 멀어지자마자 시인으로서의 가치가 쇠락하기 시작한 것은 결코 우연의 일치가 아니다.

마르크스와 엥겔스는 프랑스 및 영국의 여러 혁명적 작가들, 특히 차티스트 운동의 지도자 어니스트 존스와 긴밀한 유대관계를 맺고 있었다. 1840년대 후반에 쓴 그의 가장 훌륭한 시들은 마르크스와 엥겔스의 사상적 영향을 보여준다.

마르크스 사후에도 엥겔스는 계속해서 1880년대와 1890년대에 걸쳐, 영국 사회주의운동과 이데올로기적으로 밀접한 영국 작가들의 혁명적인 저술들을 면밀히 추적했다. 이러한 사실은 엥겔스에게 자신의 단편소설 『가련한 소녀』A Poor Girl를 기증했던 마가렛 하크니스에게 보낸 엥겔스의 편지, 영국의 사회주의자 에드워드 에이블링의 희곡에 관한 엥겔스의 수많은 논평들, 그리고 일군의 다른 작가들의 이데올로기적 발전에 관한 기록들을 통해 살펴볼 수 있다.

프롤레타리아 예술이라는 주제에 관한 엥겔스의 중요한 발언은 죽음을 앞두고 독일 사회민주당의 지도자들에게 보낸 편지에서도 살펴볼 수 있다. 이렇듯 마르크스와 엥겔스는, 고전문학의 가장 훌륭한 전통을 소화하고 혁명투쟁의 경험과 임무에 대한 광범한 이해를 토대 삼아 프롤레타리아의 해방투쟁에 적극적이고 창조적으로 참여할 새로운 유형의 작가와 예술가를 육성하는 데 힘을 기울였다.

착취로부터 벗어난 노동은 사회주의 하에서 모든 정신적(및 미학적) 창조성의 원천이 된다. 마르크스와 엥겔스는 진정한 경제적, 정치적, 정신적 자유가 주어질 경우에만 인간의 창조력은 완전히 개발될 수 있으며, 오직 프롤레타리아 혁명만이 문학의 발전에 끝없는 진보의 무한한 기회를 제공한다고 지적했다. 프롤레타리아의 위대한 역사적 소명은 과학적 사회주의의 재건에 있다. 마르크스와 엥겔스는, 세계를 변화시키고 경제와 정치뿐만 아니라 문화에서도 현재 이상의 진보를 약속할 수 있는 사회 세력, 즉 인류의 더 높은 도덕적·미학적 가치의 완벽한 실현에 필요한 조건들을 마련해 줄 세력을 바로 프롤레타리아에게서 보았던 것이다.

- 제 1 부 -

문
학
·
예
술
이
론

1 장

미적 감성의
기원과 특징

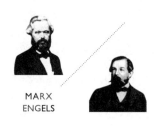

MARX
ENGELS

1. 마르크스, 『경제학 · 철학초고』에서 (1844)

『경제학 · 철학초고』Ökonomisch—philosophische Manuskripte는 마르크스가 본격적으로 경제학 연구를 시작한 1844년 파리에 머물렀을 때 집필되어 『파리초고』로 더 잘 알려진 책이다. 당시 유럽의 선진적인 경제 · 사회 · 철학 사상이었던 영국의 고전경제학, 프랑스의 사회주의, 독일의 고전철학을 비판적으로 수용해서 제시한 노동소외론을 중심으로, 마르크스 최초의 사적 유물론과 정치경제학 비판 및 공산주의 사상을 선보였다.

마르크스 엥겔스 문학예술론

동물은 그들의 생활과 직접적으로 일치한다. 이는 동물이라는 존재와 생활이 구별되지 않는다는 말이다. 즉 존재가 바로 '생활'이다. 인간에게 생활 그 자체는 인간의 의지와 의식을 대상화한 것이다. 인간은 의식적으로 생활을 영위해 나간다. 즉 그가 직접 속해 있는 것에 의해 규정되지 않는다는 말이다. 의식적인 생활이 바로 인간을 동물의 생활과 구별해 준다.

인간은 (동물과 마찬가지로) 비유기적인 자연에 의존하면서 살아간다. 다시 말해서 보편적 인간을 동물과 비교하면 할수록 보편적 인간은 그가 살아가는 비유기적 자연의 일부분이 된다. 식물, 동물, 돌, 공기, 빛 등은 한편으로는 자연과학의 대상으로, 또 한편으로는 예술의 대상 ─ 우선 인간이 자신의 구미에 맞고 소화해내기 쉽게 마련해야만 하는 자신의 정신적 비유기적 자연, 정신적 자양분 ─ 으로 이론의 영역에서 인간의식의 일부를 구성하고 있는 것과 마찬가지로, 실천의 영역에서도 그러한 것들은 인간생활의 일부를 구성하고 있다.

인간은 실천적 활동을 통해 대상 세계를 창조하면서, 다시 말해서 비유기적 자연을 '가공하면서' 스스로 의식적인 유적 존재species—being임을 입증한다. 여기서 존재란 그 자신의 본질적 존재로서의 유^類를 가리킨다. 동물도 생산을 한다는 것은 분명하다. 꿀벌이나 개미, 비버beavers 등은 스스로 둥지나 집을 짓는다. 하지만 동물은 자기 자신이나 새끼들에게 직접 필요한 것들만을 생산한다. 요컨대 동물은 단편적으로 생산하지만, 인간은 보편적으로 생산한다. 동물은 오직 직접적인 육체적 욕구의 지배 하에서 생산한다. 반면에 인간은 육체적인 욕구가 없을 때조차도 생산하며, 자연으로부터 완전히 자유로울 때만이 진정한 생산을 이룩한다.

동물은 단지 그들 자신만을 생산하지만 인간은 자연 전체를 재생산한다. 동물의 생산물은 직접적으로 자신의 육체에 속하지만, 인간은 자신의 생산물과 자유롭게 대면한다. 동물은 그가 속한 유의 척도와 욕구에 따라 사물을 형성하지만, 인간은 모든 유의 척도를 고려하여 생산하는 방법을 알고 있으며, 어디서든지 고유의 척도를 어떻게 적용시켜야 하는지를 알고 있다. 또한 인간은 미의 법칙에 따라 사물을 형성한다.

단지 들리는 음악만으로도 인간이 자신의 음악적 감각을 일깨울 수 있는 것처럼, 거꾸로 아무리 아름다운 음악일지라도 음악을 모르는 귀에는 아무런 의미도 전달해 줄 수 없다. 따라서 아무런 대상도 될 수 없다. 왜냐하면 나의 고유한 능력이 그 자체로는 주관적 능력이듯이 나의 대상은 나의 본질적인 능력 중 어느 하나를 확인해 줄 수 있고, 따라서 그것은 나에 대하여 존재할 수밖에 없기 때문이다. 또한 나를 향한 어떤 대상의 감각(이러한 대상은 이에 상응하는 감각에 대해서만 의미를 지닐 뿐이다)은 나의 감각이 미치는 바로 그만큼만 미치게 되므로, 사회적 인간의 '감각들'은 비사회적 인간의 감각들과는 '다르다.'

오로지 대상적으로 전개되는 풍부한 인간의 본질을 통해서만 주관적인 '인간적' 감성의 풍부함이 존재한다. 음악적인 귀, 형식미를 보는 눈, 간단히 말하자면 인간적으로 향유할 능력이 있는 '감각들', 즉 인간의 고유한 능력들로서 자기를 확인하여 완성하기도 하고 산출하기도 하는 감각들이 형성되는 것이다. 왜냐하면 오감뿐만 아니라 이른바 정신적 감각들 ─ 실천적 감각들(의지, 사랑 등) ─ 한 마디로 말해서 '인간적' 감각들 ─ 감각들의 인간성 ─ 은 그 대상의 현존재를 통해, 즉 '인간화된' 자연을 통해 형성되기 때문이다. 오감의 '형성'은 세계사 전체가 지금까지 이룩해 온 하나의 노동이다.

조야한 실제적 욕구에 사로잡혀 있는 '감각'은 역시 '제한된' 감각일 따름이다. 굶주림에 지친 인간에게는 음식의 인간적 형식이 존재하지 않으며, 오로지 음식으로서의 추상적 현존재만이 존재할 따름이다. 이처럼 음식은 가장 조야한 형식으로 존재하지만, 우리는 이러한 영양활동이 무엇에 의해서 '동물적인' 영양활동과 구별되는가를 말할 수는 없다. 근심에 가득 차 있는 굶주린 인간은 아무리 훌륭한 연극을 보더라도 '감흥'을 느낄수 없다. 광물상인은 광물의 상업적 가치만을 알 뿐이지 그 아름다움과 고유성까지는 깨닫지 못한다. 그는 광물학적 감각을 지니고 있지 않다. 따라서 이론적 관점과 실천적 관점에서 볼 때, 인간본질의 대상화는 결국 인간의 '감각들을 인간적으로' 만들 뿐만 아니라, 풍부하고 인간적이며 자연적인 본질에 상응하는 '인간적 감각'을 창조하기 위한 활동이다.

그러므로 아직도 귀금속의 감각적 광채에 현혹되어 금속화폐의 물신숭배자로 남아 있는 국민들은 아직도 완전히 발전된 화폐국민으로까지는 나아가지 못하고 있는 실정이다.

2. 마르크스, 『정치경제학비판을 위하여』에서 (1859)

『정치경제학비판을 위하여Zur Kritik der politischen Ökonomie』는 원래 6편 계획으로 이루어진 마르크스의 정치경제학 비판 체계의 제 1분책이다. 연하의 친구인 F. 라살레의 도움으로 〈둥커〉Duncker 서점에서 1859년에 간행되었는데, 내용은 '서문', '제1장 상품', '제2장 화폐 또는 단순유통'으로 이루어졌다.

일반적으로 직접적 생산과정에서 금속이 아주 중요한 의미를 지니는 까닭은 그것이 생산도구의 기능을 가지고 있다는 사실과 관련이 있다. 그것들의 희귀성scarcity을 제쳐두더라도 철과 구리(고대인들이 사용했던 단단한 생태에서 볼 때)와 비교해 보아도 금과 은의 유연성softness은 이러한 용도(생산도구—엮은이 주)로 쓰일 수 없게 만들었으며, 따라서 금속들의 사용 가치 일반에 내재하는 속성은 대부분 박탈당하게 된다. 직접적 생산과정에서 그것들이 쓸모가 없기 때문에 생활수단이나 소비의 대상에서 제외된다. 따라서 직접적 생산과정 및 소비과정을 저해하지 않더라도 그것들은 어떤 임의의 양이라도 사회적 유통과정으로 흡수될 수 없다. 그것들의 특수한 사용 가치는 그것들의 경제적 기능과 모순되지 않는다.

다른 한편으로 금과 은은 소극적인 의미에서 과잉의, 즉 없어도 되는 대상들이며, 그것들의 미적 속성들은 그것들을 사치, 치장, 화려, 세련된 욕구의 자생적 재료 등 요컨대 잉여와 부의 긍정적 형태로 만든다. 은은 모든 광선을 본래 혼합된 그대로 반사하고, 금은 가장 강한 색깔인 붉은 색만을 반사함으로써, 그것들은 어느 정도 지하에서 파내진 훌륭한 빛으로 현상한다. 그러나 일반적으로 색감the sensation of color이란 심미적 감각의 가장 대중적인 형태이다. 상이한 인도 — 게르만 언어에서 귀금속들의 명칭이 색채 관계와 어원학적인 관련을 맺고 있다는 사실은 야코프 그림*에 의해 이미 밝혀진 바 있다. (그의 책『독일어의 역사』History of German Language를 보라.)

일단 그 사용가치가 다이아몬드인 상품을 갖고 있다고 가정해 보자. 우리는 다이아몬드를 감정해 보는 것만으로는 그것이 하나의 상품이라고 말

마르크스 엥겔스 문학예술론

---

* 야코프 그림Jacob Ludwig Carl Grimm, 1785~1863은 독일의 언어학자이자 동화작가. 동생 빌헬름 그림 Wilhelm Grimm과 함께 '그림 형제'로 널리 알려져 있다.

할 수 없다. 그것이 창녀의 가슴에나 잔디 깎는 사람의 손에서 심미적 또는 금속적 사용가치로 쓰였을 경우, 그것은 상품이 아니라 일개 다이아몬드에 불과하다.

3. 마르크스, 『자본론』에서 (1867)

우선 노동은 인간과 자연 사이의 과정이다. 이 과정에서 인간은 자신의 행위를 수단으로 삼아 자연과의 본질적 교환을 매개하고^{mediates} 조정하며 ^{regulates} 통제한다^{controls}. 자연의 물질성에 직면할 경우 인간은 스스로 하나의 자연력에 해당한다. 인간은 자신의 신체, 팔, 다리, 머리, 손 등의 자연력을 통해 자연의 물질성을 인간생활에 유용한 형태로 전유시키기 위해 행동한다. 그러므로 인간은 자신의 외부에 있는 자연에 대해 행위를 가하고 변화시키며, 또한 자신의 본성까지도 변화시킨다. 인간본성에 내재해 있는 잠재력이 개발되어 이 힘으로 하여금 명령하는 역할을 맡도록 한다. 여기서는 동물에서도 발견될 수 있는 초보적이고 본능적인 노동 형태에 대해서는 언급을 피하겠다.

노동자가 자신의 노동력을 판매하는 사람으로서 상품시장에 등장하는 상황은 인간의 노동이 초보적이고 본능적인 형태에서 벗어난 시기와는 상당히 거리가 있다. 우리는 오직 인간의 특성만을 가지고 있는 노동형태를 상정하고 있다. 거미가 거미집을 만드는 행위는 직공의 행위와 비슷하며, 수많은 건축가들은 벌집을 짓는 꿀벌들과 비슷하다. 그러나 서투른 건축가도 아주 집을 잘 짓는 꿀벌과는 무조건 구별된다. 건축가는 밀랍으로 집을 짓기 전에 미리 머릿속에서 그것을 구상하기 때문이다.

노동과정이 끝난 후 얻어질 결과는 이미 '노동자의 상상 속에 이상적인 형태로' 그려져 있다. 인간은 단순히 자연의 형태를 바꿀 뿐만 아니라, 그가 의도하는 대로 자연을 변화시킨다. 그리고 이와 같은 의도는 노동자의 의지가 그러한 의도들에 부합되어야만 하기 때문에 행위의 방법과 수단을 결정하는 법칙이 된다. 따라서 이러한 부합은 순간적인 행위가 아니다. 노동기관과 합목적적 의지는 노동의 전체과정에서 발견되어야 하며, 명백히 세심한 주의를 필요로 한다. 그렇게 할수록 노동의 생득적 내용과 그것을 실현시키는 수단, 방법은 노동자의 유인력을 더욱 감소시킬 것이다. 그러므로 노동자는 점차 자신의 육체적 · 정신적 힘의 역할로서의 노동을 덜 누리게 된다.

4. 엥겔스, 「원숭이에서 인간으로의 진화과정에서 노동의 역할」에서 (1876)

FREDERICK ENGELS

THE PART
PLAYED BY LABOUR
IN THE TRANSITION
FROM APE TO MAN

언어, 도구, 직립보행, 조직 이 모든 것들을 하나로 설명할 수 있는 인간적 특성은 과연 무엇일까? 프리드리히 엥겔스는 《신시대》Die Neue Zeit 1895–06에 처음 실은 《원숭이로부터 인간으로의 진화과정에서 노동의 역할》The Part Played by Labour in the Transition from Ape to Man이라는 논문에서 노동이야말로 사람을 사람이게 하는 가장 중요하고도 근본적인 특성이라고 주장했다.

노동은 온갖 부의 원천이라고 정치경제학자들은 주장한다. 사실상 노동은 자연과 함께 부의 원천이며, 자연은 노동에 재료를 제공하고, 노동은 이것을 부로 전화시킨다. 하지만 노동은 이보다 무한한 의미를 지닌다. 노동이야말로 모든 인간존재의 첫째가는 기본 조건이며, 그것은 어떤 의미에서 볼 때 노동이 인간 자체를 창조했다고 말하지 않으면 안 될 정도이다……

많은 원숭이들은 손으로 나무 위에 둥지를 틀거나, 나아가서는 침팬지와 같이 비바람을 막기 위해 가지와 가지 사이에 지붕을 얹기도 한다. 또 적으로부터 자신을 보호하기 위해 손으로 막대기를 집거나 과일과 돌멩이를 내던진다. 원숭이들이 할 수 있는 동작은 인간을 흉내 낸 단순한 것들이다. 하지만 아무리 사람과 비슷한 원숭이라 할지라도 그의 미발달된 손과, 수십 만 년 동안의 노동을 통해 완성된 인간의 손 사이에는 아주 큰 차이가 있다는 것을 바로 여기서 찾아볼 수 있다. 즉 뼈와 근육의 숫자 및 그 일반적 배열은 양자가 동일함에도 불구하고, 아무리 원시적인 야만인일지라도 그의 손은 어떤 원숭이도 흉내 낼 수 없는 수백 가지의 동작을 할 수 있다. 아무리 조잡한 돌칼이라도 원숭이의 손으로 만들어진 것은 일찍이 없었다.

따라서 우리 조상들이 원숭이에서 인간으로 이행했던 시기에 수천 년을 두고 서서히 일해 온 그 손동작들은 처음에는 아주 간단한 것들일 수밖에 없었다. 하지만 아무리 저급한 야만인도, 심지어는 육체적 회화와 동시에 동물과 같은 상태로의 퇴화가 일어났으리라 여겨지는 야만인조차도 위에서 말한 과도기적 존재들보다는 훨씬 높은 단계에 있었다.

인간이 처음에 손으로 부싯돌을 칼로 만들기까지는 분명 장구한 세월이 흘렀을 것이다. 이 기간을 비교해 볼 때 우리가 알고 있는 역사적 기간은 매우 짧은 것이다. 그러나 마침내 결정적인 진전이 이루어져, 손은 '자유로워졌고', 그 후 더욱 더 훌륭한 기술과 솜씨를 습득할 수 있었으며, 이에 따라 얻어진 적응력은 계속 다음 세대로 이어져 내려오면서 더욱 커졌다.

이와 같이 손은 노동하는 기관일 뿐만 아니라, '노동의 산물이기도 하다.' 오직 노동을 통해서만, 보다 새로운 동작에 적용시킴으로써만, 이에 따른 근육과 인대 그리고 이보다 오랜 기간을 요구하는 뼈 등의 특수한 유전적 발달을 통해서만, 또 유전에 의해 물려받는 그 새로운 성과를 더욱 복잡한 새로운 동작에 끊임없이 적용시킴으로써 인간의 손은 예컨대 마술적인 힘을 가지고 라파엘로의 회화, 토발트센Bertel Thorwaldsen*의 조각, 파가니니의 음악을 낳게 할 수 있는 완벽하고 높은 수준에 도달했다.

처음에는 노동, 그 다음에는 노동과 함께 분절언어分節言語, 이 두 가지는 원숭이의 두뇌에 영향을 주었으며, 원숭이의 두뇌와 매우 비슷함에도 불구하고 그보다 훨씬 크고 완벽한 인간의 두뇌로 점차 변화시킨 가장 본질적인 자극이었다. 그리고 두뇌의 발달과 더불어 두뇌의 가장 가까운 도구인 감각기관이 발달했다. 언어가 점차 발달함에 따라 청각기관이 필연적으로 발달하듯이, 대체로 두뇌가 발달함에 따라 모든 감각들이 총체적으로 완성되어갔다.

독수리는 사람보다 훨씬 멀리까지 볼 수 있지만 사람의 눈은 독수리의 눈보다 훨씬 더 많은 것들을 알아낸다. 개는 사람보다 훨씬 예민한 후각을 가지고 있지만, 개는 사람이 상이한 사물의 일정한 표시가 되는 냄새를 1/100도 구별하지 못한다. 그리고 원숭이의 경우 촉각은 매우 조잡하고 초보적인 형태에 불과하지만, 인간의 촉각은 손 자체의 발달과 더불어 비로소 발달했으며, 노동이라는 매개에 의해 완성되었다.

---

* 토발트센: 1770~1844. 덴마크의 신고전주의 조각가.

손과 발성기관 그리고 두뇌의 공동 활동에 의해 사람들은 개별적으로 뿐만 아니라 사회적으로도 더욱 복잡한 작업을 수행할 수 있게 되었고, 보다 높은 목적을 내세우고 그것을 달성할 수 있는 능력을 획득했다. 노동 그 자체는 세대가 바뀜에 따라 더욱 다양해지고 완전해졌으며, 보다 다방면에 걸치게 되었다. 수렵과 목축에 농업이 덧붙여지고, 그 다음에는 농업에 방적과 방직, 금속가공, 도자기 제조, 항해술이 덧붙여졌다. 상업 및 수공업과 아울러 마침내 예술과 과학이 출연했으며, 종족으로부터 민족과 국가가 탄생했다. 법률과 정치가 발전하였으며, 동시에 인간의 정신 속에 인간생활의 환상적 반영상인 종교가 발전했다.

이 모든 것은 우선 두뇌의 산물로, 그것들이 인간사회를 지배하는 것처럼 보였기 때문에 노동하는 손에 의한 보다 겸손한 산물들은 뒷전으로 밀려났다. 사회발전의 아주 초기단계에서는 이미 (예컨대 원시가족에서는 이미) 노동을 계획하는 두뇌가 타인에게 자신이 계획한 노동을 강요할 수 있게 되자 더욱 더 그렇게 되었다. 문명의 급속한 발전은 모두 두뇌의 공로로, 즉 두뇌의 발달과 활동의 공로로 인정되었다. 인간은 자신의 행동을 자신의 필요(이 경우에 물론 필요는 두뇌에 반영되며, 또 의식된다)로써 설명하는 대신에 자신의 사유로써 설명하는 습관을 익히게 되었다.

그리하여 시간의 흐름에 따라, 특히 고대사회의 멸망 이후 사람들의 머리를 지배한 관념론적 세계관이 발생했다. 다윈학파의 가장 유물론적인 자연과학자들조차 인간의 기원에 대한 명백한 개념을 아직도 가지지 못하고 있을 정도로 관념론적인 세계관은 인간의 정신을 지배하고 있다. 왜냐하면 이러한 이데올로기적 영향 아래서 그들은 노동의 역할을 깨닫지 못하고 있기 때문이다.

2 장

자본주의적
소외와 미적
가치의 왜곡

MARX
ENGELS

1. 마르크스, 「프러시아 검열관에게 내려진 새 훈령에 대한 논평」에서 (1842)

(새로이 제정된) 그 법률 때문에 나는 이 글을 쓰게 되었다. 그 법률은 '나 자신'의 문체가 아닌 다른 문체로 글을 쓰도록 강요하고 있기 때문이다. 비록 내 정신의 얼굴을 보일 수 있다 하더라도 그보다 먼저 '규정된 표현'으로 그것을 보여주어야만 한다! 아무리 명성이 드높은 사람일지라도 이런 상황에서 얼굴을 붉히지 않을 사람이 어디 있겠으며, 차라리 제복 속으로 얼굴을 감추려 하지 않을 사람이 어디 있겠는가? 제복은 적어도 주피터의 얼굴이라도 감출 수 있다는 것을 암시해 준다. '규정된 표현'이란 그저 '싫은 일에도 웃는 표정'bonne mine a manuvais jeu을 짓는 것일 뿐이다.

여러분은 경이로운 자연의 다채로움과 무한한 풍요에 경탄을 금치 못할 것이다. 하지만 장미꽃에서 제비꽃의 향기가 나길 원치 않는다. 그런데 다른 무엇보다도 풍요로운 정신이 오직 '하나의' 양태로만 존재하도록 허용되고 있지 않은가? 나는 유머러스하게 글을 쓰고자 하지만 그 법률이 내게 딱딱함을 요구하고 있다. 나의 문체는 대담하지만 그 법률은 온건할 것을 요구한다. 자유에 허용된 유일한 색채는 어두침침한 잿빛뿐이다. 햇살 아래 반짝이는 이슬방울은 하염없이 다채로운 색깔들을 발산하고 있는데, 정신의 태양은 여타 각 개인들이나 대상들이 반영하는 것과는 상관없이 오직 유일한 '관제적 색깔'만을 발산하도록 정해져 있다. '밝음'과 '빛'은 정신의 본질적 형태이며, 따라서 여러분은 그것에 가장 적합한 표현은 정신의 '그림자'라고 말할 수 있다.

검은 색의 꽃이 없다 해도 정신은 꽃을 검게 물들일 수 있다. 정신의 본질은 '항상 진리 그 자체'인데, 여러분은 그 본질을 무엇으로 태우겠는가? 온건함moderation이다. 오직 흙투성이의 거지만이 온건하다. 괴테는 이렇게 말했다. "흙투성이의 거지, 그가 바로 당신이 정신으로부터 얻고자 하는 것인가?" 혹은 쉴러의 말처럼 온건함이란 천재의 온건함이어야 하는가? 그렇다면 여러분은 시민들을, 특히 검열관들을 천재로 만드는 일부터 시작해 보라. 천재의 온건함도 악센트나 특이한 어투가 없이 걸러진 언어만을 구사하는 것은 결코 아니다. 오히려 그것은 문제에 악센트를 두어 말하고 문제의 본질에 특유한 어투를 쓰는 데 달려 있다. 또한 그것은 온건함 유무에 신경 쓰지 않고 문제의 핵심만을 수용하는 데 있다. 정신의 근본적 온건함은 '그 본질적 성격'에 따라 '모든 본성'과 연결되는 보편적 관대함, 즉 이성에 있다……

정부가 '진리'를 결정한다면, 그것을 그저 단순하게만 받아들여야 하는가? 잊어서는 안 될 제3의 측면인 '예의범절 때문에' 진리 탐구가 불필요하다거나 부적당하다고 생각되는가? 분명히 그렇다. 이는 그러한 탐구가 명백히 진리에 반하는 것으로 간주되고 있기 때문이다. 그러므로 평신도가 성직자 앞에서 기도하는 모습처럼 여겨지는 — 미심쩍게 공인된 — 딱딱함과 온건함의 고리타분한 빛깔patina이 폭로되는 것이다. 한 국가에서 정부의 이론적 해석은 유일한 합리성을 의미한다. 물론 이 같은 특권은 일정한 상황 하에서 여타의 추론이나 근거 없는 협의를 거쳐 이루어진다. 하지만 그것들은 차차 특권의식을 사칭하여, 결국에는 ― 온건하고 비굴하며 신중하고 지리멸렬한 ― 참다운 권위조차 갖지 못하게 될 것이다. 볼테르는 다음과 같이 말했다. "모든 장르는 훌륭하다. 단지 지루한 장르는 빼고." 그런데 여기서 유일하게 라인국가의 공판Die Verhandlungen der Rheinischen Landstande에만 이 지루한 장르가 나타나 있다. 왜 그 훌륭한 신성독일제국의 궁중 문체 German Holy Office style를 사용하지 않는가? 이제 당신은 자유롭게 글을 써야만 한다. 하지만 관대한 검열관들이 당신의 온건하고 진지하며 훌륭한 판단을 납득할 수 있도록 모든 단어들을 나열해야만 한다. 그러면 당신은 겸양의 의식을 잃지 않을 것이 분명하다.

2. 마르크스, 「언론의 자유에 대한 논쟁」에서 (1842)

우선 '장사의 자유'freedom of doing business에 포함되는 '언론의 자유'freedom of the press를 발견한다는 것은 놀라운 일이다. 하지만 우리는 그 필자의 견해에 대해 성급하게 비난할 필요는 없다. 렘브란트는 성모 마리아를 네덜란드의 여성농민으로 묘사했다. 그런데 왜 우리의 필자는 그에게 가깝고 친숙한 이미지로 자유를 그리지 못하는 것일까? ……

어떤 영역의 자유를 수호하거나 이해하는 것에서조차, 나는 그 피상적인 관계보다는 본질적인 성격을 파악해야만 한다. 하지만 언론이라는 것이 그 자체의 품위를 상실하고 단지 일개의 장사로 전락할 때 언론 고유의 성격에 충실한 것일까? 언론의 본질적 숭고함과 조화될 수 있을까? '자유로운 언론이라고' 할 수 있을까? 작가들도 물론 생활을 꾸려나가면서 글을 쓸 수 있어야 한다. 그러나 생활을 꾸려나가기 위해 살거나 글을 써서는 안 된다.

> 나는 오직 노래를 만들기 위해 살아간다네.
> 이봐요, 당신이 내 자리를 빼앗아간다면
> 나는 살기 위해 노래를 만들 겁니다.

베랑제가 이렇게 노래했을 때, 이 시구 속에는 반어적인 공언이 내포되어 있다. 즉 시가 단지 수단으로 되자마자 시인은 자신의 영역에서 떨려나가게 된다.

작가는 결코 자신의 창작활동을 '수단'으로 삼아서는 안 된다. 그것은 '그 자체로 목적'이며, 작가 자신이나 그 밖의 다른 것들을 위한 수단이 될 수가 없다. 그렇기 때문에 작가는 불가피한 경우 '자신의 글'을 위해 '자신의 생존'을 희생하며, 비록 다른 경우이긴 하지만 전도사가 "인간은 신 앞에 복종해야 한다"라고 믿듯이 그 자신의 율법을 갖게 된다. 물론 작가 자신도 평범한 사람들처럼 인간적 욕망과 욕구를 갖고 있다.

그럼에도 불구하고 내가 어느 재단사에게 파리 식 멋쟁이 예복Parisian frock coat을 주문했을 때, 그보다 더 영원한 미의 법칙에 가깝다는 로마식 외투Roman togo를 재단사가 만들어주었다고 가정해 보자! "언론은 그것이 장사로서 존재하지 않을 때 최상의 자유를 누릴 수 있다." 언론을 물질적 수단으로 전락시키는 작가는 자신의 본질적인 자유를 박탈당할 뿐만 아니라, 본래적인 자유

피에르 장 드 베랑제Pierre Jean de Beranger; 1780–1857 : 프랑스 파리 출신의 대중가요 작곡가.

의 결핍과 부수적인 자유의 결핍 그리고 검열이라는 처벌을 받아야 한다. 나아가 그의 존재는 이미 자신의 첫값이 되어버린다.

3. 마르크스, 『경제학·철학초고』에서 (1844)

이제까지 우리는 인간적 욕망의 '풍부함' 및 '새로운 생산방식'과 새로운 생산의 '대상'이 사회주의라는 전제 아래서 볼 때 어떤 의미를 가지고 있는지를 살펴보았다. 즉 '인간의' 고유한 능력에 대한 새로운 확인과 '인간' 본질의 새로운 풍요화를, 하지만 사적 소유 내부에서는 정반대로 각 개인이 다른 사람에게 '새로운' 욕망을 불러일으켜 그가 새로운 제물이 되도록 강요하고, 그를 새로운 예속관계로 몰아넣으며, '향유'와 경제적 파멸의 새로운 방식으로 왜곡시키려고 골몰하고 있다.

각 개인은 다른 사람을 지배하는 '낯선' 고유한 능력을 창출하여 자신의 사리사욕을 충족시키려고 한다. 따라서 대상들의 양이 증가하면 인간이 예속되어 있는 낯선 존재들의 왕국realm도 커진다. 새로운 생산물들은 서로 기만하고 약탈하는 새로운 '잠재력'으로 존재한다. 인간은 인간보다 훨씬 가난해지고, 적대적 존재를 자신의 것으로 삼기 위해 훨씬 많은 돈을 필요로 한다. 그리하여 돈의 권력은 생산의 양과 정반대의 관계를 맺는다. 즉 돈의 권력이 증대함에 따라 돈에 대한 욕망이 증대한다.

따라서 돈에 대한 욕망은 국민경제학에 의해 생산되는 진정한 욕망이며, 유일한 욕망이다. 돈의 '양'은 돈의 유일한 '권력' 속성으로 점차 전환된다. 돈이 모든 존재를 그 추상적 형태로 환원시키듯, 돈은 자신의 운동 속에서 자신을 '양적인' 존재로 환원시킨다. 무한도성exess과 무절제성

intemperance이 돈의 진정한 규준norm이다. 이것은 주관적으로 본 돈의 형상 형태이므로,

첫째, 생산물과 욕망의 증대는 비인간적이고 교활하며 비자연적이고 '공상적인' 욕망에 사로잡힌 채, '발명의 재능을 가지고' 끊임없이 '계산하는' 노예로 전화되며, 또 사적 소유는 조야한 욕망을 '인간적' 욕망으로 만드는 방법을 알지 못하게 된다. 사적 소유의 '이상'idealism은 '공상', '자의'caprice, 변덕이다.

전제군주의 총애를 얻기 위해 환관보다 더 파렴치하게 아부를 하고, 더욱 불명예스러운 수단을 통해 전제군주의 향유능력을 자극하고자 하는 사람은 없다. 이와 마찬가지로 공업의 환관, 즉 생산자는 은화를 얻기 위해 그리스도의 사랑을 받는 이웃의 탁자로부터 황금 새를 꾀어낸다(모든 생산물은 미끼다. 사람들은 그 미끼를 가지고 다른 사람의 본질, 곧 돈을 꾀어낸다. 모든 현실적 욕망 또는 가능한 욕망은 파리를 아교 막대기로 유혹하는 인간의 약점이자 공동체적 인간본질의 보편적 착취다. 인간의 모든 불완전성은 그를 하늘과 연결시키는 끈이며, 인간의 마음을 사제에게 향하도록 하는 한 측면이다. 모든 궁핍은 사람들로 하여금 아주 상냥한 표정을 지으며 이웃에게 다가가 다음과 같이 말하도록 하는 하나의 기회이다. "사랑하는 친구여! 그대가 필요한 것을 모두 주겠다. 그러나 그대는 이에 필요한 조건들을 알고 있다. 그대는 어떤 잉크로 '내가 당신에게 향유를 건네주지 않으면, 그것은 당신을 속이는 것이다'라고 나에게 서약해야 하는 까닭을 알고 있다.")……

둘째, 이러한 소외는 욕망과 그 충족수단의 세련화가 한편으로는 가축의 맹수화를 가져오고, 또 한편으로는 조야하고 추상적이며 완전무결한 욕망의 단순성을 산출하거나, 욕망과는 정반대의 의미로 욕망 자체를 재탄생시킨다는 데서 드러난다……

국민경제학자(와 자본가)는 욕망이 그 충족수단의 상실을 초래하는가를

입증하고 있다(우리가 국민경제학자들 ─ 그들의 '과학적' 고백과 현존 ─ 에 대해 항의할 때는 언제나 '경험 있는' 기업인들을 염두에 둔다)……

이 놀라운 공업의 과학은 '금욕'asceticism의 과학이기도 하다. 이 과학의 진정한 이상은 '금욕적'이면서도 '폭리를 취하는' 구두쇠이자 '금욕적으로 생산하는' 노예이다. 이 과학의 도덕적 이상은 봉급의 일부를 조합에 저금하는 '노동자'이다. 이 과학은 이처럼 훌륭한 착상을 위해 노예적 '예술'을 발명했다. 사람들은 감상적인 기분을 주장으로 가져갔다. 따라서 이 과학은 세속적이고 육욕적인 겉모습을 지니고 있음에도 불구하고, 실제로는 도덕적인 과학, 가장 도덕적인 과학이다. 자기체념, 즉 삶과 모든 인간적 욕망의 체념은 이 과학이 가르치는 주제이다.

당신이 더 적게 먹고 마신다면, 더 적게 사유하고 사랑하며 더 적게 이론을 산출해 낸다면, 더 적게 노래 부르고 그림 그리며 더 적게 싸움을 한다면, 당신은 더 많이 저축하게 되고, 좀이나 도둑이 먹어치울 수 없는 당신의 보화인 '자본'은 더 늘어날 것이다. 당신이 더 보잘 것 없어지고, 당신의 삶을 더 적게 표현한다면, 당신은 더 많이 소유할 것이고, 당신의 '외화된' 삶은 더 커질 것이며, 당신은 당신의 소외된 존재로부터 더 많은 이득을 취할 것이다. 국민경제학자는 당신의 삶과 인간성으로부터 탈취한 모든 것들을 '돈'과 '부'로 보상해 준다. 당신의 돈은 당신이 할 수 없는 모든 일들을 할 수 있다. 당신의 돈은 먹고 마시며 무도회와 극장을 구경한다. 당신의 돈은 예술과 박식함과 역사적 희귀성과 정치권력을 간파하고 있다. 당신의 돈은 여행을 할 수 있다. 당신의 돈은 당신에게 모든 것을 갖게 해 줄 수 있다. 당신의 돈은 모든 것을 살 수 있다. 당신의 돈은 진정한 '능력'이다.

그러나 바로 이러한 당신의 돈은 자기 자신 이외의 어느 것도 창조하지 않으며, 자기 자신 이외의 어느 것도 사들이지 않는다. 왜냐하면 자기 자신 이외의 다른 모든 것들은 자신의 노예이기 때문이다. 만일 나에게 주인(돈을 말함—엮은이 주)이 있다면, 나는 노예를 거느리거나 부리지 않을 것이다. 따라서 모든 정열과 모든 활동은 '소유욕'avarice으로 귀착될 수밖에 없다……

물론 공업자본가도 향유한다. 공업자본가는 결코 욕망의 비자연적 단순성unnatural simplicity of need으로 되돌아가지 않는다. 하지만 그의 향유는 단지 부수적인 것, 즉 휴식에 불과하며 생산에 종속되어 있기 때문에, 그것은 '당연시되는'calculated 향유이자 '경제적' 향유이다. 왜냐하면 공업자본가는 그의 향유를 자본의 비용으로 산정하기 때문이며, 향유를 통해 소비된 것은 이익이 남는 자본의 재생산을 통해 다시 보충할 수 있을 정도의 비용만을 공업자본가에게 부담시키기 때문이다.

4. 마르크스, 『전자본주의적 경제구조』에서 (1858)

인간을 항상 생산의 목적으로 삼았던 고대의 관념(좁게는 민족적, 종교적 또는 정치적 개념정의이지만)은 생산이 인간의 목적이자 그 생산의 목적을 부의 목적으로 삼고 있는 근대적 관념보다는 훨씬 우월하다고 여겨진다.

하지만 사실상 편협한 부르주아적 형태를 벗겨볼 때, 부는 보편적 교환을 통해 창출된 각 개인의 욕구, 능력, 즐거움, 생산제력 등의 보편성 이외에 무엇이란 말인가? 그것은 자연의 온갖 힘들, 즉 인간 고유의 본성이 지닌 힘들뿐만 아니라, 소위 '자연'이 가지고 있는 힘들에 대한 인간지배의 완전한 발전이 아닌가? 그것은 이러한 발전 — 즉 '이미 규정된' 척도yardstick로는 측정되지 않는 인간의 모든 능력 그 자체의 발전 — 의 총체성을 자체의 목적으로 삼는 이전의 역사적 발전 이외의 어떠한 전제조건도 아닌, 인간의 창조적 잠재력의 완전한 발현absolute elaboration이 아닌가? 인간은 어떤 규정적 형태 속에서 자신을 재생산하는 것이 아니라면, 어디서 자신의 총체성을 생산해 내는가? 인간은 기존에 이루어진 어떤 영역에 머무르지 않고 어떻게 생성becoming이라는 절대적 운동 속으로 들어가는가?

부르주아적 정치경제학과 그에 조응하는 생산의 시기(즉 자본주의 사회구성의 시기—엮은이 주)에서 인간이 내부에 자리 잡고 있는 것의 이렇듯 완전한 발현은 총체적 소외로 나타나며, 제한적이고 일면적인 목적의 폐기는 완전히 외적 강제에 대한 목적 그 자체의 희생으로 나타난다. 이것이 한편으로는 고대의 유아적 세계가 우월한 것으로도 나타나는 이유이다. 그리고 다른 한편으로는 그것이 폐쇄된 모습, 형태 및 일정한 한계를 촉구하는 한 사실상 우월하다. 고대세계는 제한된 관점에서의 만족을 준다. 반면에 근대세계는 불만족스럽거나 그 자체 내부에서만 만족스러운 것으로 나타나는데, 그것이야말로 '속물적인 것'이며 '하찮은 것'에 불과하다.

5. 마르크스, 『잉여가치학설사』에서 (1861~62)

스토크*는 물질적 생산 자체를 역사적으로 파악하지 않았기 때문에 — 그는 대개 그것을 한정적이고 역사적으로 발전된, 특수한 생산형태로서가 아니라 물질적 상품생산으로 보았다 — 한편으로는 지배계급의 이데올로

---

* 스토크H. Storch; 1766–1835는 러시아 경제학자, 아담 스미스와 벌인 논쟁의 대상이었던 『정치경제학 연구』A Study of Political Economy의 저자 .

기적 요소들을, 또 한편으로는 주어진 사회구성체social formation의 자유로운*
지적 생산을 파악할 수 있는 유일한 발판을 잃어버리고 말았다. 따라서 그
는 일반적이고 터무니없는 표현양식을 넘어설 수 없었다. 이처럼 연관관계
relationship는 그가 상정했던 것처럼 그리 단순하지가 않다.

　예를 들면 자본주의적 생산은 예술과 시와 같은 지적 생산의 특정 측면
들과는 적대적이다. 다른 측면들을 보라. 그 결과는 레싱**이 그토록 아름답
게 모방했던 18세기 프랑스의 자부심conceit과 같은 것일 게다. 우리가 기술
적인 면 등에서는 고대인을 능가하고 있음에도 불구하고, 왜 우리는 서사
시를 꽃피울 수 없는 것일까? 『일리아드』 대신에 『헨리아드』***인가!

6. 엥겔스, 『자연변증법』에서 (1876)

　비잔틴 제국의 폐허에서 건져낸 초고들과 로마 유적지에서 출토된 골
동상들the antique statues이 고대 그리스의 새로운 세계를 서구에 보여줌으로
써 충격을 안겨주었다. 그 찬란한 형상 앞에서 중세의 귀신들은 추방당하
고, 이제 다시는 얻을 수 없지만 고전 고대의 반영처럼 여겨지는 예기치 못
한 예술의 만개를 이탈리아는 이루었다. 이탈리아, 프랑스, 독일 등지에서
는 최초의 근대문학이라 할 수 있는 새로운 문학이 싹텄으며, 곧바로 영국
과 스페인 문학의 고전 시기가 도래했다…….

　그것은 인류가 경험했던 가장 진보적인 혁명이었으며, 거인들을 요구하

---

* 　원전 초고의 편집자에 따르면 미묘함fein으로 이해될 수도 있다고 한다.
** 　Gotthold Ephraim Lessing, 1729~1781; 독일의 계몽주의 사상가이자 극작가.
*** 　『헨리아드』Henriade: 볼테르의 서사시.

몽탈랑베르(1714—1800)는 프랑스 공병대장이자 작가로, 자신의 기술을 1779년에 프랑스 북부 엑스 섬의 성채를 구축하는 데 이용했다.

고 거인들(보편성과 지식 그리고 사유와 정열과 특성이라는 역량을 지닌 거인들)을 생산하던 시대였다. 부르주아의 근대적 법칙을 바탕으로 한 인간은 부르주아적 한계를 지니기는커녕, 오히려 그 시대가 그들을 다소나마 고취시켰던 모험적 성격을 지니고 있었다. 그 당시 폭넓은 여행경험이 없거나, 너댓 개의 외국어를 구사하지 못하거나, 다방면에 걸쳐 빛을 보지 못한 사람은 저명인사 축에 끼지도 못했다. 레오나르도 다빈치는 훌륭한 화가일 뿐만 아니라 기술자요 수학자이자 과학자였다. 그가 물리학의 다방면에 걸쳐 두각을 나타냈던 것은 여러 가지 위대한 발견에 힘입은 바가 크다.

마찬가지로 알브레히트 뒤러*도 화가인 동시에 조각가이자 건축가였으며, 방어기지체계를 고안하기도 했다. 더욱이 훗날 그러한 여러 가지 아이디어들은 구체화되고 다시 몽탈랑베르Marc-René de Montalembert에 의해 재구성되어 근대 독일의 방어기지 연구의 근간을 이루었다.

마키아벨리는 정치가이자 역사가였고 시인이면서 동시에 근대에서는 최초의 괄목할 만한 군인작가였다. 루터는 아우게아스 왕의 외양간the Augean stable**처럼 타락한 교회를 말끔히 씻어냈으며 독일어를 정화시키는

---

* 알브레히트 뒤러Albrecht Durer, 1471~1528)는 독일의 화가 · 판화가 · 미술이론가 등 다방면에 재능이 뛰어난 인물로 독일 르네상스 회화의 완성자이다. 이탈리아 여행을 통해 표현기법을 터득했지만 점차 독일의 전통에 충실한 독일 최고의 화가였다.

** 그리스 신화에 나오는 아우게아스 왕의 외양간: 30년 동안 청소하지 않은 것을 헤라클레스가 강물을 끌어들여 하루 만에 말끔히 치웠다고 한다. 흔히 불결하고 타락한 것을 비유할 때 사용된다.

데도 큰 몫을 해냈다. 그는 독일의 근대적 산문을 만들었고, 16세기에 '라 마르셰즈'the MaMarseillaise*로 되어버린 승리의 찬가의 멜로디와 텍스트를 작곡했다. 그 당시 영웅들은 아직 노동의 분업의 예속 아래 있지 않았으며, 일방적인 생산과 그 분업에 의해 제한적인 영향을 받고 있었기 때문에, 우리는 그토록 종종 그 후계자들에게 관심을 기울인다.

하지만 그들의 가장 특징적인 것은 대부분 동시대 운동의 한가운데서 그리고 실질적인 투쟁의 한가운데서 살아가고 활동했다는 점에 있다. 즉 그들은 어떤 분명한 입장을 취하면서, 어느 경우에는 연설이나 글로써, 또 어느 경우에는 칼로써, 그리고 대부분의 경우에는 양자를 모두 사용함으로써 투쟁에 참여했다. 이처럼 그들을 그렇게 만들었던 총체성과 인간적 특성이라는 힘은 전인적 인간을 형성했다. 서재에 있던 학자들은 예외적인 경우이다. 그들은 손가락을 다치고 싶지 않았던 이류나 삼류, 또는 소심한 속물들이었다.

---

* 마르틴 루터의 성가 「우리의 주는 튼튼한 성(城)」은 1524~25년의 농민전쟁 동안 혁명적 농민과 빈민의 '라마르셰즈'가 되었다.

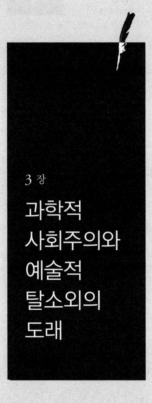

3 장

과학적
사회주의와
예술적
탈소외의
도래

MARX
ENGELS

1. 마르크스, 『경제학 · 철학초고』에서 (1844)

　우리는 '부유한 인간'과 부유한 '인간적' 욕망이 어떻게 국민경제학적
(혹은 정치경제학적—엮은이 주) 부와 빈곤을 대신하게 되는가를 알고 있다.
'부유한' 인간은 인간적인 삶의 표현의 전체성을 '필요로 하는' 인간이다.
그러한 인간에게는 자신의 현실화가 내적인 필연성, 즉 '결핍'으로서 존재
한다. 인간의 부와 빈곤은 — 사회주의라는 전제 아래서 고려해 볼 때 —
모두 '인간적인' 의의를 지니고 있으며, 따라서 사회적인 의의를 지니고 있
다. 그것은 인간으로 하여금 가장 큰 부, 즉 '다른' 사람을 결핍으로써 지각
케 하는 수동적 굴레이다. 자신 속에서 대립적 본질이 지배하는 것, 즉 자
신의 본질적 활동이 감각적으로 발현하는 것이 바로 '정열'이다. 그러므로
여기에서 정열은 자신의 본질의 '활동'으로 전화된다.

　어떤 '존재'가 자기 발로 설 때 비로소 그 존재는 자립적인 존재로 간주
된다. 또한 자신의 힘으로 자신의 '현존재'existence를 획득할 때 비로소 그

존재는 자기 발로 서게 된다. 다른 사람의 도움을 받아 살아가는 사람은 예속적 존재로 간주된다. 내가 다른 사람의 덕택으로 나의 생활을 꾸려나갈 뿐만 아니라 다른 사람이 나의 '삶을 창조'하기도 한다면, 다시 말해서 그가 나의 '삶의 원천'이라면, 나는 완전히 그의 도움으로 살아가고 있는 셈이다. 나의 삶이 나 자신의 창조물이 아니라면, 나의 삶은 필연적으로나 자신의 외부에 근거를 두게 될 것이다. '창조'는 통속적 의식으로는 배척하기 매우 어려운 표상이다. 자연과 인간이 자신을 매개하고 있다는 사실은 통속적 의식으로는 '파악되지 않는다.' 왜냐하면 통속적 의식은 실천적 삶의 모든 '장악가능성'에 대해 저항하기 때문이다.

따라서 사적 소유의 지양transcendence은 모든 인간적 감각들과 속성들의 완전한 '해방'이다. 그러나 사적 소유의 지양은 이러한 감각들과 속성들이 '인간적'으로 될 때, 즉 주관적인 동시에 객관적으로 될 때 비로소 이러한 해방이 된다. 눈은 '인간'의 눈이 된다. 마찬가지로 '대상'은 사회적이고 '인간적인' 대상, 즉 인간으로부터 나와 인간을 위해 존재하는 대상으로 전화한다. 따라서 '감각들'은 직접 그 실천 속에서 '이론가들'로 전화한다. 감각들은 사물 때문에 '사물'과 관계한다. 그러나 사물 자체는 자기 자신과 인간*에 대한 '대상적'이고 '인간적'인 관계이며, 그 역도 성립한다. 따라서 욕망이나 향유는 그 자체의 '이기적' 본성을 상실했고, 자연은 자신의 단순한 '유용성'utility을 상실했다. 왜냐하면 유용use은 '인간적' 유용으로 전화되었기 때문이다…….

이처럼 '물질적'이고 직접적으로 '감각적인' 사적 소유는 '소외된 인간'

---

* 실제로 물자체物自體가 인간적으로 인간과 관계를 맺는 경우에만 나 자신은 인간적으로 물物과 관계를 맺을 수 있다.(마르크스의 주)

의 삶에 대한 물질적·감각적 표현이다. 사적 소유의 운동, 즉 생산과 소비는 지금까지의 모든 생산운동, 즉 인간의 현실화 또는 현실성의 '감각적' 계시revelation이다. 종교, 가족, 국가, 법, 도덕, 과학, 예술 등은 '특수한' 생산 방식에 불과하며, 생산의 보편적 법칙에 종속된다. 따라서 사적 소유의 능동적 지양은, 즉 '인간적' 삶의 획득은 모든 소외의 능동적 지양이며, 따라서 인간이 종교, 가족, 국가 등으로부터 벗어나 자신의 '인간적' 현존재, 즉 '사회적' 현존재로 복귀하는 일이다. 종교적 소외 자체는 인간의 내면세계인 '의식'의 영역에서만 일어나지만, 경제적 소외는 '현실적인 삶'의 소외이다. 따라서 이러한 소외의 지양은 두 가지 측면을 포괄하고 있다.

'인간의 자기소외'로서의 '사적 소유의 실증적' 지양으로서의 '공산주의', 따라서 인간에 의한 인간을 위한 '인간의' 본질을 '현실적으로' 획득하는 것으로서의 공산주의, 따라서 지금까지의 발전에서 나온 전체적 부의 내부에서 인간이 의식적으로 자기 자신으로 완전히 복귀하여 자신을 '사회적' 인간, 즉 인간적 인간으로 자각하는 것으로서의 공산주의, 이러한 공산주의는 완성된 자연주의=휴머니즘, 완성된 휴머니즘=자연주의로서 존재하며, 인간과 자연 그리고 인간과 인간 사이에 일어나는 모순의 '진정한' 해결이며, 실존과 본질, 대상화와 자기 확인, 자유와 필연, 개체와 유類, species 사이에 일어나는 투쟁의 진정한 해결이다.

그러나 내가 '사회적으로' 또는 여타의 방식으로 활동하고 다른 사람들과 더불어 살아가는 직접적 공동체community 안에서 어떤 활동을 가끔 수행한다 할지라도, 나는 '사회적'이다. 왜냐하면 나는 '인간'으로서 활동하고 있기 때문이다. 나의 활동의 물질뿐만 아니라 ─ 사상가의 활동의 근거가 되는 언어 자체까지도 ─ 나에게는 사회적 산물로서 주어져 있다. 나 '자신'의 사유도 사회적 '활동'이다. 따라서 내가 나 자신으로부터 만들고 있는 것은 내가 나 자신으로부터 사회를 위해 만들고 있으며, 그것도 사회적 존재로서의 나 자신의 의식으로 만들고 있다.

나의 '보편적' 의식은 어떤 무엇의 '이론적' 형태에 불과하며, 바로 이 어떤 무엇의 '살아 있는' 형태가 '현실적' 공동체, 즉 사회적 존재이다. 오늘날 '보편적' 의식은 현실적 삶의 한 추상물이며, 그 자체가 현실적 삶과 적대적으로 대립하고 있다. 따라서 나의 보편적 의식 '활동'도 그 자체로서는 사회적 존재로서의 나의 '이론적' 현존재이다.

무엇보다도 우리는 '사회'를 추상물로 고정시켜 개인과 대립시키는 일은 피해야 한다. 개인은 사회적 존재이다. 따라서 개인적 삶의 표현은 ― 그것이 다른 사람들과 더불어 '공동체적으로' 수행되는 삶의 표현의 직접적 형식으로 나타나지 않더라도 ― '사회적 삶'의 표현이자 확인이다. 인간의 개체적 삶과 유적 삶은 비록 개체적 삶의 현존방식이 유적 삶의 보다 '특수'하거나 보다 '보편적인' 방식일지라도 ― 이것은 필연적이다 ― 그리고 유적 삶이 아무리 '특수'하거나 '보편적인' 개체적 삶이라 할지라도 서로 '상이한' 것은 아니다.

인간은 유적 의식으로서 자신의 현실적 '사회생활'을 확인하고, 오로지 자신의 현실적 현존재만을 사유 속에서 되풀이한다. 거꾸로 유적 존재는 유적 의식 속에서 자신을 확인하며, 자신의 보편성 속에서 사유하는 존재로서 자신을 자각한다.

비록 인간이 '특수한' 개체이고, 바로 이러한 인간의 특수성이 인간을 하나의 개체인 동시에 현실적인 '개체적' 공동존재social being로 만든다 하더라도, 그 만큼 인간은 '전체성,' ― 이념적 전체성 ― 즉 대자적으로for itself 사유하고 감각하는 사회의 주관적 현존재이다. 또한 인간은 실제로 사회적 현존재의 직관과 현실적 향유로서, 그리고 인간적 삶에 대한 표현의 전체성으로서 존재한다.

따라서 사유와 존재는 '구별'되기도 하지만, 동시에 서로 '통일되어' 있다.

2. 마르크스·엥겔스, 『독일 이데올로기』에서 (1845~46)

분업으로 인해 예술적 재능은 특정의 개인에게 배타적으로 독점되고, 이 개인과 관계를 맺고 있는 광범위한 대중에게는 예술적 재능이 억제당하는 결과가 초래되었다. 특정의 사회적 조건에서조차 모든 사람들이 뛰어난 화가가 될 수 있다면, 그들 각자도 또한 전문화가가 될 가능성을 전혀 배제할 수 없다. 따라서 여기에서는 '인간적' 노동과 '특수한' 노동 사이의 차이도 역시 완전히 무의미하다.

어떤 경우이든 공산주의적 사회조직과 더불어 예술가의 지역적·민족적 편협성에 종속되는 일(이것은 전적으로 노동의 분화 때문에 발생한다)은 사라지며, 또한 배타적으로 화가·조각가인 것에 감사하는 예술가가 어떤 한정된 예술영역에 종속되는 일도 사라진다. 그의 행위에 따른 바로 그 이름은 문자 그대로 직업적 발전의 편협성과 분업에 대한 의존을 적절히 표명해 주고 있다. 공산주의 사회에서는 특별한 화가들이 존재하지 않으며, 기껏해야 여타의 활동들을 수행하는 가운데 그림그리기에 종사하고 있는 인민이 있을 따름이다.

3. 마르크스 · 엥겔스, 「공산당 선언」에서 (1848)

물질 생산물의 공산주의적 생산양식the Communistic mode of producing 및 전유 appropriating 양식에 대해 가해지는 모든 반대는 공산주의적 정신, 생산물의 전유양식 및 생산양식에 대해서도 마찬가지로 행해졌다. 마치 부르주아에 게는 계급적 소유의 소멸이 생산 자체의 소멸이듯이, 계급적 문화의 소멸 은 곧 모든 문화의 소멸을 뜻하는 것이다.

잃어버림을 그토록 애석해하는 저 문화는 거의 대다수 사람들을 하나의 기계로서 행동하도록 만드는 훈련과정에 불과하다.

그러나 당신들의 자유, 문화, 법 등의 부르주아적 개념기준을 부르주아 소유를 폐지하려는 우리의 의도에 적용하려 애쓴다면 우리와 말다툼조차 벌일 필요가 없다. 당신들의 관념이란 단지 당신들의 부르주아적 생산과 부르주아적 소유의 조건들이 낳은 산물일 따름이다.

인간의 관념과 견해와 개념들, 한 마디로 말해서 인간의 의식이 인간의 물질적 생활조건 그리고 인간의 사회관계 및 사회생활의 모든 변화와 아 울러 변화한다는 것을 이해하는 데 무슨 깊은 통찰이 필요하겠는가?

정신적 생산은 본질적 생산의 변화에 따라서 그 성격이 변화한다는 것 이외에 사상의 역사가 보여준 것이 있는가? 각 시대의 지배적 사상은 항상 그 지배계급의 사상이었……

계급 및 계급대립을 가진 낡은 부르주아 사회 대신에, 우리는 하나의 연 합체를 갖게 될 것이며, 그 속에서는 각 개인의 자유로운 발전이 모든 사람 의 자유로운 발전을 위한 조건이 될 것이다.

4. 엥겔스, 「주택문제」*에서 (1872)

프루동Proudhon**으로서는 지난 백년간의 전체 산업혁명은, 즉 기계가 손으로 하는 작업을 대신하고 노동생산성을 천 배로 증대시킨 증기력 및 대규모 공장생산제의 도입은, 단지 매우 불행한 현상들이거나 무언가 정말 일어나서는 안 될 일이다. 쁘띠부르주아인 프루동이 바라는 것은 각자가 하나의 고립되고 독립된 생산물을 산출해내고, 그것이 즉각 소비될 수 있으며, 시장에서 교환될 수 있는 세계이다. 그러면 각자가 자기 노동의 가치를 다른 형태로서 전부 되돌려 받는 "영원한 정의"eternal justice가 충족되고 최상의 가능한 세계가 만들어진다.

그런데 프루동이 상정한 이 최상의 가능한 세계는 이미 꽃을 피우기도 전에 꺾여 버렸으며, 공업발전의 진전에 의해 짓밟히고 유린당했다. 이 공업발전은 모든 산업분야에서 개인노동을 오래전에 파괴했고, 보다 작거나 심지어는 가장 작은 산업분야에서조차 개인 노동의 파괴를 나날이 가중시키고 있으며, 기계 및 자연의 동력화를 통해 유지되는 사회적 노동을 바야흐로 본격적인 궤도에 올려놓고 있다.

공업의 — 즉각 교환되고 소비될 수 있는 — 최종생산물은 수많은 개인들의 손을 거쳐 만들어지는 생산물, 즉 결합노동the joint work의 생산물이다. 그리고 바로 이 같은 산업혁명이야말로 인간노동의 생산력을 다음과 같은 높은 수준으로 끌어올렸다. 즉 모든 사람들에게 노동의 합리적 분업이 주

---

* 「주택문제」Zur Wohnungsfrage는 엥겔스가 1872년 라이프치히의《폴크스슈타트》에 세 차례에 걸쳐 기고한 논문이다. 이것의 내용은 같은 신문에 실린 A. 뮐베르거의 논문과 E. 작스의 저서가 주장하고 있는 주택정책에 대한 비판이다.

** 피에르 요제프 프루동Pierre Joseph Proudhon; 1809–1865은 프랑스 사회주의자. 그의 사상은 후에 무정부주의자들에 의해 계승되었다.

어진다면, 모든 사회구성원들의 풍족한 소비 및 풍부한 비축기금^{reserve fund}을 충분히 생산할 수 있을 뿐만 아니라, 각 개인에게 역사적으로 이어져 내려온 문화들 — 과학, 예술 및 여러 교류형태들 — 가운데 참으로 보존할 가치가 있는 것들을 보존하고, 그것을 지배계급의 독점으로부터 사회 전체의 공유재산으로 바꿔버릴 수 있으며, 또 더욱 발전시킬 수 있도록 충분한 여가를 마련해 줄 가능성이 높은 수준으로 끌어올렸다. 그리고 결정적인 것은 인간노동의 생산력이 이러한 수준으로 올라가자마자 지배계급의 존재를 위한 일체의 변명거리가 사라진다는 사실이다.

요컨대 계급차별을 옹호하는 궁극적 근거는 항상 마찬가지였다. 즉 자신의 나날의 생존을 영위하는 데 시달릴 필요가 없는 하나의 계급이 존재해야 하며, 그래야만 사회의 지적 노동을 보살필 시간을 가질 수 있다는 것이다. 지금까지 위대한 역사적 당위성을 지녀왔던 이 허튼소리는 이제 지난 백 년 간의 산업혁명에 의해 처음으로 그리고 완전히 뿌리가 뽑혔다. 지배계급의 존재는 나날이 산업생산 발전에 장애가 되고 있으며, 과학과 예술 특히 문화적 교류형태들의 발전에도 마찬가지로 장애가 되어버렸다. 역사적으로 볼 때 우리의 근대 부르주아만큼 위대한 문외한들^{great boors}도 없을 것이다.

제1부 문학·예술 이론

4 장

문학과
계급적 가치

MARX
ENGELS

1. 마르크스, 『신성가족』에서 (1845)

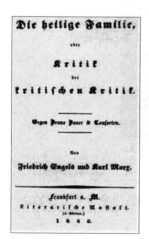

정식 명칭은 『신성 가족, 혹은 비판적 비판에 대한 비판—브루노 바우어와 그 일파에 반대하여』Die heilige Familie, oder Kritik der kritischen Kritik. Gegen Bruno Bauer & Consorten, 1845이다. 책 제목 '신성 가족'('성 가족'이라고도 한다)은 종교 비판의 선봉이었던 바우어 형제와 그 일파들을 비판한 것으로, 마르크스와 엥겔스 최초의 공저이다.

'비판만 하는 헤라클레스'the Critical Hercules* 루돌프는 아직 어렸을 때, 그의 두 선생 머프Murph와 폴리도리Polidori로 의인화된 '선'과 '악'의 대립에 직면했다. 머프는 루돌프에게 선을 가르쳤고 또 자신도 선했다. 반면에 폴리도리는 악을 가르쳤고 또 자신도 악했다. 이러한 착상이 다른 소설들에서 채용된 비슷한 착상들과 비교해 결코 사소한 부분일지라도 질이 떨어지지 않도록 하기 위해, '선'의 인격화인 머프는 '배우지도' '특별히 천성적으로 이지적일' 수도 없었다. 하지만 그는 정직하고 단순하며 할 이야기만 하는 인물이다. 예컨대 그는 악을 '더럽다'나 '비열하다' 등의 약어略語로 표현하면서 자신을 대단한 인물로 여겼고, 저속한 것은 무엇이든 증오했다. 헤겔의 표현을 빌리자면, 그는 같은 억양으로, 즉 '하나의 어조'로 선과 진리를 정립하고 있다.

거꾸로 폴리도리는 명석함과 지식을 갖추고 교육받은 천재임과 동시에 '가장 위험스러운 부도덕성'을 지닌 인물이었다. 그는 특히 젊고 열렬한 프랑스 부르주아의 일원인 유젠느 쉬가 결코 잊을 수 없는 '가장 무시무시한 회의론'의 소유자이다. 우리는 유젠느 쉬와 그의 주인공이 똑같이 지니고 있는 '회의론'에 대한 겁에 질린 듯한 두려움을 통해 그들의 도덕적 열정과 교양을 가늠할 수 있다.

---

* 유젠느 쉬의 소설 『파리의 비밀들』의 주인공 루돌프Rudolph에게 마르크스가 붙인 풍자적 별명. 이 소설은 『신성가족: 비판적 비판에 대한 비판』에서 마르크스와 엥겔스에 의해, 한편으로는 사회적 허구로서의 소설 자체에 나타나는 계급적 상황에 의한 한계에 대해, 또 한편으로는 그 소설에 대한 호의적 논평 중 하나를 비평하는 데 중점을 두면서 광범위하게 논의된 바 있다. 젤리가Szeliga라 불리는 지클린스키Zychlinski는 좌파 지식인 계열의 청년 헤겔학파에 속해 있었다. 청년 헤겔학파의 지적·엘리트적 특성으로 기우는 도덕적 선호 때문에 마르크스는 그들과 결별했는데, 그러한 특성은 다소 주인공 루돌프에 의해 전형화되었다.

젤리가 씨는 다음과 같이 말하고 있다.

머프는 동시에 1월 13일의 영원한 죄악이며, 루돌프라는 인물을 향한 그의 무한한 사랑과 자기희생 덕분에 그 죄를 영원히 구제받을 것이다.

루돌프가 '유일한 해결책'deus ex machina이며, 세계의 매개자인 것처럼, 결국 머프는 루돌프 개인의 유일한 해결책이자 매개자이다.

루돌프와 인류의 구원. 루돌프와 인류가 지닌 본질적 전인성의 실현은 머프에게는 불가분의 통일체이며, 그가 노예의 어리석고 개와 같은 복종으로서가 아니라 의식적이고 독립적으로 자신을 바쳤던 통일체이다.

그러므로 머프는 깨달은 사람이며, 의식적이고 독립적인 노예이다. 왕자의 모든 시종들처럼 그는 그의 주인에게서 인격화된 인류의 구원을 찾고 있다. 그라운Graun은 머프를 '두려움 없는 보디가드'라고 치켜세운다. 루돌프는 자신을 노예의 대표자라 칭하는데, 실제로 그는 노예의 표본이다. 유젠느 쉬는 우리에게 이렇게 말한다. "머프는 루돌프와 단 둘이 있을 때 그를 아주 조심스럽게 '나리'Monseigneur라고 불렀다." 다른 사람들 앞에서 머프는 거의 알아차릴 수 없을 정도로 루돌프를 '루돌프 씨'Monsieur라고 불렀지만, 마음 속으로는 '나리'라고 불렀던 것이다.

머프는 오직 루돌프를 위해 비밀들의 베일을 벗기는 일을 돕고 있다. 즉 그는 비밀의 위력을 파괴하는 일을 도왔다.

머프가 이 세상에서 가장 단순한 것으로 덮어버린 짙은 베일은 전령 그라운과의 대화를 통해 엿볼 수 있다. 그는 위험할 때 자기방어를 할 수 있는 합법적 권리와 갱 두목을 눈멀게 할 수 있는 '비밀 법정의 판사' 자격을 루돌프에게 부여하기로 결정했다. 비록 갱 두목이 밧줄에 묶여 있어서 '무방비 상태'라 할지라도, 루돌프가 재판정에서 벌여야 하는 '고상한' 행동에 대해 어떻게 말하는지, 그가 토해내야 할 웅변과 훌륭한 연설이 어떤 것인지, 어떻게 그의 위대한 열정을 청산유수처럼 표현해 낼 것인지를 보여준 그의 묘사는 이미 쉴러의 『약탈자들』Robbers을 읽은 고등학생이라면 누구든지 할 수 있을 것이다.

갱 두목은 헤라클레스의 힘과 위대한 도덕적 역량의 죄 값을 받고 있다. 그는 제대로 교육받고 좋은 학교를 나왔다. 이처럼 정열적인 건장한 사람이 미묘한 도덕과 조용한 장사 그리고 평범함을 보편적 기준으로 삼고 있는 부르주아 사회의 법칙 및 관습과 충돌하게 된 것이다. 그는 여기에서 볼 수 있듯이, 자신에게 적합한 인간적인 작업, 즉 살인자가 되어 난폭한 기질을 무절제하게 발산시킴으로써 스스로를 포기해버렸다.

루돌프는 이 죄인을 체포했다. 그는 이 죄인을 비판적으로 개조하려 했으며, '법의 세계'를 유지하기 위해 그를 하나의 판례로 삼고자 했다. 그는 '처벌' 자체가 아니라 처벌의 '종류'와 '방법'에 대해 법의 세계에 이의를 제기했다. …… 루돌프는 사람들이 범죄전문가를 '넘어설' 수 있다는 아주 얄팍한 생각은 갖고 있지 않았다. 즉 그의 야망은 '가장 위대한 범죄전문가'Primus inter pares가 되는 것이다. 그는 흑인 의사 다비드David에게 갱 두목의 눈을 멀게 하도록 명령했다.

갱 두목은 자신의 힘을 악용해 왔다. 루돌프는 그 힘을 마비시키고 불구로 만들고 부셔버렸다. 거기에서는 인간의 본질적 힘이 잘못 발현되는 것을 막기 위해서는 ─ 그러한 본질적 힘을 완전히 없애버리는 ─ '비판적' 수단 밖에 다른 어느 것도 존재하지 않는다. 이것은 기독교적 방식 ─ 문제를 일으키면 눈을 빼거나 손을 자르는 식 ─ 이다. 한 마디로 말해서 몸이 문제를 일으키면 몸을 죽이는 식이다. 눈과 손 그리고 육체는 인간에게 불필요한 죄의 부속물이기 때문이다. 인간의 사악함을 없애기 위해 인간의 자연성을 죽여야 한다……

갱 두목이 늙은 마귀할멈 수에트Chouette와 꼬마 도깨비 토르티야르Tortillard를 자기 무릎 위에 올려놓고 자기를 버리지 말아달라고 애원하도록 하는 '자기비하' 방식을 통해, 유젠느 쉬는 자신의 수도승 같은 야만적 욕망을 충족시키고 있다.

루돌프가 갱 두목을 장님으로 만든 처벌에 대한 사상 ─ 외부세계와 인간, 영혼과 인간 사이의 격리, 종교적 고문과 합법적 형벌의 결합 ─ 은 결정적으로 '세포조직'에서 빌려온 것이다. 그것이 바로 유젠느 쉬가 그러한 조직을 찬양해 마지않는 이유다……

유젠느 쉬의 역할 ─ 앞에서는 슈리뇌르였으며, 지금은 갱 두목이다 ─ 은 반드시 그들 자신의 사고의 결과와 행위의 의식적인 동기로서 나타나고 있다. 왜냐하면 작가들이 자신을 다른 어느 것도 아닌 특정한 방법으로 행동하도록 창조하기 때문이다. 그들은 끊임없이 말해야만 한다. 즉 나는 이러저러하게 마음을 고쳐먹었노라고. 그들은 조금이라도 진정으로 만족한 삶을 살아가지 못했기 때문에, 그들은 '꽃다운 마리'Fleur de Marie의 보호막처럼 천박한 외모에 힘찬 목소리를 부여해야만 한다고 말한다.

2. 마르크스 · 엥겔스, 『독일 이데올로기』에서 (1845~46)

그것은 '의식'consciousness이 아니라 '존재'being, 즉 사유가 아니라 생활에 달려 있다. 다시 말해서 그것은 경험의 축적과 개인 생활의 실현에 달려 있으며, 결국에는 세계의(객관적—엮은이 주) 조건에 의해 규정된다. 만일 개인이 살고 있는 객관적 조건들이 각 개인에게 다른 모든 것들을 희생시키는 대신 단 한 가지의 질만을 일방적으로 발전시키도록 허락한다면, 또 오직 하나의 질만을 발전시키는 데 물질과 시간을 투여하도록 한다면, 이러한 개인은 단지 일면적이고 절름발이식의 발전만이 가능할 뿐이다. 여기에는 그 어떤 설득력도 있을 수 없다.

예를 들면 한 인간의 삶이 다양한 활동과 세계와의 실천적 관계라는 폭넓은 범위를 포용하고 있는 경우, 따라서 다양한 삶을 영위하는 경우, 사유는 각각 개인의 삶의 그 밖에 모든 표명과 마찬가지로 보편성이라는 성격을 지닌다. 좋은 환경 아래서 어떤 개인들이 자신의 지엽적 편협성을 떨쳐버릴 수 있는 것은 그들이 이 편협성을 떨쳐버렸거나 떨쳐버리려고 했던 자신의 반영상 때문이 결코 아니라, 그들의 경험적 현실 속에서 또 경험적 욕구에 힘입어 그들이 세계와 교감할 수 있기 때문이다.

3. 엥겔스, 「운문과 산문에 나타난 독일사회주의 II」에서 (1847)

괴테의 저작을 보면, 그는 당시 독일사회와 이중적 관계를 맺고 있었음을 드러낸다. 때때로 그는 독일사회에 대해 적대적인데, 『이피게니아』Iphigenia에서 그리고 특히 이탈리아 여행기간 전반을 통해 그는 사회에 대한 증오에서 탈출하고자 했다. 따라서 그는 괴츠Goetz나 프로메테우스, 파우스트처럼 사회에 저항했고, 메피스토펠레스Mephistopheles처럼 가장 통렬한 경멸을 담아 사회에 욕설을 퍼부었다. 다른 한편으로 그는 때때로 사회에 대해 친밀한 입장을 보이곤 했다.

온건한 풍자Tame Epigrams; Zahme Xenien의 대부분과 여러 운문에서는 자신을 사회에 '적응시키고 있으며', 『가장무도회』Masquerades; Maskenzuge에서는 사회를 찬양하기도 하고, 역사의 진보적 운동에 대해서는, 특히 프랑스 혁명에 관해 쓴 모든 저작들에서는 사회를 옹호하기조차 한다. 괴테가 자신에게 반발하는 다른 사람들과 대조적으로 받아들였던 것은 독일생활의 몇몇 특수한 측면들뿐만이 아니다. 그는 다양한 분위기 속에서 더욱 빈번히 머물고 있는데, 그에게는 이것이야말로 자신의 비참한 환경에 대해 거부감을 느끼는 천재시인과 자기 자신, 즉 그것에 친숙해지고 익숙해지도록 강요받고 있는 조심성 있는 프랑크푸르트 귀족의 자손 또는 바이마르 공화국의 추밀고문관 사이의 끊임없는 투쟁이다.

그리하여 괴테는 때로는 대인이며, 때로는 소인이고, 때로는 고집스럽고 비아냥거리며 세계를 경멸하는 천재이며, 때로는 사려 깊고 분수를 지킬 줄 아는 편협한 속물이다. 괴테라고 해도 독일의 비참함die deustche Misere을 극복하진 못했으며, 거꾸로 독일의 비참함이 그를 정복해버렸다. 가장 위대한 독일인에 대한 이 비참함의 승리는 개별적인 지적 수단을 통해서는, 비참함이 결코 정복되지 않는다는 가장 결정적인 증거이다.

괴테는 너무 보편적이었고 너무 육감적이었기 때문에, 쉴러가 칸트적 이상ideal으로 그랬던 것처럼 투쟁을 통해 이러한 비참함으로부터 도피할 수 없었다. 그의 눈은 너무도 예리했기 때문에 결국 진부한 것을 과장된 비참함과 교환함으로써 투쟁이 귀착된다는 것을 너무도 잘 알고 있었다. 그의 기질, 정력, 그의 모든 지적 태도는 그에게 실천적 삶을 지시했고, 그가 마주쳐야 했던 실천적 삶은 비참했던 것이다. 괴테는 단지 경멸할 수밖에 없는 그러한 환경 속에서 존재해야만 했고, 그가 능동적일 수 있는 유일한 것으로서 이러한 환경에 구속을 받아야만 하는 딜레마에 끊임없이 부딪쳤다. 나이가 들수록 그토록 힘 있던 시인은 무의미한 바이마르 공화국의 재상 직 뒷전에서 싸움에 지쳐de querre lasse 더욱 몸을 움츠리고 말았다.

우리는 괴테를 뵈르네 루드비히 뵈르네*와 멘첼**과는 달리 자유주의자가 아니라서 비판하는 것이 아니라 일상적인 속물근성을 가지고 있었기 때문에, 또 독일에 대한 어떤 열정을 지니고 있지 않아서가 아니라 모든 중요한 근대의 역사적 운동이 지닌 쁘띠부르주아적 공포에 대한 속물적 수치를 위해 간헐적으로 분출하는 진실된 자신의 미적 감성을 희생시켰기 때문에, 또 그가 궁정관courtier이었기 때문이 아니라 나폴레옹이 광활한 아우게아스 왕의 외양간Augean Stables을, 즉 독일을 휩쓸어버리고 있을 때 독일 궁정court; Hoflein의 잡무 중 하나인 하찮은 오락menus plaisirs에 그렇듯 형식적 진지함을 가지고 심취했기 때문에 비판한다. 일반적으로 우리는 도덕적 관점이나 당파적 관점에서가 아니라, 기껏해야 미학적 · 역사적 관점에서 그를 비판하고 있다. 우리는 도덕적 관점에서뿐만 아니라 정치적이나 '인간적'인 관점에서도 괴테를 평가하지 못하고 있다.

---

* 루드비히 뵈르네Ludwig Börne; 1786–1837는 '청년독일'운동의 대변인으로, 운동의 이미지 속에서 문학적 경력을 추구했던 청년 엥겔스의 찬사를 받은 인물.
** 볼프강 멘첼Wolfgang Menzel; 1798–1873은 당시의 유명한 비평가로, 괴테와 마찬가지로 '청년독일'운동에 공격적 입장을 취했다.

4. 엥겔스, 「드 라마르틴의 선언」에서 (1847)

최근 당신은 이렇듯 신기한 솜씨가 담긴 각본조각을 공표했다. 그것은 '정치' 법안과 '사회' 법안이라는 두 개의 분명한 부분으로 구성되어 있다. 이제 모든 정치 법안들은 거의 아무런 수정도 가하지 않은 채 1791년에 제정된 이래 지금까지 존속해 왔는데, 이는 그 법안들이 혁명 초기의 부르주아의 요구들로 되돌아감을 뜻한다. 당시에는 소상인들까지 포함한 전체 부르주아가 정치권력과 결탁했지만, 오늘날에는 단지 대자본가들만이 이러한 권력을 나누어 가지고 있을 뿐이다.

삼색기를 프랑스 국기로 계승하고 제 2공화국의 기초를 세운 드 라마르틴 (앙리 드켄 作, 1839)

그런데 라마르틴 씨*가 제안한 정치 법안은 어떤 의미를 지니는가? 그것은 인민 전체에게 주어진다는 명목 아래 정치 법안을 정부에서 쁘띠부르주아의 손으로 이전시키는 것을 말한다. (이것은 라마르틴 정부의 이중선거제와 보통선거권을 말하는 것 이외에 아무것도 아니다.)

그러면 그가 말하는 사회 법안이란 무엇인가? 그것들은 혁명이 성공함으로써 이미 전체 인민에게 의무교육과 같은 정치권력이 주어졌다고 전제

마르크스 엥겔스 문학예술론

---

* 알퐁스 드 라마르틴Alphonse de Lamartine; 1790–1869은 프랑스 낭만파 시인, 역사가, 부르주아 정치가인데, 1848년 2월 임시공화정부의 수상을 맡기도 했다. 엥겔스의 편지는 『북구의 별』North Star과《영국 기독교 신문》에 게재된 것인데, 「프랑스 정치문제에 관한 라마르틴의 선언」에서 발췌하여 실은 것이다. 이후의 세 편의 글들도 역시 라마르틴에 대해 중점적으로 논의한 것들이다.

하는 것이 아닌가? 아니면 순수한 자선사업법안 — 이것은 프롤레타리아의 혁명적 역량을 저하시키는 법안이다 — 이나 의회령에 의한 걸인 퇴치, 법에 의한 공중 빈곤 퇴치, 인민의 복지를 위한 정부 등등의 실질적인 의미는 없고 목청만 드높은 말들뿐이 아닌가? 그러므로 그 법안들은 인민들에게 아무런 도움이 되지 않거나, 일종의 공공안녕을 보증할 수 있을 온갖 이익들을 쁘띠부르주아들에게 보장할 심산이며, 아무도 지킬 수 없기 때문에 단순한 공약empty promises에 불과할 뿐이다.

그리고 후자의 두 가지 경우는 쓸모없다기보다는 오히려 해롭기까지 한 것들이다. 요컨대 라마르틴은 사회·정치적 관점에서 자신이 소상인과 쁘띠부르주아의 성실한 대변자임을 증명해 주고 있으며, 그는 노동인민을 대표하고 있다는 이 계급과 동일한 환상을 공유하고 있다.

5. 마르크스, 「혁명운동」*에서 (1849)

지금까지 그 어떤 혁명운동도 1848년의 혁명운동처럼 정신적으로 고양된 서곡으로 시작된 것은 없었다. 교황은 교회의 축복을 내렸다. 라마르틴의 이올리안 하프Aeolian harp**는 부드러운 소리로 자선의 멜로디philantropical melodies를 퉁겨냈는데, 그 주제는 '우애'와 각 부분 및 국가의 친교였다.

---

* 이 논문은 마르크스가 편집장을 맡았던 《신라인 신문》Neue Rheinische Zeitung에 실린 것이다. 이 신문은 독일의 민주주의를 위해 투쟁을 벌인 프롤레타리아 진영의 주요 기관지였다.

** 바람이 불면 소리가 나는 현악기, 즉 풍명금(風鳴琴).

군중들이여, 당신들에게 축복을!

세계 전체를 위해, 입맞춤을!*

6. 마르크스, 『프랑스에서의 계급투쟁: 1848~1850』**에서 (1850)

임시정부the Provisional Government에서 라마르틴Lamartine은 현실적 이해나 일정한 계급을 대표하지는 않았다. 그가 대표한 것은 2월 혁명 그 자체였으며, 그것은 환상과 시와 공상적 내용과 상투적 문구로 채색된 공동의 봉기였다. 이 2월 혁명의 대변인은 그의 지위나 관점에서 볼 때 '부르주아'에 속했다.

정치적 중앙집권의 결과로 파리가 프랑스를 지배했다면, 혁명적 격동의 순간에는 노동자들이 파리를 지배했다. 임시정부가 취한 첫 번째 행동은 도취된 파리보다는 냉정한 프랑스에 호소함으로써 노동자들의 압도적인 영향권에서 벗어나는 것이다. 라마르틴은 공화정을 선포하자는 바리케이드 전사들the barricade fighters의 권리를 논박했는데, 그 근거는 오직 다수의 프랑스 국민들만이 그러한 권리를 가질 수 있기 때문이라는 것이다. 파리의 프롤레타리아는 프랑스 국민의 투표를 기다려야만 했으며, 정권찬탈로 자

---

* 쉴러Schiller의 『기쁨의 노래』Hymn to Joy에서 따온 것인데, 베토벤은 교향곡 제9번의 마지막 악장에서 이 부분을 채용했다.

** 프랑스 대혁명 이후 프랑스는 다시 1848년 2월 혁명을 통해 왕을 쫓아내고 공화정을 수립했다. 『프랑스에서의 계급투쟁: 1848~1850』Die Klassenkäpfe in Frankreich 1848 bis 1850은 혁명의 열기로 가득한 1848년 2월부터 '보통 선거권 폐지'로 마무리되는 반혁명의 시기까지를 분석한 책이다. 『루이 보나파르트의 브뤼메르 18일』, 『프랑스 내전』과 더불어 "프랑스 혁명사 3부작"이라고 불리는 이 책은 부르주아 공화국에서 노동자 계급의 혁명의 완성이 불가능함을 48년 혁명의 경험을 통해 유물론적 시각에서 입증하는 저서이다.

프랑스에서는 하나의 '공민'이 아니라
날카로운 두 계급이 존재함을 '6월 혁명'은 입증해주었다

신들의 승리를 손상시켜서도 안 되었다. 부르주아는 프롤레타리아에게 오직 하나의 찬탈one usurpation을, 즉 전투의 찬탈만을 허락해 주었다.

당시 모든 왕당파the royalists는 공화파republicans로 변신했으며, 파리의 모든 백만장자들은 노동자들로 둔갑했다. 이러한 공상적인 계급관계의 폐지에 상응하는 상투적 문구가 '박애'fraternite, 즉 보편적인 우애와 형제애였다. 계급적 적대감의 이러한 유쾌한 추상, 모순적 계급이익과 이러한 감상적 평등화, 계급투쟁의 환상적 초월인 박애, 이러한 '박애'가 바로 2월 혁명의 실질적인 표어였다. 계급들은 단순한 '오해'로 인해 분열된 것이며, 라마르틴은 2월 24일 임시정부를 "서로 다른 계급들 사이에 존재하는 그 지독한 오해를 청산한 정부"un gouvernement qui suspende ce malentendu terrible qui existe entre les differentes classes로 표현했다. 파리의 프롤레타리아는 이렇게 박애라는 관대한 자기도취에 빠져들었다.

프랑스 민주주의의 공식 대표자들은 공화주의적 이념에 깊이 물들어 있었으며, 그들이 6월 혁명의 의미를 알아채기 시작한 것은 몇 주일이 지나서야 비로소 가능할 정도였다. 그들은 화약 연기에 질식했으며, 그 연기 속에서, 그들이 가졌던 공상 속에서 공화정은 사라지고 말았다. 6월 혁명의 패배 소식이 우리에게 안겨주었던 직접적 인상을《신라인 신문》^{Neue} Rheinische Zeitung에 실었던 기사에서 인용해 보자.

"2월 혁명 최초의 공식적 잔재인 집행위원회the Executive Commission는 사태의 심각성에 부딪치자 망령처럼 녹아 없어져 버렸다. 라마르틴의 조명탄은 카베냑Cavaignac의 소이탄으로 대체되었다. 우애한 계급이 다른 계급을 착취하는 적대적 계급들 사이의 '우애', 2월에 선포된 이러한 우애는 파리의 얼굴과 모든 감옥과 병영막사에 대문자로 쓰여 있었는데, 그것의 진정하고 순수한 산문적 표현은 '내전'civil war이다. 그리고 이것은 가장 가공할 형태, 즉 자본과 노동 사이의 전쟁이었다. 이러한 '우애'는 6월 25일 저녁 파리의 모든 창문 앞에서 불탔으며, 그때 부르주아의 파리는 밝게 비추어진 반면에, 프롤레타리아의 파리는 피 흘리고 신음했다. 우애는 그 속에서 부르주아의 이해가 프롤레타리아의 이해와 일치하는 동안만 지속되었다. "

1793년의 옛 혁명적 전통에 사로잡혀 있던 공론가들도 있었다. 즉 먼저 사회주의적 공론가들은 인민의 편에 서서, 그리고 부르주아의 문턱에 서서 구걸했으며, 프롤레타리아라는 사자가 안심하고 잠들어 있는 동안만 기나긴 설교를 하고, 스스로 얼굴에 침뱉는 짓을 할 수 있었다. 또 공화주의자들은 왕을 제외시키고 완전한 부르주아의 질서를 요구했다. 또 내각의 교체 대신에 왕조의 타도를 운명적으로 떠맡았던 사람들에 반대했던 왕조의 지지자들도 있었다.

그리고 정통 왕당파Legitimists는 그들의 옷을 벗어던지는 것이 아니라 옷의 재단을 달리 할 것을 바랐다. 이들 모두가 인민들이 2월 혁명을 만들었을 때의 동맹자들이었다. 2월 혁명은 '아름다운' 혁명이었고 동정을 얻은 혁명이었다. 왜냐하면 군주정에 대항하는 혁명 속에서 불타올랐던 적대감은 평화적으로 서서히 사라져갔으며, 아직 '발전되지 않았기' 때문이었다. 하지만 '6월 혁명'은 '추한' 혁명이자 불쾌한 혁명이었다. 왜냐하면 구체적인 것이 의미 없는 말을 대신했기 때문이다……

7. 마르크스, 『루이 보나파르트의 브뤼메르 18일』에서 (1852)

이렇게 해서 '사회민주주의'가 출현했다. 이와 같은 결합의 결과로 나타난 새로운 '산악당'Montagne은 노동자 계급과 사회주의자 분파에서 갈려 온 소수의 단역들을 별도로 한다면, 과거의 산악당과 동일한 요소를 가지고 있었으며, 단지 수적으로만 보강되었다. 그러나 그 발전과정에서 산악당은 자신들이 대변하는 계급을 바꾸었다. 사회민주주의의 독특한 성격은 다음과 같은 사실로 요약된다. 즉 민주주의적이고 공화주의적인 제도가 양 극단, 다시 말해서 자본과 노동을 폐지시키기 위한 수단으로서가 아니라, 양자 사이의 적대감을 무디게 하고, 조화롭게 만들기 위한 수단으로 요구되었다는 사실이다.

이러한 목적을 위해 제안된 수단이 아무리 다양하더라도, 그리고 그와 같은 수단이 다소 아무리 혁명적 개념으로 치장되어 있다 하더라도 내용은 변함없었다. 그 내용은 사회를 민주주의적인 방식으로 변형시키는 것이며, 하지만 그 변형은 쁘띠부르주아적인 범주를 벗어나지 않는 범위 내에서 이루어져야 한다. 이와 같은 사실에서 우리는 쁘띠부르주아야말로 원칙적으로 이기적인 계급 이해를 관철시키고자 한다는 식의 좁은 개념을 가져서는 안 된다. 오히려 쁘띠부르주아는 자신들의 해방을 위한 '특수한' 조건들이 바로 근대사회를 구원하고 계급투쟁을 회피할 수 있는 유일한 '일반적' 조건들이라고 믿었다.

또한 민주파 대변자들the democratic representatives 모두 소상점주의자들 shopkeepers이거나 열렬한 소상점주의의 대표자라고 생각해서도 안 된다. 그들은 교육과 지위에 따라 천차만별이다. 그들을 쁘띠부르주아의 대변자로 만드는 것은 다음과 같은 것들이다. 즉 쁘띠부르주아가 생활 속에서 벗어나지 못하는 여러 한계들을 이들도 또한 마음속으로 초월하지 못한다는 것이며, 따라서 이론적으로 그들은 쁘띠부르주아가 물질적 이해와 사회적 지위 때문에 불가피하게 따라야 하는 바로 그러한 문제들과 해결책들로 이끌어 간다는 것이다. 바로 이것이 한 계급을 '정치적이며 이론적으로 대표하는 것'과 그것이 대변하고 있는 계급과의 관계이다.

8. 마르크스, 『정치경제학비판을 위하여』 서문에서 (1859)

인간은 그들 생활의 사회적 생산에서 그들의 의지와는 독립된 일정한 필연적 관계, 즉 그들의 물질적 생산력의 일정한 발전단계에 조응하는 생산관계 속으로 들어간다. 이러한 생산관계의 총체the sum total는 사회의 경제적 구조를, 즉 현실적 토대를 이루고 있다. 이 위에 법적, 정치적 상부구조가 자리 잡고 있으며, 이 토대에 일정한 사회적 의식 형태들이 조응한다.

물질적 생활의 생산양식은 사회적, 정치적, 지적(혹은 정신적—엮은이 주) 생활과정 일반을 규정한다. 인간의 의식이 그들의 존재를 규정하는 것이 아니라, 오히려 그들의 사회적 존재가 그들의 의식을 규정하는 것이다. 사회의 물질적 생산력은 그 발전의 일정단계에 이르면, 종래 그 내부에서 발전해 온 현존 생산관계 또는 그 법적 표현에 지나지 않는 소유관계와 모순되기에 이른다. 이 관계는 생산력의 발전 형태로부터 질곡으로 변화한다. 그리하여 사회혁명의 시대가 도래한다.

경제적 토대의 변화와 더불어 거대한 상부구조 전체가 보다 서서히 혹은 보다 급속히 변화한다. 이러한 변혁을 고찰하는 경우에는 항상 경제적 생산조건에서 자연과학적으로 정밀하게 확인할 수 있는 물질적 변혁과, 인간이 이 충돌을 의식하고 이에 맞서나가는 법적, 정치적, 종교적, 혹은 철학적, 요컨대 이데올로기적 형태들을 구별하지 않으면 안 된다. 어떤 한 개인의 본질이 그 자신이 생각하는 바에 따라 판단되지 않듯이, 우리는 이러한 변혁의 시대를 이 시대의 의식에 따라 판단할 수 없으며, 오히려 이러한 의식을 물질적 삶의 모순들로부터, 또 사회적 생산력과 생산관계 사이에 현존하고 있는 갈등으로부터 설명해야만 한다.

9. 엥겔스, 『포이에르바하와 독일고전철학의 종말』에서 (1886)

18세기 프랑스에서와 마찬가지로, 19세기 독일에서는 철학혁명이 정치적 붕괴를 예고했다. 그러나 프랑스와 독일의 두 철학혁명은 이렇게 다를 수 있는가! 프랑스인들은 모든 관계적 학문과 교회, 나아가 때로는 국가와도 공공연히 투쟁했다. 그들의 저서는 국경을 넘어 네덜란드와 영국에서 출판되었고, 그들 자신은 언제 어느 때 바스티유 감옥에 투옥될지도 모를 처지였다. 그와 반대로 독일인들은 대학의 교수이며, 국가가 임명한 청년들의 교사였다. 그들의 저서는 공인된 교과서였으며, 철학발전 전체를 집대성한 헤겔의 체제는 프로이센 왕국의 국가철학이라는 자리에까지 어느 정도 올라섰다!

그런데 이러한 교수들 뒷전에, 그들의 현학적이고 애매모호한 논의 가운데에, 그들의 졸렬하고 지루한 문장 가운데에 혁명이 깃들 수 있었을까? 당시 혁명의 동조자로 인정받고 있었던 자유주의자들은 인간의 두뇌를 몽롱하게 만드는 바로 이 철학에 대해 그야말로 맹렬한 반대자가 아니었던 가? 하지만 정부나 자유주의자들 모두가 간파해 내지 못한 것을 이미 1883 년에 적어도 한 사람이 보고 있었는데, 그가 바로 다름 아닌 하인리히 하이 네였다.

10. 엥겔스, 파울 에른스트에게 보낸 편지에서 (1890. 6. 5)

불행하게도 나는 당신이 바르 씨*를 반박할 수 있도록 편지 한 통을 보내달라는 당신의 요청에 따를 수 없습니다. 이것은 나를 그와의 공개적 논쟁에 개입하게 만들 것이며, 그 때문에 내 시간을 너무도 많이 잡아먹을 것입니다. 그래서 내가 여기서 쓰는 것은 단지 개인적으로 당신을 위한 것입니다.

더욱 나는 당신이 스칸디나비아 여성운동이라 부르는 것에 전혀 익숙하지 못합니다. 나는 단지 입센Ibsen의 드라마 몇 편 정도 알고 있을 뿐이지, 부르주아의 출세 지향적 여성들이 지니고 있는 다소 신경질적인 분출에 대해 입센이 어느 정도까지 책임질 수 있는가에 대해서는 전혀 모릅니다.

마르크스 엥겔스 문학예술론

---

* 헤르만 바르Hermann Bahr; 1863–1934는 오스트리아의 드라마 비평가. 파울 에른스트Paul Ernst; 1866–1933는 독일사회민주당 이론지인 《신시대》의 편집장이다. 거기서 그는 정기적으로 문학과 드라마에 대한 글을 기고했다. 그는 스칸디나비아 여성운동과 그에 관한 문학 작품에 관해 독일 자연주의계열 잡지로 바르가 편집장으로 있었다던 《근대적 삶을 위한 자유극장》 Freie Bühne für moderned Leben의 작가와 논쟁을 벌였다. 에른스트는 주장하기를, 여성해방은 오로지 일반적이고 불가피한 생산관계의 발전의 결과로서만 가능하다고 했다. 따라서 그는 '쁘띠부르주아'인 입센과 도덕적 · 심리적 문제들을 상정하는 사람들을 조롱했다. 그때 바르는 「마르크스주의의 아류들」The Epigones of Marxism이라는 두 편의 논문들을 발표함으로써 에른스트를 공격하기에 이르렀는데, 그 논문은 바르가 정통 마르크스주의적 관점으로 보았던 것을 옹호하는 것이었다. 그리고 이 때 에른스트는 엥겔스의 지원을 요청했다. 1890년 에른스트는 '청년'당 운동에 열중했는데, 그것에 대해 엥겔스는 이 장의 마지막에서 밝히고 있다. 1891년 에른스트는 결국 사회민주당에서 추방당했다.

헤르만 바르

다른 한편 보통 여성문제로 불리는 것으로 포장된 분야는 너무 방대하기 때문에, 한정된 지면에서는 이러한 주제를 철저히 다룰 수도 없으며, 또 그것에 대해 어느 정도 만족할 만한 답변도 들을 수 없습니다. 단 이 한 가지만은 확실합니다. 마르크스는 결코 바르 씨가 마르크스의 탓으로 돌린 '태도를 취할' 수 없었습니다. 결국 그는 미치지 않았으니까요.

그 문제를 유물론적으로 다루고자 하는 당신의 시도에 대해 살펴보건대, 나는 우선 유물론적 방법은 역사적 연구에서 지도적 원칙으로서 취해지는 것이 아니라, 제멋대로의ready-cut 양식에 따라 역사적 사실들을 재단한다면, 그것은 정 반대로 전환된다는 사실을 우선 말해야겠습니다. 그리고 바르 씨가 당신을 엉뚱한 곳에 올려놓았다고 여긴다면, 그는 좀 옳았다고 생각합니다.

당신은 노르웨이와 거기서 발생한 모든 것들을 쁘띠부르주아로 분류해 놓았습니다. 그러고 나서 아무런 거리낌도 없이 당신은 독일 쁘띠부르주아에 대한 당신의 관념에 이 노르웨이의 쁘띠부르주아를 적용시켰습니다.

이제 두 가지 사실들이 여기서 가로막고 있습니다.

첫째, 유럽 전체에 걸쳐 나폴레옹에 대한 승리가 혁명에 대한 반동의 승리로 끝났을 때, 혁명의 요람인 프랑스에서만 혁명이 아직도 복고된 부르봉 왕정으로부터 부르주아적 자유주의 헌법을 얻어내기에 충분한 공포를 불러일으킬 수 있었을 때, 노르웨이는 당시 유럽의 어떤 헌법보다도 훨씬 민주주의적인 헌법을 얻어낼 수 있었습니다.

둘째, 노르웨이는 지난 20년간 러시아를 제외하고는 이 시기의 다른 어떤 나라와도 견줄 수 없는 문학적 르네상스를 맛보았습니다. 그들이 쁘띠부르주아적이든 아니든 이 사람들은 다른 어떤 곳의 사람들보다 창조적이었으며, 독일을 포함한 다른 나라들의 문학에 지대한 영향을 주기도 했습니다.

내가 생각하기에, 이러한 사실들은 우리로 하여금 노르웨이의 쁘띠부르주아가 지닌 특수한 성격들을 분석하도록 요구하고 있습니다.

당신은 우리가 여기서 매우 중요한 차이에 직면해 있다는 것을 물론 알게 될 겁니다. 독일에서 쁘띠부르주아는 유산된 혁명의 산물이자 차단되고 억압당한 발전의 산물입니다. 즉 그들이 지닌 비겁함, 편협함, 무력함 그리고 무능력의 특이하고 매우 두드러진 특징들은 30년 전쟁과 그 이후의 시기, 즉 거꾸로 거의 모든 다른 열강들이 급성장한 시기 덕분입니다. 이러한 특징들은 독일이 다시 한 번 역사적 발전의 흐름 속에 휩쓸려간 후에조차도 독일의 쁘띠부르주아에게 남아 있었습니다. 즉 그러한 특징들 자체는 마침내 우리 노동계급이 이 편협한 한계를 깨뜨리기까지 독일사회의 다른 모든 계급들에 다소 전형적인 독일로서 각인될 정도로 아주 강력했습니다.

독일의 노동자들은 독일 쁘띠부르주아의 편협성으로부터 완전히 자유롭기 때문에 더욱 강력하게 '무애국주의'without a country를 정당화합니다. 이처럼 독일의 쁘띠부르주아는 정상적인 역사적 단계를 이루지 못하고 있으며, 극단적으로 떠벌린 캐리커처caricature이자 퇴보의 현상에 불과합니다. 영국, 프랑스 등의 쁘띠부르주아는 결코 독일의 쁘띠부르주아와 동일선상에 있는 것이 아닙니다.

다른 한편 노르웨이에서는 소농과 쁘띠부르주아가 — 17세기 영국과 프랑스에서 존재했던 것과 같은 ─ 중간계급의 한정된 부분과 더불어 수세기 동안 정상적인 상태의 사회를 유지해 왔습니다. 여기서 어떤 실패한 위대한 운동이나 30년 전쟁의 결과로 인해 시대에 뒤떨어진 상태로 강제적으로 되돌아 갈 수는 결코 없었습니다. 그 나라는 고립성과 자연조건 때문에 낙후되어 있었지만, 그 나라에서의 상황은 그곳의 생산조건에 항상 조응했으며, 따라서 정상적이었습니다. 겨우 최근에 이르러서야 소수의 대규모 산업이 산발적으로 이 나라에 모습을 드러냈습니다.

그러나 자본 집중에 가장 강력한 지렛대인 주식교환the Bourse이 부족합니다. 더구나 다른 곳에서는 강력한 선박 산업에서도 보수적인 영향력을 행사하고 있어 증기선이 범선을 능가하고 있는데, 노르웨이는 범선 함대를 어마어마하게 증대시키고 있습니다. 세계 최대는 아닐지라도 세계에서 두 번째 규모의 함대를 보유하고 있는데(이것들은 대부분 소규모 선주들 소유이다), 이것은 1720년경의 영국과 맞먹는 규모입니다. 그럼에도 불구하고 이러한 상황은 낡고 무기력한 존재에 새로운 활력을 불어넣어 주었으며, 이러한 활력은 또한 자신을 문학적 부활 속에서 느끼게끔 만들었습니다.

노르웨이의 농민은 결코 농노가 아니었습니다. 이러한 사실은 이 나라의 전체적 발전에 대해 전적으로 상이한 배경을 제공해 주는데, 그것은 카스티야 왕국the Castila*의 배경과 비슷합니다. 노르웨이의 쁘띠부르주아는 자유농의 '아들'이며, 그 때문에 그들은 불행한 독일 속물들과 비교하면 '어른'입니다. 마찬가지로 노르웨이의 쁘띠부르주아 여성들은 독일 속물들의 아내들보다 훨씬 위에 서 있습니다.

---

* 스페인 중부에 있었던 옛 왕국으로, 아라곤 왕국과 통합되어 통일 스페인 왕국의 중추가 되었다.

예를 들면 입센의 드라마들이 어떤 약점을 가지고 있다 할지라도, 그것들은 물론 소·중 부르주아 세계를 반영합니다. 하지만 그것은 독일 세계와는 전혀 다른 세계, 그리고 이방인 관찰자들에게는 당연히 기묘하게 보일지라도, 남자들이 아직도 특성과 주도권을 가지고 있으며 독자적으로 행동할 수 있는 능력을 지닌 세계를 반영합니다.

11. 엥겔스, 폴 라파르그에게 보낸 편지에서 (1890. 8. 27)

독일당 내에서 학생들의 봉기가 있었습니다. 지난 2~3년 동안 학생, 문학인, 기타 소장의 몰락 부르주아들은 당내로 몰려들어오자마자 새로 창간중인 신문의 편집부 요직들을 대부분 차지해버렸습니다. 그리고 여느 때처럼 그들은 부르주아 대학들을 사회주의 참모부Socialist Staff College쯤으로 간주했는데, 그것은 부장에 의한 명예진급이 아니라면 임원에 의한 진급을 통해서라도 당의 서열에 들어갈 수 있는 권리를 그들에게 부여해 주었습니다. 이 모든 신사분들은 마르크스주의에 몰두하고 있습니다. 하지만 10년 전 프랑스에서 당신이 익히 알고 있었던 식, 즉 마르크스가 "내가 아는 모든 것은 내가 마르크스주의자가 아니라는 사실이다"라고 말했던 식입니다. 마르크스는 이 신사분들에 대해 아마도 하이네가 자신의 모방자들에게 말했던 바와 같은 말을 한 것 같습니다. 즉 "나는 용들을 뿌려서 벼룩을 거둔다."

자신들의 중요성이란 단지 자신들의 오만과 어울릴 뿐인 이 훌륭한 친구들은 베를린에 있는 당의 신출내기들 속에서 약간의 지지를 구하고자 합니다 — 이것은 전형적인 베를린주의Berlinism입니다. 그것은 억측, 비겁함, 공허한 고함, 그리고 모든 말재주가 하나로 뭉쳐 출렁거리다가 다시 잠시 동안 지상에 닻을 내린 것으로 해석됩니다. 즉 그것은 학생 신사층을 위한 합창을 선사해 주었습니다.

12. 엥겔스, 콘라트 슈미트*에게 보낸 편지에서 (1890. 10. 27)

그런데 여전히 공중에 떠있는 이데올로기 분야 ─ 종교 · 철학 등 ─ 에 관해 말하자면, 우리가 오늘날 황당무계한 짓이라고 부르는 이러한 것들은 역사 이전부터 시작하여 역사시대에서 발견된 이후 지금까지 이어져 내려온 것이라 하겠네. 대개 자연, 인간자신의 존재, 영혼, 마력 등에 대한 여러 가지 그릇된 표상들conceptions의 근저에는 단시 부정적인 경제적 토대만이 자리잡고 있을 뿐이지. 선사시대의 경제적 발전이 저급했기 때문에 그것을 보충하기 위해, 그리고 부분적으로는 그 조건으로서, 또 심지어는 그 원인으로서 자연에 대한 그릇된 표상들이 생겨나곤 했지. 그리고 경제적 필요가 진보해 나가는 자연인식의 주된 추동력이었고, 또 점차 그렇게 되어간다 할지라도 사람들이 이 모든 무지몽매한 원시상태에 대한 경제적 원인들을 찾으려고 한다면 그것은 분명 현학적일 게 뻔하지.

과학의 역사는 이러한 황당무계를 제거하거나, 그것을 새로운 무지몽매로, 하지만 불합리한 측면이 좀 더 줄어든 황당무계로 대체되는 역사라 할 수 있다네. 이러한 일을 맡은 사람들은 다시 특수한 분업의 영역에 소속되고, 자신이 독립된 분야에서 작업하는 것으로 여기지. 그들이 사회적 분업 속에서 독립적인 한 집단을 이루고 있는 한, 또 그들의 오류까지를 포함한

---

* 콘라트 슈미트Conrad Schmitt, 1863–1932는 철학자이자 경제학자로 사회민주주의자이다. 처음에는 마르크스 경제학을 대변했으나, 엥겔스 사후에는 수정주의 입장을 취했다.

그들의 생산이 사회 전체의 발전이나 경제적 발전에까지 반작용의 영향을 미치는 한 그렇다는 얘기지.

그럼에도 불구하고 자신들은 또다시 경제적 발전의 지배적 영향 아래에 놓이게 된다네. 이것은 철학에서 부르주아 시대의 경우 쉽게 증명될 수 있지. (18세기적인 의미에서) 홉스는 최초의 근대적 유물론자였지만, 당시 절대군주제가 유럽 전체에서 절정에 달하고, 영국에서는 절대군주가 민중에 대한 투쟁을 벌이기 시작했던 당시 그는 절대주의자였다네.

로크는 종교적 · 정치적 측면에서 볼 때 1688년의 계급타협의 아들이지. 영국의 이신론자^{deists}와 그 철두철미한 계승자들인 프랑스 유물론자들은 진정한 부르주아 철학자들이었으며, 프랑스인들은 더더욱 부르주아 혁명의 철학자들이었네. 칸트에서 헤겔에 이르는 독일의 철학은 독일의 속물 부르주아로 — 때로는 긍정적으로 때로는 부정적으로 — 일관했었지. 그러나 특정한 분업의 분야로서 철학은 어느 시대에서나 그 선구자들에게서 물려받아 자신의 근거로 삼은 어떤 사상적 자료를 그 전제조건으로 삼는다네. 그러므로 경제적 후진국들이 철학에서는 아직도 주역^{first fiddle}을 맡을 수가 있지. 18세기의 프랑스가 영국에 대해서, 따라서 프랑스인들은 영국의 철학에 의지했고, 나중에는 독일이 두 나라에 대해서 그러했지.

그러나 프랑스나 독일에서의 철학은 시 문예의 일반적 번영^{blossoming}과 마찬가지로 경제적 비약의 결과이기도 했지. 이 분야들에 대해서도 경제적 발전이 궁극적으로는 최고의 위치를 차지한다는 점을 나는 확고하게 여기지만, 그런 일은 개별적 분야 자체에 의해서 규정되는 조건들 속에서 일어난다네. 예를 들면 철학에서는 경제적 영향력들(이것은 또 일반적으로 자신의 정치적 등등의 외피를 쓰고서만 작용한다)이 선행자들에게서 이어받은 현존의 철학적 자료에 영향을 미침으로써 그렇게 되지. 경제학은 이때 새로운 어떤 것도 창조하지 않지만, 이것은 현존 사상 자료를 변경시키고 더욱 발전시키는 방식을 규정해준다네. 그것도 대개는 간접적으로 규정하는데, 그 자료가 정치적·법적·도덕적 반영물, 즉 철학에 가장 직접적으로 영향을 미치는 반영물이기 때문이지.

13. 엥겔스, 『가족, 사유재산, 국가의 기원』의 제4판 서문에서 (1891. 6. 16)

따라서 바호펜*은 아이스퀼로스의 『오레스테이아』Oresteia를 몰락해가는 모권과, 영웅시대에 발생하여 승승장구하고 있는 부권 사이의 투쟁을 극적으로 묘사한 작품으로 보고 있다. 클리타임네스트라Clytaemnestra는 자기의 정부 아이기스토스Aegsthus를 죽였다. 그러나 그 여자와 아가멤논 사이에서 태어난 아들 오레스테스Orestes는 어머니를 죽임으로써 아버지를 살해한 데 대해 복수를 한다. 이 때

'바젤 대학교'에서 로마법을
가르쳤던 바호펜

문에 모권을 수호하는 신 퓨리이스Furies**는 그를 고소한다. 모권에 따르면 어머니를 살해하는 것은 가장 엄중한 범죄이기 때문이다.

그러나 신탁에 의하면 오레스테스로 하여금 이 범죄를 감행케 한 아폴

---

* 요한 야콥 바호펜Johann Jakob Bachofen; 1815–1887은 스위스 역사가, 사회학자 및 법률가. 저서로는 『모권론』Mother Right; 1861이 있다.

** 복수의 여신인 세 자매, Erinyes라고도 함.

론Apollo과 재판관으로 호출된 아테나Athena — 이 두 신은 여기에서 부권제도라는 새로운 질서를 대표하고 있다 — 는 오레스테스를 옹호한다. 아테나는 양쪽의 진술을 듣는다. 전체 소송사건은 오레스테스와 퓨리이스 사이에 진행되는 논쟁으로 간략히 요약된다. 오레스테스는 어머니 클리타임네스트라가 '자신'의 남편을 죽임과 동시에 '그의' 아버지를 죽여 두 가지 범죄를 저질렀다고 주장한다. 그런데 왜 퓨리이스는 훨씬 더 죄가 많은 그 여자를 고소하지 않고 오레스테스를 고소하는가? 대답은 그럴듯하다. 즉 "그 여자는 자기가 죽인 남편과 '혈연관계가 없다.'"

혈연관계가 없는 사람을 죽이는 것은 피살자가 남편일지라도 속죄될 수 있으므로 퓨리이스에게는 그것이 별 문제가 되지 않는다. 그녀들의 임무는 혈연관계가 있는 사람들 사이의 살해를 고소하는 것뿐이며, 또 모권에 따르면 어머니를 살해하는 것은 무엇으로도 보상될 수 없는 가장 엄중한 범죄이다. 그러나 아폴론은 오레스테스를 옹호하며 나선다. 아테나는 문제를 아레오파고스 성원들Areopagites — 아테네의 배심원들 — 의 표결에 붙인다. 투표결과는 무죄와 유죄가 동일했다. 여기서 아테나는 재판장으로서 오레스테스를 지지하여 그에게 무죄를 언도한다. 부권은 모권에 대해 승리를 거두었다. 퓨리이스 자신들이 말하듯이 '젊은 세대의 신들'이 퓨리이스를 이겼고, 마침내 그녀들도 새로운 질서에 복무할 직책을 떠맡는 데 동의했다.

『오레스테이아』에 대한 새롭고도 아주 정당한 이러한 해석은 바호펜의 『모권론』Mother Fight 전체를 통해 가장 아름답고 훌륭한 대목 중 하나이다. 그러나 이 해석은 동시에 바호펜이 — 적어도 당시 아이스퀼로스가 그러했던 것처럼 — 퓨리이스와 아폴론과 아테나를 믿고 있었다는 점을 반증해 준다. 즉 그는 이러한 신들이 그리스 영웅시대에 모권을 전복시키고 대신에 부권을 수립했다는 기적을 믿고 있는 것이다.

이렇듯 종교를 세계사의 결정적인 지렛대로 보는 견해는 결국 그야말로 순수한 신비주의에 빠지게 된다는 사실은 명백하다. 그러므로 바호펜의 두터운 책자를 전반적으로 연구한다는 것은 어려운 일이기도 하거니와 결코 유익한 일도 아니다. 그렇다고 해서 새로운 길을 개척한 연구자로서의 그의 공적이 빛을 바래는 것은 아니다. 왜냐하면 그는 처음으로 미지의 원시 상태에서는 무규율적 성교promiscuous sexual intercourse가 이루어졌었다는 헛소리 대신에 다음과 같은 사실들을 논증했기 때문이다.

즉 그는 그리스인들과 아시아인들 사이에서는 단혼monogamy이 있기 전에 한 남자와 여러 여자들 사이뿐만 아니라, 한 여자와 여러 남자들 사이에도 관습에 아랑곳없이 성교를 했던 상태가 실제로 존재했음을 고대 문헌에서 허다하게 찾아볼 수 있다는 것, 이 관습이 이미 소멸되기는 했지만 그 흔적은 여자가 일정기간 다른 남자들에게 몸을 허락해야만 그 대가로 단혼의 권리를 살 수 있는 형태로 남아 있다는 것, 그렇기 때문에 혈통은 최초에는 오로지 모계에 따라서, 즉 어머니에서 어머니로만 따질 수 있다는 것, 부자관계가 확실한 것으로 되었거나 어쨌든 그것이 인정된 단혼의 시기에 들어와서도 오랫동안 여계female line만이 중요시되었다는 것, 또 아이들의 유일하고 확실한 부모로서 어머니의 이러한 초기의 지위는 어머니들에 대해, 동시에 여성 일반에 대해, 그 후에는 그들이 다시는 얻지 못한 그러한 높은 사회적 지위를 보장해 주었다는 것 등을 논증해주었다.

바호펜은 물론 자신의 신비주의적 견해로 말미암아 이러한 명제들을 위에서 말한 것처럼 그렇게 명백하게는 정식화하지 못하였다. 그러나 그는 이러한 명제들을 논증해 냈다. 그리고 이것은 1861년 당시에서는 그야말로 하나의 완전한 혁명을 의미하는 것이었다.

14. 엥겔스, 「공산당 선언」의 이탈리아어판 서문에서 (1892. 2. 1)

봉건중세 시대의 종말과 근대자본주의 시대의 도래는 웅대한 몸집의 모습을 통해 구분 짓게 되었다. 그 사람은 바로 중세의 마지막 시인이자 근대 최초의 시인인 이탈리아 사람 단테이다. 오늘날, 1300년 무렵과 마찬가지로 새로운 역사적 시기가 도래하고 있다. 이탈리아는 이렇듯 새로운 프롤레타리아의 시기의 탄생을 고지해 줄 새로운 단테를 우리에게 점지해 줄 것인가?

5 장

예술적
가치의
계급적 수용

MARX
ENGELS

1. 마르크스, 『루이 보나파르트의 브뤼메르 18일』에서 (1852)

헤겔은 어디에선가 세계사에서 중차대한 의미를 지닌 모든 사건들과 인물들은 되풀이된다고 지적했다. 하지만 그는 다음과 같은 사실을 덧붙이는 것을, 즉 첫 번째는 비극으로, 두 번째는 소극笑劇; farce 으로 끝난다는 사실을 잊고 있었다……

인간은 자신의 역사를 만들어가지만, 그들이 바라는 대로 역사를 이루어가지는 않는다. 인간은 스스로 택한 환경 아래서가 아니라 과거로부터 곧바로 맞닥뜨리거나 그로부터 규정되고 물려받은 환경 아래서 역사를 이루어간다. 모든 죽은 세대들의 전통은 악몽과 같이 살아 있는 세대의 머리를 짓누르고 있다. 현 세대가 자신과 만물을 혁명화하고 이제까지 존재하지 않았던 그 무엇인가를 창출해 내려는 것처럼 보이는 바로 그 시기에, 정확히 말하자면 그와 같은 혁명적 위기의 시기에 그들은 자신의 목적에 봉사할 수 있도록 열심히 과거의 망령들을 주술로 불러낸다. 또 그들은 이렇듯 유서깊은 분장과 빌려온 언어로 세계사의 새로운 모습을 제시하기 위해 과거의 망령들로부터 이름과 구호와 의상을 빌려온다.

그리하여 루터^{M. Luther}는 사도 바울^{Apostle Paul}로 가장했으며, 1789년부터 1814년에 이르는 혁명은 로마 공화국과 로마 제국의 의상을 차례로 몸에 걸쳤고, 1848년 혁명은 때로는 1789년의 혁명적 전통을, 또 어떤 경우에는 1793년부터 1795년에 이르는 혁명의 전통을 어설프게 모방할 수밖에 없었다. 마찬가지로 새로운 언어를 배우기 시작한 초보자는 항상 외국어를 일단 모국어로 번역하지만, 그가 새로운 언어의 정신에 동화되어 그 언어로 자신을 자유롭게 표현할 수 있게 되는 경우란 모국어를 떠올리지 않고도 새 언어를 사용하고, 그 언어 속에서 나름대로의 길을 찾으며, 그럼으로써 자신의 모국어를 망각하는 경우뿐이다.

그러나 부르주아 사회가 비록 비영웅적이더라도, 부르주아 사회는 스스로를 탄생시키기 위해 영웅주의와 희생과 테러와 내전과 인민들 사이의 전투를 경험했다. 그리고 로마 공화정의 고전적이고 엄격한 전통의 테두리 안에서 부르주아 사회의 투사들은 그 자신의 이상과 예술 형식과 자기기만^{self—deception}을 발견해냈다. 이것들은 자신들의 투쟁의 내용에서 드러나는 부르주아적 한계를 은폐시키고, 자신의 열정을 위대한 역사적 비극이라는 높은 수준으로 유지시키기 위해 필요하다. 마찬가지로 한 세기 이전의 또 다른 발전단계에서 크롬웰과 영국 국민들은 자신의 부르주아혁명을 위해 구약성서에서 어법과 열정과 환상을 차용해 왔다. 사실상의 목적이 달성되었을 때, 다시 말해서 영국의 사회가 부르주아 사회로 변형되었을 때 로크는 하박국^{Habakkuk*}을 대신했다.

---

* 이것은 『구약성서』의 선지서 중 한 편이다. 이 책은 하나님과의 대화형식으로 쓰인 예언서로, 두터운 신앙심으로 하나님의 구원을 기다려야 한다고 말해 루터가 하나님의 의義를 재발견하는 동기를 부여했다.

그러므로 이와 같은 여러 혁명에서 망령을 일깨우는 것은 과거의 투쟁을 서투르게 흉내내기 위해서가 아니라 새로운 투쟁에 영광을 부여하는 데 기여했으며, 주어진 임무의 해결을 실질적으로 기피하기 위한 것이라기보다는 오히려 그러한 임무를 상상 속에서 위대한 것으로 만들기 위해 사용되었고, 지나가버린 시대의 유령으로 하여금 다시 배회하도록 하기 위한 것이 아니라 혁명의 정신을 재발견하기 위해 이용되었던 것이다.

19세기의 사회혁명은 과거에서가 아니라 오로지 미래에서 영감을 받는다. 과거와 연관이 있는 온갖 미신들을 떨쳐버려야만 비로소 19세기의 혁명은 시작될 수 있다. 이전의 모든 혁명들은 자신의 혁명적 내용에 눈을 감기 위해 지나가버린 세계사의 추억이 필요했다. 19세기의 혁명은 자신의 독특한 내용을 획득하기 위해 죽은 자들로 하여금 자신들의 시신을 묻어버리도록 해야만 했다. 과거의 혁명에서는 형식이 내용을 능가했지만, 19세기의 혁명에서는 내용이 형식을 능가한다.

2. 마르크스, 페르디난트 라살레에게 보낸 편지에서 (1861. 7. 22)

원래 (그리고 오늘날에서조차 법률 전문가들의 과학적 통찰력을 고려한다면) '상속법을 위한 근대적 법칙으로서' 로마서Roman Testament를 채택하는 것은 오해에서 빚어진 것임을 당신은 보여주었소. 하지만 그것을 '근대적' 형식에서 보면 성서 — 로마법에 대한 오해가 무엇일지라도 시대의 법률 전문가들이 그것을 재해석할 수도 있을 것이라는 사실을 통해 — 는 결코 '오해된' 로마서가 아닙니다. 그렇지 않으면 훗날 채택된 과거의 모든 업적들은 과거의 오해된 것의 일부라 말할 수 있을 것입니다.

예컨대 루이 14세 치하의 프랑스 극작가들은 이론적으로 그것들을 해석했기 때문에, 삼일치three unity는 거의 확실히 그리스의 드라마 (그것의 전형적 대표자로 아리스토텔레스를 꼽는다)에 대한 오해에 근거하고 있습니다. 다른 한편으로 다시에André Dacier, 1651-1722와 여타의 사람들이 자신의 필요에 따라 아리스토텔레스를 정확히 해석한 뒤, 아직까지도 이러한 소위 '고전적' 드라마에 집착하고 있는 자신들의 예술적 욕구에 따라 그리스인들을 이해한 것도 마찬가지로 확실합니다. 따라서 모든 근대 헌법도 대부분 '오해된' 영국 헌법에 토대를 두고 있지요. 왜냐하면 그것들은 영국 헌법 — 영국에서는 단지 '형식적으로'per abusum 존재하는 — 의 쇠퇴 요인이 되는 것, 예컨대 소위 책임 있는 '내각'을 취하고 있기 때문입니다. 그 오해된 형식은 정확히 말해서 일정한 사회발전 단계의 일반적인 형식입니다.

3. 엥겔스, 프란츠 메링*에게 보낸 편지에서 (1893. 7. 14)

오늘은 『레싱 위인전』Lsdding Legend을 보내주신 데 대해 감사드릴 수 있는 첫 번째 기회인 것 같습니다.** 책을 받았다는 것에 단순히 형식적인 감사를 드리기보다는 그 책, 즉 그 내용에 대해서 몇 가지 말씀드리고자 합니다. 그런 이유로 답장이 좀 늦어졌습니다.

저는 끝부분 — 『사적 유물론에 대하여』의 부록에서 시작하겠습니다. 거기서 당신은 요점들을 탁월하게 요약했으며, 그것은 편견을 가지고 있지 않은 사람들에게 신뢰를 주는 것입니다. 만일 반대해야 할 무엇이 있다면,

---

* 프란츠 메링Franz Mehring; 1846-1919은 독일 사회민주당의 중요한 문학비평가. 1893년에는 레싱에 관한 계급조건적 문학연구서를 출간했다.
** 그는 프랑스 고전학자이자 텍스트 편집자로, 아리스토텔레스의 『시학』과 호라티우스 등 그리스 로마 고전 작품들을 번역했다.

그것은 내가 받을 만한 그 이상의 신뢰 — 모든 것들을 계산한다 할지라도 나 자신이 직접 발견할 수 있는, 그러나 '혜안'coup d'oeil과 폭넓은 시각을 지닌 마르크스는 좀 더 빨리 발견했던 신뢰 — 를 당신이 내게 주고 있다는 사실입니다. 어떤 사람이 마르크스와 같은 사람과 40년 동안 같이 일할 행운을 가진다면, 그는 평생 동안 자신이 받을 만한 가치가 있다고 생각되는 인정을 받지는 못합니다.

그래서 만약 위대한 사람이 죽는다면, 속인들은 쉽사리 과장해 내는 경우가 많은데, 현재 내 경우가 그런 것 같습니다. 즉 궁극에는 역사가 이것을 올바로 잡아줄 것이며, 그때까지 사람들은 그럭저럭 죽어가고, 무엇인가에 대해 더 이상 아무것도 알 수 없을 것입니다.

그 밖에 부족한 점이 딱 하나가 더 있는데, 하지만 그것은 마르크스와 내가 항상 우리의 저작들 속에서 충분히 강조하지 못한 실수였으며, 그에 대해 우리 모두가 마찬가지의 오류를 범하고 있습니다. 말하자면 우리는 첫째 기본적인 경제적 사실들로부터 정치적 · 법률적 그리고 기타 이데올로기적 개념들과, 이러한 개념들을 매개로 생겨나는 행위들의 '파생'derivation에 강조점을 두었으며, 또 '두어야만' 합니다. 하지만 그럼으로써 우리는 내용을 위해서 — 이 개념 등이 발생하는 수단과 방법들인 — 형식의 측면을 간과했습니다. 이것은 파울 바르트*가 좋은 예인데, 우리의 적대자들에게 오해와 왜곡을 불러일으킬 절호의 기회를 쥐어주는 것이나 다름없습니다.

이데올로기는 소위 의식적으로 그러나 허위의식에 사로잡힌 사상가들

---

* 파울 바르트Paul Barth; 1858–1922는 독일의 철학자이자 사회학자이며, 라이프치히 대학 교수였다.

에 의해 이루어지는 하나의 과정입니다. 그것은 사실입니다. 사상가를 내모는 추동력은 그에게 알려지지 않은 채 남아 있습니다. 그렇지 않으면 그것은 단순한 이데올로기적 과정이 아닐 것입니다. 그러므로 그는 허위의 또는 그럴듯한 추동력을 상정합니다. 그것은 자신이나 선조들의 순수 추론pure thought으로부터 내용뿐만 아니라 형식도 도출해 내는 사유의 과정이기 때문입니다.

앙드레 다시에는 부인 앤느 다시에Anne Dacier와 더불어 프랑스의 영향력 있는 고전학자이자 번역가였다.

　그는 사유의 산물로서 아무런 검증도 없이 받아들이는 단순한 사유자료 thought material를 가지고 활동하지만 사유와 독립되어 있는 보다 멀리 떨어진 근원에 대해서는 연구하지 않습니다. 실제로 그에게는 이것이 문제입니다. 왜냐하면 모든 행위들이 사유를 통해 '매개될' 때, 그것은 궁극적으로 사유에 '토대를 둔' 것으로 나타나기 때문입니다.

　따라서 역사(여기서 역사는 '사회'와 자연에 속하는 모든 — 정치적, 법률적, 철학적, 이데올로기적 — 영역들을 포괄하는 것입니다)를 논하는 이데올로그들은 이전 세대의 사유로부터 독립하여 발생하며, 그 다음 세대의 두뇌에서 자신의 독립된 발전과정을 관철해 온 물질과학science material의 모든 영역에서 소유하고 있습니다. 실제로 하나 또는 다른 영역에 속하는 외부적 사실들인 진리는 이러한 발전에 영향을 발휘해왔지만, 암묵적인 전제조건은 이러한 사실들 자체도 사유과정의 산물들일 뿐이며, 따라서 우리는 아직도 명백히 가장 딱딱한 사실들조차 능히 소화해 낸 그렇듯 단순한 사유영역 내에 머무르고 있다는 것입니다.

　대부분의 사람들을 현혹시키는 것은 무엇보다도 각기 분리된 영역 속에서 존재하는 국가헌정, 법률체제, 이데올로기적 개념들의 독립된 역사의 출현입니다. 루터와 캘빈이 공식적인 가톨릭을 지양하거나, 헤겔이 피히테와 칸트를 지양하거나, 루소가 자신의 공화주의적 『사회계약론』contrat social 으로써 간접적으로 입헌주의적 몽테스키외를 지양한다면, 그것은 특정한 사유영역의 역사 속의 한 단계이며, 사유영역을 결코 뛰어넘지 못하는 것입니다.

그리고 자본주의적 생산의 영원성과 궁극성이라는 부르주아적 환상도 덧붙여졌기 때문에, 중농주의자the physiocrats와 아담 스미스에 의한 중상주의자the mercamtilists의 극복조차도 얄팍한 사유의 승리로 간주됩니다. 즉 변화된 경제적 사실들의 사고 속에서의 반영이 아니라 언제 어디서나 존재하는 현실적 조건들에 대한 올바른 이해에 궁극적으로 도달한 것으로 간주됩니다. 사실상 리샤르 쾨드리옹Richard Coeur de Lion과 필립 아우구스투스Philip Augustus가 십자군에 섞이는 대신에 자유무역제를 도입했더라면, 우리는 500년간의 고통과 우매함을 피할 수도 있었을 것입니다.

내가 생각하기엔 그것이 받아들일 수 있는 것보다 더 지나치게 간과되고 있는 점은 바로 여기서만 지적할 수 있는 문제의 이러한 측면이라고 생각합니다. 그것은 똑같은 옛날이야기입니다. 즉 형식은 항상 처음에는 내용을 위해 간과됩니다. 내가 늘 말했듯이, 나도 그렇게 해왔고, 나중에 실수를 깨닫습니다. 그렇기 때문에 나는 결코 이걸 가지고 어떤 식으로든 당신을 공격하지 않을 뿐만 아니라 잘못이 있는 편의 연장자로서 그렇게 할 권리를 갖고 있지 않습니다. 오히려 그 대신 미래를 위해 당신의 주의를 똑같이 이점에 기울이도록 하고 싶습니다.

이것에 얼빠진 이데올로그의 관념이 연관되어 있습니다. 즉 우리는 역사에서 역할을 담당하고 있는 다양한 이데올로기적 영역으로의 독자적인 역사적 발전을 부인하기 때문입니다. 또 그들이 역사에서 어떠한 결과를 가져왔는지도 부인해야 한다는 관념 때문입니다. 이것의 토대는 상호작용을 완전히 배제한 철저한 극단으로서 평범한 비변증법적 인과율conception of cause and effect입니다. 이 신사양반들은 종종(거의 의도적으로) 언젠가 하나의 역사적 요인이 다른 어떤 것에 의해, 즉 궁극적으로 경제적 요인에 의해 세계에 주어지기만 하면, 그 요인은 반작용하여 환경과 심지어는 그 환경을 발생시킨 원인에 대해서조차 반작용할 수 있다는 사실을 잊어버리고 있습니다.

예를 들면 바르트가 성직자와 종교에 대해 이야기할 때 그렇습니다. 당신의 책 475쪽을 보십시오. 나는 이 친구를 당신이 어떻게 진정시켰는지를 알게 되어 매우 기쁩니다. 그의 진부함은 모든 기대를 초월합니다. 그러한 사람이 라이프치히의 역사학 교수라니! 나는 — 돌대가리일 뿐만 아니라 그런 사실에 대해 아주 고맙게 느끼고 있는 — 늙은이 바크스무트 Wilhelm Wachsmuth, 1784–1866*가 아주 색다른 작자였음을 말해야만 합니다.

그 나머지에 대해서는 『신시대』Nene Zeit에 실렸던 기사들을 재삼 언급했던 그 책을 되풀이해서 말할 수 있을 뿐인데, 그것은 프러시아 제국의 존재 중에서 가장 훌륭한 선물입니다. 사실상 나는 그 책이 대부분의 문제들을 세세한 부분에 이르기까지 그 상호연관을 올바르게 발전시킨 유일하고도 훌륭한 선물이라 말해도 좋을 것입니다.

---

* 그는 독일의 역사학자로 1826~1865까지 〈라이프치히 대학〉에서 철학사를 가르쳤다.

4. 엥겔스, 로라 라파르그*에게 보낸 편지에서 (1893. 9. 18)

어제 우리는 〈자유민중극장〉Freie Volksbühne**에 있었다. 〈레싱극장〉이라고
도 하는데, 베를린에서 가장 훌륭하고 멋있는 극장 중 하나인 이 극장은 임
시로 빌린 것이다. 좌석은 예약자들의 추첨에 따라 배치되었으며, 우리는 일
등석과 특등석에 앉아 있는 남녀 노동자들을 보았단다. 반면에 부르주아들
은 일반 관람석으로to the gods 쫓겨나야만 했다. 청중들은 진지하고 열심히
관람했으며, 정도의 차이는 있지만sans égal 열광적이었다고 말할 수 있다.

막이 내리자 우레와 같은 박수소리가 터져 나왔다. 하지만 연민을 자아
내는 장면에서는 눈물바다를 이루었단다. 배우들이 다른 어떤 사람들보다
도 이런 청중들을 좋아하는 것은 놀라운 일이 아니다. 작품은 훌륭했고, 기
대했던 것보다도 연기는 훨씬 뛰어났다. 작품의 성격과 연기 모두에서 볼
때 과거의 소시민성Kleinburgerei은 독일의 무대에서 사라졌다. 훗날 간단한
개관을 보내줄게.

마르크스 엥겔스 문학예술론

---

* 로라 라파르그Laura Laparg, 12845–1911는 마르크스의 둘째 딸로『게으름의 권리』를 쓴 폴 라파르그의
아내이다. 이들은 엥겔스가 물려준 유산을 다 쓴 뒤 1911년 동반 자살했다.

** 〈자유극장〉은 입센, 졸라, 톨스토이 등의 자연주의적 작품들을 10년이 넘도록 연극작품들의 불모
지였던 베를린과 독일에 소개하기 위해 1889년 오토 브람Otto Brahm이 설립했다. 그것은 회원이 제한
되고 보다 싼 가격으로 관람할 수 있는 〈자유민중극장〉의 설립을 고무시켰다. 그리하여 이듬해인
1890년에 설립된 〈자유민중극작〉은 사회민주당과 노동조합에 가까운 사람들에 의해 회원이 조직되
었고 노동계급 청중들을 우선적으로 대우해 주었다. 베를린에서 가장 훌륭한 연출가와 배우들이 자
연주의적 작품들〔엥겔스에 의한 작품은 헤르만 주더만Herman Sudermann의『고향』Heimat이었다〕과 셰익
스피어, 괴테, 쉴러의 작품들을 무대에 올리기 위해 고용되었다. 후자 계열의 작품들은 전자의 자연
주의적 작품들보다 생기가 있고 승리감에 벅차 있었기 때문에 보다 대중적이었다. 전자에서는 단지
하우프트만Hauptmannm의『직조공』The Weavers만이 상당한 호소력을 발휘했을 뿐이다. 프란츠 메링은 〈
자유민중극장〉에 대해 주목할 만한 비평을 가하면서 분석했는데 (『신시대』, 1896년, 10월 21일자),
엥겔스의 '간단한 개관'이 이루어졌다면, 살아남지 못했을 것이다.

6 장

리얼리즘의
문제

MARX
ENGELS

1. 마르크스, 『영국의 중간계급』에서 (1854)

현재 영국의 소설가들은 사실적이고 설득력 있는 작품들을 통해, 정치가나 정치평론가, 도덕주의자들이 주장해 온 것을 모두 합친 것보다 더 많은 정치적·사회적 진실을 밝혀주고 있다. 또한 온갖 종류의 사업들을 비천하게 여기는 '지극히 고상한' 연금수취인과 공채소유자에서부터 상점 주인이나 변호사의 서기에 이르기까지 모든 분야의 중간계급에 관해 묘사해 왔다. 그러면 디킨스C. Dickens나 윌리엄 새커리W. Thackeray, 브론테Miss Bronte, 가스켈 부인Mrs. Gaskell 등은 중간계급을 어떻게 묘사해 왔던가?

그들은 만연한 추측과 편견 그리고 약간의 학대와 무시를 의중에 품고 그들을 묘사해 왔으며, 이 교양있는 계층들은 "중간계급이야말로 그들의 윗사람들에게는 굴종적이면서도, 자신보다 아랫사람들에게는 포악하다"는 저주 섞인 풍자를 이 계급에 고정시켜 놓고 자신들의 판단을 확신해 온 것이다.

2. 마르크스, 엥겔스에게 보낸 편지에서 (1858. 11. 24)

〔로베르트 프루츠*가 발행하는 『문예
주간지』Literary Weekly에서〕 그 얼간이 루
게A. Ruge**는 "셰익스피어는 철학체계를
갖추지 않았기 때문에 희곡작가가 될 수
없으며", 반면에 쉴러는 칸트학파였으므
로 참된 "희곡작가"라고 주장했다네. 프
루츠는 이에 대한 답변으로 『셰익스피
어의 변론』Vindication of Shakespeare!을 썼지.

로베르트 프루츠

3. 마르크스, 페르디난트 라살레에게 보낸 편지에서***(1859. 4. 19)

둘째: 선택된 갈등****은 비극일 뿐만 아니라, 1848~49년 사이에 별 잘못도

---

* 로베르트 프루츠Robert Prutz, 1816~1872는 독일의 진보적인 정치관을 지닌 시인이자 산문 작가이다.
** 아르놀트 루게Arnold Ruge; 1802~1880는 청년 헤겔학파의 한 사람으로 급진적인 정치평론가, 정치지도
자였다. 이러한 활동으로 인해 오랫동안 영국에서 이민생활을 함. 셰익스피어와 쉴러를 비호의적으
로 비교한 그의 논문은 쉴러 탄생 백주년 기념을 위해 출판되었다.
*** 이 편지의 서두는 제9장 '형식과 문체'From and Style에 따로 실려 있다. 라살레는 변호사, 작가, 독일
노동계급의 유능한 조직가로서 마르크스와 엥겔스와는 1848~1864년의 혁명 때부터 알게 됨. 그는
1858~59년에 비극 『프란츠 폰 지킹엔』을 썼다. 지킹엔은 후텐Ulrich von Hutten과 더불어 이 희곡의 배
경인 1522~23년 슈바벤Swabian과 라인란트Rheinland에서 일어난 기사봉기의 지도자였다. 지킹엔은 공
작들 특히 트리어 지방의 대주교에 대항하여 기사귀족을 이끌었다. 하지만 기사들이 그를 배반하여
처형당한다. 1859년 3월 6일 라살레는 이 희곡의 이면에 깔린 비극적 이념을 요약한 논평과 함께 이
희곡의 대본을 마르크스에게 보냈다. 『프란츠 폰 지킹엔』은 다니엘 드 레옹Daniel De Leon에 의해 영어
로 번역되었다.(1910).
**** 엥겔스는 라살레의 희곡 『프란츠 폰 지킹엔』에서의 갈등을 말하고 있다.

없이 혁명당의 붕괴를 초래했던 비극적 갈등이기도 합니다. 따라서 나는, 그 갈등을 현대비극의 중심축으로 만들려는 지극히 고상한 의도에 동의할 수 있을 뿐입니다. 그러나 나는 당신이 선택한 주제가 이러한 갈등의 표현을 위해 적합한 것인지를 자문해 봅니다. 만약 지킹엔이 기사봉토제 아래서 자신의 반란을 숨기기보다는, 황제에 맞서 전쟁의 깃발을 올리고 공작에 대항하는 전면전을 선포했었더라면 성공할 수 있었을 것으로 여긴 발타자르Balthasar Stor*도 무리는 아닙니다.

그러나 우리는 이러한 환상을 공유할 수 있을까요? 지킹엔(그와 함께 다소간 후텐Hutten도)이 그의 계략 때문에 패배한 것은 아니었습니다. 그가 패배한 것은 그가 '기사'로서, 또한 '썩어가는 계급의 대표자'로서 현존하는 질서와 그 질서의 새로운 형태에 대항하여 일어났기 때문입니다. 만약 지킹엔에게서 특수한 훈련과 천성 등을 통해 나타난 그의 개성에 어울리는 점들을 모두 제거해버리면, 우리는 베를리힝엔Gotz von Berlichingen, 1480-1562**과 같은 처지로 전락할 것입니다.

황제와 공작들에 대항하는 기사knighthood의 비극적 항거가 이 '불행한' 인물 속에서 구체화되어 그에 적합한 형식을 부여해 주고 있습니다. 또한 괴테가 베를리힝엔을 주인공으로 선택한 것은 정당한 일입니다 적어도 지킹엔은 공작들에 맞서 싸웠으니까요. 비록 모든 계급 이데올로그들과 마찬가지로 후텐에 관련된 판단들이 상당히 수정되어야 할지라도, 어느 정도까지는 후텐도 그러합니다(황제 칼 5세에게 맞선 지킹엔의 태도는 황제가 기사들

---

* 발타자르 슈퇴르Balthasar Stör는 지킹엔의 하인.
** 독일의 제국기사이자 용병으로 독일농민전쟁을 비롯한 수많은 전쟁에서 용맹을 떨쳤다. 그는 철장갑을 끼고 전투를 벌였기 때문에 '철의 손 괴츠'Götz of the Iron Hand로 불렸다. 괴테는 그의 자서전을 바탕으로 1773년에 희곡 『괴츠 폰 베를리힝엔』Götz von Berlichingen을 쓰기도 했다.

의 황제에서 공작들의 황제로 변신했다는 사실에
의해서만 설명될 수 있습니다).

아무리 역사적으로 정당화된다 할지라도,
그는 그저 또 하나의 돈키호테에 지나지 않
습니다. 그가 기사들간의 봉토 문제 때문에
반란을 일으켰다는 사실은, 단지 그가 '기사
의 한 사람으로서' 반란을 시작했다는 것을
뜻할 뿐입니다. 그가 만약 다른 방식으로 반
란을 일으켰더라면, 직접적이면서도 즉각적
으로 도시나 농촌, 즉 자신들의 발전이 기사

'철의 손 괴츠'로 불린
베를리힝엔

계급의 부정과 일치하는 (또는 의미하는) 모든 계급들로부터 호응을 얻을
수도 있었을 것입니다.

만일 당신이 갈등을 『베를리힝엔』에서 나타나는 것과 같은 갈등으로 환
원시키고자 하지 않는다면 — 그리고 이것이 당신의 의도가 아니었다면
— 지킹엔과 후텐은 사멸되어야만 합니다. 그들은 자기 자신을 혁명가(괴
츠는 그렇게 불릴 수 없지만)로, 또한 1830년대의 '교양있는' 폴란드의 귀족
과 같은 존재로서 생각하여, 자신을 한편으로는 당대 이데올로기의 대변자
로 만들면서, 또 한편으로는 실제로 반동계급의 이익을 대표하는 역할도
했기 때문입니다. 그렇다면 이러한 경우에는 당신의 희곡에서처럼 혁명의
'귀족' 대표자들 — 이들이 가진 통일과 자유의 슬로건 배후에는 낡은 황제
의 힘과 권력에 대한 희망이 숨겨져 있습니다 — 이 모든 이해를 장악해서
는 안 되며, 단지 농민의 대표자들(특히 농민들)과 도시의 혁명분자들이 당
신의 희곡을 위한 중요하고도 능동적인 배경을 제공해야 합니다.

그렇게 했더라면 당신은 가장 순수한 형식으로 가장 현대적인 이념들을 매우 강하게 표현해 낼 수 있었을 것입니다. 이것이 종교의 '자유'와 더불어 당신 희곡의 주제이므로 시민적 '통일'이 남게 됩니다. 그랬다면 당신은 보다 셰익스피어적이었을 겁니다. 지금은 쉴러주의Schillerism가 너무 팽배해 있습니다. 이것은 인물들을 단지 시대정신의 대변자로만 만들어 버린다는 것을 의미하는데, 이 점이 바로 당신의 주된 오류입니다.

당신도 어느 정도는 당신의 프란츠 폰 지킹엔을 좋아하지 않았으며, 루터적 기사Lutheran knightly의 반란을 평민적 뮌쩌Munzer의 반란보다 우위에 두는 외교적 실수를 저질렀습니다.* 또 나는 당신의 극중 인물 가운데 칼 Charles 5세, 발타자르Balthasar, 그리고 트리어의 리하르트Richard를 제외하고는 별다른 특정적 인물을 보지 못했습니다. 16세기만큼 예리한 성격들이 표출됐던 시기가 또 있었을까요? 내 생각에 당신의 후텐은 지나치게 '열광'의 전형이며, 또한 이점이 싫증납니다. 그는 영리하지도 익살스럽지도 않았으며, 게다가 심하게 학대당하지도 않았습니다.

심지어 당신의 지킹엔(그런데 역시 너무 추상적으로 묘사된)마저도 그의 온갖 개인적 구상들과는 무관한 갈등의 희생물입니다. 이 점은 자기가 거느리고 있는 기사들에게 도시와의 우애를 설교할 때 필히 나타나는 방식에서, 그리고 자신이 '주먹의 정의'club-law를 도시에 행사할 때 그가 느끼는 뿌듯한 기쁨 등에서 찾아볼 수 있습니다.

세부적인 점들에 관해 비평을 하자면, 당신은 종종 인물들에게 너무 지나친 자기반성을 허용하고 있습니다. — 이는 쉴러에 대한 당신의 편애에서 나온 것이죠. 따라서 후텐이 마리아Maria에게 자기의 인생을 말하고 있

마르크스 엥겔스 문학예술론

---

* 마르틴 루터Martin Luther는 점진적 개혁을 바랐고, 하층계급과 도시의 중간계급, 그리고 진보적인 공작들의 요구에 부합했다. 반대로 토마스 뮌쩌Thomas Munzer는 봉건주의의 종말을 촉구했다. 뮌쩌의 농민군은 1525년 5월에 패했으며, 그는 체포되어 고문을 받고 처형당했다.

는 121쪽에서는, 마리아가 다음과 같이 말하도록 하는 편이 훨씬 자연스러웠을 겁니다. "감정의 모든 영역" "그것은 세월의 무게보다도 더 무거운 것"이라고 말입니다. "They say"에서 "grown old"까지의 문구 앞에 오는 구절들은 뒤에 오는 게 더 나았을 것입니다. 그러나 "처녀가 여인이 되는 데에는 단 하룻밤이 필요하다"라는 표현은 (비록 이 말이 마리아가 단순한 추상적 사랑 이상의 것을 알고 있다는 사실을 보여준다 할지라도) 전혀 불필요한 것이었습니다.

또한 마리아가 자신의 '성숙'에 대한 논의를 시작하는 곳도 완전히 잘못 설정되어 있습니다. 그녀가 자신의 모든 것을 단지 '한' 시간 동안 얘기한 후에야, 자신의 성숙에 관한 문장에서 자신의 기분에 대한 전체적인 느낌을 표현할 수 있었습니다. 더욱이, "나는 그게 '권리'(즉 행복)라고 생각했어요"와 같은 문장들 때문에 정말 혼란스러웠습니다. 왜 그때까지 그녀가 간직해 오던 순진한 세계관을 권리에 관한 교리로 변화시켜 그녀로부터 그것을 박탈해 버렸습니까? 아마 다른 기회에 더 자세한 내 견해를 당신에게 밝힐 수 있을 것입니다.

지킹엔과 칼 5세와의 만남 장면은 비록 양자의 대화가 마치 법정에서 진술하는 어감처럼 들리긴 하지만 매우 훌륭하다고 생각합니다. 트리어에서의 장면들도 좋았고, 후텐의 칼sword에 관한 연설은 대단히 훌륭했습니다.

오늘은 이만하죠.

당신은 내 아내라는 사람을 당신의 희곡에 대한 열렬한 신봉자로 획득했습니다. 그녀는 단지 마리아에 관해서만 불만스러울 뿐입니다.

안녕

K. M

4. 엥겔스, 페르디난트 라살레에게 보낸 편지에서 (1859. 5. 18)

역사적인 내용과 관련해서 볼 때,* 당신은 당신에게 가장 중요했던 그 당시 운동의 두 가지 측면을 표현했습니다. 그런 면에서 이들은 지킹엔으로 대표되는 귀족의 국가적 운동이나 교회와 신학 분야에서의 이후의 발전, 즉 종교개혁the Reformation을 촉발시킨 인문주의적 · 이론적 운동에 대한 명료하면서도 타당한 표현이었습니다. 여기서 가장 훌륭했던 장면들은 지킹엔과 황제, 로마교황 사절과 트리어의 대주교 간의 장면들이었습니다(여기서 당신은 고전과 미학을 교육받고 정치와 이론에 밝은 세속적인 로마교황 사절과 성직을 가진 소견머리 없는 독일 공작간의 대조를 통해 개별적인 특성을 아주 훌륭하게 표현했으며, 이것들은 또한 인간의 '전형적인' 성격들 때문에 뚜렷하게 도출됩니다).

지킹엔과 칼 5세와의 장면에 나타난 성격화도 대단히 놀라운 것이었습니다. 당신이 본질적인 내용이라고 평가했던 후텐의 자서전 내용을 당신의 희곡에 삽입시킨 것은 매우 위험한 방식을 선택한 겁니다. 제5막에서 프란츠와 발타자르Balthasar의 대화 역시 아주 중요합니다. 이 대화에서 발타자르는 그가 따랐어야만 했던 '참된 혁명적' 정책에 대해 자기의 주인에게 말하고 있습니다. 여기서 참된 비극이 나타나는데 그것은 바로 혁명의 중요성 때문입니다. 나 자신은 그럴 수 있는 기회가 더 많았던 제3막에서 비극이 좀 더 강하게 드러났어야 한다고 생각합니다. 하지만 나는 다시 부차적인 문제로 돌아가겠습니다.

도시들과 당시 공작들의 입장은 여러 곳에서 매우 선명하게 표현되어

---

* 이 편지의 첫 부분은 이 책의 「형식과 문제」 장에 실려 있다.

있습니다. 따라서 당시의 운동에서는 소위 '공식적' 요소들은 거의 없어져 버렸습니다. 하지만 나에겐 당신이 비관료적, 평민적, 농민적 요소와 그것들의 부수적이고 이론적인 표현에 충분한 주의를 기울이지 않았다는 느낌이 듭니다. 농민운동은 방법상 공작들에 대항한 귀족들의 운동처럼 민족적인 것이었고, 의연히 죽어간 농민들의 어마어마한 투쟁의 범위는 지킹엔이 자신의 운명에 몸을 던져버리도록 만들었고, 또다시 궁정노예근성court servility의 역사적 역할을 묵인한 귀족들의 안일함과는 크게 대조되는 것입니다.

'폴스타프와 그의 시동侍童' 아돌프 슈뢰들러 작. 윌리엄 셰익스피어가 쓴 3개의 희곡에 나오는 존 폴스타프 경Sir John Falstaff에서 유래된 캐릭터로, 뚱뚱하고 쾌활하며 잘 먹고 술도 잘 마시는 인물이다.

그러므로 이제는 당신 스스로가 당신의 희곡이 너무 추상적이고 비사실적이라고 판단했을지라도 농민운동에 좀 더 신경을 쓸 필요가 있다고 생각합니다. 죽은 요스트 프리츠Jost Fritz와 더불어 농촌장면은 확실히 특징적이었고 이 '선동가'의 개성은 매우 정확하게 표현되었습니다. 그러나 귀족운동과 대조해 볼 때, 그때 이미 격분할 대로 격분한 농민들의 동요를 적절히 표현하진 못했습니다. 희곡에 대한 '나의' 견해는 다름이 아니라 지적 요소를 선호하여 사실적인 것이 무시되어서는 안 되며, 쉴러를 선호함으로써 셰익스피어가 무시되어서는 안 된다는 것입니다.

당신이 당시 평민들의 사회적 영역을 훌륭하게 도입했더라면 완전히 새로운 요소를 제공할 수 있었을 것이고, 그 요소는 무대 위에서 펼쳐지는 민족적인 귀족운동에 필수적인 배경을 제공하고 또 활기차게 만들었을 것입니다. 그리고 결국에는 그것이 바로 이 운동 자체에 적절한 점화물이 될 수도 있었을 것입니다. 얼마나 특색 있는 성격화들characteristic portraits이 봉건제

제 1 부　문학 · 예술 이론

도가 붕괴되는 이 시기에 나타났습니까 — 무일푼으로 지배하는 왕, 무력해진 용병들, 그리고 온갖 잡다한 모험가들 — '이러한' 유형의 역사극에서는 세익스피어의 폴스타프적Falstaffian인 배경이 다른 작품들보다 훨씬 효과적일 것입니다!

그러나 이 점을 차치하더라도 당신이 농민운동을 무시한 것은 어떤 측면에서는 당신이 귀족의 국가민족주의 운동마저 부정확하게 묘사했을 뿐 아니라, 지킹엔의 운명에 내재한 '진정한' 비극적 요소도 파악하지 못했다는 느낌이 듭니다. 나는 당시의 제국적 귀족정치의 대다수가 농민과의 동맹을 고려하지 않았다고 생각합니다. 억압받는 농민으로부터의 수입에 의존하고 있던 귀족들이 이를 허용하지 않았습니다. 그들에게는 도시와의 동맹이 더욱 실행 가능한 것처럼 보였습니다. 하지만 이것도 전혀 실행되지 않았거나, 극히 부분적으로만 실행되었을 뿐입니다. 귀족의 민족주의 혁명은 도시나 농촌과의 동맹을 통해서만 성공할 수 있었습니다. 특히 농촌과의 동맹을 통해서 그러했습니다.

또한 이것은 비극적 상황이라 생각되는데, 그 기본적인 조건인 농민과의 동맹은 불가능한 것이었고, 귀족들의 정책이란 필연적으로 하찮은 것이었으며, 민족주의운동을 펴나가기를 열망한 바로 그 순간에는 민족과 농민이 뒤엉켜 그들의 지배체제에 항거했고, 그리하여 그 혁명은 필연적으로 실패할 수밖에 없었던 것입니다. 지킹엔이 어떤 면에서는 농민과 진정으로 교류했다는 추정에 대해 나는 당신이 역사적으로 얼마나 정확한가에 대한 판정기준을 갖고 있지 않을뿐더러, 또 그것은 그렇게 중요하지도 않습니다.

그런데 내가 기억하는 한, 농민계급에게 호소하는 후텐의 글들은 이렇듯 귀족에 관한 미묘한 문제를 조심스럽게 피해가면서 농민들의 모든 분노를 특히 승려계급에 향하도록 노력하고 있습니다. 하지만 적어도 난 지킹엔과 후텐이 마치 농민을 해방시키려고 했던 것처럼 묘사한 사실에 대한 정당성을 문제삼는 것은 아닙니다. 그러나 여기에 바로 당신의 비극적 모순이 있었습니다. 지킹엔과 후텐 둘 다 한쪽으로는 '농민해방을 단호히 억압했던' 귀족과, 다른 한쪽으로는 농민의 사이에 서있었기 때문입니다. 이 점이 바로 역사적 당위가 요구하는 바와 그 현실적 실현 불가능성 사이의 비극적 갈등을 구성하고 있다고 생각합니다. 이러한 중요성을 놓칠 때 당신은 지킹엔이 황제나 제국이 아닌 단 한 명의 공작에 대항하도록 해버림으로써(비록 당신이 여기서 농민에게 정당한 계기를 부여해 주었다 할지라도), 비극적 갈등을 더 작은 범위로 축소시킵니다.

그리고 당신의 견해에 따르면, 지킹엔은 단지 귀족들의 무관심과 비겁함 때문에 죽게 된다는 것입니다. 하지만 이전부터 격앙되고 있던 농민의 분노나 확실히 더 보수적인 귀족들의 분위기를 이전의 "동맹화Bundschuhe 농민봉기"와 "가난한 콘라트Armer Konrad 농민봉기"*의 결과로서 강조했더라면, 아주 색다른 배경이 될 수도 있었을 것입니다. 이것은 단지 농민과 대중의 운동을 드라마로 소개할 수 있는 여러 방법 중 하나에 불과합니다. 거기에는 생각할 수 있는 방법이 적어도 열 가지 또는 그 이상이 있습니다.

당신도 알다시피, 나는 '매우 높은' 기준 — 실제로 미학과 역사적 관점 — 에서 당신의 작품에 접근했습니다. 내가 만약 부정을 하기 위해 이렇게 접근할 수밖에 없었다면 이는 당신의 작품을 인정한다는 반증입니다. 정당party의 이익이라는 측면에서도 '상호' 비판은 되도록 솔직해야 한다는 입장을 오랫동안 취해오고 있습니다. 대체로 상호비판은 정당이 어떤 분야로 들어가든 간에 항상 탁월함을 보여주는 새로운 증거를 발견하도록 해주기

---

* 이 두 봉기는 가장 위대한 농민봉기였다. 이 봉기들은 1514년 초까지 전개되었고, 1525~26년에 일어난 '농민전쟁'의 계기가 되었다.

때문에 나와 우리 모두에게 기쁨을 줍니다. 그리고 이번에 당신이 해낸 일도 역시 마찬가지입니다.

5. 마르크스, 나네트 필립스에게 보낸 편지에서 (1861. 3. 24)

나는 지난 일요일(3월 18일) 아침 7시에 베를린에 도착했습니다. 오버하우젠Oberhausen에서 여섯 시간 반 동안 지체한 것을 제외하고는 나의 여행에서 특기할 만한 것은 없습니다. 베를린에서도 가장 좋은 거리에 자리 잡고 있고 또한 훌륭한 주택에 살고 있는 라살레는 나를 맞이하기 위해 모든 것을 준비해두었으며, 또 나를 진심으로 환영해 주었습니다. 처음 몇 시간 동안 이야기를 나누었는데 약간의 휴식과 상쾌함이 내 여행의 피로를 씻어주었습니다.

라살레는 즉시 나에게 잠시 후에 언급하게 될 하츠펠트Hatzfeldt 백작부인의 집을 소개시켜 주었습니다. 나는 매일 오후 4시에 라살레의 집에서 만찬을 들었고, 그와 백작부인과 함께 저녁을 보내기도 했습니다. 나는 그녀의 원래 머리카락이 '금발'이고 눈동자도 푸르다는 것을 알았지만, 그녀의 얼굴을 볼 때면 스무 살에 또 스무 살을 더하면 쉰일곱이 된다는 말을 떠올리곤 했습니다. 실제로 그녀의 얼굴엔 많은 주름살이 '창조의 흔적'으로 가득 차 있었고, 살이 빠져 마치 탄층처럼, 형성되기엔 긴 시간이 필요한 뺨과 턱 등이 있었습니다. 눈썹은 나빠지기보다 오히려 더 좋아져 이제껏 기교를 부려 자연 그대로보다 훨씬 좋아졌다는 사실에 크게 놀랐습니다.

이후에 나는 그녀가 더 이상 혈색에 따라 화장품 색조를 선택하지 않는 기교를 완전히 터득하고 있다는 상투적인 소견을 말했습니다. 대체로 그녀는 나로 하여금 세월이 흘러 머리가 잔인하게 떨어져 나갔지만 여전히 훌

마르크스 엥겔스 문학예술론

륭한 가슴을 자랑하고 있는 그리스의 몇몇 조각품들을 연상케 합니다. 공정히 평가하자면 그녀는 여전히 출중한 숙녀이고, 학식을 뽐내는 여자도 아니며, 대단히 지적이고 명랑하며 혁명운동에 깊은 관심을 가졌을 뿐 아니라 귀족적인 자유분방함은 전문적인 '정신적 여성'femmes d'esprit들의 현학적인 점잖음을 초월하는 사람입니다.

화요일 저녁에 라살레와 백작부인은 나를 〈베를린 극장〉에 데리고 갔는데 거기서는 러시아인의 자기찬양으로 가득찬 한 편의 베를린 코미디가 강요되고 있었습니다. 그건 참으로 정떨어지는 것이었습니다. 수요일 밤에는 그들에게 떠밀리다시피 하여 〈오페라 하우스〉로 발레공연을 구경하러 갔습니다.

우리의 좌석은 — 끔찍한dictu — 왕의 '특별석' 옆이었습니다. 그런 발레는 베를린 특유의 것이었습니다. 그 형식은 파리나 런던의 발레와 다른 것으로, 저녁시간 전체를 빼앗아간 오페라의 서두나 결말은 여러 장으로 나뉘어 있기도 했습니다. 배우들은 한 마디 말도 하지 않았으나 모든 것은 흉내에 의해 암시되었습니다. 그건 정말 죽도록 지겨운 것이었습니다. 반면에 무대는 아름다웠습니다. 리보르노Livorno에서 나폴리까지의 항해를 예로 들면 당신께 도움이 될 것입니다. 바다, 해안, 마을 등 모든 것은 사진 같은 실제로 표현되고 있었습니다.

6. 엥겔스, 로라 라파르그에게 보낸 편지에서 (1883. 12. 13)

누워 있는 동안 나는 발자크만을 읽었단다. 그리고 난 그 위대한 늙은 동료를 철저하게 즐겼단다. 거기에는 발뤼아베이유Valulabelles, 카프피귀

Capefigues, 루이 블랑Louis Blancs 그 외의 모든 것들et tutti guante 보다도 1815—48년에 이르는 프랑스의 역사가 펼쳐져 있지. 그리고 대담성이 있다. 그의 시적 정의에는 혁명적 논리가 들어 있단다.

7. 엥겔스, 민나 카우츠키에게 보낸 편지에서 (1885. 11. 26)

『옛 것과 새로운 것』The Old and the new을 읽고 나는 당신에게 진심으로 감사를 드립니다.* 소금채굴 노동자의 생활상은 마치『슈테판』Stefan에 나오는 농민들의 생활상처럼 노련한 방식으로 표현되어 있더군요. 또 비엔나 사회의 장면들도 대부분 훌륭했습니다. 비엔나, 그곳은 실로 어떠한 사회라도 존재할 수 있는 독일의 유일한 도시입니다. 반면에 베를린에는 단지 '일정한 어떤 모임들'이 있을 뿐이며, 또 불확실한 것들에 지나지 않습니다.

따라서 그곳은 단순히 지식계급, 관료, 배우들에 관한 소설에만 배경을 제공합니다. 당신 작품 중 이 부분에서 행위의 동기가 너무 성급하게 발전되지는 않았는가 하는 문제에 대해 나보다는 당신이 더 잘 알 것입니다. 우리에게 대단한 감동을 주는 여러 부분들이 아마도 그 특유의 국제성과 남동부 유럽의 요소가 가득한 비엔나에서는 자연스러운 것들입니다. 이 두 가지 환경에서 나온 특성들은 개성화에 대해 평소 당신이 갖고 있던 엄밀함에 의해 유도된 것입니다. 또 그것은 각각의 인간의 하나의 전형인 동시에 하나의 뚜렷한 개성, 즉 만년의 헤겔이 말하고자 했던 이 사람ein dieser이

---

* 여기서 엥겔스가 논의하고 있는『옛 것과 새로운 것』이라는 소설은 잡지《신세계》Die nene Welt에 실린 것이다. 민나 카우츠키Minna Kautsky, 1837–1912는 칼 카우츠키의 어머니로 배우이기도 하며, 사회민주주의 운동에 관한 사회소설과 전기들을 발표했던 인물이다. 그녀의 첫 소설『슈테판 폼 그릴렌하트』Stefan vom Grillenhaf는 이보다 5년 전에 같은 잡지에서 발표되었다.

기도 합니다. 그것은 당연한 사실입니다.

그러나 이제 공정을 기하고자 몇 가지 결점을 지적해야겠습니다. 여기서 나는 아르놀트 루게를 논하고자 합니다. 사실 그는 너무 훌륭합니다. 그리고 이 사람이 마지막에 산사태로 죽었을 때, "이 사람은 이 세상에 어울리지 않게 너무나 좋은 사람이었어"라고 말할 수 있을 만큼 그의 죽음은 시적인 정의poetic justice와 연결될 수 있었습니다. 하지만 작가가 자기의 주인공에게 심취해 있다면, 그것은 작가에게 그리 좋지 않습니다. 그리고 내 생각에는 당신도 어느 정도 이러한 오류에 빠져 있다고 생각합니다. 엘자Elsa의 경우, 아직도 개성의 자취가 엿보이고 이상화가 엿보이기는 하지만, 아르놀트의 개성은 원칙 속으로 용해되어 버렸습니다.

이러한 결점이 어디서부터 비롯되었는지는 소설 자체를 가지고는 논할 수 없습니다. 당신이 이 책에서 공공연하게 당파party를 취하고, 온 세상 앞에서 당신의 확신에 대해 증거를 제시하려는 것이 바로 그것입니다. 아무튼 지금은 이러한 일들은 이미 벌어졌고, 이제 당신에게도 과거의 일이 되어버렸기 때문에 다시 이러한 형식으로 그것을 반복할 필요는 없습니다.

나는 경향문학 자체를 반대하는 사람이 결코 아닙니다. 비극의 아버지 아이스퀼로스와 희극의 아버지 아리스토파네스는 모두 강렬한 경향 시인이었으며, 단테와 세르반테스도 마찬가지였습니다. 쉴러의 『음모와 사랑』이 매우 훌륭한 까닭은 바로 이 작품이 독일 최초의 정치적 경향극Tendenzdrama이라는 점 때문입니다. 뛰어난 소설을 배출해내고 있는 현대 러시아인들과 노르웨이인들은 모두가 경향작가들입니다. 그러나 내가 생각하기에, 경향이 명시적으로explicit attention 제시됨이 없이 상황과 행위 자체로부터 산출되어야 한다는 것입니다.

그리고 작가는 자기가 서술하는 사회적 갈등에 대해 미래의 역사적 해결책을 독자의 손에 쥐어줄 필요는 없습니다. 더구나 우리의 상황 아래서는 소설이 직접 우리 자신이 속해 있는 모임이 아닌 주로 부르주아 모임 출신의 독자들에게 향해진다는 점을 덧붙여야겠습니다. 내가 생각하기에 사회주의적 경향소설은 현실상황에 충실한 묘사를 통해 현실사회를 지배하고 있는 관습적 환상을 타파하고, 부르주아 세계의 낙관주의를 뒤흔들어 놓으며, 기존의 것이 영원히 정당성을 가진다는 데 대해 회의를 필연적으로 느끼도록 해줍니다.

　　그렇지만 스스로 직접 해결책을 제공하는 것은 아니며, 경우에 따라서는 심지어 노골적으로 당파를 취하지도 않을 때 자기의 사명을 완수합니다. 오스트리아의 농민과 비엔나 '사회'에 대한 당신의 정확한 지식과 놀랄 만큼 신선한 묘사력에 어울리는 소재들은 아주 많습니다. 반면에 당신은 또 『슈테판』에서 당신의 주인공들이 자유로운 반어법을 구사할 수 있다는 사실을 증명해 주었습니다. 그러한 반어법은 작가 자신의 창조물에 대한 지배력을 보여주는 것이기도 합니다.

8. 엥겔스, 마가렛 하크니스에게 보낸 편지에서 (1888. 4월 초)

　　난 네가 비제텔리 부인을 통해 네 작품 『도시 소녀』*를 보내준 데에 아주

---

* 『도시 소녀; 하나의 현실적 이야기』는 1887년에 간행되었다. 마가렛 하크니스는 노동계급의 삶에 대해 존 로John Law라는 가명으로 몇 개의 영문소설을 썼다. 마르크스의 막내 딸 엘레노어의 친구였던 그녀는 엥겔스의 집에서 살았으며, 〈사회민주동맹〉Social Democratic Federation의 일원이었다. 엥겔스는 『도시 소녀』와 그녀의 다음 작품 『실업』이 사회주의 문학으로 유용하다고 생각했고, 그래서 그는 위에서 언급되었던 독일작가이자 저널리스트인 빌헬름 아이히호프에게 이 두 작품을 번역하도록 했다. 엥겔스는 하크니스에게 보내는 편지의 초고를 영어로 썼다.

고맙게 여기고 있다. 난 아주 즐거워하면서 매료되어 그 작품을 읽었지. 네 작품의 번역자이기도 한 내 친구 빌헬름 아이히호프^{W. Eichhoff, 1833–1895}가 말했듯이, 그 작품은 매력적인 예술품이다. 그는 또 — 네가 흡족해 하겠지만 — 자신의 번역이 결과적으로는 거의 단어를 있는 그대로 나열할 수밖에 없었다고 말했는데, 이유인즉 어떤 삭제나 변화도 원본의 가치를 해칠 뿐이었기 때문이라는 말을 덧붙였단다.

네 이야기 중에서 리얼리즘적 진실성 말고도 내 마음에 들었던 점은 그 이야기가 진정한 예술가가 가져야 하는 용감성^{die Kuhnheit des echten Kunstlers}을 보여주고 있다는 점이다. 아마 네 이야기를 읽고 구세군이 그렇듯 교만하고 우아한 체하는 사회임을 처음 체험하게 된 것 같다. 하지만 그런 사회임에도 불구하고 네가 구세군을 다루는 방식, 그리고 '왜' 구세군이 인민 대중들에게 그토록 영향력을 미치고 있는가 하는 점에서만이 그러한 것이 아니라, 주로 네가 부르주아 출신 남자의 유혹에 빠진 프롤레타리아 소녀에 관한 고리타분한 이야기를 책 전체의 중심에 두고서 이야기를 서술해가는 소박하고 과장 없는 방식에서도 진정한 예술가의 용감성을 보여주었다고 생각한단다.

기교를 부려서 일련의 복잡한 사건들과 수사학으로 그런 이야기의 낡아빠진 줄거리를 은폐시켰다면 그저 평범한 작품으로 느껴졌을 것이 분명하지. 사실 은폐한다 해도 정체가 드러나는 것을 피할 수는 없는 법이지만 말이다. 너는 아마 자신은 고리타분한 이야기를 소박하게 이야기함으로써 그것을 새로운 이야기로 만들 수 있기 때문에 그런 이야기에 도전할 수 있다고 느껴진단다.

네 작품 『아더 그랜트 씨』^{Mr. Arthur Grant}는 걸작이지.

난 어떤 것을 비판해야만 할 때 이야기가 혹시 충분하게 리얼리즘적이지 못한 것은 아닌가 하고 말하곤 한단다. 내 생각에 리얼리즘은 세부의 충실성 이외에도 전형적 상황에서의 전형적 성격들의 충실한 재현을 의미하지. 그런데 네 주인공들은 서술된 한에서는 충분하게 전형적이지. 하지만 그 성격들을 에워싸고 있으며, 그들로 하여금 행위하도록 하는 상황이 그 정도는 못 되는 것 같단다. 『도시 소녀』에서는 노동자계급이 스스로를 도울 수 없고, 한 번도 스스로 돕고자 시도조차 하지 않는 수동적인 대중으로만 나타난다. 그들이 자신의 무감각한 비참함으로부터 벗어나려는 시도들 모두가 외부로부터, 위로부터 이루어지고 있지.

이것이 1800년이나 1810년경 생 시몽과 로버트 오웬의 시절에 관해서라면 적확한 서술이 되겠지만, 1887년 지금에 와서는 거의 50년 가까이 전투적 프롤레타리아트의 투쟁에 참여한 명예를 지닌 사람에게는 사정이 그러할 수는 없지. 노동자계급을 에워싸고 있는 억압적 환경에 대항하는 그들의 반역적인 저항과 — 반발적인 것이든, 반의식적인 것이든, 의식적인 것이든 — 자기의 위치를 인간적 본질로서 재건하려고 분투하는 노동자계급의 시도들은 바로 역사에 속하는 것이며, 그렇기 때문에 이제 리얼리즘의 영역에서 제자리를 요구할 수밖에 없게끔 되어버렸단다.

내 생각은 네가 순수한 사회주의적인 소설을 쓰지 않았다는 점에서, 또 이를테면 우리 독일 사람들이 작가의 사회적, 정치적 견해를 기리기 위해 명칭을 만들어 낸 바로 그 '경향소설'을 쓰지 않았다는 점에서 오류를 찾는 것과는 거리가 멀단다. 난 그런 것을 결코 염두에 두는 것이 아니란다. 작가의 견해가 감추어져 있을수록 예술작품은 더욱 훌륭해지지. 내가 말하는 리얼리즘이란 심지어는 작가의 견해에 불구하고 드러날 수 있는 것이라야 한단다.

한 가지 예를 들어 보자. 난 발자크를 졸라의 '과거, 현재, 미래'를 합친 것보다 훨씬 더 위대한 리얼리즘의 대가로 여기고 있는데, 바로 이 발자크는 『인간희극』에서 상승하는 부르주아가 1815년 이후 재구축되고 자신들이 할 수 있는 한 '옛 프랑스의 생활양식'la vieille politesse française의 기치를 다시 드높인 귀족사회에 대해 공세를 점점 더해가는 과정을 1816년에서 1848년까지 거의 1년도 빠짐없이 일종의 연대기로 서술함으로써 우리에게 프랑스 '사회'의 탁월한 리얼리즘적 역사를 이야기해주고 있단다.

성인 메데리쿠스Medericus에게 바쳐진 '생 메리 교회(1855)

발자크는 자기에게 전범으로 여겨지는 사회인과 귀족사회의 마지막 잔재들이 어떻게 해서 그 속물적인 벼락부자의 공격에 점차 굴복하게 되고, 또 그에 의해서 타락하는지, 자기의 부정한 행실이 도리어 자기주장의 도구가 되고, 또 그런 것이 결혼 생활에서 자신이 취급되는 방식과도 완전히 일치하게 되는지, 그러한 귀부인이 어떻게 해서 돈과 옷을 위해 남편의 명예도 더럽히는 부르주아 부인에게 자리를 내주게 되었는지를 서술해 주고 있단다. 그리고 발자크는 바로 이러한 핵심적인 형상picture을 중심으로 프랑스 사회의 완벽한 역사를 배치해 놓고 있지. 난 바로 여기서 심지어는 경제학적 세부 사실(예컨대 혁명 이후 동산과 부동산의 재분배)에 이르기까지도 당대의 모든 직업적인 역사가, 경제학자, 통계학자들이 수집해 놓은 저서에서보다도 훨씬 더 많은 것을 배웠단다.

분명 발자크는 정치적으로 왕당파였지. 그의 위대한 작품은 '세월 좋은 사회'의 불가피한 몰락에 대한 끊이지 않는 비가悲歌, elegy이다. 몰락의 판결을 받은 계급에서 그는 온갖 공감을 느끼고 있지. 하지만 이 모든 것들에도 불구하고 그가 그토록 깊게 공감하는 바로 그 선남선녀들과 귀족들을 활동하게 하는 순간, 그때만큼 그의 풍자가 더 날카로운 때는 없으며, 그때만큼 그의 반어법이 더 통렬할 때는 없단다. 그가 항상 감탄을 금치 못하는 유일한 사람은 발자크 자신에게 가장 치명적인 정치적 적대자이자 당시 (1830—1836)에는 진정한 인민대중의 대변자였던 '생 메리 교회'Église Saint-Merri의 공화주의 영웅들이란다.*

발자크는 자신의 계급적 공감과 정치적 선입견에 반해서 행동하도록 강요되었다는 것, 발자크는 자기가 애호하는 귀족의 몰락의 필연성을 보았으며 더 나은 운명을 맞이할 가치가 없는 인간들로서 그들을 서술했다는 것, 그리고 발자크가 진정한 미래 인간들을 오직 당대에서 찾아볼 수 있는 곳에서만 보았다는 것 — 이 모든 것들을 난 리얼리즘의 가장 위대한 승리 중의 하나로, 우리 발자크 선생의 가장 위대한 특징 중의 하나로 간주하고 싶단다.

너를 옹호하는 의미에서, 나도 문명세계 중에서 런던 동부the East End만큼 노동자들이 적극적으로 저항하지 않고, 수동적으로 운명에 굴종하며, 무감각한 곳habetes은 어디에도 없다는 것을 인정하지. 물론 네가 이번 경우에는 노동자계급 생활의 수동적 상에 만족해하고, 능동적 측면은 또 다른 작품을 위해 남겨두는 매우 훌륭한 이유가 따로 있지는 않을지 나로서는 어찌 알 수 있겠느냐?

* 파리 4구 시청사Hôtel de Ville 역 근처 베르리 거리rue de la Verrerie에 자리하고 있는 16세기에 지어진 교회이다. 이곳은 1331년 만들어진 프랑스에 남아있는 가장 오래된 교회 종과 파리에서 가장 오래된 성수반을 보관하고 있다. 이 교회에서는 1832년 6월 5일과 6일에 공화파의 좌익 지지자들은 루이 필립의 군대에 대항해 바리케이드 투쟁으로 끝까지 싸웠다.

7 장

경향문학

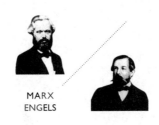

MARX
ENGELS

1. 마르크스, 『신성가족』에서 (1845)

　(그러나) 그림을 잘못 그리는 화가가 자기 작품에 나타내려고 했던 것에 꼬리표를 붙이듯이, 유진느 쉬도 '불독' 슈리뇌르Chourineur라는 꼬리표를 붙여야만 한다. 슈리뇌르는 계속해서 다음과 같이 주장하고 있다. "'당신은 아직 양심과 체면을 가지고 있군'이라는 두 단어가 나를 사람으로 만들었다."*

　마지막 숨을 거둘 때까지 슈리뇌르는 자신의 행동에 대한 동기를 인간적 개성에서가 아니라 그 꼬리표에서 발견할 수 있을 것이다. 그는 개과천선moral amendment의 증거로서 자신의 뛰어남과 다른 사람들의 사악함에 대해 곰곰이 생각해 볼 것이다. 그리고 항상 도덕적 언사를 내뱉을 것이며, 루돌프는 슈리뇌르에게 "나는 당신이 그런 식으로 말하는 것을 듣는 게 좋

---

* 쉬Sue의 소설 『파리의 비밀들』The Mysteries of Paris에 관한 논의. 이 소설에서 슈리뇌르는 살인죄로 15년간 복역을 하다가 출소한 도살자로 잔인한 인물인데, 루돌프에게 감화를 받았다.

다네"라고 말할 것이다. 슈리뇌르는 평범한 '불독'이 아니라 '예의바른 불독'이 된 것이다…….

『파리의 비밀들』 포스터

사회주의 문학의 가장 천박한 찌꺼기, 즉 우리가 이 소설가에게서 발견한 한 가지 표본이야말로 '비판적 비판주의자들'(헤겔 좌파들을 말함—엮은이 주)에게도 아직 알려지지 않은 '비밀들'을 드러내 보여주고 있다.

2. 엥겔스, 《뉴욕 데일리 트리뷴》 지에서 (1851. 10. 28)

독일에서 중간계급 또는 부르주아의 정치운동은 1840년부터 시작되었다고 할 수 있다. 그것은 독일의 부유계급과 산업계급moneyed and industrial class이 반봉건적 · 반관료적 군주제의 억압 아래서 더 이상 그것을 무감각하게 수동적으로 허용할 수 없는 상태로 무르익어 가고 있음을 보여주는 징후에 의해 전제된 것이다…….

독일문학도 역시 1830년대의 여러 가지 사건들에 의해 전 유럽이 휩쓸린 정치적 동요의 영향을 받아 진통을 겪었다. 당시 거의 대부분의 작가들은 설익은 입헌주의Constitutionalism나 더욱 설익은 공화주의Republicanism를 설교했다. 특히 열등한 위치에 있던 문학가들은 확실하게 주의를 환기시킬 수 있는 정치적 언급을 이용해 자신들의 작품 속에 민첩성의 욕구를 충족시켜 나가는 작태를 점차 몸에 익혔다. 시, 소설, 평론, 희곡 등 모든 문학작품들은 다소 소심하게 반정부적 정신을 보여주는 소위 '경향'이라 불리는 것들을 산출해냈다.

1830년 이후 독일을 지배해 온 사상들의 혼란을 마무리 짓기 위해, 이러한 정치적 거부의 요소들과 더불어 오해된 독일철학에 대한 상아탑적 회상과 프랑스 사회주의에서 오해된 수집물들, 특히 생시몽주의가 혼합되어 나타났다. 그리고 이러한 이질적 사상의 뭉치들에 대해 상세히 설명하는 일군의 작가들은 가소롭게도 자신들을 '청년독일파'Young Germany 또는 '근대파'Modern School라 불렀다. 나중에 그들은 젊은 시절 한때의 오류를 후회하기는 했지만, 여전히 자신들의 문체는 개선되지 않았다.*

3. 마르크스, 요제프 바이데마이어에게 보낸 편지에서 (1852. 1. 16)

나는 시 한 편과 프라일리그라트**가 쓴 사적인 편지 한 통을 동봉합니다. 당신에게 부탁하건대 1) 시를 조심스럽게 인쇄하십시오. 각 행간은 적당한 간격으로 나누어야 하며, 또한 시각적으로 볼 때 너무 빽빽하지 않게

---

* 「형식과 문체」의 장에서 우리는 1839년 10월 8일 엥겔스가 빌헬름 그래버에게 보내는 편지를 실었는데, 이것은 19세의 엥겔스가 여전히 '근대파' 작가 그룹에 끼기를 바라고 있음을 보여준다. 하지만 그는 1842년 6월 초 알렉산도 융Alexander Jung; 1799–1884의 『독일근대문예강요』에 대한 서평에서는 위에서와(1851~52년) 비슷한 입장을 취하고 있다. 그는 융이 독일에 대한 정치적 의미를 이해하지도 못하면서 '청년독일파'식의 '미'를 분류하고 있다고 신랄하게 비판했다. "그는 배운 것도 없고 읽은 것도 없다. '청년독일'운동은 끝났고 '청년헤겔'운동이 시작되었다. 슈트라우스, 포이에르바하, 바우어 그리고 『독불연보』Jahrbucher는 상당한 반향을 일으켰다. 원리에 대한 투쟁은 극에 달했으며, 사활이 걸린 기독교와의 대결은 논쟁의 핵을 이루고 있다. 정치운동은 도처로 확산되고, 착하고 늙어빠진 융은 순진하게도 여전히 '국가'에 대해서는 구츠코프Gutzkow의 새로운 연극을, 문투Mundt의 희망에 찬 소설을, 또는 라우프Laub의 예언적이고 기괴한 어떤 것을 기다리는 것보다 바람직한 일은 없다고 여긴다. 독일 전체가 투쟁의 외침으로 울려퍼지고, 새로운 원리들이 바로 독일의 발 아래서 논의되고 있음에도 불구하고, 융은 그의 정돈된 골방에 틀어박혀 펜을 물고서는 '근대'라는 개념을 곰곰이 머리에 떠올리고 있다."

** 페르디난트 프라일리그라트Ferdinand Freiligrath; 1810–1876는 독일의 혁명적 시인으로 《신라인 신문》의 편집위원이자 〈공상주의 연맹〉Bund der Kommunisten의 일원이었다. 요제프 바이데마이어Joseph Weydemeyer; 1818–1886는 〈공산주의연맹〉의 일원이며, 1851년 미국에 이주하여 잡지 『혁명』Revolution을 발간했다.

짜야 합니다. 시의 구절들을 한 데 몰아서 인쇄하면 시는 많은 것을 잃게 됩니다. 2) 프라일리그라트에게 호의적인 편지를 보내십시오. 그를 칭찬하는 데 주저하지 마십시오. 왜냐하면 모든 시인들, 심지어 최고의 시인들도 '다소 창녀들 같아서 부추김을 받아야 노래를 잘하니까요.'ᵖˡᵘˢ ᵖᵘ ᵐᵒᶦⁿˢ ᵈᵉˢ

plus pu moins des courtisanes, et il faut les cajoler, pour lesfaire chanter

우리의 프라일리그라트는 매우 친절하며, 사생활에서도 아주 꾸밈이 없고, 또 자신의 순박한 단순성 속에 매우 예민하고 냉철한 성품을 숨기고 있으며, 그의 열정은 그를 '무비판적'이고 '미신적인' 사람으로 만들지 않는 '순박한' 것입니다. 그는 시종일관 진실한 혁명가이며 정직한 사람입니다. 본인이 많은 사람들에게 하고 싶지 않았던 칭찬을 하십시오. 시인은 — 한 인간으로서의 그가 어떤 사람이든 간에 — 박수와 칭찬을 원하기 때문입니다.

나는 그 점이 그들의 천성에서 비롯된다고 여깁니다. 내가 이 모든 것들을 당신에게 말하는 것은 단지 당신이 프라일리그라트와 의견을 교환할 때, '시인'과 '비평가' 사이의 차이를 절대 잊어서는 안 된다는 사실을 환기시키기 위해서입니다. 나는 이것이 뉴욕에서와는 대조적인 방식으로 당신에게 무언가를 줄 것이라 생각합니다.

4. 마르크스, 엥겔스에게 보낸 편지에서 (1856. 5. 8)

아프로스Appros! 나는 하이네의 유언장Testament!을 보았다네.* '살아 있는

---

* 하인리히 하이네Heinrich Heine; 1797–1856는 1848년 전기의 가장 중요한 독일의 정치시인. 19세기의 위대한 문필가에 속하는 하이네와 마르크스의 우정에 관해서는 이 책의 부록을 보라.

신'으로의 복귀와 '신과 인간에 대한 속죄.' 만약 그가 어떤 부도덕한 것을 쓴 적이 있다면 바로 이것일세!

5. 마르크스, 페르디난트 프라일리그라트에게 보낸 편지에서 (1860. 2. 29)

　　당신의 편지에서 느끼는 것인데, 나는 1852년 이래 '당'에 관하여 아무 것도 알지 못하고 있습니다.*

---

* 페르디난트 프라일리그라트는 1848~49년에 마르크스가 편집장으로 있던 《신라인 신문》의 편집인이었다. 마르크스가 이 글을 쓸 때는 자신과 프라일리그라트의 인간적 관계가 막 깨지려는 찰나였다. 이러한 파탄이 야기된 것은 킨켈^{G. Kinkel}의 친구이자, 런던에 추방되어 살고 있던 정치적으로 자유주의적인 한 독일시인이 프라일리그라트와 친해지고, 그 시인이 마르크스의 어두운 영향이야말로 프라일리그라트의 재능을 완전히 망쳐놓았다면서 프라리그라트를 추켜세우는 논문을 발표했기 때문이다. 마르크스는 1859년 11월 23일 프라일리그라트에게 보내는 편지에서 이에 대한 반응을 보였다. "누군가가 당신에게 어떤 영향을 주었다고 나를 나쁘게 탓하려 한다면, 그것은 《신라인 신문》의 편집부 시절의 기간에만 해당될 수 있습니다. 그때 당신은 유명하고도 아주 인기있는 시들을 발표했지요."

마르크스가 당에 관해 '위대한 역사적 의미'에서라고 쓴 직접적 이유는 그 전날 그가 받은 편지에 있었다. 거기에서 프라일리그라트는 다른 것들과 함께 다음과 같이 썼다. "비록 내가 '일을 많이 할수록 더욱 비참해지는 계급'classe la plus laborieuse et la plus miserable의 기치 앞에 진실하게 남아 있고, 또 앞으로도 그러하겠지만, 당에 대한 나의 기존관계와 현재의 관계는 본질적으로 다르다는 사실을 나만큼 당신도 잘 알 것입니다.

'쾰른 재판'Cologne Trials의 결과로 1852년 말 〈공산주의 연맹〉이 해체되었을 때, 난 당신이 그런 식으로 나에게 명령한 모든 책무를 완수하면서, 내 친구이자 동지인 당신과는 단지 개인적인 관계만을 유지해 왔습니다. 당으로부터 멀리 떨어져 있던 7년 동안 나는 그 모임에 참석하지 않았으며, 당의 결정이나 활동에 대해 전혀 모르고 있습니다. 이런 식으로 당에 대한 나의 관계는 오래전에 금이 갔고, 우리는 이것에 관한 한 아무도 서로를 속이지 않았습니다. 그것은 우리들 사이의 어떤 묵계와도 같았습니다. 나는 단지 그것이 좋았다고 말할 수 있을 따름입니다.

나뿐만 아니라 모든 시인들의 본성은 자유를 필요로 합니다. 당이란 역시 하나의 새장이며, 어떤 사람은 당내에서보다 당 외부에서도 당을 '위하여' 더 잘 '노래할' 수 있습니다. 나는 〈공산주의연맹〉과 《신라인 신문》 편집인 시절보다 훨씬 이전에 프롤레타리아와 혁명을 위한 시인이었습니다. 그래서 나는 계속 스스로 서 있으려 합니다. 나는 오로지 나 자신에게만 귀를 기울일 것이며, 나 자신을 위해서 대답할 것입니다."

이 프라일리그라트의 선언과 마르크스의 답변에 대한 최초의 분석은 프란츠 메링에 의해 발표되었다(『프라일리그라트와 마르크스의 서신교환』, 1912년 4월 12일). 이것은 가장 만족할 만한 해설이

나는 당신과 본질적인 것들을 공유하게 되길 바란다는 나의 견해를 숨김없이 털어 놓았습니다. 나아가 나는 사멸한 지 8년이 되는 〈공산주의연맹〉Band이나 이미 20년 전에 해체된 신문편집위원회를 지칭하려는 오해를 '당'the party이라는 수단을 통해 일소하려고 했습니다. 당을 통해서 나는 역사적 의미 속에 들어 있는 당을 이해하게 되었습니다.

6. 마르크스, 엥겔스에게 보낸 편지에서 (1863. 5. 29)

이치히Itzig: 라살레의 다른 이름로 말하자면, 그는 프라일리그라트에게 ―프라일리그라트가 확실히 나에게 말했네. (그리고 이치히의 편지도 나에게 보여주었네) ― 새로운 운동*에 관한 시를 한 편 쓰도록 권유하였네. 바꾸어 말하면 이치히를 칭찬하는 것이지. 그러나 이치히가 프라일리그라트를 선택한 것은 실수였네. 편지에서 그가 말한 또 다른 것들 중에는 "수많은 신문들이 매일같이 나의 이름을 독일 구석구석까지 알리고 있습니다", "나의 프롤레타리아 등"의 표현들이 있었네. 프라일리그라트가 이치히를 노래하지 않았기 때문에 이치히는 다른 시인을 찾아냈지. 그 시인은 다음과 같이 노래했다네.

> 이리로 오라, 독일의 프롤레타리아여!
> 이리로 오라, 이젠 충고에 주의하라!
> 여기 한 사람 있어 당신을 자극한

라 할 수 있다.

* 살레가 주도한 〈독일노동자 총연합〉the Allgemeine Deutsche Arbeiterverein

행복으로 인도하려 하네.

이제 행동할 준비를 하라!

그는 멀기만 한 의회에서 자리를

차지한 것도 아니고 달변으로 뽐내지도 않네.

간단하고 선명한 우리 모두의 지도자^{the Tribune}

인민의 지도자 페르디난트 라살레!

당신은 왜 남들의 주머니를 채워주는가

땀방울이 땅에 떨어질 때까지.

그들이 매시간 부유해지는 동안

당신은 왜 누더기로 살며 궁핍밖에 모르는가?

노동의 열매는 그 본보기로서 당신의 것이며,

땅의 축복이 당신에게 충만되어 있습니다.

모든 사람들이 이 부름을 듣게 하소서.

페르디난트 라살레의 씩씩한 말씀을.

이것은 비열한 놈들을 위한 졸렬한 시 아니면 애송이들의 환호성^{Macte Puer!}

7. 엥겔스, 마르크스에게 보낸 편지에서 (1866. 5. 29)

말년의 호라티우스 퀸투스*는 여러 군데에서 하이네를 연상케 하네. 하

---

* 호라티우스 플라쿠스^{Quintus Horatius Flaccus, B.C.65~8}는 로마의 일류 시인.

이네는 호라티우스에게서 많은 것을 배웠고, 정치적 의미에서는 역시 근본적으로 똑같이 통상적이고 비열한 사내였지. 세상 사람들은 폭군의 화난 눈빛vultus instantis tyranni을 감히 무릅쓴 채, 단지 아우구스투스Augustus의 엉덩이라도 핥으려는 그 정직하고 순종적인 시민들을 떠올린다네. 하지만 다른 한편으로는 그 늙고 가엾은 사람이 대단히 사랑스럽기도 하다네.

8. 엥겔스, 에두아르트 베른슈타인에게 보낸 편지에서 (1881. 8. 17)

당신은 발레*를 그렇게 무턱대고 칭찬해서는 안 됩니다. 그는 수박겉핥기 식이며, 심지어는 재능이 모자라 자신의 신념을 보이기 위해 경향적인 잡동사니의 극단에 치우쳐 있으며, 실제로 그것은 청중을 홀리기 위한 것이었습니다. 콤뮌에서 그는 단지 목청만 높였음에도 불구하고 만일 호응이라도 얻는다면 그것은 이롭지 못한 일입니다. 파리에 있는 당신의 동지들(말롱Malom도 나약한 면이 있습니다)이 당신을 이 우스꽝스러운 허풍선이drole de fanfaron, 이 어리석은 떠벌이와 만나게 해서는 안 됩니다.

---

* 쥘르—루이—요제프—발레Jules–Louis–Joseph Valles; 1832–1885는 프랑스의 정치가, 작가, 언론인, 프루동주의자이며, 〈국제노동자연합〉International Workingmen's Association의 회원이다. 그는 '파리 콤뮌'에도 가담했으며, 당시 영국으로 이민을 떠나, 이후 1880년 콤뮈나르드의 사면으로 프랑스에 돌아오기까지 벨기에에서 살았다.

9. 엥겔스, 베오르그 베르트의 시에서(1883)

'견습공의 노래'

벚꽃이 필 무렵

프랑크푸르트에서 우리는 머물렀네.

벚꽃이 필 무렵

우리는 그 도시에서 머물렀네.

그 여관 주인이 말하기를;

"당신은 누더기 코트를 걸쳤군요."

"야비한 주인장, 남의 일에 상관마오."

"당신 포도주를 좀 주시오.

당신 맥주를 좀 주시오.

당신의 포도주와 맥주를 좀 달란 말이오.

그리고 우릴 위해 고기도 구워주시오."

그때 술통꼭지가 삐걱거리며

훌륭한 맥주가 흘러나오네.

그건 입속에서 정말 오줌처럼 느껴지지.

주인은 그때 토끼를 가져왔네.

파세리와 양배추와 함께

이 죽어버린 토끼 앞에서

우린 무서워 벌벌 떨었지.

잠자리에 들었을 때, 우리는

그 밤을 위해 기도하였지.

벌레들이 다가와

온 밤을 꼬박 지새웠네.

그건 프랑크푸르트에서 딱 한 번 일어났었지.

사랑스런 프랑크푸르트 도시에서

그는 거기에 누가 사는지도,

거기서 누가 고통을 받는지도 알고 있다네.

　나는 우리의 친구 베르트*가 지은 이 시를 마르크스 문학 유품들 중에서 발견했다. 최초의 그리고 가장 중요한 독일 프롤레타리아 시인이었던 베르트는 라인란트Rheinland 가문의 데트몰트Detmold에서 태어났다. 그의 아버지는 그곳 교회의 감독관 노릇을 했다. 1848년 내가 맨체스터에 살고 있을 때, 베르트는 독일의 어떤 회사 판매사원으로 브래드포드Bradford에 왔고, 우리는 함께 활기찬 일요일을 보냈다. 1845년 마르크스와 내가 브뤼셀에 머물고 있을 때, 베르트는 그 회사의 유럽 대리점을 맡아 일을 정리하느라 본사를 브뤼셀로 옮기게 되었다. 1848년 3월 혁명 이후, 우리는 함께 쾰른에 있었으며, 《신라인 신문》을 창간했다. 베르트는 문화 부분에 대한 편집the feuilleton editor을 맡았는데, 나는 이처럼 화려하고 날카로운 문화기사가 담긴 신문이 있었던가 의심할 정도였다.

　그의 가장 중요한 업무 중 하나는 「유명한 기사 슈나판스키의 삶

---

* 게오르그 베르트Georg Weerth; 1822-1856는 〈공산주의연맹〉의 회원이자 마르크스 · 엥겔스의 친구. 마르크스는 1856년에 그에 관한 논문 하나를 발표하려고 했었다. 결국 엥겔스가 이 회고담을 1883년 6월 7일 《사회민주주의자》Sozialdemokrat에 발표했다. 「견습공의 노래」Handwerksburschenlied라 이름붙인 이 베르트의 시는 1846년에 쓴 것이다.

1847년 대통령 경호실장이었던 흑인 지도자 포스탱 엘리 술루크Faustin Elie Soulouque, 1847~1858년가 대통령에 당선되었는데 1849년 스스로 '포스탱 1세' 황제임을 선포했다

과 공적」"the life and Deeds of the Famous Knight Schnapphahnski"이었다. 이것은 리히노브스키 Lichnowski 왕자의 모험을 그리고 있는데, 하이네가 그의 작품 『아타 트롤』Atta Troll에서 그에게 작위까지 부여했다. 이 모든 것들은 사실이다. 우리가 어떻게 그것들을 손에 넣었는지는 다음에 밝힐 수 있을 것이다. 이 슈나판스키에 관한 문화면은 시집으로 엮어져 1849년 호프만Hoffmann과 캄페Campe에 의해 출판되었다. 그것들은 아직도 재미있다.

슈나판스키, 리히노브스키는 1848년 9월 18일에 다음과 같이 죽음을 맞았다. 즉 프러시아의 장군 아우어스발트 공von Auerswald과 함께 (의회의 한 의원도 마찬가지로) 프랑크푸르트에서 바리케이드를 치고 있는 전사들을 정찰하기 위해 그는 일단의 농민들과 함께 나섰다.

하지만 농민들은 그와 아오어스발트 공을 첩자로 몰아 죽였다. 그들의 운명은 그럴 만했다. 그러나 독일제국의 부섭정vice-regency은 죽은 리히노브스키를 모독했다는 이유로 베르트에게 죄를 뒤집어씌웠는데, 한동안 영국에 살고 있었던 베르트는 3개월간의 투옥을 선고받았으며, 나중에는《신라인 신문》의 편집부 해체로까지 사태가 악화되었다. 사업상 자주 독일을 왕래해야만 했던 그는 실제로 이러한 선고대로 형을 살았다.

1850~51년 사이에 그는 다른 브래드포드 회사의 대표로 스페인, 서인도제도, 남아메리카의 대부분을 여행했다. 유럽을 간단히 방문한 뒤에, 그는 자신이 사랑하는 서인도제도로 돌아갔다. 거기서 적어도 옛날의 루이 나폴레옹 3세 소유의 진품이었던 아이티의 황제 술루크Soulouque를 한 번

쯤 볼 수 있는 기쁨을 마다할 수 없었다. 그러나 빌헬름 볼프Wilhelm Wolff가 1856년 8월 28일 마르크스에게 썼듯이, 그는 "당국의 눈초리를 벗어나는 데 고초를 겪고 있으며, 자신의 계획을 포기해야 했고, 여행 도중 황열병 Yellow fever에 감염되었으며, 그 때문에 그는 아바나Havana로 갔습니다. 그는 앓아누워 뇌출혈로 고통을 받다가 7월 30일 아바나에서 우리의 베르트는 죽음을 맞이했습니다."

나는 그를 최초의, 가장 중요한 독일 프롤레타리아의 시인이라 부른다. 참으로 그의 사회주의적·정치적 시들은 독창성, 재치, 그리고 특히 감각적 정열의 측면에서는 프라일리그라트의 시를 훨씬 능가한다. 그는 하이네풍의 형식들을 자주 사용했으나, 대단히 독창적이고 개성적인 내용으로 표현한다. 그리고 그는 일단 자신이 써낸 시들에 대해서 철저히 무관심하다는 데서 다른 시인들과 구별된다.

그는 마르크스나 나에게 시의 복사본을 보내고 나면, 그것을 그냥 내버려 두었는데, 그 점이 바로 우리로 하여금 자주 그것을 어디선가에서 출판하게 해 주는 커다란 설득력이 되어버렸다. 단지《신라인 신문》에 있던 시절에만 달리 행동했다. 그 이유는 베르트가 마르크스에게 보낸 편지(함부르크 소인, 1851년 4월 28일자)의 발췌부분에 들어 있다.

어쨌든 7월 초 런던에서 당신을 다시 만나게 되길 바랍니다. 나는 더 이상 이 함부르크의 메뚜기들을 참을 수 없기 때문입니다. 나는 여기서 화사한 삶을 위협받고 있는데, 나는 그것이 두렵습니다. 누구든지 두 손으로 화사한 삶을 거머쥐려 할 것입니다. 그러나 나는 속물이 되기에는 너무 늙었고, 그래서 나는 대양을 건너 서쪽 끝(서인도제도를 말함—엮은이 주)에 있습니다……

나는 근래에 아무것이나 가리지 않고 쓰지만 아무것도 마무리하지 못하고 있습니다. 글을 쓴다는 것에 대한 목적도, 끝도 모르기 때문입니다. 당신이 나에게 정치경제학에 대한 어떤 것을 쓸 때는 그것에 의미와 타당성이 있습니다. 그런데 나는 왜 이럴까요? 망측하고 어설픈 촌뜨기들이 어리석은 미소를 짓도록 저질스런 농담과 신소리를 까는 것 — 정말 나는 《신라인 신문》의 종말과 더불어 완전히 허물어져 버린 나의 문필활동보다 더 비참한 것은 알고 있지 못합니다.

나는 고백해야겠습니다. 지난 3년간의 허송세월에 대해 내가 아무리 유감스럽게 생각하더라도, 쾰른에서의 우리 신문만 생각하면 행복해지곤 합니다. 우리는 타협하지 않습니다. 그것이 중요합니다. 프리드리히 대제 이래 우리가 《신라인 신문》에서 한 것만큼 독일인들을 빈틈없이 다룬 사람은 없습니다.

나는 그것이 내 덕분이라고 말하려는 것이 아닙니다. 하지만 나는 거기에 있었습니다……

오! 포르투갈, 오! 스페인(베르트는 막 거기에 도착했었다) 우리가 너의 밝은 하늘, 너의 술, 너의 오렌지, 그리고 머틀Myrtle(도금양이라는 상록 관목—엮은이 주)을 가질 수만 있다면! 그러나 우리에겐 단지 비와 기다란 코들과 그을린 고깃덩어리밖에 없습니다!

빗속에서 기다란 코와 함께, 충심으로

게오르그, 베르트

베르트를 따라잡을 수 없는 점이 딱 한 가지 있다. 그리고 이 점에서 그는 하이네보다 세련되어 있다(왜냐하면 그는 보다 더 건전하고, 덜 인위적이었기 때문이다). 독일어권圈에서는 오로지 괴테만이 이 점에서 그를 능가했는데, 자연스럽고 건전한 감각과 신선함의 기쁨을 표현하는 점이 바로 그것이다. 내가 여기에 《신라인 신문》의 개성 넘치는 문화면을 다시 인쇄한다면, 《사회민주주의자》Sozialdemokrat의 많은 독자들의 반감을 살 것이다. 그러나 그럴 의도는 전혀 없다. 하지만 나는 독일의 사회주의자들도 독일인의 속물적인 편견과 위선적인 도덕행위의 마지막 흔적을 기꺼이 내던져버릴 때가 오리라는 것을 지적하지 않을 수 없다. 그리고 어쨌든, 그러한 것들은 단지 은밀한 외설의 덮개로서만 쓸모가 있는 것이다.

예컨대 프라일리그라트의 『서간경』Epistles을 읽어보라. 당신은 정말로 사람에게 성기가 없다고 여길 것이다. 아직 프라일리그라트만큼 음탕한 얘기로 즐거워했던 사람도 없지만, 그의 시에서 그는 매우 순결하다. 지금은 바야흐로 로마지역 사람들, 호메로스와 플라톤, 호라티우스와 주베날, 구약성서, 그리고 《신라인 신문》이 그랬던 것처럼, 독일의 노동자들도 자신들이 매일매일 하고 있는 것들, 자연스럽고 불가피한 것들, 그리고 대단히 기뻐할 수 있는 것들에 대해 자유롭게 편안하게 말하는 데 익숙해져야 할 때이다.

더욱이 베르트는 덜 부당한 것들을 써왔다. 나도 때로는 이러한 것들을 《사회민주주의자》의 문화면에 보내는 자유를 가져보려고 한다.

10. 엥겔스, 헤르만 슐뤼터에게 보낸 편지에서 (1885. 5. 15)

친애하는 슐뤼터!

시에 관하여* ;

농민전쟁에서 마르세예즈Marseillaise는 "튼튼한 요새가 우리의 신"Eine feste Burg ist unser Gott이라는 뜻을 담고 있는데, 이 노래의 가사와 멜로디처럼 그 것은 승리를 감지하고 있었습니다. 오늘날 그것은 이런 의미로 받아들여질 수도, 또 그럴 필요도 없습니다. 당시의 다른 노래들은 『소년의 마술피리』 Des Knaben Wunderhorn 등과 같은 민요모음집에서 찾을 수 있습니다. 아마도 더 많은 것들을 거기서 찾을 수 있을 겁니다. 그러나 그때에도 용병들은 대부 분 우리의 민요시들을 선정했었습니다.

외국민요 중 내가 알고 있는 것은 티드만Tidmann 씨의 아름다운 네덜란 드 민요뿐인데, 나는 그것을 베를린에 있는 《사회민주주의자》〈1865년 2월 5일자 제18호〉에 번역해서 실었습니다.

거기에는 온갖 종류의 차티스트들(영국의 국민헌장운동의 참가자들―엮은 이 주)의 노래가 있지만, 그들은 이제 더 이상 노래를 가지고 있지 않습니 다. 하나는 이렇게 시작합니다:

마르크스 엥겔스 문학예술론

---

* 독일에서 「사회주의자 규제법」(anti-Socialist)이 시행되던 시기에, 『사회민주주의자』는 스위스에 있는 독일의 당을 위해 운영되었으며, 6권의 혁명시집을 발간하려 했다. 그 잡지를 위해 슐뤼터는 엥겔스 에게 편지를 보내, 그 계획을 위한 몇 가지 바람직한 시들을 알고 있는지 자문을 구했는데, 이것이 바로 엥겔스의 회답이다.

독일의 시인 클레멘스 브렌타노^{Clemens Brentano,}
^{1778–1842}와 루트비히 아힘 폰 아르님^{Ludwig Achim von Arnim, 1781– 1831}이 함
께 낸 민요집 『소년의 마술 피리』(1808)는 후세 시인들에게 영감
의 원천이 되었다.

브리타니아의 아들들아, 너희는 노예일지라도

창조주께선 너희를 자유롭게 해주셨네.

모두에게 생명과 자유를 주셨고,

그러나 결코, 결코 노예를 만들지 않았다네.

다른 것들은 기억에 없습니다. 모두 다 사라져버렸고, 이 시도 별로 가치
가 없습니다. 1848년경에는 똑같은 멜로디로 두 개의 노래가 불리고 있었
습니다:

1. 쉴레스비히—홀스타인^{Schleswig—Holstein}

2. 헤커의 노래^{The Hecker Song}

헤커, 너의 이름을 높이 올려라

독일의 라인 강 위에.

고결함과 너의 눈은

이미 희망을 불러일으킨다.

헤커, 그대 독일의 남아로서

자유를 위해 죽을 수 있으리라.

이것으로 충분할 것입니다. 그리고 그 변형은 다음과 같습니다.

헤커, 스트루베Struve, 블렌커Blenker, 지츠Zitz, 그리고 블룸Blum, 독일의 페르쉬테Ferschte 를 파괴했다!

보통 과거의 혁명시(마르세예즈는 제외)는 이후 세대에 대해 혁명적 영향을 거의 주지 못했습니다. 그것도 역시 그 시대의 대중에게 영향을 주려고 그 시대의 집단적 편견을 재창출해냈기 때문입니다. 따라서 기독교인들 사이에서도 종교적 난센스가 생겨나곤 하죠……

당신의 프리드리히 엥겔스

8 장

인간의
기본가치의
표현과
지속성

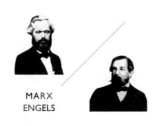

MARX
ENGELS

1. 마르크스, 『경제학·철학초고』에서 (1844)

우리는 '공업'의 역사와 공업에 의해 생성된 '대상적' 현존재가 어떻게 해서 인간의 '고유한 능력들'에 관한 '펼쳐진 책'open book, 즉 감각적으로 현전現前, vorhanden하는 인간의 '심리학'인가를 알고 있다. 이 심리학은 지금까지 인간의 '본질'과 연관되어 파악된 것이 아니라, 항상 외적인 유용성의 관계라는 측면에서만 파악되었을 뿐이다. 왜냐하면 사람들은 소리의 내부에서 움직이면서, 인간의 보편적 현존재나 종교나 역사의 추상적·보편적 본질만을 정치와 예술과 문학 등으로, 즉 인간의 고유한 능력들의 현실과 '인간의 유적 행위'로서 파악했기 때문이다.

'통상적인 물질적 공업'에서 사람들은 자신을 공업의 '특수한' 부분으로 파악하듯이 공업을 보편적 운동의 일부로 파악하기도 한다. 왜냐하면 지금까지 모든 인간의 활동은 노동, 즉 공업, 요컨대 자기 자신으로부터 소외된 활동이었기 때문이다. 우리는 '감각적'이고 '낯설고 유용한 대상들'의 형식 아래서, 곧 소외의 형식 아래서 '대상화된' 인간의 고유한 능력을 보게 된다.

어떤 '심리학'에 이 책이 단순히 덧붙여져 있는 것이라면, 다시 말해서 감각적으로 존재하기 때문에 가장 손쉽게 접근할 수 있는 역사의 일부가 단순히 덧붙여져 있는 것이라면, 이러한 심리학은 결코 현실적인 내용으로 가득 차 있는 '실재적' 과학이 될 수 없을 것이다. 이렇듯 대부분의 인간 노 등을 '고상하게' 도외시하면서도 스스로 불충분함을 느끼지 못하는 과학에 대해 사람들은 도대체 무엇을 생각하고 있는 것일까? 그런 측면에서 볼 때 매우 광범위하고 풍부한 인간의 활동은 그러한 과학에 대해 '욕망', '천박한 욕망'으로 존재할 수밖에 없지 않은가?

'자연과학자들'은 엄청난 활동을 전개해 왔으며, 끊임없이 증대되는 물질을 스스로 획득해 왔다. 하지만 철학은 자연과학들에 대해 낯설게 존속해 왔으며, 이것은 자연과학들이 철학에 대해 낯선 것과 마찬가지이다. 일시적인 단일화는 단지 '환상적인 몽상'일 뿐이다. 의지는 있었으나 능력이 부족했다. 역사서술 자체는 단지 지나가는 김에 자연과학을 계몽의 계기로서, 유용성의 계기로서, 개별적인 위대한 발견들의 계기로서 간주했을 뿐이다. 하지만 그럴수록 자연과학은 공업을 매개로 인간의 삶에 더욱 더 '실천적으로' 개입했으며, 인간의 삶을 더욱 더 실천적으로 개조했고, 비록 공업이 직접적으로는 비인간화에 도달할 수밖에 없었다 할지라도 인간의 해방을 준비했다.

'공업'은 인간에 대한 자연의 '현실적' 역사적 관계이기 때문에 인간에 대한 자연과학의 '현실적' 역사적 관계이다. 그러므로 공업을 인간의 '고유한' 능력을 '외부로'exoteric 노출시키는 것으로 파악한다면, 우리는 자연의 '인간적' 본질이나 인간의 '자연적' 본질도 이해할 수 있을 것이다. 따라서 자연과학은 추상적인 물질적 경향이나 관념론적 경향을 상실하고 '인간적'

과학의 토대가 될 것이다.

이것은 자연과학이 지금 — 소외된 형태라 하더라도 — 실제로 인간적인 삶의 토대로 된 것과 마찬가지다. 삶을 위한 '또 다른' 기초, 즉 '과학'을 위한 또 다른 기초를 말하는 것은 애초부터^{a priori} 거짓말이다. 인간의 역사 — 즉 인간사회의 발생 — 속에서 생성되는 자연은 인간의 '현실적' 자연이다. 따라서 비록 소외된 형태일지라도 공업을 통해 생성되는 자연은 진정한 '인간학적' 자연이다.

2. 마르크스, 『경제학 · 철학초고』에서 (1844)

사적 소유라는 '사념'을 지양하기 위해서는 사념 속에 존재하는 공산주의만으로도 충분하다. 현실적인 사적 소유를 지양하기 위해서는 '현실적인' 공산주의 활동이 필요하다. 이러한 활동이 역사를 형성한다. 그리고 우리가 사념 속에서 이미 자기 자신을 지양한 운동으로서 알고 있는 그 운동은 '실제로' 매우 거칠고 방만한 과정들로 이루어져 있었을 것이다. 그러나 우리가 처음부터 역사적 운동의 제약성^{the limited character}과 그 목표를 의식했고, 또 그 운동을 능가하는 의식을 획득했다는 것은 현실적 진보로서 간주되어야 한다.

공산주의적 '수공업자들'^{workmen}이 통일을 이룬다면, 그들에게 목표로 설정되어야 할 것은 이론과 선전이다. 하지만 동시에 그들은 이것들을 통해 새로운 필요성, 즉 단체의 필요성을 느끼게 된다. 수단으로 여겨지던 것이 목표가 된 것이다. 사회주의적인 프랑스의 노동자들이 통일을 이룩한 사건에서 우리는 이러한 실천적 운동의 가장 빛나는 성과를 볼 수 있다. 피우고 먹고 마시는 것 등은 더 이상 결속의 수단이나 결속시키는 수단으로서 존재하지 않는다. 단체, 동맹, 그리고 이러한 단체가 또다시 목표로 삼는 단결만으로도 그들에게는 충분하다. 인류의 형제애는 단순한 수식어가 아니라 그들에게 진리이며, 인류의 고귀함은 노동을 통해 단련된 사람들로부터 우리에게 다가온다.

3. 마르크스, 『신성가족』에서 (1845)

우리는 범죄소굴 같은 여인숙의 하녀이자 매춘부인 마리^{Marie}가 범죄자들에게 둘러싸여 있음을 보게 된다. 이러한 타락 속에서도 그녀는 인간적 영혼의 고귀함, 인간적 소박함을 간직하고 있으며, 또한 그녀 주위 사람들에게 감동을 주고 범죄세계에서 시적 꽃의 차원으로까지 자신을 승화시킴으로써 '꽃다운 마리'^{Fleur de Marie}라는 이름을 얻어낸 인간미를 간직하고 있다.

우리는 그녀의 '본래 모습'을 그녀의 '비판적 변환'^{critical transformation}*을 거친 모습과 비교할 수 있도록 하기 위해 그녀의 첫인상을 통해 꽃다운 마리를 주의 깊게 관찰해야만 한다.

자신의 나약함에도 불구하고 꽃다운 마리는 생동감과 정력 그리고 활달하고 쾌활한 성격의 소유자임을 곧 보여준다. 오직 이러한 자질들만이 '비인간적' 환경 속에서 인간적으로 성숙해 왔음을 보여줄 수 있기 때문이다.

마리가 생각하는 '선'과 '악'은 그것들의 도덕적 '추상'이 아니다. 그녀는

---

* 다시 한 번 유젠느 쉬의 소설 『파리의 비밀들』을 거론하겠다. 거기서 꽃다운 마리는 주요 인물로 등장하고 있다. 쉬와 그의 청년 헤겔과 동료인 '비판적' 비판주의자인 젤리가^{Szeliga}는 모두 자신들의 사변적 논평 때문에 이러한 인간형의 진정한 초상을 왜곡시키는 것으로 보인다.

다른 사람들에게 고통을 준 적이 없기 때문에 '선하다.' 또한 그녀를 둘러싼 비인간적 환경 속에서도 마리는 항상 '인간적'이었다. 태양과 꽃들이 그녀의 화사하고 정열적인 성격을 잘 나타내 주었기 때문에 그녀는 '선하다.' 또한 아직 '젊고' 생명력과 희망으로 가득 차있기 때문에 '선하다.' 그러나 그녀의 환경은 '선하지 않다.' 부자연스러운 제약을 가하고, 그녀의 인간적 충동을 나타내 주지 못하며, 그녀의 인간적 욕망을 충족시켜 주지 못하기 때문이다. 그리고 기쁨도 없이 고통만 가득 차 있다. 그녀는 자신이 처한 인생의 상황을 '선의 이상'에 의해서가 아니라, '자신의 개성'과 '자연적 본질'로서 판단한다.

부르주아적 생활의 굴레에서 벗어나 그녀의 성격을 자유롭게 발산할 수 있는 '자연스러운' 환경 속에서, 꽃다운 마리는 삶에 대한 애정과 풍부한 감정, 그리고 자연의 아름다움에서 느끼는 인간적 희열로 가득 차 있다. 이것으로 볼 때, 마리의 사회적 지위는 단지 그녀의 표면만을 할퀴었을 뿐이며, 일종의 불행으로 치부해 버릴 수도 있다. 요컨대 그녀 자신은 선하거나 악한 것이 아니라, 단지 '인간적'일 뿐이다…….

지금까지 우리는 무비판적 생태의 꽃다운 마리, 즉 본래의 그녀를 살펴보았다. 유젠느 쉬는 자신의 편협한 세계관의 지평을 넘어섰다. 그는 부르주아적 편견을 정면에서 내리친다. 유젠느 쉬는 꽃다운 마리를 영웅 루돌프에게 넘겨줌으로써, 자신의 무모함을 상쇄시키고, 나이든 남녀 모두와 파리 경시청의 모든 경찰들, 당시의 종교, 그리고 '비판적 비판주의'Critical Criticism로부터 박수갈채를 받았다…….

그녀는 불행한 생활환경 속에서도 사랑스럽게 될 수 있었으며 개별적 인간이 될 수 있었다. 즉 그녀는 외적인 타락 속에서도 '자신의 인간적' 본질과 '자신의 진정한 본질'을 의식했던 것이다. 이제 그녀와 외적인 관계를 맺어왔던 근대사회의 추악함은 그녀의 마음 속 깊이 자리잡은 존재가 된다. 즉 그러한 추악함으로 인해 계속되는 우울증적 자학은 그녀의 의무, 신 자신에 의해 점지된 그녀의 삶의 과제, 자신이라는 존재의 자기목적이 될 것이다.

4. 마르크스, 『정치경제학비판강요』*에서 (1857)

6. '물질적 생산과, 예를 들면 예술적 생산 사이의 불균등 발전.' 대체로 진보의 관념은 일상적인 추상으로는 이해되지 않는다. 근대예술 등에서의 이러한 불균등은 유럽의 교육과 미국의 교육 사이의 관계에서 볼 수 있는 구체적 사회관계 내에서의 관계처럼 중요하지도 않을뿐더러 포착하기도 그리 어렵지 않다. 그러나 실제로 여기에서 논의되어야 할 어려운 점은 법률관계로서의 생산관계가 어떻게 이러한 불균등 발전에 참여하는가이다. 예를 들어 로마 민법(이것은 어느 정도 형법과 공법에는 그다지 문제가 되지 않는다)과 근대적 생산과의 관계.

7. '이러한 견해는 필연적 발전으로 나타난다.' 다른 한편 우연의 정당화도 있을 수 있다. 어떻게? (자유와 기타 등등, 커뮤니케이션 수단의 영향, 세계사는 항상 존재하는 것이 아니다. 세계사로서의 역사는 결과이다.)

8. '출발점은 당연히 자연적 규정성이다.' 즉 주관적 · 객관적인 자연적 규정성, 씨족, 인종 등.

---

* 1857~58년에 초고 형태로 집필한 방대한 분량의 『정치경제학비판강요』Grundrisse der Kritik der politischen Okonomie는 근대적—시민사회적 모순을 전면적으로 분석하고, 인간의 역사와 문화를 물질적—실천적 활동의 구체적 형태들과 과정들로부터 포착하고 합법칙적으로 해명한 책이다. 마르크스는 여기서 인간들의 삶의 생산과 재생산 속에서 문화의 발전을 위한 필수적인 요소와 문화의 실제적 토대를 인식하고자 했다.

예술의 최고 발전시기와 일반적 사회발전은 직접적인 연관이 없으며, 물질적 토대 및 그 조직의 핵심구조와 일치하지 않는다는 것은 이미 잘 알려져 있다. 예를 들어 그리스인을 근대예술이나 셰익스피어와 비교해 보라. 어떤 예술형식, 예를 들면 원시적 서사시^{epos}는 예술의 생산이 등장하자마자 획기적인 고전적 형태로 생산될 수 없다. 예술의 영역에서 중요한 형식의 어떤 것은 예술발전의 미발전된 단계에서 비로소 가능하다고까지 말한다. 만일 예술 자체 영역 내의 상이한 예술양식의 상호관계가 그러하다면, 그것은 특기할 만한 일이 아니며, 예술의 모든 분야와 일반적 사회발전에 대한 예술의 관계에서도 마찬가지이다. 어려운 점은 이러한 모순의 정식화에 있다. 모순이 특정한 문제로 환원될 수 있다면 문제는 명확해진다.

그리스 예술과 근대의 관계, 다음에는 셰익스피어와 근대의 관계를 예로 들어보자. 그리스 신화는 그리스 예술의 무기고이며 그것이 발생하는 토대임을 우리는 잘 알고 있다. 그리스의 상상력과 그리스 신화(다른 판에서는 예술로 되어 있다—엮은이 주)를 형성했던 사회관계와 자연에 대한 견해는 자동기계와 철도 그리고 내연기관과 전신이 존재했던 시대에서도 가능했을까? 불칸^{Vulcan; 대장간의 신}은 〈로버트 상회〉^{Roberts & Co.; 제철소}에서, 주피터^{Jupiter; 번개의 신}는 〈피뢰침 회사〉에서, 헤르메스^{Hermes; 상업의 신}는 〈크레디트 모빌리에〉^{Credit Mobilier*}에서 어떻게 자리를 잡을 수 있는가? 모든 신화는 상상 속에서 그리고 상상을 통해 자연을 극복하고 지배하며 형성한다. 그러므로 상상의 힘 위에 실제의 힘을 세우면 신화는 사라진다. 운명의 신이

---

* 〈크레디트 모빌리에〉는 〈유니언 퍼시픽 철도회사〉^{the Union Pacific Railroad}를 위해 1863년에 설립된 회사; 1867년에 이 회사의 부정이 의회에서 문제화될 것 같아 의원을 매수했으나, 1872년에 이것이 폭로되었다.

'프린팅 하우스 스퀘어'(Printing House Square; 《타임즈》지를 인쇄하는 공장이 있는 곳—엮은이 주) 옆에 나란히 있으면 어떻게 될까?

그리스 예술은 그리스 신화를 전제로 한다. 다시 말해서 자연형식과 사회형식 자체는 이미 민족의 상상력에 의해 무의식적이고 예술적 방식으로 가공됨을 전제로 한다. 그것이 바로 그리스 신화의 제재이다. 하지만 어떤 신화도 닥치는 대로 그것을 취하지 않으며, 어떤 우연적이고 무의식적이며 예술적인 자연의 정교함도(나중의 모든 대상물, 따라서 사회도) 그렇지 않다. 이집트 신화는 결코 그리스 예술을 탄생시킨 토양이나 모체가 될 수 없다. 그러나 어떤 경우라도(거기에는) 신화가 있어야만 한다. 즉 자연에 대한 모든 신화적 관계와 신화를 발생시키는 자연에 대한 모든 관계를 배제하고, 따라서 예술가에게 신화로부터 동떨어진 상상력을 요구하는 사회발전은 결코 있을 수 없다.

또 다른 측면에서 보자. 아킬레스는 탄약과 포탄이 발명되었더라면 가능했을까? 그리고 일리아드는 인쇄물과 인쇄기가 있었더라면 가능했을까? 노래와 전설과 예술의 신은 인쇄나 출판과 더불어 필연적으로 사라지는 것이 아닐까?

그러나 우리가 부딪치는 어려움은 그리스 예술과 서사시들이 일정한 사회발전의 형태들과 연관되어 있다는 것을 이해하는 데 있는 것이 아니다. 그것은 오히려 그것들이 아직까지도 우리에게 미적 즐거움을 보장해주고 있으며, 어떤 점에서는 규범으로서, 도달할 수 없는 귀감으로서 간주되고 있다는 사실에 있다.

어른은 그가 유치해지지 않는 한 어린이가 될 수 없다. 그러나 어른은 어린이의 소박함을 즐길 수 있으며, 그 자신은 보다 높은 수준에서 그것을 재생산하려고 노력하는 것이 아닐까? 모든 시대의 특징은 어린이의 심성으로써 진정한 심성을 완전하게 재생시키는 것이 아닐까? 인류의 역사적 순진함은 왜, 다시 되돌아 갈 수 없는 단계이기 때문에 영원한 매력을 추구하고 가장 아름다운 형태를 유지하는 곳에 존재하는 것일까?

미숙한 어린이도 조숙한 어린이도 있다. 많은 고대인들은 이 범주에 속한다. 하지만 그리스인들은 정상적인 어린이들이었다. 그들의 예술이 우리에게 주는 매력은 그것이 발생한 사회적 질서의 미발전된 단계와 모순되지 않는다. 그것은 이러한 사회적 단계의 결과이다. 그리고 그러한 상황 아래서만 예술이 발흥하며, 그 아래서만 사라질 수 있었던 미성숙한 사회적 조건들이 다시는 되돌아올 수 없는 상황들과 불가분하게 연결되어 있다.

9 장

형식과 문체

MARX
ENGELS

1. 엥겔스, 빌헬름 그래버에게 보낸 편지에서 (1839. 10. 8)

　분명히 저는 요즈음 모든 문체의 이상^{ideal}인 근대 문체에 몰두하고 있습니다.[*] 그 모델은 하이네의 글에서 그리고 특히 퀴네와 구츠코프의 글에서 찾을 수 있습니다. 그러나 그것의 완성자는 빈바르크^{Wienbarg}입니다. 초기의 레싱, 괴테, 장 폴^{Jean Paul}, 그리고 특히 뵈르네^{Borne}가 그 문체에 바람직한 영향을 주었던 요소들을 제공해주었습니다. 아, 반反 프랑스주의자 멘첼^{Menzel}의 모든 것들을 능가하는 뵈르네의 문체는 모든 독일 저작 중에서 최고이며, 더구나 작가를 완전히 파멸시키는 것이 중요하게 되었을 때는 그렇게

마르크스 엥겔스 문학예술론

---

* 엥겔스는 19세 때 자신의 문체에 관한 연구를 어린 시절의 친구에게 편지로 보냈다. 당시 그는 '근대문체'를 표방하는 문학가들의 단계들을 따르고자 했다. 칼 루드비히 뵈르네^{Karl Ludwig Borne; 1786–1837}, 칼 구츠코프^{Karl Gutzkow; 1811–1878}, 구스타프 퀴네^{Gustav Kuhne; 1806–1888} 그리고 테오도르 문트^{Theodor Mundt; 1808–1861}는 청년 엥겔스의 세계관에 영향을 준 '청년독일'운동에 가담했다. 파른하겐^{Karl August von Ense Varnhagen; 1785–1858}은 탁월한 자유주의 비평가이자 전기 작가이며 역사가였고, 이 운동에 호의적이었다. 장 폴 리히터^{J. P. F. Richter; 1763–1825}는 유명한 낭만주의 작가로 '낭만주의적 아이러니^{Romantische Ironie}의 대표자 중 한 사람이다.

된 최초의 문체입니다.

그의 문체는 왕의 집무실에서 사용되고 있는 것처럼 평범한 문체를 따르도록 강요하는 독일에서는 다시 금지되었습니다. 근대문체는 원래 모든 문체 중 최상의 것만을 결합시킨 것입니다. '한' 단어로 서사시와 고요한 묘사를 교호호프함으로써 그 특징을 적중시키는 간결함terse conciseness과 함축성pregnancy, 번뜩이는 이미지와 빛나는 재치의 불꽃이 넘치는 짧은 연설, 거대한 뱀을 죽인 그의 손에 든 무기와 머리를 장미로 휘감고 있는 젊고 건장한 가니메데Ganymade*, 이렇기 때문에 또한 작가의 개성은 작가에게 주어진 가장 큰 허용범위이며, 따라서 그 비슷함에도 불구하고 그 누구도 타인의 모방자가 될 수 없었습니다.

하이네는 현란한 필치를 휘두르며, 빈바르크Wienbarg는 유쾌하고 따뜻하며 밝은 필치를, 구츠코프Gutzkow는 때때로 태양빛의 환영을 가져오는 면도날같은 정확함으로, 퀴네는 상세하게 글을 씁니다. 라우베Laube는 역시 터무니없게도 하이네와 괴테를 모방합니다. 왜냐하면 그는 문트Mundt가 복사한 것과 마찬가지로 괴테풍의 파른하겐을 모방하고 있기 때문이다. 마르그라프Marggraf는 여전히 뺨을 부풀린 채 막연히 이야기하는 경향이 있지만, 곧 그만두게 될 것이고, 베크Beck의 산문은 아직 습작의 수준을 벗어나지 못하고 있습니다. 만약 장 폴의 화려체와 뵈른의 꼼꼼함이 합쳐진다면, 당신은 '근대적 문체'의 기본적 특질을 얻을 수 있을 것입니다. 구츠코프는 다행히도 현란하고 빈틈없는 프랑스의 건조체를 흡수하는 법을 터득했습니다. 이 프랑스 문체는 마치 거미집 같습니다.

---

* 그리스 신화에서 신들을 위해 술시중 하던 미소년.

하지만 독일 근대는 명주실 꾸러미 같습니다(이러한 이미지는 그 특징을 잃었기 때문에 나는 염려스럽습니다). 그렇지만 새로운 것을 추구하는 중에도 옛 것을 간과하지 않는다는 사실은 내가 괴테에 의해 영감을 받은 노래들을 연구한다는 사실에서 드러납니다. 다양한 사람들에 의해 작곡된 노래들의 음악적 특성을 살리기 위해서도 그것은 연구되어야만 합니다.

2. 마르크스, 엥겔스에게 보낸 편지에서 (1854. 10. 26)

나는 존경하는 샤토브리앙*에게로 돌아왔네. 이 '순수문학자'belletrist는 가장 못마땅한 풍조 속에서도 18세기의 세련된 회의론과 볼테르주의에다 19세기의 세련된 감상주의 및 낭만주의를 조화시키고 있네. 물론 프랑스에서의 이러한 조화는 산뜻한 예술적 전략에도 불구하고 인위적인 문체가 자네의 눈에 자극을 주고 있지만, 그것이 문체상 획기적이라는 사실을 받아들여야 하네. 이 친구가 '정치적'으로 관련된 것에 대해서는 그의 『베로나 회의』Congrès de Bérone; 1838에서 자신의 입장을 명확히 밝히고 있네.

그러나 아직 확실하게 밝혀지지 않은 한 가지 의문은 그가 러시아 황제

* 프랑소와 르네 비콩트 드 샤토브리앙François–Rene vicomte de Chauteaubriand; 1768–1848은 프랑스의 유명한 작가이자 정치가. 1822년 '베로네 의회' 이후 2년 동안 프랑스 외무상을 지냈다. 그의 문체에 관한 보다 자세한 언급은 1873년 11월 30일 마르크스가 엥겔스에게 보낸 편지에 잘 나타나 있다. "항상 나에게 반대하는 작가인 샤토브리앙에 관한 생트—뵈브Saint–Beuve의 책을 읽었네. 프랑스에서 그가 그토록 유명해진 까닭은 그가 모든 면에서 프랑스의 '허영심'vanite에 해당하는 가장 고전적인 화신이기 때문이지. 또한 이 '허영심'은 18세기의 천박한 의상raiment이 지닌 빛이 아니라, 가장 최근의 어법 전환과 로마식 복장grab에 스스로 자부심을 갖고 있네. 거짓된 심오함, 비잔틴적 과장, 정서적 농락, 무지개 빛 유희, 낱말의 치장, 부자연스러움, 거만함. 한 마디로 형식과 내용에서 볼 때, 거짓투성이의 뒤범벅이네."

알렉산드르 파블로비치Alexander Pavlovitch에게서 "돈을 받았는지" 또 이 어리석은 멋쟁이가 자신으로서는 도저히 견딜 수 없는 아첨에 순순히 넘어갔는지 하는 점이라네. 좌우지간 그는 페테르스부르그의 성 안드레프St. Andrew가 보낸 훈령을 받아들였네. '허영심'이 '자작' 나리M. le 'Vicomote'의 모든 털구멍에서까지 스며 나오고 있네(?). 때때로 음흉하고 때로는 기독교적인 그의 농락에도 불구하고 '허영심'vanitatum vanitas은 계속 놀아나고 있네.

독일 낭만주의 시대의 대문호 장 폴 프리드리히 리히터J. P. F. Richter, 1763~1825는 가면무도회나 달빛, 나비 무곡, 광대, 어린이 등 로맨틱한 소재들을 작품에 자주 등장시켰다. 이런 리히터의 소재들은 음악가 슈만에게 큰 영향을 미쳐 그의 가장 중요한 음악적 주제로 연결되곤 했다. 슈만의 대표작 '나비' 역시 리히터의 미완성 장편소설인 '개구장이 시절'의 마지막 장인 63장 '애벌레의 춤'에서 비롯되었다.

1822년의 회의에서 비엘르Villele는 루이 18세 치하의 재상이었고, 샤토브리앙은 베로나에 파견된 밀사였다는 사실을 자네는 잘 알고 있지. 『베로네 회의』에서 — 아마 자넨 이것을 단숨에 읽었겠지만 — 그는 진행과정과 결정사항 등에 대해 보고하고 있네. 그것은 1820~23년의 스페인 혁명에 대한 간단한 역사로 시작된다네.

이 '역사'에 관한 한, 그가 타요 강 위에 마드리드를 잘못 설정한 것(이 강이 황금을 낳는다cria oro고 말하면서 스페인으로 옮겨 놓기 위해서였다)과, 13,000명의 군사를 이끈 프레이어 장군General Freyer에 의해 10,000명의 군사를 이끌고 있는(실제로는 5,000명이 더 있었다) 리에고Riego가 공격을 당했다고 자세히 설명하는 점은 충분히 주목할 만하네. 리에고가 거기서 승리를 거두자 15,000명의 군사와 함께 시에라 데 론다Sierra de Ronda가 아니라 시에라 모레나Siera Morena로 철수하였다네. 왜냐하면 자신을 라만차La Mancha의 영웅 돈키호테와 비교해 보기 위해서였지. 나는 이 사실이야말로 그의 수법을 특징짓는 '관문'en passant이라고 생각하네.

그러나 샤토브리앙 씨가 '베로나 회의'*에서 쌓은 공적은 최대의 웃음거리였지. 의회가 끝난 뒤, 그는 외무상이 되었고, 스페인에 대한 무력침공을 지휘했다네.

3. 마르크스, 페르디난트 라살레에게 보낸 편지에서 (1859. 4. 19)

이제 『프란츠 폰 지킹엔』**에 대해서 말해야겠습니다. 우선 나는 구성과 줄거리를 칭찬하고 싶습니다. 이 점에 관한 한 그 어떤 근대독일 드라마에 대해 말할 수 있는 것 이상의 것으로 생각합니다. 두 번째 작품에 대한 순수 비평적인 모든 견해들을 일단 제쳐둔다면, 그 작품은 읽는 순간부터 나를 무척 감동시켰습니다. 그렇기 때문에 정감이 더 넘쳐흐르는 독자들에게는 이와 같은 효과를 한층 더 강렬하게 불러일으키지요. 이 점이 두 번째로

---

* 나폴레옹의 몰락 이후 유럽에 자유주의 운동이 불자 반체제로 개편하기 위해 '5국 동맹'(승전국 러시아, 프로이센, 영국, 오스트리아, 그리고 패전국 프랑스)을 결성하고자 베로나에서 열린 회의. 여기서 샤토브리앙은 프랑스 부대표로 참석했다.
1820년 에스파냐에서 라틴 아메리카 원정군인인 리에고Riego 대위가 처우개선을 요구하며 반란을 일으켰고 이에 시민들이 가담하면서 시민혁명으로 확대되었다. 이에 대처방안을 마련하기 위해 1822년 10월 20일 이탈리아 베로나에 러시아의 알렉산드르 1세, 오스트리아의 메테르니히, 프로이센의 하르덴베르크, 프랑스의 몽모랑시 등이 모였다.
프랑스는 5국 동맹이 힘을 합쳐 에스파냐에서 일어난 혁명을 진압할 것을 제안했다. 영국은 프랑스가 에스파냐의 식민지인 라틴 아메리카에 개입하려는 꼼수로 여겨 반대했으나, 결국 프랑스는 에스파냐에 군대를 진주시켜 혁명을 진압했다. 이를 계기로 '5국 동맹'은 점차 분열되었고 결국 빈체제는 붕괴되었다.
** 이 편지의 내용은 제6장 '리얼리즘의 문제'에 수록되어 있다.

자유주의를 억누르기 위해 열린 '베로나 회의'

매우 중요한 측면이라 하겠습니다.

그러면 동전의 뒷면을 살펴봅시다. 첫째 — 순전히 형식적인 지적인데 — 당신은 운문으로 지었기 때문에 약강격iambics(약한 음절 하나에 강한 음절 하나가 따라 나오는 형태—엮은이 주)을 약간 더 예술적으로 가다듬을 수 있어야 합니다. 하지만 '전문 시인'은 이러한 허술함 때문에 충격을 받을 것입니다. 아무튼 우리나라의 아류시인들이 형식적인 매끄러움 빼놓고는 아무것도 보여주지 않았기 때문에, 난 당신의 허술함을 오히려 장점으로 간주하렵니다.

4. 엥겔스, 페르디난트 라살레에게 보낸 편지에서 (1859. 5. 18)

　당신은 아마도 내가 이렇게 오랫동안 편지를 보내지 않은 것을 다소 이상하게 여겼을 것입니다. 더구나 당신의 『지킹엔』*에 대한 나의 견해 때문에 더욱 그랬을 테죠. 바로 그 때문에 이렇게 오랫동안 답장을 쓰지 못했습니다. 어디에서든지 미적 문학fine literature의 고갈 현상이 두드러진 요즈음, 그러한 작품을 읽는다는 것 자체가 나로서는 이상하게 느껴졌습니다. 나는 수년 이래 자상한 평가와 명확하게 정해진 견해를 내릴 수 있을 정도까지의 독서를 해본 적이 없습니다. 하찮은 작품들이 그럴 만한 가치를 가지고 있지는 않기 때문이지요.

　때때로 시간을 내어 읽고 있는 비교적 훌륭한 영국소설 한두 권, 예를 들면 새커리의 소설조차도 논란의 여지가 없는 문학적 · 문화사적 의미를 가지고 있지만 이 정도까지 관심을 끌지는 못했습니다. 하지만 이렇듯 오랫동안 독서를 하지 않아 나의 탄력이 무뎌졌고, 그래서 내가 하나의 견해를 피력하기로 스스로에게 허락하기까지는 상당한 기간이 필요했습니다.

　그런데 당신의 『지킹엔』은 다른 잡동사니들과는 달리 취급되어야 마땅하며, 따라서 나는 시간을 내지 않을 수 없었습니다. 독일민족적인 당신의 드라마를 한 번 읽고 두 번 읽었을 때 — 소재에 따르든 취급에 따르든 어떤 의미에서든 — 잠시 그것을 제쳐두어야 할 만큼 나의 감정에 흥분이 일었습니다. 더구나 이 빈곤한 시대의 소용돌이 속에서 그렇게 맥 풀려 있는 나의 취미로서는 별로 가치 없는 사항마저도 '처음' 읽었을 때는 종종 나에게 어떤 효과를 주었다는 사실을 (부끄러움을 무릅쓰고) 밝혀야겠습니다.

---

* 이 편지의 대부분도 제6장 '리얼리즘의 문제'에서 거론되었다.

그래서 전적으로 사심 없이 완전히 '비평적' 태도를 취하기 위해서 나는 『지킹엔』을 뒤로 미뤄두었던 것입니다. 나는 그 작품을 몇몇 친구들에게 빌려줬었지요. 그 중에는 문학적으로 다소 교양 있는 독일인도 몇 명 있습니다. "책이란 모두 자기 운명을 갖고 있는 법이다."Habent süa fata libelli 책을 빌려주면 좀처럼 다시 보려고 조급해지지 않는 법입니다. 그래서 나는 『지킹엔』을 강제로 회수해야만 했습니다. 아무튼 나는 세 번, 네 번 읽었을 때도 인상은 마찬가지였다는 점을 말할 수 있을 뿐입니다. 이제 당신의 『지킹엔』이 비판을 견뎌 내리라 여기면서 '사족'acid test을 덧붙일까 합니다.

내가 요즘 공식적 독일시인들 중 누구도 그처럼 드라마를 쓸 만한 사람이 없다고 말한다고 해서 당신에게 어떤 큰 찬사를 보내는 것은 아닙니다. 하지만 그것은 사실이며, 더구나 이런 사실에 대해 침묵으로 일관하는 것이 우리 문학계에 특징적인 사실이기도 합니다. 우선 형식적인 면을 살펴볼 때, 줄거리의 매듭들을 재치 있게 엮은 점과 작품이 통틀어 극적인 점은 매우 참신했습니다. 과연 당신은 운율격versification을 맞추는 데 많은 자유를 허락했더군요. 이 점은 무대 위에서 보다는 읽을 때 방해가 됩니다. 나는 무대용 개작도 읽고 싶습니다. 쓰여 있는 그대로는 분명히 공연될 수 없을 것입니다.

나는 이곳에서 고향 사람이자 먼 친척이기도 하며 무대와 상당히 많은 관계를 맺고 있는 젊은 독일시인 칼 지벨Karl Siebel의 방문을 받았습니다. 혹시 그가 프러시아 친위대의 예비군으로 베를린에 갈지 모르겠습니다. 그러면 몇 자 적어서 그를 통해 당신에게 전할 수 있는 여유가 생길지도 모르지요. 그는 당신의 드라마를 높이 평가하지만, 전혀 공연될 수 없는 것으로 간주했습니다. 왜냐하면 배우 한 사람만이 할 일이 있고, 다른 사람들은 무대 위에서 우두커니 서있지 않으려면 모든 동작을 두세 번씩 완전히 반복할 만큼 대사가 길기 때문이지요.

마지막 막은 당신이 대화를 빠르고 활기차게 만들 수 있다는 것을 증명해 주고 있습니다. 몇몇 장면(어느 드라마에서도 다 그렇지만)만을 예외로 치면 처음 막들도 마찬가지라고 생각됩니다. 그렇기 때문에 무대용으로 개작할 경우 이러한 사정들을 감안했음을 믿어 의심치 않습니다. 물론 사상내용이 그 때문에 손상을 입겠지만 그것은 불가피한 일이지요. 당신이 정당하게 독일드라마에 부여해야 하는 사상적 깊이와 자각적인 역사적 내용이 셰익스피어 적 행위의 활기와 충만함으로 완전히 용해되는 일은 앞으로 이루어내야 할 일입니다. 설령 이러한 작업이 독일인에 의해 한 번도 이루어질 수 없는 경우도 있겠지요. 아무튼 나는 그 점에 드라마의 장래가 달려 있다고 생각합니다.

당신의 『지킹엔』은 완전히 올바른 궤도에 진입해 있습니다. 주요 등장인물들이 특정 계급들과 그 방향들의 대표자들이며, 따라서 그들은 자신들의 행위와 동기를 하찮고 개인적인 욕망에서가 아니라, 그들을 뒷받침해 주고 있는 역사적 흐름에 뿌리를 두고 있지요. 하지만 한 걸음 더 나아가 고쳐야 할 점이 있다면, 이러한 동기들이 행위 자체의 전개를 통해 더욱 생동감 있고 활동적으로, 이른바 자연성장적으로 전면에 부각되는 반면에 논리를 따지는 논쟁(이 장면에서 나는 대중 집회와 공판장에서의 연설에서 보여주었던 당신의 옛 연설 재능을 다시 보게 되어 기뻤습니다)은 더욱 불필요해져야 한다는 것입니다.

무대극과 문학극을 구별하고 있다는 점에서 당신은 이상^{idea} 자체를 목표로 인정하고 있다고 여겨집니다. 물론 힘들겠지만(왜냐하면 완성이란 정말 사소한 것이 아니기 때문이지요) 나는 『지킹엔』이 앞에서 시사한 의미에서 무대극으로 전환될 수 있으리라 믿고 있습니다. 또한 이것과 연결되어 있는

'빈약한' 개성화는 순전히 사소한 재치로 치닫고 있는데, 실로 흔적도 없이 사라져버릴 아류문학의 본질적 특징이라고 해야 당연할 것입니다. 당신도 이에 반발하는 것은 매우 정당한 일이지요. 내 생각으로는, 한 인물은 오직 그 사람이 '무엇'을 하느냐 뿐만 아니라, 그 사람이 '어떻게' 그것을 하느냐 에 따라서도 성격화된다고 봅니다.

이 후자의 측면에서 볼 때, 만일 개개의 성격들이 더욱 날카롭게 대립적 으로 구분된다 하더라도 드라마의 사상내용이 손상되지는 않을 것으로 여 겨집니다. '고대인'들의 성격구성법은 오늘날 더 이상 충분치 못합니다. 내 생각으로는 바로 이러한 맥락 속에서 당신이 드라마의 발전사에서 셰익스 피어가 차지하는 의미를 보다 면밀히 고려했어야 한다고 생각합니다. 그러 나 이것은 부수적인 사항에 지나지 않지요. 이상은 당신이 연극에서 형식 적인 측면에 주의를 기울였다는 점을 깨닫도록 하기 위해 지적한 것뿐입 니다.

5. 마르크스, J. B 슈바이처에게 보낸 편지에서 (1865. 1. 24)

프루동의 첫 번째 저작『소유란 무엇인가?』What is Property는 모든 면에서 그의 걸작이라 할 수 있습니다. 이것은 획기적인 저작으로, 만약 그 내용의 새로움 때문이 아니라면 적어도 옛 것을 이야기하는 새롭고도 대담한 방 식 때문일 것입니다…….

나에게 표현의 기회가 주어진다면 지금도 널리 보급되고 있는 프루동의 (1840년도) 책을 강건체a strong muscular style라 말할 것입니다. 또한 나의 견해 로는 이 문체가 이 책의 주된 장점입니다. 단지 옛 것을 재구성할 때조차도 프루동은 독자적인 발견을 이룩해낸다는 것을 우리는 잘 알고 있습니다.

제 1 부 문학 · 예술 이론

즉 그가 말하는 것들은 자신에게 새로울 뿐만 아니라, 또한 새로운 것으로 평가된다는 것입니다.

자주적인 도전, 경제적 '신성불가침'holy of holies에 손을 대는 것, 부르주아의 상식을 조롱하는 음흉한 독설, 비판능력을 감퇴시키는 것, 신랄한 아이러니, 도처에서의 배신, 현존의 비행에 대한 분노의 깊고도 진정한 감정, 혁명적 진지함 ─ 이 모든 것 때문에 『소유란 무엇인가?』는 충격적인 결과를 가져왔으며, 그 첫 출현이 무한한 감동을 불러일으킨 것입니다. 정치경제학의 엄밀한 과학적 역사에서는 이 책이 언급될 만한 가치가 거의 없습니다. 하지만 이런 종류의 충격적인 책들은 과학 분야에서도 순수문학에서와 같은 정도의 역할을 수행합니다……

『빈곤의 철학』The Phhilosophy of Poverty; 1846에서는 『소유란 무엇인가?』와 비교해 볼 때, 프루동의 표현방식상의 결점들이 아주 바람직스럽지 못하게 드러납니다. 그 문체는 프랑스인들이 종종 '과장'ampoule이라고 부르는 것입니다. 그의 프랑스적Gallic(갈리아의 수탉은 프랑스를 상징함─엮은이 주) 통찰력이 자신을 실망시키는 대목에서는, 독일철학으로 간주되는 어마어마한 사변적 용어들이 곳곳에서 규칙적으로 나타납니다. 과장된 칭찬, 자기찬양, 과장된 어조, 특히 '과학'에 대한 객담과 허위적 과시 ─ 이러한 것들은 항상 본받을 만한 것이 못 되며, 계속해서 우리의 귓전에서 파괴되고 맙니다. 그의 첫 저작에서 타올랐던 진정한 열정 대신에, 여기서 어떤 문장들은 조직적이고도 수사학적으로 순간적인 열광을 향해 나아가고 있습니다.

마르크스 엥겔스 문학예술론

- 제 2 부 -

문학·예술과 사상의 역사

1 장

고대의
사상과
문학예술

MARX
ENGELS

1. 인류문화의 여명

제2빙하기 이후 기후가 점차 따뜻해짐에 따라 아직 현존하는 동물들(순록이나 말, 하이에나, 사자, 아메리카 들소, 들소)뿐만 아니라 지금은 사라진 거대한 후피동물厚皮動物(가죽이 두꺼운 '맘모스, 곧은 어금니 코끼리, 털이 긴 코뿔소 등)들과 육식동물들(동굴사자, 동굴곰)과 함께 인간이 유럽과 북아프리카, 그리고 서남아시아와 인도를 잇는 전역에 나타났다. 이 시기에 속하는 도구들은 대단히 낮은 문화 수준을 보여준다. 조잡한 돌칼, 손잡이 없이 사용한 배 모양의 돌팽이 혹은 돌도끼, 짐승 가죽을 깨끗이 하는 데 사용된 긁는 도구, 송곳 등 부싯돌로 만들어진 이 모든 것들은 오늘날 오스트레일리아 원주민들이 사용하는 것들 정도의 수준이다. 발견된 뼈들을 가지고는 이러한 인간들의 체격이 어떠했는지 결론을 내릴 수 없지만, 그들의 넓은 분포와 문화의 균일성으로 보아 이 시기가 아주 오랜 기간 지속되었을 것으로 추측할 수는 있다.

우리는 초기 구석기시대의 인간에게 어떤 일이 일어났는지 알 수 없다.

그 어느 곳에 존재하는 그 어떤 종족도, 인도에 사는 종족까지도 구석기인들의 후손이라고 규정할 수는 없다.

이 소멸된 종족의 도구들은 영국과 프랑스, 스위스, 벨기에, 독일 남부의 동굴 속에서, 그리고 토양광상의 최저층에서 주로 발견되었다. 이러한 최저 문화수준 위에, 흔히 두껍거나 얇은 종유석층에 의해 분리된 상태로 도구들이 매장된 두 번째 층이 존재한다. 이 도구들은 보다 늦은 시기에 속한 것으로서 훨씬 더 기술적으로 다듬어지고 다양한 재료로 만들어진 것이다.

사실 그 석기들은 세련되지는 않았지만 보다 편리하도록 고안되고 제작되었다. 이것들 다음으로 우리는 동물이빨로 만든 구멍 뚫린 목걸이뿐만 아니라 돌로 된 창촉과 화살촉, 순록의 뼈나 뿔로 만든 단검과 재봉바늘 등을 발견했다. 어떤 도구들은 순록, 맘모스, 들소, 물개, 고래와 같은 동물들의 생생한 그림과 벌거벗은 사람의 형상이 있는 사냥 장면, 초기의 뿔 조각까지도 새겨져 있다.

초기 구석기인이 주로 남방계 동물과 함께 나타난 반면에, 후기 구석기인은 아직 남아있는 두 종류의 북방곰과 극지방여우, 오소리, 눈올빼미 같은 북방계 동물들과 함께 존재했다. 후기 구석기인은 이 동물들과 함께 북동쪽으로부터 내려왔을 것이다. 아마도 에스키모족이 마지막으로 살아남은 그들의 후손일 것이다. 양 문화의 도구들은 각각의 사례에서 뿐만 아니라 전체적으로도 아주 비슷하다. 그림도 마찬가지이다. 양쪽 모두 거의 같은 동물로부터 식량을 구했으며, 사라진 종족의 생활양식은 우리가 확인할 수 있는 한 완전히 똑같은 것이다.

- 엥겔스, 「초기 독일의 역사」

제2부 문학·예술과 사상의 역사

2. 신화와 서사시의 시작

　「야만의 단계」와 2장 「미개의 하급 단계」, 이 두 인류학적 시기는 적어도 지구상에서 인류가 존재한 전체 시기의 5분의 4를 차지한다.

　이 하급 단계에서, 지금은 인격의 공통적 특성인 개인의 존엄, 웅변술, 종교적 감수성, 정직, 남자다움, 용기 등의 보다 고귀한 인류의 속성이 발달하기 시작했으나, 잔인함과 배반, 광신주의 또한 그곳에 있었다. 개인적인 신神과 유령에 대한 모호한 개념과 더불어, 종교에서의 원소 숭배, 조잡한 시작詩作, 공동 주택, 옥수수 빵 등이 이 시기에 속한다. 이 시기는 또한 씨족과 일족으로 편성된 군혼 가족과 부족의 연합을 낳았다. 인류의 향상에 지대하게 공헌한 위대한 기능, 즉 상상력은 이미 그 종족에게 강력한 자극이 된 사회의 전설과 구비문학을 만들어내고 있었다.

　　　　　　　　　　　　　- 마르크스, 「루이스 모건의 『고대사회』의 개관」*

3. 샘족의 서사시적 전통

　아라비아인들은 그들이 세운 건물들에 의해 증명된 대로, 그들이 정착한 남서지방에서 이집트인이나 앗시리아인들 만큼이나 문명화된 민족이었던 것으로 보입니다. 이것은 또한 이슬람교도의 침략에 대해서도 많은 것을 설명했지요. 종교적인 허튼소리에 관계되는 한, 모하메드의 종교적

---

* 모건의 『고대사회』는 엥겔스의 『가족, 사유재산, 국가의 기원』의 이론적 바탕이 되었다. 한국어판 번역은 『가족, 사유재산, 국가의 기원』 (김대웅 옮김, 두레, 2012)이 있다.

혁명이 모든 종교적 운동처럼 형식적으로는 하나의 반동, 소위 옛날의 소박한 관습으로의 복귀였다는 사실은 옛 아라비아의 국가적 일신교 전통이 아직 우세한 (미국의 인디안들 사이에서 그러하듯이) 남부의 고대 비문의 전통, 즉 히브리적 전통은 오직 일부만 차지한 그 전통으로 돌아간 것으로 보입니다.

유대인은 그들과 핏줄을 함께 했으나 유목생활을 하는 그들로부터 일찍이 떨어져 나옴으로써 조금은 달라졌습니다. 하지만 유태교의 소위 성경이라는 것도 옛 아라비아의 종교적 · 부족적 전통의 기록에 지나지 않는다는 사실이 이제 내게는 너무도 분명합니다. 팔레스타인이 아라비아 쪽으로는 사막, 즉 베두인의 영토로만 둘러싸여 있다는 사실은 그들의 독특한 발전을 설명해 줍니다. 그러나 고대 아라비아의 비문과 전설, 코란 그리고 모든 혈통이 쉽게 해명될 수 있다는 것은, 그것들의 주요한 내용이 전체적으로 볼 때 아라비아적인 것이거나, 셈족의 것이었다는 사실을 알려줍니다. 이러한 입장은 우리가 북구신화와 독일 영웅담에서 발견하는 것과도 비슷하지요.

엥겔스, 마르크스에게 보낸 편지(1853. 5. 26)

4. 호메로스의 시에 나타난 고대 그리스 사회

1

미개의 높은 단계의 최전성기는 호메로스의 시, 특히 『일리아드』에서 접할 수 있다. 개량된 철기들, 풀무, 손절구, 도기제조용 회전판, 기름과 술의 제조, 공예로 넘어가는 발전된 금속 가공, 마차와 전차, 각재와 널빤지를 이용한 조선, 예술로서의 건축의 시작, 망루와 첨탑으로 둘러싸인 도시, 호메로스의 서사시와 모든 신화, 바로 이러한 것들이 미개로부터 그리스인들이 문명에 넘겨준 주요 유산이다. 만일 이러한 것을 호메로스 시대의 그리스인들이 보다 높은 단계로의 이행을 준비하고 있고 문화 단계의 입구에 있었던 게르만인에 관한 카이사르의 서술*은 물론 타키투스의 서술과 비교해 보면 미개의 높은 단계가 생산의 발전에서 얼마나 많은 성과를 거두었는가를 알 수 있다.

2

『일리아드』에서 전사의 통솔자 아가멤논은 그리스인들의 최고 왕으로서가 아니라, 도시를 포위한 동맹군의 최고 지휘관으로 나온다. 그리고 그리스인들 사이에서 분쟁이 일어났을 때, 오디세우스가 "다수가 명령하는 것은 좋지 못하다. 지휘관은 한 사람이어야 한다"는 유명한 구절(그 뒤에 널리 애호 받는 왕권에 관한 이야기가 나오는데 후에 덧붙인 것이다)**은 아가멤논의 지위를 말해 주는 것이다.

"오디세우스는 여기에서 통치형태에 대해 강의하고 있는 것이 아니라, 전시의 총사령관에 대한 복종을 요구하고 있는 것이다. 트로이 앞에서는 하나의 군대로만 나타났던 그리스인이 아고라^agora***에서는 충분히 민주적이다. 아킬레우스는 선물, 즉 전리품의 분배에 대해 논할 때면 언제나 결코 아가멤논이나 어떤 다른 군사령관에게도 맡기지 않고 항상 '아케이아의

* 『갈리아 전쟁기』를 말한다.
** 호메로스, 『일리아드』, 제2편.
*** 고대 그리스의 도시 국가에서 시민들이 모여 다양한 활동을 하는 야외 집회 공간.

아들들'*, 즉 민중에게 맡기고 있다. '제우스가 낳은', '제우스가 기른'과 같은 수식어는 아무것도 증명해 주지 않는다. 왜냐하면 각 씨족은 하나의 신으로부터 유래하여 종족장의 씨족은 더 고귀한 신, 여기서는 제우스의 후손이기 때문이다. 돼지치기 에우마이오스와 같은 비자유인들은 신적(dioi 및 theioi)**이다. 더구나 이것은『오디세이아』에 있는 일이다. 따라서『일리아드』에 서술된 시대보다 훨씬 이후의 일이다. 바로 그『오디세이아』에서는 전령사 물리우스***에도, 맹인 가수 데모도쿠스에도 영웅 칭호가 붙어 있다. 요컨대 그리스 작가들이 호메로스의 소위 왕권이라는 것, 왕basileia이라는 말은 군사 지휘권이 바실레이아의 주된 특징이기 때문에 평의회, 민회와 함께 단지 군사적 민주주의만을 의미할 뿐이다."(마르크스)

- 엥겔스,『가족, 사유재산, 국가의 기원; 1884』

5. 그리스 비극

1

바호펜은 그가 열심히 수집한 고대 고전 문헌의 여러 구절에서 이 명제들에 대한 논거를 찾고 있다. 그의 견해에 따르면, '난혼'에서 일부일처제로, 또 모권에서 부권으로 발전한 것은, 특히 그리스인의 경우에는 종교적 관념이 진보한 결과이며, 새로운 견해를 대표하는 새로운 신들이 낡은 견

---

* 『일리아드』제1편, 127~28쪽, 161~62쪽 등.

** 호메로스,『오디세이아』, 제8편, 472쪽; 제18편, 424쪽.

*** 아이스퀼로스,『오레스테이아』,『에우메니테스』, 608쪽.

아이스퀼로스의 비극 3부작 『오레스테이아』는 『아가멤논』, 『제주를 바치는 여인들』또는 코이포로이, 『자비로운 여신들』 또는 에우메니데스이다.

해를 대표하는 전통적인 신들 사이에 끼어들어가 후자를 점차 뒤로 밀어낸 결과라는 것이다. 그리하여 바호펜에 따르면, 남녀 상호 간의 사회적 지위에서 역사적 변천이 일어난 것은 사람들의 현실적 생활조건들의 발전 때문이 아니라 이러한 생활조건들이 사람들의 두뇌에 종교적으로 반영되었기 때문이라는 것이다. 따라서 바호펜은 아이스퀼로스Aeschylus, BC 525~456 3부작 『오레스테이아』Oresteia를 몰락해 가는 모권과 영웅시대에 발생하여 승승장구하는 부권의 투쟁을 극적으로 묘사한 작품으로 보고 있다.

클리타임네스트라Clytemnestra는 자기의 정부情夫 아이기스토스Aegisthus 때문에 트로이 전쟁에서 돌아오는 자기의 남편 아가멤논Agamemnon을 죽였다. 그러나 그 여자와 아가멤논 사이에서 태어난 아들 오레스테스Orestes는 어머니를 죽여서 아버지를 살해한 데 대해 복수를 한다. 이 때문에 모권을 수호하는 신들인 퓨리이스Furies*는 그를 고소한다. 모권에 따르면, 어머니를 죽이는 것은 무엇으로도 속죄할 수 없는 가장 엄중한 범죄이기 때문이다.

그러나 신탁에 의해 오레스테스로 하여금 이런 범죄를 감행케 한 아폴론Apollon과 재판관으로 호출된 아테나Athena — 이 두 신은 여기에서 부권제도라는 새 제도를 대표한다 — 는 오레스테스를 옹호한다. 아테나는 양쪽의 진술을 듣는다. 전체 소송 사건은 오레스테스와 퓨리이스 사이에 벌어

---

* 복수의 여신인 세 자매로 에리니에스erinyes라고도 한다.

지는 논쟁으로 간단히 요약된다. 클리타임네스트라는 자기의 남편을 죽임과 동시에 아들의 아버지를 죽여 두 가지 범죄를 저질렀다고 오레스테스는 주장한다. 그런데 왜 퓨리이스는 훨씬 더 죄가 많은 그 여자를 고소하지 않고 오레스테스를 고소하는가? 대답은 그럴듯하다.

"그 여자는 자기가 죽인 남편과 혈연관계가 없다."

혈연관계가 없는 사람을 죽이는 것은 피살자가 자기의 남편일지라도 속죄될 수 있으므로 퓨리이스에게는 아무런 문제가 되지 않는다. 그들의 임무는 혈연관계가 있는 자들 간의 살해를 고소하는 것뿐이며, 또한 모권에 따르면 어머니를 죽이는 것은 무엇으로도 속죄할 수 없는 가장 엄중한 범죄이다. 하지만 아폴론은 오레스테스를 옹호하며 나선다. 아테나는 문제를 아레오파고스 회의 성원들Areopagites*, ― 아테네의 배심원들 ― 의 표결에 붙인다.

투표 결과 무죄와 유죄의 표가 같았다. 여기서 아테나는 재판장으로서 오레스테스를 지지하여 그에게 무죄 판결을 내린다. 부권이 모권을 누르고 승리한 것이다. 퓨리이스 자신들이 말하듯이, '젊은 세대의 신들'이 퓨리이스를 이겼고, 마침내 그녀들도 새 질서에 복무할 직책을 떠맡는 데 동의한다.

『오레스테이아』에 대한 새로운, 그러나 아주 정당한 이 해석은 바흐펜의 『모권론』 전권을 통해 가장 아름답고 훌륭한 대목 중 하나로 꼽힌다. 그러

---

* 아테네 귀족회의가 열린 곳으로 유명한데, 아레오파고스라는 이름은 의미가 넓어져 나중에는 그 회의 자체를 가리키게 되었다. 초기에 아레오파고스 회의는 드라콘의 법전(드라콘은 고대 아테네의 법률가이며, 그가 만든 '드라콘법'은 최초의 성문법이다)이 공포될 때 기원전 621년경까지 전반적이고 막연한 권한을 행사했다

나 이 해석은 동시에 바호펜이 적어도 당시 아이스퀼로스[BC 525~456]*가 그러했던 것처럼, 퓨리이스와 아폴론과 아테나를 믿고 있었다는 것을 반증해 준다. 즉 그는 이 신들이 그리스의 영웅시대에 모권을 전복하고 그 대신 부권을 세웠다는 기적을 믿고 있는 것이다. 종교를 세계사의 결정적인 공간으로 보는 이러한 견해가 결국에는 그야말로 순수한 신비주의에 빠져 버린다는 것은 너무도 명백하다.

- 엥겔스, 『가족, 사유재산, 국가의 기원』

2

미대륙에서의 가노바니아족의 친족제도에 상응하는 우랄알타이어족의 친족제도(아시아, 아프리카, 오스트레일리아)가 같은 발전시기의 그리스와 라틴종족 사이에서도 널리 퍼져 있었음이 분명하다. 이러한 제도의 한 특징은 형제들의 자식들은 그들 자신도 형제와 자매이며, 그렇기 때문에 서로 결혼할 수 없다는 것과 자매들의 자식들도 비슷한 친척관계를 맺고 똑같은 금제禁制 하에 있다는 것이다. 만약 바호펜이 이러한 푸날루아[punaluan]결혼**을 불법으로 보았다면, 그 시기의 사람은 부계이건 모계이건 간에 가깝고 먼 친척 간의, 최근의 대부분의 결혼을 근친상간으로, 즉 혈족인 형제자매 간의 결혼으로 여길 것이다. 이것이 아이스퀼로스가 그의 『수플리케스』[Supplices](구원을 바라는 자들)의 기초로 삼은 다나이데스의 전설을 설명해 준다.

---

* 고대 그리스의 3대 비극 시인 중 한 사람.
** 모건에 의해 발견된 군혼의 한 양식. 엥겔스는 『가족, 사유·재산, 국가의 기원』(제2장)에서 이러한 결혼 양식을 분석했다.

다나우스와 에깁투스는 형제간이며, 아르지브 이오의 자손이었다. 다나우스는 여럿의 아내로부터 얻은 오십 명의 딸이 있었으며, 에깁투스는 오십 명의 아들이 있었는데, 에깁투스의 아들들이 다나우스의 딸들과 결혼하기를 바랐다. 이들은 우랄알타이어족의 제도에 따르면 형제자매였으며, 따라서 서로 결혼할 수 없었다. 만약 부계 쪽으로 혈통이 있었다면, 그들 또한 같은 혈족에 속했을 것이고, 이것도 결혼에 또 다른 장애물이 되었을 것이다. 다나우스의 오십 명의 딸들 — 다나이데스 — 은 법에 어긋나고 근친상간적인 혼인을 피하기 위해 이집트로부터 마르고스로 피신했다. 이 사건은 프로메테우스에 의해 이오에게 예고되었다.

아이스퀼로스의 연극 『수플리케스』에서 다나이데스는 친족인 아르고스 사람들에게 그들이 이집트로부터 망명한 것은 일반적인 판결대로, 유혈행위(살해) 때문이 아니라 에깁투스의 아들들에게 혈족 간의 부정한 결혼이라는 판결을 내린 사람들이 두려웠기 때문이라고 말한다(이 구절은 문법적으로 볼 때 손상된 듯하다. 쉬츠, 『아이스퀼로스』 제2권, 378쪽을 보라).

후에 아르고스인들은 탄원자들의 주장을 듣고서 회의에서 그들을 보호해 주기를 결정하는데, 이는 그러한 결혼에 대한 금지(령)의 실재와 그들의 불복의 정당함을 의미한다. 아테네에서 이 비극이 상연되었을 당시에, 아테네의 법률 자체가 여자상속인들과 고아들의 경우에는, 비록 이 법칙이 그러한 예외적인 경우에 한정되어 있었던 듯하지만, 형제의 자식들 간의 결혼을 촉진하고 장려했다.

— 마르크스, 「루이스 모건의 『고대사회』의 개관」

6. 고대 작가들에 따른 그리스 여성의 지위

우리는 그리스인에게서 대단히 엄격한 새로운 가족형태와 마주치게 된다. 마르크스가 지적한 대로* 신화에서의 여신의 지위는 여성이 아직 보다 자유롭고 보다 존경받던 이전의 시대를 우리에게 펼쳐 보이는 반면에, 영웅시대에는 이미 남성의 지배와 여성노예들의 경쟁으로 인해 여성들의 지위가 낮아졌음을 알 수 있다. 『오디세이아』에서는 텔레마코스가 그의 어머니를 격리시켜 놓고** 그녀에게 침묵을 명령하는 것을 읽을 수 있다. 호메로스의 작품에서 포로가 된 젊은 여자들은 승리자의 정욕에 희생되고 있다. 군대의 상관들이 위계 서열에 따라 그들 중 가장 아름다운 여자 포로를 선택하는 것이다.

『일리아드』의 전체는 우리가 알고 있듯이, 그러한 여자 노예로 인해 아킬레스와 아가멤논의 싸움으로 점철되어 있다. 호메로스의 영웅의 경우에도 중심이 되는 것은 그가 포로가 된 처녀와 천막과 침상을 같이 하는 이야기이다. 이 처녀들은 아이스퀼로스의 작품에서 아가멤논이 카산드라***를 붙들어 가듯이 승리자의 아내가 있는 고향으로 끌려가기도 한다. 이러한 노예들이 낳은 아이들은 그의 아버지의 유산 중 하찮은 몫을 받으며 자유인으로 간주된다.

테우크로스는 텔라몬의 서자로서 그의 아버지의 성을 따를 수 있었다. 본처는 이 모든 것을 참으면서도 그녀 자신은 엄격한 정조와 부부간의 성

마르크스 엥겔스 문학예술론

---

* 칼 마르크스의 「루이스 모건의 『고대사회』의 개관」.
** 호메로스, 『오디세이아』 제1편, 352~56쪽.
*** 아이스퀼로스, 『오레스테이아』, 『아가멤논』.

실을 유지해야 한다. 영웅시대의 그리스 여자가 문명시대의 여자보다 더 존중되었다고 해도 남편에게 있어서 아내란 결국 단지 그의 상속자인 서자의 어머니이자 제1의 주부이며, 또 남편이 마음대로 첩으로 만들 수도 있고, 또 그렇게 하는 여자 노예들의 관리자에 불과하다. 일부일처제와 노예제의 병존, 그들이 그 자체로 지니고 있는 모든 것과 함께 남자에게 속해 있는 예쁘고 젊은 노예의 현존, 이것이 바로 애초부터 일부일처제에, 오직 여자에게만 일부일처제이지 남자들에게는 일부일처제가 아니라는 그 특유의 성격을 폭로하고 있다. 그리고 오늘날에도 이러한 성격은 지속되고 있다.

후기의 그리스인들에 관해서는 도리아인과 이오니아인 사이에 구별을 지어야만 한다. 스파르타가 그 고전적 예인 전자에서는 혼인관계가 호메로스의 작품에서 묘사되어 있는 것보다 많은 점에서 더욱 고대적이다. 스파르타에서는 그곳의 국가관에 의해 수정되어 온 대우혼이 인정되는데, 이는 여러 점에서 여전히 군혼을 연상하게 한다. 자식이 없는 부부는 갈라서게 된다. 스파르타의 아낙산드리다스 왕^{BC 560년경}은 아내가 자식을 낳지 못했기 때문에 후처를 얻어 두 집 살림을 했다. 같은 시대의 아리스톤 왕^{BC 550년경}도 두 아내 모두 아이를 갖지 못하여 세 번째 아내를 얻고 전처 중 한 사람은 내보냈다.

다른 한편으로는 여러 명의 형제가 아내를 공유할 수도 있었으며, 어떤 사람이 친구의 아내를 좋아한다면 그와 함께 아내를 공유할 수 있었다. 자기의 아내를 — 비스마르크라면 이렇게 말할 것이다 — 건강한 '종마'의 재량에 맡기는 것은, 이 사람이 비자유민일지라도, 예절에 어긋나지 않는 일로 여겨졌다. 『플루타르크 영웅전』의 한 구절에는 어느 스파르타 여자가 결혼 신청을 하면서 자신을 따라다니는 연모자에게 자신의 남편을 만나보라고 권하는 대목이 나온다. 쇠만*에 따르면, 이로부터 심지어 더 많은 인습의 자유가 있었다는 결론이 나올 수 있을 것 같다. 따라서 진짜 불륜, 남편 모르게 저지르는 아내의 부정을 찾아볼 수 없는 일이다.

한편 가내 노예란 스파르타에서는 적어도 그 전성기에는 알려지지 않은 것이었다. 헬로트Helot들은 농장으로부터 떨어져 살고 있었으며, 따라서 스파르타 시민들Spartiates** 이 헬로트의 여자와 관계를 맺을 유혹이 더 적었다. 이러한 모든 사정 때문에 스파르타의 여성들이 다른 모든 그리스 여성들보다 훨씬 더 존경받는 지위를 차지했다는 것은 결코 다른 이야기가 아니다. 그래서 스파르타의 여성들과 선택된 아테네의 헤타이라이hetairai; 첩는 고대인들이 존중하면서 얘기하고, 또 그 말을 기록하는 노고마저 소중히 여겼던 유일한 그리스 여성들이었다.

아테네인을 전형으로 하는 이오니아인들 사이에서는 상황이 전혀 달랐다. 여자들은 오직 길쌈과 바느질만을 배웠으며 기껏해야 약간의 읽기와 쓰기를 배웠다. 그들은 갇혀있는 것이나 마찬가지였으며 다른 여자들과만 교류했다. 여자의 거처는 위층이나 뒤채와 같은 외떨어진 곳에 있었다. 남자들, 특히 낯선 사람이 좀처럼 들어갈 수 없었으며 여자들은 남자 손님이 오면 그 방에서 물러갔다. 여자들은 여자 노예를 동반하지 않고서는 외출하지도 못했으며, 집 안에서는 말 그대로 감시 하에 있었다. 아리스토파네

---

* 플루타르크의 『잠언록』Apophthegmata Laconia의 242장, 5절 참조. 또 G. 쇠만의 『고대 그리스의 유물』Griechische Alterthümer 제1권, 베를린, 1855, 268쪽 참조.
** 스파르티아테스는 시민으로서의 모든 권리를 누리는 고대 스파르타의 시민을 말한다.
헬로트 : 모든 권리를 빼앗긴 고대 스파르타의 시민. 그들은 토지에 부속되어서, 그 토지를 소유한 스파르티아테스를 위해 특수한 봉사를 수행할 의무가 있었다. 그들의 지위는 사실상 노예의 지위와 다르지 않았다.

스는 간통자를 겁주어 쫓아버리기 위해 길렀다는 몰로시아 개에 대해 언급한 바 있다. 그리고 적어도 아시아의 도시에는 남자들이 아내를 감시하기 위해 환관을 두었다고 한다.*

그들은 헤로도투스의 시대에서부터 키오스에서 교역용으로 양산되었으며 바크스무트**에 따르면, 그것은 단지 미개인만을 위한 것은 아니었다. 유리피데스의 작품에서는 아내가***, 즉 가사용품(이 단어는 중성이다)으로 표기되어 자식을 낳는 일을 빼놓으면 그녀는 하녀의 우두머리에 불과했다. 남편은 운동경기와 공적 토론을 할 수 있었지만 아내는 그로부터 제외되었다. 그 밖에도 그는 종종 여자 노예들을 마음대로 취했고, 아테네의 전성기에는 매음제도가 확장되었으며 최소한 국가의 비호를 받았다. 바로 이 매춘을 토대로 해서 그리스 여성의 특유한 품성이 형성되었다. 그리스 여성의 정신과 예술적 소양은 스파르타 여성의 성격과 마찬가지로 고대 여성의 일반적 수준을 능가했다. 여성이 되기 위해서 우선 헤타이라이가 되어야 했다는 사실은 아테네의 가족에 대한 가장 준엄한 선고이다.

이 아테네의 가족은 전형이 되어 시간이 흐름에 따라 이를 본 딴 나머지 이오니아인들뿐만 아니라 본토와 식민지의 모든 그리스인들의 가풍을 형성했다. 그러나 온갖 격리와 감시에도 불구하고 그리스 여성들은 그들의 남편을 속이기에 충분한 기회를 자주 갖게 되었다. 남편들은, 자기 아내에 대한 어떠한 사랑도 드러내기를 수치스럽게 여기면서도, 헤테레들과는 온

---

* 아리스토파네스, 『데스모포리아를 축하하는 여자들』Thesmophoriazusae 417~18쪽.

** 헤로도투스, 『역사』Historiae 제8권, 105장. 또 바크스무트, 『국가 중심의 고대 그리스 고고학』Hellenische Alterthumskunde aus dem Geschtspunkte des Staates 제2부 제2장, Halle, 1830, 77쪽.

*** 오이쿠레마Oikurema 유리피데스, 『오레스테스』920쪽.

가니메데; 트로이의 미소년 왕자로 제우스가 반해서 독수리를 시켜(혹은 본인이 독수리로 변신해서) 납치한 뒤 올림포스에서 술을 따르게 했다.(Eustache Le Sueur 作)

갖 사랑 놀음으로 즐겼다. 하지만 아내에 대한 모욕은 남편 자신에게로 되돌아와 마침내 그녀들을 혐오스러운 남색에 빠져들게 했고, 가니메데의 신화를 통해 그들 자신과 그들의 신을 모욕하게 되었다.

– 엥겔스, 『가족, 사유재산, 국가의 기원』

7. 고대 노예제와 세계 문화

1

노예제는 발명되었다. 그것은 곧 옛 공동체를 넘어서 발달하고 있던 모든 인민들 가운데에서 생산의 지배적인 형태가 되었으나, 마지막에는 그들의 붕괴의 주요 원인 중 하나이기도 했다. 처음으로 대규모의 농업과 공업 사이의 분업을 가능케 했던 것, 그럼으로써 고대 세계의 꽃인 헬레니즘 또한 가능케 되었던 것이 노예제였다. 노예제가 없었다면 그리스의 국가도 그리스의 예술과 과학도 없었을 것이며, 로마제국도 없었을 것이다. 그러나 그리스 문명과 로마제국이 다져놓은 기초가 없었더라면 근대 유럽도 없었을 것이다. 우리는 우리의 모든 경제적, 정치적, 지적 발전이 보편적인 것으로 뿐 아니라 필연적인 것으로도 인정되었던 노예제의 상황을 전제로 한다는 사실을 결코 잊어서는 안 된다. 이러한 의미에서 우리는 고대의 노예제가 없었다면 근대의 사회주의도 없었을 것이라고 말할 수 있다.

노예제와 그 같은 것들에 대해 일반적인 말투로 비난하고 그러한 비행에 대해 고상한 윤리적 분노를 터트리는 것은 아주 간단한 일이다. 그래서 유감스럽게도 그것이 뜻하는 전부는 단지 모든 사람이 알고 있는 것, 즉 이러한 고대의 제도가 더 이상 우리의 현 상황과 이러한 상황이 규정하는 우리의 정서에 맞지 않는다는 것일 뿐이다. 하지만 그것은 우리에게 어떻게 이러한 제도들이 생겨났고, 왜 그것들이 존재했으며, 그것들이 역사상 어떤 역할을 했는지에 대해서는 한 마디도 말해 주지 않는다. 그리고 우리는 이러한 문제들을 검토할 때면, 그것이 모순되고 이단적으로 들릴지라도, 당시의 상황 하에서 노예제의 도입은 커다란 진보였다고 말할 수밖에 없다.

왜냐하면 인간이 동물로부터 비롯되었으며, 따라서 자신이 야만상태에서 벗어나기 위해 사실상 야만적이고도 거의 짐승 같은 수단을 필요로 했기 때문이다. 고대의 공동체가 계속해서 존재하는 곳에서, 그들은 수천 년 동안 인도에서 러시아에 이르는 아시아적 전제주의라는 가장 조야한 국가 형태의 기초를 형성시켜 왔다.

이러한 공동체가 분해된 곳에서 여러 인민들이 스스로를 떨쳐버리고 계속 앞으로 나아갔으며 그 다음의 경제적 진보는 노예노동을 매개로 한 생산의 증가와 발달로 이루어졌다. 인간의 노동이 아직도 그 생산력이 적어서 생존에 필요한 수단 이상의 잉여들을 조금밖에 제공하지 못하는 한, 생산력의 증가나 교역의 확대, 국가와 법의 발전, 예술과 과학의 창시 등은 분명히 분업의 증대를 매개해서만 가능했다. 그리고 분업의 증대는 단순한 노동을 맡아보는 대중과 노동을 지휘하고 상업과 국가업무를 처리하며, 그 이후에는 예술과 과학에 종사하는 소수 특권층 사이의 커다란 분업을 자신의 기초로 삼아야만 했다. 이러한 분업의 가장 단순하고도 자연발생적인 형태가 바로 노예제였던 것이다.

― 엥겔스, 『반뒤링론; 1878』

2

고대 시칠리아의 시인인 테오크리투스와 모스쿠스는 그들과 동시대인인 양치기 노예들의 목가적 생활을 찬양했다. 이것은 의심할 바 없이 시적인 꿈이다. 그러나 오늘날의 시칠리아의 '자유로운' 노동자의 목가적 생활을 찬양할 정도로 대담한 시인이 어디 있는가? 이 섬의 농부들은 비록 로마의 분익농법 체제라는 가혹한 상황 아래에서라도 그들의 토지를 경작할 수만 있다면 행복해하지 않겠는가? 과거의 노예제를 애도하는 자유인! 이것이 자본주의 체제가 도달한 상황이다.

그러나 그들은 새로이 용기를 낼 수 있다. 모든 나라의 억압당하는 계급을 위한 새롭고 더 나은 사회의 여명이 밝아오고 있다. 모든 곳에서 피억압자들은 단결을 공고히 하고 있다. 모든 곳에서 그들은 국경과 서로 다른 언어를 넘어서 서로에게 손을 뻗고 있다. 국제적 프롤레타리아의 군대가 형성되고 있으며 다가오는 새 세기는 그들을 승리로 이끌 것이다!

                          – 엥겔스, 「시칠리아 사회주의자들에게 보낸 축하 메시지」

8. 그리스 예술의 조형적 요소

만약 최초의 그리스 현인들이 진정한 영혼, 실체에 대한 구현된 지식이라면, 그들의 발언이 실체 그 자체만큼이나 순수한 강렬함을 간직하고 있다면, 실체가 점점 더 관념화됨에 따라 그러한 진행을 유발한 사람들이 명백한 실체를, 즉 사람들의 실제적 생활의 현실에 반대되는 그들 특유의 현실에서의 관념적 생활을 주장한다면, 관념성 자체는 단지 실체의 모습으로만 존재한다. 그 생명력을 약화시킬 수는 없다.

그 시기의 가장 관념적인 인물들인 피타고라스학파와 엘레아학파는 국가의 생명을 진정한 이성이라고 찬양한다. 그들의 법칙을 객관적이며 그들 자신보다 우월한 것으로서, 그들은 이것을 시적인 열광 속에서 반半신비주의적인 방식으로 알린다. 말하자면 이것은 자연적 힘을 관념으로 끌어올린 다음, 그것을 소멸시키지 않고 가공하여 자연적인 것의 한정 속에 고스란히 남겨두는 방식이다. 이러한 관념적 실체의 구현은 그것을 알려준 철학자들에게서 나타난다.

그 표현은 조형적으로 시적일 뿐만 아니라, 그 실재가 사람인데, 이 사람의 실재는 그것 자체의 가상이다. 그들 자신은 살아있는 표상이며, 조형적 위대함 그 자체로부터 발생하여 상승하는 것이 눈에 보이는 살아있는 예술작품이다. 그들의 활동은 최초의 현인의 경우에서처럼 보편자를 형성함으로써 그들의 발언은 진정으로 단정적인 실체, 즉 법이 된다.

따라서 이 현자들은 올림포스 신들의 조상처럼 일반적인 사람들만큼이나 왜소하다. 그들의 움직임은 자아 안에 머물며, 사람들에 대한 그들의 관계는 실체에 대한 그들의 관계와 마찬가지의 객관성이다. 델피의 아폴론 신탁은 그리스 정신의 순수하고 명백한 힘이 델피의 탁자에서 들려오는 경우에만, 알 수 없는 힘이라는 명암대조법에 감추어진 채, 사람들에게 신성한 진리가 되었다. 사람들은 그것들 자체가 사람들을 반향하는 이론이 되는 경우에만 그것들에 대해 이론적인 태도를 취했으며, 그것들은 사람들과 비슷하지 않은 경우에만 사람들의 것이었다. 이 현인들의 경우도 마찬가지였다. 그러나 소피스트들과 소크라테스, 그리고 아낙사고라스의 우라피스 ^{ourapis}*에 의해 상황이 역전되었다.

– 마르크스, 「에피쿠로스 철학에 관한 노트; 1839」

9. 그리스의 계몽주의

철학은 세계를 정복하며, 절대적으로 자유로운 그 심장에 한 방울의 피

---

* 잠재력, 가능성.

라도 고동치고 있는 한, 에피쿠로스의 외침으로 그의 적들에게 답변하는 일에 결코 지치지 않을 것이다.

다수가 숭배하는 신들을 부정하는 자가 불경한 것이 아니라, 다수가 신을 믿는 것만을 신에 대해 긍정하는 것이라고 하는 자가 진실로 불경한 것이다.[*]

철학은 그것을 조금도 감추지 않는다.

간단히 말해서, 나는 신들의 무리를 증오한다.[**]

이렇게 말하는 프로메테우스의 고백은, 인간의 자기의식을 가장 신성한 것이라고 인정하지 않는 모든 하늘과 땅의 신들에 맞서는 그 자체의 고백이자 경구이다. 그것은 이외에 다른 것을 갖지 않을 것이다.

그러나 철학의 사회적 지위가 약화된 듯이 보이자, 그것을 기뻐하는 저 불쌍한 변덕쟁이들에게 그것은 또다시 프로메테우스가 신들의 전령 헤르메스에게 대답했던 것처럼 응답할 것이다.

확실히 들으시오. 나는 불운한 나의 상태를
당신들에 대한 복종과 바꾸지 않겠소.
아버지 제우스에게 충실한 아들이 되기보다는
이 바위의 종이 되는 것이 더 낫소.[***]

---

[*] 마르크스는 에피쿠로스가 메노에세우스에게 보낸 편지에서 인용하였다.

[**] 아이스퀼로스, 『사슬에 묶인 프로메테우스』.

[***] 아이스퀼로스, 『사슬에 묶인 프로메테우스』.

프로메테우스는 철학적 목록에서 가장 출중한 성인이요, 순교자이다.

- 마르크스, 「박사학위논문: 1841」

10. 고대세계에서의 종교와 문화

"고도의 역사적 중요성을 획득한 나라들의 국가생활이 번성하는 것은 그들의 종교의식이 최고로 발달한 시기와 일치하며, 그들의 위대함과 힘이 쇠퇴하는 것은 그들의 종교문화가 쇠퇴하는 시기와 일치한다."

진실에 도달하려면 필자의 이러한 주장*은 완전히 뒤집혀야 한다. 그는 역사를 거꾸로 세워놓은 것이다. 고대세계의 민족들 중에서 그리스와 로마는 확실히 최고의 '역사적 문화'의 나라이다. 그리스는 내적으로는 페리클레스의 시대에, 외적으로는 알렉산더의 시대에 최고로 번창했다. 페리클레스의 시대에는 철학과 예술과 수사학의 구현이라 일컬을 수 있었던 소피스트들과 소크라테스는 종교를 대신했다. 알렉산더의 시대는 아리스토텔레스의 시대였으며, 그는 '개인적' 영혼의 불멸성과 절대적인 종교의 신을 거부했다. 그리고 로마에 관해서는 키케로를 읽어 보라! 에피쿠로스, 스토아, 회의론 철학은 로마가 그 발달의 정점에 달했을 때 교양 있는 로마인들의 종교였다.

고대국가의 멸망과 함께 그들의 종교 또한 사라졌다는 것은 더 이상의

---

* 마르크스가 인용한 이 논설은 반동적 저널리스트이자 이 신문의 편집자였던 칼 헤르메스가 《쾰른신문》에 실었던 것이다.

설명을 요구하지 않는다. 왜냐하면 고대인들의 '진정한 종교'는 그들의 '민족'과 그들의 '국가'에 대한 신앙이었기 때문이다. 고대종교의 몰락이 고대국가의 멸망을 야기한 것이 아니라, 고대국가의 멸망이 고대종교의 몰락을 야기한 것이다. 그런데 이 논설에서 발견되는 것과 같은 무지함이 스스로를 '학술연구의 제정자'라고 주장하면서 철학에 대한 '판결'을 내린다.

"고대세계 전체는, 그들의 과학적 발전에서 인간들이 성취한 진보가 그들의 종교적 견해의 기초를 이루고 있는 오류의 폭로와 필연적인 연관을 맺고 있기 때문에 붕괴될 수밖에 없었다."

그러므로 이 논설에 따르면, 고대세계 전체는 학술연구에 의해 옛 종교의 오류가 드러났기 때문에 붕괴된 것이다. 만약 학술연구가 종교의 오류에 대해 침묵을 지켰다면, 로마 당국이 이 논설의 필자로부터 루크레티우스와 루시안의 저작을 없애도록 조언을 받았다하더라도, 고대세계가 멸망하지 않았겠는가?

나머지에 대해서는 또 다른 교신을 통해 H 선생의 박식함을 넓혀줄 수 있을 것이다.

고대세계의 멸망이 다가오고 있는 바로 그때 알렉산드리아학파가 생겨났다. 그들은 그리스 신화체계의 '영원한 진리'와 그것의 '학술연구의 결과'와의 완전한 조화를 억지로 증명하려고 노력했다. 율리우스 황제도 이러한 경향에 속했는데, 이들은 보지 않으려고 눈을 감고 있음으로써 새롭게 발전하는 시대정신을 사라지게 만들 수 있으리라 믿었던 것이다.

- 마르크스, 《쾰른신문》 사설, 179호」

그러한 시대에 냉담한 지성들은 전심을 다하는 장군들의 의견에 반대되는 견해를 갖는다. 그들은 군사력을 줄임으로써, 그것을 분할함으로써, 진정으로 필요한 것과의 평화조약으로써 손실을 보상할 수 있으리라고 믿는다. 반면에 아테네가 파괴의 위협을 받을 때, 테미스토클레스는 도시를 완전히 포기하고 다른 환경에서 바다에 새로운 아테네를 세우자고 아테네인들을 설득하려 했다.

우리는 그러한 파국에 뒤따른 시대가 거대한 투쟁들로 규정되면 다행이지만, 그것이 예술상 위대한 시기를 절룩거리며 뒤따라가는 여러 세기를 닮았다면 한탄스러운 철기시대라는 것도 잊어서는 안 된다. 이 시기에는 팔라스 아테나가 신들의 아버지인 제우스의 머리로부터 나온 것처럼, 카라라 대리석으로부터 생겨난 것을 밀초와 회반죽과 구리로 주조하기 시작한다. 그러나 그 자체로서 완전한 철학과 그것의 주관적인 발달형식의 자국을 뒤따르는 시대는 방대하다. 왜냐하면 그것들의 통일체를 이루는 불일치가 엄청나기 때문이다.

그렇게 로마는 스토아 회의론, 에피쿠로스 철학을 뒤따랐다. 그것은 불행한 철의 시대이다. 왜냐하면 그들의 신은 이미 죽었고 새로운 여신도 여전히

테미스토클레스Themistocles는 고대 그리스의 장군이자 정치가. 집정관이 되어 군항건설과 해군증강에 착수한 그는 아테네를 그리스 최고의 해군국으로 만들었다. 특히 페르시아와 벌인 '살라미스 해전'을 승리로 이끈 장본인이기도 하다.

— 순수한 빛이나 순수한 어두움과 같은 — 운명의 어두운 면만을 드러내기 때문이다. 여신은 아직도 낮의 색채를 지니고 있지 않다.

그러나 불운의 핵심은 그 자체로서 만족하고 그것의 모든 면에서 관념적으로 형성된 그 시대의 정신, 정신적 단일체가 그것이 없이도 존재하는 어떠한 현실도 인정할 수 없다는 것이다. 따라서 불행 중 다행은 주관적 의식으로서의 철학이 현실에 대해 갖는 관계의 양식, 즉 주관적 형식이다.

그러므로 에피쿠로스와 스토아 철학은 그 시대의 은혜였다. 이렇게 보편적 태양이 져버렸을 때, 나방은 사적인 개인이라는 등불을 찾는 것이다.

– 마르크스, 「에피쿠로스 철학에 관한 노트」

12. 루크레티우스 카루스

1

제우스가 쿠레테스^{Curetes}*의 떠들썩한 전쟁무舞 속에서 자라난 것처럼, 여기 세계는 원자들의 쨍그랑거리는 전쟁시합으로 윤곽이 잡힌다.

루크레티우스는 진정한 로마의 서사 시인이다. 왜냐하면 그는 로마 정신의 본질을 노래하기 때문이다. 호메로스의 유쾌하고 강하고 완전한 인물

---

* 쿠레스^{Cures}의 복수형이며 흔히 코리반트^{Corybant}와 동일시된다. 제우스의 아버지 크로노스는 아들에 의해 권좌에서 물러나게 되리라는 가이아의 저주 때문에 레아와의 사이에서 자식이 태어나면 삼켜 버렸다. 제우스가 태어나자 레아는 크로노스를 속여 돌을 삼키게 하고는 크레타 섬의 산속에서 제우스를 몰래 키웠다.
이때 무장을 한 쿠레테스가 그 주위를 지키면서 창으로 방패를 두들겨 떠들썩한 소리를 내서 어린 제우스가 우는 소리를 크로노스가 듣지 못하게 했다고 한다. 이 신화는 훗날 크레타 섬에서 어린 제우스를 위한 축제를 지낼 때 젊은이들이 농기구를 두들기는 행사의 기원이 되었다

대신에 우리는 여기에서 다른 자질이라고는 없는 견고하고 빈틈없이 무장한 영웅을 갖게 되며, 대자존재의 경직된 형태, 신으로부터 벗어난 하나의 자연과, 세계로부터 벗어나 있는 하나의 신인 만인의 만인에 대한 투쟁 omnium contra omnes을 보게 된다.

2

자연이 겨울에는 자신의 부끄러움과 벗은 몸을 눈과 얼음으로 덮다가도, 봄이면 자신을 드러내놓고 승리를 의식이라도 하듯이 자신의 모든 매력을 과시하는 것처럼, 세계의 신선하고 강렬한 시적 거장인 루크레티우스는 왜소한 자아를 도덕이라는 눈과 얼음으로 덮은 플루타르크와는 다르다. 우리는 걱정스럽게 단추를 꼭 채우고 자신의 내부로 움츠러드는 개인을 볼 때, 자기도 모르게 겉옷을 꽉 쥐고 여미면서 우리가 아직 현존하고 있는지를 살펴보고 우리 자신을 혹시 잃어버리게 될까 두려워한다. 그러나 대담한 곡예사를 보면 우리는 자신을 잊고, 우리가 우주적인 힘처럼 우리 자신의 피부로부터 초월해 있음을 느끼며 보다 대범하게 숨을 쉰다.

그렇다면 보다 도덕적이고 자유로운 마음의 상태에서 느끼는 사람은 누구인가? 선이 죽음으로써 그들 삶의 결실을 잃는다는 것이 얼마나 부당한지를 곰곰이 생각하면서 플루타르크의 교실로부터 이제 막 걸어나온 사람이겠는가, 아니면 충만한 영원을 보고 다음과 같은 루크레티우스의 대담하고 천둥 같은 노래 루크레티우스*를 듣는 사람이겠는가.

"……명성에 대한 희망이 마치 바쿠스의 지팡이로 내 정신을 때리고 내

---

* 『자연에 관하여』De rerum natura 제1권.

마음속에 뮤즈에 대한 감미로운 사랑을 심었다. 그것이 나의 영혼에게, 이전에는 그 누구의 발도 디뎌본 적이 없던 파에리아 왕국의 전인미답을 뚫고 나가도록 몰아낸다. 처녀샘^{virgin spring}에 불을 밝히고 그 물을 마시는 것은 얼마나 큰 기쁨인가. 뮤즈에 의해 그 누구의 머리에 얹혀질 화환으로도 만들어진 적이 없는 꽃들이 핀 들판에서 새로운 꽃을 꺾어 내 머리에 얹을 영화로운 화관을 엮는 일은 얼마나 큰 기쁨인가. 이것은 이러한 수준 높은 주제들을 놓고 가르친 것에 대해, 사람의 마음을 종교라는 단단한 매듭으로부터 풀어내려고 노력한 것에 대해, 어두운 구석에 뮤즈의 불꽃으로 만물을 비추는 내 노래의 밝은 빛을 퍼뜨린 것에 대해 내게 온 보상이다."

Ⅱ. 921 ff.

영원히 자신에 대해 번민하기보다 자신의 수단으로 온 세계를 짓고 세계의 창조자가 되려 하지 않는 사람의 영혼은 저주를 받았으며, 반대의 의미에서이지만 파문을 당했다. 그는 사원으로부터 추방을 당했으며, 영혼의 영원한 즐거움을 빼앗겨 자신만의 사적인 축복에 대한 자장가를 부르고 밤이면 자신에 대한 꿈을 꾸도록 남겨졌다.

"행복은 덕행에 대한 보상이 아니라 덕행 그 자체이다."*

– 마르크스, 「에피쿠로스 철학에 관한 노트」

233
—
제2부 문학·예술과 사상의 역사

---

* 스피노자, 『윤리학』 제5부, prop. 42.

13. 호라티우스

옛날의 호라티우스는 그로부터 매우 많은 것을 배웠고, 근본에서$^{au\ fond}$와 마찬가지로 정치적인 면에서도 불한당이었던 하이네*를 곳곳에서 생각나게 합니다. 독재자의 위협하는 얼굴$^{vultus\ instantis\ tyranni}$에 도전하고 아우구스투스 앞에서는 굴복하는 이 정직한 사람을 상상해 보십시오. 이와는 별도이지만, 입이 험한 노인네가 그런대로 여전히 사랑스럽소이다.

– 엥겔스, 마르크스에게 보낸 편지(1866. 12. 21)

14. 페르시우스의 풍자

철학자들은 단지 돈을 벌려는 학교선생이었거나 부유한 난봉꾼들에게서 보수를 받는 광대였다. 몇몇은 노예이기도 했다. 좋은 조건 하에서 그들이 무엇이 되었는지의 한 예는 세네카** 에서 볼 수 있다. 이러한 덕행과 절제를 설교했던 이 금욕주의자는 네로의 으뜸가는 궁정 음모가였는데, 이는 비굴함이 없이는 될 수 없는 것이었다. 그는 네로에게서 돈과 토지, 정원, 성 등의 선물을 보장 받았으며, 복음에서의 가난한 자 나자로에 관해 설교

---

* 엥겔스는 하이네가 루이 필립으로부터 연금을 받은 것이나, 1830년대에 프러시아 정부에게 파리에서 '프러시아 정신'이라는 신문을 발행할 것을 제안한 사실들을 하이네의 전기에서 찾아냈다.

** 세네카$^{Lucius\ Annaeus\ Seneca}$는 로마 제정 초기의 스토아학파의 대표자. 그는 네로의 스승으로, 그를 위해 '군주의 거울' 장르의 하나인 『관용론』$^{De\ Clementia}$을 써주었다. 네로 시절 막대한 부를 축적했던 그는 은퇴 후 저술 작업에 몰두했으나, 내란음모 가담 죄로 몰리는 바람에 자살하라는 네로의 명을 받아들였다.

하는 동안에도 그는 사실 같은 우화에 나오는 부자였다. 네로가 그를 매수하고자 할 때 비로소 그는 자기에게는 철학으로 충분하니 모든 선물을 거두어들이라고 황제에게 청했다. 페르시우스^{Persius}처럼 완전한 비주류 철학자들만이 타락한 동시대인들에 대해 풍자의 채찍을 휘두를 용기를 가지고 있었다.

그러나 두 번째 유형의 이데올로그들인 법률가들로 말하자면, 그들은 모든 신분 차별의 철폐가 자신들이 좋아하는 사법을 완성하는 일을 허용해 주었기 때문에 새로운 상황에 대해 열광적이었으며, 그 대가로 그들은 황제를 위해 이제껏 존재한 적이 없는 가장 큰 굴욕적인 국법을 준비했다.

– 엥겔스, 「부르노 바우어와 초기 기독교; 1882」

15. 루시안

최초의 기독교인들에 대한 가장 좋은 자료 중 하나는 고전적 고대의 볼테르라 할 수 있는 사모사타의 루시안^{Lucian*}이다. 그는 온갖 종교적 미신에 대해 똑같이 회의적인 태도를 취했으며, 따라서 기독교인들은 다른 종류의 종교적 집단과 달리 취급할 이교도적인 믿음도 정치적인 믿음도 갖고 있지 않았다.

---

* 라틴어로 빛을 뜻하는 '룩스'^{lux}에서 유래한 '루키우스'^{Lucius}에서 온 영어권의 남자 이름. 여기서는 4세기의 성서 연구자이자 기독교 성인인 사모사타의 성 루치아노축일 1월 7일를 가리킨다. 루시안의 『페레그리누스의 죽음에 대하여』와 루시안의 아류 『필로파르티스』^{Philopartis}를 참조.

그와 반대로 그리스도를 숭배하는 사람들 못지않게 주피터를 숭배하는 사람들의 미신을 비웃었다. 그의 천박한 합리주의적 관점에서 볼 때는 이런 류의 미신이나 저런 류의 미신이나 어리석기는 매한가지였다.

— 엥겔스, 「초기 기독교의 역사」

2 장

중세의
사상과
문학예술

MARX
ENGELS

1. 게르만 문화

이 세기의 60년대 초반에 상당한 중요성을 지닌 발견물이 슐레스비히의 두 개의 토탄 늪에서 이루어졌다. 코펜하겐의 엥겔하르트는 이것들을 주의 깊게 연구했다. 그것들은 여러 번 장소를 바꾸다가 〈키엘 박물관〉에 안치되었다. 그것들은 연대를 확실하게 결정지어 줄 단서가 되는 동전들이 함께 발견됨으로써 이와 비슷한 다른 발견물들과는 구별된다.

네로로부터 셉티미우스 세베루스 시대 사이의 화폐인 37개의 동전이 쥐덴브라러프 근처의 타쉬베르크 토탄늪(덴마크의 토르스프예르크)에서 발견되었고, 침적토로 덮였다가 토탄늪으로 바뀐 해안 어구의 나이댐 늪에서는 티베리우스 통치기로부터 마크리누스의 통치기에 걸쳐 사용된 34개의 동전이 발견되었다. 그러므로 발견물들은 의심할 바 없이 220년부터 250년 사이의 것들이다.

그 물건들이 전적으로 로마 것만은 아니다. 많은 것들이 그 지역의 게르만인들에 의해 만들어졌다. 이 발견물들은 철분을 함유하는 늪의 물속에

거의 완벽히 보존되었기 때문에, 놀랍게도 이것들은 북 게르만의 금속산업과 직조, 조선의 상태를, 그리고 또한 룬 문자(고대의 신비한 상징적 문자—엮은이 주)를 통해 3세기 전반기의 문자사용을 드러내 보여준다.

우리를 더욱 놀라게 하는 것은 산업상태 자체이다. 섬세하게 짜인 직물, 우아한 신발, 말쑥한 솜씨로 만들어진 마구들은 '타키티언' 게르만인들의 문화보다 훨씬 더 높은 수준의 문화였음을 알려준다. 특히 놀라운 것은 토착 금속물품이다.

비교언어학은 게르만인들이 아시아 본토로부터 금속사용에 관한 지식을 가져왔다는 사실을 증명해 준다. 아마도 그들은 또한 금속추출법과 세공법을 알고 있었을 것이다. 하지만 로마인들과 충돌했던 시기에는 그들이 여전히 이 지식을 갖고 있었던 것은 아니다. 최소한 1세기의 기록에는 라인 강과 엘베 강 사이에서 철과 청동이 산출되고 세공되어 있었다는 암시는 없다.

오히려 그 반대의 증거가 있다. 타키투스는 고트인들(상부 슐레지아에서 살았던)이 철을 캐었다는 점을 언급했고, 프톨레마이오스는 철세공을 이웃 쿼드인들의 것으로 적고 있다. 두 경우에서 제련에 관한 지식은 다뉴브 강 해안으로부터 다시 입수할 수 있었을 것이다. 발견물들은 1세기의 것으로 밝혀진 동전을 통해서 토착적인 금속생산물을 포함하지 않고 오직 로마의 것만을 갖고 있었다는 사실을 입증해 주었다.

고유한 금속세공법이 있었다면 왜 이 모든 로마의 금속상품들이 게르만으로 전해졌겠는가? 누군가 낡은 주형과 아직 완성되지 않은 주물들, 청동 쪼가리들을 게르만에서 발견할 수는 있지만, 이것들과 함께 이것들의 시대를 밝혀줄 수 있는 동전들이 발견되지는 않을 것이다. 십중팔구 그것들은 게르만 이전의 시기, 즉 유목민이었던 에트루리아 청동기시대 수렵인들이 남긴 것들이다.

그 밖에 이주해 오고 있던 게르만인들이 금속제조술을 완전히 상실했는지 여부를 묻는 것은 무의미하다. 모든 사실들이 1세기에는 그들 사이에 사실상 금속세공이 존재하지 않았거나, 존재하지 않은 것이나 마찬가지였음을 드러내고 있다.

그러나 이곳 타쉬베르크 늪의 발견물들은 예상하지 않았던 토착 금속산업의 높은 수준을 다시 보여 준다. 혁대장식, 사람과 동물의 머리가 새겨진 장식용 금속 접시들, 눈·코·입이 없는 안면 전부를 덮는 은제 투구, 철사를 두드려 만들어야 했으므로 처음에는 대단한 노동력을 필요로 했던(철사 줄은 1306년에야 발명되었다) 철사로 짜여진 사슬 갑옷, 금제 머리띠들이 있었는데 토산물이 아닌 다른 물품들은 여기서 언급하지 않겠다.

이런 물건들은 나이댐 늪, 퓌덴에 있는 어느 늪에서 발견된 다른 것들과 비슷하며, 또한 60년대 초반에 보헤미아(호로비스)에서 이루어진 발견과도 비슷하다. 인간의 머리가 새겨진 화려한 청동원반, 혁대버클 등 모든 것들도 타쉬베르크에서 발견된 것들과 비슷하기 때문에 같은 시기의 물건들이라 할 수 있다.

3세기 이후로부터 꾸준히 발전해 가던 금속산업은 게르만 전 지역에 걸쳐 확산되었음에 틀림없다. 5세기 말경이라고 일컬어지는 민족 이동 시기에 금속산업은 제법 높은 수준에 도달했었다. 철과 청동뿐만 아니라 금과 은도 고르게 세공되었다. 로마 동전에 본이 그려져 있는 브라크테아트(중세독일의 얇은 은화—엮은이 주)가 금으로 주조되었고, 비금속이 도금되었다. 또한 상감세공, 법랑, 금은 선세공도 나타난다. 맵시 없는 형태도 종종 대단히 예술적이며 풍취 있는 디자인으로 장식되었는데, 이것은 부분적으로만 로마의 세공을 모방하고 있다.

이것은 대개 어떤 특징적인 형태를 공통적으로 지닌 혁대장식, 죔쇠, 브로치 등에 해당된다. 대영 박물관에는 아조프 해에 있는 커취에서 발견된 죔쇠들이 영국에서도 발견되었으며, 같은 금속세공을 통해 생겨났을 죔쇠들과 함께 전시되어 있다. 그런 세공형태는 대개 엄청난 지역적 특이성에도 불구하고, 근본적으로는 스웨덴으로부터 다뉴브 강 하류 지역까지, 그리고 흑해로부터 프랑스와 영국에 이르는 지역에 걸쳐 동일하다. 이러한 게르만 금속산업의 첫 번째 시기는 민족 이동의 중단과 기독교의 전반적인 도입과 더불어 대륙에서 쇠퇴한다. 영국과 스칸디나비아에서는 약간 더 오래 지속된다.

6세기와 7세기에 이러한 산업이 게르만인들 간에 널리 퍼져 있었고, 특수한 산업분야로서 분리해 나갔다는 사실은 여러 민족법*에서 증명되고 있다. 알레마니안 법령들에서나 공적으로 검증된publice probati 법령들에서조차 대장간과 도공끄工, 금·은제 대장간에 대한 수많은 언급이 있다. 바이에른의 법률은 교회, 공작의 궁, 대장간 또는 제분소에 행해진 절도에 대해 보다 가혹한 처벌을 내렸다. "왜냐하면 이런 네 건물들은 어느 때나 개방되어 있고, 공공건물이기 때문이다." 프리슬란트의 법에 따르면, 금세공자 살해에 대한 배상금은 사회적으로 지위가 있던 다른 사람들에 대한 것보다 25퍼센트 정도 높았다. 살리카의 법은 보통 농노에게는 12솔리디Solidi(화폐 단위)의 가치를 인정했으나, 대장간 농노는 35솔리디의 가치를 부여했다.

- 엥겔스, 「초기 독일의 역사」

---

* 중세 초기의 법조문과 궁정의 판례들.

2. 고대와 중세문학에서의 사랑

중세 이전에는 개인적 성애가 전혀 문제가 될 수 없었다. 용모가 곱다든가 친밀하게 교제 중이라든가 취미가 같다든가 하는 것 등이 이성 간의 성적 관계를 환기시켰다는 것은 사실이다. 따라서 누구와 이러한 가장 친밀한 관계를 맺는가 하는 것도 남녀 어느 쪽에 대해서나 전혀 상관없는 일이 아니었다. 그러나 그것과 오늘의 성애 사이에는 아직도 상당히 거리가 멀다. 고대에서는 언제나 부모가 혼사를 정했고, 당사자들은 부모의 말을 따를 뿐이었다. 고대에 알려져 있던 그 약간의 부부애는 주관적 애정이 아니라 객관적 의무였으며, 결혼의 기초가 아니라 그 보충물이었다.

오늘날 말하는 연애관계는 고대에는 공적 사회 밖에서만 찾아볼 수 있었다. 테오크리토스Theocritos와 모스코스Moschos가 노래한 사랑의 환희와 번뇌의 주인공인 저 목동들, 즉 롱고스Longos의 다프니스와 클로에*는 순전한 노예들로서, 자유민의 생활 범위인 국가사업에는 참여하지 못했다. 그러나 노예들 간의 연애관계는 오직 멸망해 가는 고대 세계의 분해의 산물로서만 존재했으며, 그나마도 공적 사회 밖에 있는 여자인 헤타이라이(헤테레), 즉 외국 여자 또는 해방된 여자 노예와의 관계였다. 이것은 멸망 전야의 아테네와 제정 로마시대에서 찾아볼 수 있다. 그리하여 만일 자유민 남녀 사이에 연애관계가 실제로 있었다면 그것은 간통의 경우뿐이었다. 그런데 고대의 고전적 연애 시인인 늙은 아나크레온Anakreon에게는 우리가 말하는 의미의 성애는 무조건 좋은 것이었다. 애인의 성별조차 그에게는 아무래도 좋을 정도였으니까.

---

* 3세기 고대 그리스의 한 소설의 주인공들. 이 소설의 저자 롱고스에 대해서는 알려진 바가 없다.

오늘날의 성애는 고대인들의 단순한 성적 욕망, 에로스와는 본질적으로 다르다.

미소년과 동성애를 즐기는 그리스 서정시인 아나크레온

첫째, 그것은 사랑을 받는 자가 상대방을 사랑해 주는 것을 전제로 한다. 이 점에서 여자는 남자와 평등하다. 그런데 고대의 에로스에서는 그러한 사랑이 전혀 문제되지 않았다.

둘째, 성애의 힘과 지속성은 대단한 것이었기 때문에 실연이나 이별이 양쪽 모두에게 최대의 불행은 아닐지라도 대단한 불행이었다. 남녀는 서로 배우자를 얻기 위해 그야말로 커다란 모험을 하며 심지어 생명까지도 내건다. 고대에는 간통의 경우에만 이런 일이 있었다.

마지막으로 성교의 평가를 위한 새로운 도덕적 기준이 나타났다. 즉 성교가 혼인에 의한 것인가 혹은 야합에 의한 것인가 하는 것뿐만 아니라, 사랑과 그 보답에 의한 것이냐의 여부도 문제가 되었다. 봉건적 관습이나 부르주아적 관습에서 이 새로운 기준이 다른 모든 도덕적 기준보다 나은 형편에 있지 않다는 것은 자명한 일이다. 즉 그런 것은 고려조차 안 되고 있었지만, 그렇다고 해서 다른 것들보다 경시되고 있는 것도 아니었다. 즉 다른 것들과 마찬가지로 승인은 받고 있었다. ― 이론상 종이쪽지 위에서 ― 그러나 현재로서는 그 이상을 요구할 수가 없다.

고대 세계가 성적 사랑으로 발전하는 것을 멈춘 그 지점에서, 즉 간통에서 중세가 시작된다. 우리는 이미 여명의 노래를 만들어낸 기사의 연애에 대해 서술한 바 있다. 결혼을 파괴하려는 이런 연애에서부터 결혼의 토대로 될 연애까지의 거리는 기사도로서는 도달할 수 없을 정도로 멀었다. 경박한 로마인을 떠나 덕성 있는 게르만인에게 눈을 돌리기만 해도 우리는 『니벨룽엔의 노래』Nibelungenlied에서 다음과 같은 사실을 발견할 수 있다. 즉

크림힐트Kriemhild는 지그프리트Siegfried가 자기를 연모하는 것 못지않게 내심 그를 연모하고 있었지만, 왕 군터Gunther가 이름도 모르는 어떤 기사와 자기를 약혼시켰다는 말을 듣고 이렇게 간단히 대답한다.

'지그프리트와 부뤼힐트'(헤리 G.시커 작, 1920). 『니벨룽엔의 노래』는 12세기 후반 독일 기사문학(騎士文學)의 초대 걸작인 영웅서사시로 제1부 '지크프리트의 죽음', 제2부 '크림힐트의 복수'로 되어 있다.

저에게 부탁할 필요는 없습니다. 저는 언제나 당신이 명령하는 대로 행하겠습니다. 왕께서 어느 분을 남편으로 삼아 주시든 저는 기꺼이 그와 약혼하겠습니다.

이와 같이 그 여자는 도대체 자기의 애정이 고려되리라고는 생각조차 하지 않는다. 군터는 브뤼힐트Brünhild를 그리고 에첼Etzel은 크림힐트를 한 번도 못 보고 구혼한다.

이와 마찬가지로 『구트룬』Gutrun*에서도 아일랜드의 지게반트Siegebant는 노르웨이의 우태Ute에게, 헤겔링겐Hegelingen의 헤텔Hetel은 아일랜드의 힐데Hilde에게, 그리고 모를란트Morland의 지그프리트, 오르마니Ormanien의 하르트무트Hartmut, 젤란트Seeland의 헤르비히Herwig는 구트룬에게 구혼한다.

---

* 13세기 독일의 영웅서사시. 구트룬을 중심으로 많은 영웅들이 얽혀진다.

그리고 여기에서 비로소 구트룬은 자기 마음대로 헤르비히를 선택하기로 결심한다. 보통 젊은 군주의 신부는 부모가 아직 살아있는 경우에는 부모가 고르고, 그렇지 않은 경우에는 발언권이 제일 큰 신하들의 조언을 받아 그 자신이 고른다. 그 밖의 다른 방도는 있을 수 없었다.

기사 또는 영주에게도, 군주 자신에게도 결혼은 정치적 행위이며, 새로운 동맹에 의한 세력 확장의 기회였다. 결혼에서 결정적인 역할을 하는 것은 결코 당사자의 의향이 아니라 가문의 이해타산이었다. 그러니 결혼 문제에서 어떻게 연애가 결정적 발언권을 가질 수 있었겠는가?

– 엥겔스,『가족, 사유재산, 국가의 기원』

3. 바그너와 독일의 구전 서사시

1882년 초의 어느 편지*에서 마르크스는 바그너가『니벨룽엔』Nibelungen의 대본에 이렇게 썼다고 했다.

"오빠가 누이를 아내로서 포옹한다는 것을 일찍이 들어 본 일이 있는가?"하고 원시시대를 완전히 왜곡한 데 대해서 아주 신랄하게 비판하고 있다. 그들의 애정 관계를 그야말로 현대화하여 일종의 근친상간이라고 함으로써 한층 선정적인 것으로 만들고 있는 바그너의 소위 '색욕의 신들' Geilheitsgöttern과 관련하여 마르크스는 다음과 같이 대답하고 있다. 즉 "원시시대에 누이는 아내였다. 그리고 그것은 도덕적이기도 했다."

———

* 마르크스의 이 편지는 현재 남아있지 않은데, 엥겔스는 카우츠키에게 보낸 1884년 4월 11일자 편지에서 이 편지를 상기시키고 있다.

제4판의 각주: 바그너의 친구이며 숭배자인 어느 프랑스 사람은 이 주석에 동의하지 않고 다음과 같이 말한다. 즉 바그너가 출발점으로 삼았던 『구(舊) 에다』alteren Edda의 「외기스드렉카」Ögisderecka*에서는 벌써 로키Loki가 프레이아Freya를 "너는 신들 앞에서 너의 오빠를 포옹했다"고 꾸짖었다. 따라서 형제자매 간의 결혼은 당시 벌써 금지되어 있었다고 주장한다. 그러나 「외기스드렉카」는 고대 신화를 전혀 믿지 않게 된 시대를 반영한 것이다. 그것은 신들에 대한 순전히 루키아노스식Lucianisches의 풍자시이다.

만일 이 경우에 로키가 메피스토펠레스Mephisto로서 프레이아를 꾸짖는 것은 오히려 바그너를 반박하는 것이다. 그런데 몇 구절 다음에 로키는 뇨르드르Niördhr에게 "너는 너의 누이와 함께 그런 자식을 낳았다"vidh systur thinni gaztu slikan mög고 말하고 있다. 물론 뇨르드르는 아사 족Ase이 아니고 바나 족Vane이다.** 그리고 그는 『잉글링 전설』Ynglinga Saga 중에서 형제자매 간의 결혼은 바나 족들 사이에서는 일반적이나 아사 족들 사이에서는 그렇지 않다고 말하고 있다.

이것은 바나 족이 아사 족보다 훨씬 더 오래된 신들임을 말해 준다. 아무튼 뇨르드르는 아사 족 사이에서 그들과 대등한 존재로서 살아간다. 그러므로 「외기스드렉카」는 오히려 노르웨이 신화 발생기에는 형제자매 간의 결혼이 적어도 신들 사이에서는 아직 아무런 혐오감도 일으키지 않았다는 증거가 된다.

마르크스 엥겔스 문학예술론

* 『에다』는 스칸디나비아 종족들의 신화와 영웅담과 노래를 묶은 전설집으로 『구 에다』와 『신新 에다』가 있다. 『구 에다』의 한 편인 「외기스드렉카」는 나중에 나온 판에 실려 있다. 엥겔스는 이 편의 제32절과 36절을 인용하고 있다.
** 아사 족과 바나 족은 스칸디나비아 신화에 나오는 신의 집단이다.

만일 바그너를 옹호하려면 아마 『에다』 대신에 괴테를 인용하는 것이 더 좋은 것이다. 괴테는 신과 무녀에 관한 서사시에서 여자가 신전에서 몸을 제공하는 종교적 의무에 대해 비슷한 오류를 저질러 이 관습을 너무 현대의 마음에 접근시키고 있다.

- 엥겔스, 『가족, 사유재산, 국가의 기원』

4. 지그프리트 전설과 독일 혁명운동

지그프리트 전설에서 우리를 그토록 강렬하게 감동시키는 것은 무엇인가? 이야기의 전개 자체나 젊은 영웅의 죽음을 초래한 더러운 배반은 아닐 것이다. 그것은 그의 인품을 통해서 표현된 심오한 의미이다. 지그프리트는 독일 청년의 대표자이다. 아직도 가슴 속에 삶의 제약조건들에 얽매이지 않은 심장을 지니고 있는 우리는 그것이 무엇을 의미하고 있는지를 안다. 우리 모두는 우리 자신들 속에서 그 같은 행위를 하고픈 갈망과 지그프리트로 하여금 그의 부친의 성에서 탈출케 한 인습에 대해 그와 같은 반항심을 느끼고 있다. 우리는 혼신을 다해 끊임없는 반성과 열정적인 행동에 대한 속물적인 두려움을 혐오한다. 우리는 자유로운 세계를 향해 달려가기를 바란다. 우리는 신중함이라는 장벽을 뛰어넘어, 삶의 왕관인 행동을 위해 투쟁하길 원한다. 속물들은 교회와 국가라는 영역 속에 거인들 그리고 용들을 사육해 왔다.

그러나 그런 시대는 더 이상 존재하지 않는다. 우리는 학교라는 감옥 속에 갇혀 있다. 거기서는 우리의 주위를 향해 돌진해 나가는 것 대신에 지독한 아이러니로 그리스어에서 '치다'strike라는 동사를 모든 어형변화와 시제로 변화시키도록 훈련받고 있으며, 우리가 그런 훈련으로부터 해방될 때는, 이 시대의 여신인 경찰의 손아귀로 빠져든다. 생각하고 말하고 걷고 차는 데도 여권이나 거주허가증, 관세증서들로 감시하는 경찰 — 악마가 이런 거인들과 용들을 쳐서 죽게 하소서! — 그들은 우리에게 행동의 껍데기만을, 즉 대검 대신에 가느다란 칼을 남겨준 것이다. 가느다란 칼로 펜싱 기술을 익힌들 그것을 대검에 응용하지 못한다면 무슨 소용이 있겠는가? 그리고 마침내 장벽들이 무너졌을 때, 속물주의와 무관심이 발아래 짓밟혔을 때, 행동을 추구하는 일이 더 이상 저지되지 않을 때, 당신은 라인 강을 가로질러 서 있는 베젤 탑을 그저 바라만 보겠는가?

독일의 자유의 요새라 불리는 그 도시의 성벽은 독일 청년의 무덤이 되어 왔고, 이제 가장 위대한 독일 청년의 요람의 반대편에 놓여야만 한다. 어느 누가 거기 감옥에 주저앉아 있겠는가? 헛되이 칼을 쓰는 법을 배우려 하지 않았던 학생들은 속류 이원론자$^{vulgo\ duellists}$이자 선동가*였다. 프리드리히 빌헬름 4세의 사면**이 내려진 후에야, 우리는 이 사면이 자비의 행위였을 뿐만 아니라 정의로운 행동이었다고 말해도 좋을 것이다. 모든 절제들, 그리고 특히 학생들의 협력단체들에 대해 올바른 평가를 내려줄 것을 국가에게 요구한 것이 받아들여지더라도, 국가의 선은 맹목적인 복종과 철저한 종속에 있지 않다는 것을 아는 사람이면 누구나 이 운동에 가담한 자

마르크스 엥겔스 문학예술론

* 선동가: 나폴레옹의 지배 하의 프랑스에 대항한 전쟁이 끝난 후, 독일제국의 반동적 정치제도에 반대하고, 독일의 통일을 요구하는 정견을 조직화시켰던 반항운동이 독일의 지식인들과 대학생들 사이에 일어났다. 독일의 반동적 서클들은 1819년 이래로 이 운동에 가담한 이들에게 민중선동가라는 이름을 붙였다. 또한 이들은 반동적인 당국으로부터 박해를 받았다.
** 1840년 정치범들에게 행해진 사면에 관한 언급으로, 이 사면은 프리드리히 빌헬름 4세의 대관식과 관련되어 있다.

들에게 명예와 존엄을 회복시켜 주어야 한다는 나의 주장에 틀림없이 동의할 것이다.

　왕정복고기*나 7월 혁명**이 지난 후에 결성된 민중 지도적 협력단체들은 지금 믿을 수 없을 정도로 설득력 있었다. 당시 누가 모든 자유를 향한 운동을 억압하고, 청년들의 심장 박동을 "잠정적인 보호 하에 놓아둘 수 있겠는가? 그리고 불운한 이들이 어떤 대접을 받았던가? 이런 법률상의 재판은 국가에 대한 범법행위의 처벌을 독립적인 배심원들이 아닌 국가로부터 녹을 받는 종복들의 모순을 밝히기 위해, 공개적으로나 비밀로 진행된 모든 재판상의 과실과 불이익을 가장 분명히 보여주기 위해 계획되었다는 사실을 부인할 수 있을까? 상인들이 말했듯이, 모든 구형은 요약컨대 '대량으로' 행해졌다는 사실이 부인될 수 있을까?

　그러나 나는 라인 강으로 내리쬐는 햇살을 받아 반짝거리는 물결이 지그프리트를 낳은 대지에게 벌레들 속에 놓인 그의 무덤과 땅 밑의 보고寶庫에 대해 말하고 있는 것이 무엇인지 듣고 싶다. 아마도 모간 르 페이는 친절하게도 나를 위해 지그프리트의 성을 다시 일으켜 세워주거나, 영웅적인 행위가 19세기에 사는 그의 후손들을 위해 남긴 것이 무엇인지를 내 마음속의 눈에 보여줄 것이다.

- 엥겔스,「지그프리트의 고향」

---

* 왕정복고 ; 나폴레옹 전쟁이 끝난 후 프랑스에서 부르봉 왕조가 다시 세워진 시기**1814, 1815~30**.
** 1830년 7월 프랑스 혁명.

5. 고대 아일랜드 문학

1

고대 그리스와 로마의 작가들이나 교부들은 아일랜드에 대해서는 거의 아무런 정보도 주지 못한다. 그 대신에 아일랜드의 필사본들이 16·17세기의 전쟁 기간 동안 많이 소실되기는 했지만 여전히 많은 토착문학이 남아있다. 그것은 시들, 문법들, 용어들, 연대기들, 그리고 역사서, 법률서 등을 포함하고 있다. 그러나 몇 가지 예외를 제외하고는 최소한 8세기로부터 17세기에 이르는 기간에 걸쳐 있는 전체 문학은 오직 필사본으로만 존재할 뿐이다. 아일랜드에서의 인쇄는 그 언어가 사라지기 시작했던 때부터 약 몇 년 동안만 존재했었기 때문이다.

따라서 이렇게 자료가 풍부해도 이용될 수 있는 것은 소량에 불과하다. 가장 중요한 연대기들 중에는 대수도원장이었던 티거나하(1088년 사망)의 연대기와 울스터의 연대기, 그리고 무엇보다도 4인의 대가들의 연대기가 있다. 4인의 대가들의 연대기는 1632~36년에 도네걸에 있는 수도원에서 프란체스카 종파의 수도승이었던 마이클 오클러리의 책임아래 편집되었는데, 그는 지금은 거의 소실된 자료들을 가지고 세 명의 골동품 수집 애호가들의 도움을 받아 이 작업을 해냈다. 그것은 도네걸 필사 원본을 토대로 1856년에 출판되었고, 원본은 여전히 남아있으며 오도노반*이 영어로 번역해 편집해놓았다. 찰스 오커너** 박사에 의해 초기에 편집된 것(『4인의 대가

---

* 『4인의 대가들의 연대기』Annala Rioghachta Eireann; 4인의 대가들에 의한 아일랜드 왕국의 연대기. 존 도노반 박사 편집, 제2판은 1856년 더블린에서 7권으로 출판되었다.
** 엥겔스는 『아일랜드의 연대기 서술사들』rerum Hibernicarum Scriptores ω eteres이라는 선집에 대해 언급하고 있다. 이것은 1841, 1825, 1826년에 찰스 오커너에 의해 베캔함Beckenham에서 4권으로 출판되었다.

의 연대기』의 제1부 및 『울스터 연대기』)은 원문이나 번역판이나 신뢰할 만한 것이 못 된다.

　이런 대부분의 연대기들의 앞부분은 아일랜드의 신화적인 선사先史를 담고 있다. 그것은 고대 민간전설들을 토대로 집필되었다. 그 전설들은 9세기와 10세기에 시인들에 의해 끊임없이 오르내리다가, 수도승이자 연대기 서술가였던 이들에 의해 적당히 연대기적 순서를 갖게 되었다. 『4인의 대가의 연대기』는 노아의 손녀인 캐사르가 홍수가 일어나기 40일 전에 아일랜드에 상륙했던 때부터 시작하고 있다. 다른 연대기들은 마치 중세 독일의 연대기 저술가들이 독일의 선조들을 트로이, 아이네아스 또는 알렉산더 대왕과 연관시켰던 것처럼, 야페스Japheth로부터 직계로 내려와 모세, 이집트인들, 페니키아인들과 연관을 맺었던 아일랜드의 마지막 이주자인 스코틀랜드인들을 선조로 삼고 있다. 4인의 대가들은 이 전설에는 몇 페이지 정도만을 할애하고 있을 뿐이다(이 전설에서 유일하게 가치 있는 본래의 민간전설은 지금도 그리 두드러지지 않는다). 울스터 연대기는 그것들을 모두 생략했다. 그리고 당시로서는 놀라울 만큼 비판적인 대담성을 지녔던 티거나하는 킴바오스왕(대략 기원전 300년경) 이전의 스코틀랜드인들에 대한 기록들은 모두 불확실하다고 말한다.

　그러나 지난 세기 말엽, 아일랜드에서 새로운 민족적 삶이 분출되었을 때, 아일랜드 문학과 역사에 대한 새로운 관심이 일어났으며, 이런 수도승들의 전설이 아일랜드 문학과 역사를 구성한 가장 가치 있는 요소라고 평가되었다. 참된 켈트인의 열정과 특히 아일랜드의 소박함이 담긴 이런 이야기들에 대한 믿음은 민족적 애국심의 내면적인 일부를 드러내고 있다. 이것은 노련하기 그지없는 영국의 학계 — 문헌학적, 역사적 비평분야에서 영국인들의 노고가 여타의 세계에도 눈부시게 잘 알려진 — 로 하여금 아일랜드적인 모든 것들을 말도 안 되는 난센스*로 치부해버릴 그럴듯한 변명을 제공해 주었다.

- 엥겔스, 「아일랜드의 역사」

2

『센쿠스 모르』**는 지금까지도 고대 아일랜드의 상태에 관한 정보를 제공해 주는 주요 원천이다. 나중에 만들어진 서문에 따르면, 이것은 성 패트릭 교단에서 편찬되었는데, 그의 도움을 받아 기독교와 조화를 이루어 아일랜드에 급속히 확산된 고대 법률 판례집이다. 아일랜드의 최고 왕 레가이르(4인의 대가들의 연대기에 따르면, 428~58년 사이에 통치했다고 한다), 부왕 문스터Munster의 코르크, 아마도 울스터의 왕자였던 다이르, 그리고 3명의 주교인 성 패트릭, 성 베니그누스, 성 카이르네크와 3명의 법률가인 더브싸크, 퍼거스, 로싸 등이 그 책을 편찬할 '위원회'를 구성했으리라 짐작된다.

그리고 현재는 그것을 출판만 하는 위원회보다 훨씬 적은 보수를 받고

* 그 당시 가장 소박한 산문들 중의 하나는 「에리의 연대기」The Chronicles of Eri이다. 오커너가 시디아어의 페니키아 방언으로 쓴 필사 원본의 번역본이 「갈 시오트 이버 혹은 아일랜드인의 역사」The History of the Gaal Sciot Iber, or the Irish People이다. 시디아어의 페니키아 방언은 당연히 켈틱 아일랜드어이며, 필사 원본은 임의로 선택된 시 형식의 연대기이다. 출판자는 1798년의 추방자(이것은 아더 오커너가 가담한 1798년의 아일랜드 봉기에 대한 언급이다)인 아더 오커너로, 그는 영국 차티스트 운동의 후기 지도자였으며, 커노우트 왕가, 고대 오커너가의 후예이자, 어느 정도는 아일랜드의 왕위를 노렸던 피어거스 오커너의 숙부였다. 책의 표제 앞에 그의 초상화가 붙어 있는데, 그의 조카인 피어거스와 상당히 닮았으며, 잘생기고 유쾌해 보이는 아일랜드인의 얼굴을 지녔으며, 그의 오른손은 왕관을 쥐고 있다. 그 아래에는 다음과 같은 설명이 있다.
"오커너 — 그의 종족의 우두머리, 그리고 오커너 — 자기 나라의 억압받는 민족의 지도자 ; '예속당했지만 정복되지는 않으리라.'"Soumis, pas vaincus

** 『센쿠스 모르』Senchus Mor는 1865~1873년에 출판된 고대 아일랜드 법전. 이 중 셋째 권은 엥겔스가 이 글을 쓴 후 출판되었다(더블린, 1873년). 엥겔스는 고대 아일랜드 법률을 수록한 이런 법전이 역사적인 자료로서 실제적인 중요성을 지닌 것임을 처음으로 밝혀냈다.

그 작업을 했었으리라는 점은 의
심의 여지가 없다. 4인의 대가들
은 책이 집필된 연도로 제시하고
있다.

FIG. 31.

『센쿠스 모르』

원문 자체는 분명히 고대 이교
도의 자료들에 기초하고 있다. 그
안에 담겨 있는 가장 오래된 법률
적인 문구들은 정교한 운율과 소

위 두운 종류의 협화음이나 오히려 아일랜드 시에 독특한 것으로, 흔히 완
전한 압운으로 이어지는 자음·유운을 지닌 시로 되어 있다. 옛 아일랜드
법률서들이 14세기에, 소위 5세기의 언어인 페니안 방언으로부터 그 당시
통용되던 아일랜드어로 번역되었다는 것이 확실하듯이(1권의 서문과 36쪽,
그리고 그 뒤를 볼 때), 『센쿠스 모르』에서도 곳에 따라서는 운율이 다소 제
거된 사실이 드러난다.

그러나 때로는 원문에 분명한 운율적인 리듬을 부여하기 위해 즉흥적인
운율과 두드러진 협화음이 함께 나타나기도 한다. 시의 형식을 찾기 위해
서는 번역된 것을 읽는 것으로도 충분하다. 그러나 전체적으로, 특히 후반
부에서는 산문 형태의 글이 많다. 그리고 시가 확실히 고대의 것이고, 전통
적으로 전수된 반면에, 이와 같이 삽입된 산문은 그 책의 편찬자들에 의해
서 고쳐진 것 같다. 어쨌든 『센쿠스 모르』는 카셀의 왕이자 주교인 코르맥
에 의해서 9세기나 10세기에 만들어진 용어집에서도 자주 언급되며, 분명
히 영국의 침략이 있기 오래 전에 쓰여졌을 것이다.

모든 필사본에는(그것들 중 가장 오래된 것은 14세기 초나 더 이른 연대를 갖
고 있는데) 이 원문에 대한 가장 적절하게 붙여진 꽤 긴 논평들이 포함되어

제2부 문학·예술과 사상의 역사

있다. 이 주석들은 옛 용어들이 갖는 분위기를 띤다. 즉 말장난이 어원을 바꿔 놓았고, 단어의 설명과 논평은 때로는 심하게 왜곡되어 있거나 대개는 이해할 수 없고, 법률서의 나머지 부분에 대한 최소한의 지식도 없는 등 여러 가지 특징들이 나타나 있다. 주석과 논평을 단 시기는 불확실하다. 하지만 그것들 대부분은 영국의 침략이 있고 난 후로 시기를 정할 수 있을 것이다. 동시에 그것들이 원문 이외의 법률상의 발달에 관해서는 미미한 자취만을 보여주며, 이것들은 단지 세부사항들을 좀 더 정교하게 구성하려 한 것이므로 순수하게 설명적인 부분은 어느 정도의 재량권을 가지고 초기 시대에 관한 자료로 사용될 수 있을 것이다.

『센쿠스 모르』에는 다음과 같은 사항들이 들어 있다.

1. 동산차압에 관한 법률^{Pfändungsrecht}, 말하자면 거의 모든 사법적 절차

2. 저당에 관한 법률. 그것은 서로 다른 지역에 사는 주민들에 의해 분쟁이 일어났을 경우에 적용

3. 세라스^{Saerrath}와 데라스^{Daerrath}*에 관한 법률

4. 가족에 관한 법률

이것으로부터 우리는 그 당시 사회생활에 관한 상당히 가치 있는 정보를 얻을 수 있다. 그러나 상당 부분이 설명되어 있지 않고, 필사본의 나머지가 출판되지 않는 한 상당 부분이 해명되지 않은 채 남아있을 것이다.

---

* 봉건제도가 강화되어 가는 시기에 아일랜드에 존재했던 상이한 두 유형의 토지보유권을 말한다. 그것들은 토지소유자 병사들에 의한 개인적 자유의 부분적 상실과 토지와 가축을 소유한 귀족에 대한 여러 가지 의무들을 포함하고 있다. 이런 관계들은 『센쿠스 모르』에 담겨 있다. "아래를 참조하라"는 엥겔스의 덧붙인 글은 아직 집필되지 않았던 아일랜드 역사에 관한 자신의 저서 부분에 대한 언급이다.

문헌들뿐 아니라, 아직까지 남아있는 건축물, 교회, 둥근 탑들, 요새들, 비문들 또한 우리에게 영국인들이 도착하기 이전의 사람들의 상황에 대해 많은 점들을 시사해 주고 있다.

— 엥겔스, 「아일랜드의 역사」

3

여전히 존재하는 아일랜드 시들의 필사본들은 초기 아일랜드의 신화적인 선조들의 시대에 집필되었다고 여겨지는데, 이 시들은 행 사이에 주석들이 달려 있기 때문에 이 주석 없이는 이해할 수 없을 것이다. 그러나 주석들 자체가 아주 오래된 언어로 되어 있어 이해하기 정말 어렵다.

— 엥겔스, 『영국 · 아일랜드 역사 초고』

4*

몇 개의 아일랜드 민속음악은 매우 오래된 것이고, 몇몇은 지난 3, 4백 년 동안에 생겨났으며, 그리고 약간의 것들이 지난 세기에 지어졌다. 특히 많은 것들이 아일랜드의 마지막 음유시인들 중 한 사람이었던 카롤란에 의해 집필되었다. 과거에는 이러한 음유시인들과 하프 연주자들 — 시인이자 작곡가 그리고 가수를 겸했던 — 이 상당히 많았다. 모든 아일랜드의 수령들은 성 안에 자신만의 음유시인을 두었다. 대부분의 음유 시인들이 반영국적 · 민족적 전통을 순수하게 고수하고 있다고 제대로 판단한 영국인

---

* 이 부분은 마르크스의 큰딸 예니의 부탁으로 엥겔스가 쓴 것이다. 그것은 토마스 모어의 조언에 따른 노래집 『에린스-하르페』Erins-Harfe의 서문으로 생각해 둔 것으로 당시 출판 준비를 하고 있었다.

들에 의해 박해를 받아 유랑하던 가수들과 마찬가지 신세가 되었다. 핀 맥 컴힐의 승리에 대한 고대의 노래들(맥퍼슨이 아일랜드인들로부터 빼내 완전히 아일랜드 노래에 기초한 『오시안의 시』*에 핑갈이라는 이름을 달아

'아일랜드 대기근'Great Famine은 1845년에서 1852년까지 영국의 아일랜드에서 일어난 집단기근과 집단 해외 이주 시기를 말한다. 아일랜드는 영국의 침략정책에 따라 감자가 주식이었는데, 감자 잎마름병으로 생산량이 3분의 1이 줄어 대기근이 발생했다.('이민 가는 아일랜드인' 헨리 도일 作; 1868)

스코틀랜드 것으로 바꾸어버렸다), 타라라는 고대 왕궁의 장엄함에 대한 노래, 브리안 보름하 왕의 영웅적 행동에 대한 노래들, 그리고 사세나흐(영국인들)에 대항한 아일랜드 수령들의 전투에 관한 후기의 노래들은 모두 음유시인들에 의해 민족의 생생한 기억 속에 보존되어 있다.

그리고 그들은 또한 동시에 아일랜드 수령들이 독립을 위한 싸움 속에서 보여준 공훈도 찬미했다. 하지만 17세기에 아일랜드 민족이 엘리자베스, 제임스 1세, 올리버 크롬웰, 그리고 오렌지 공 윌리엄에 의해 완전히 정복당해 토지를 약탈당하고 영국 침략자들에게 넘겨주었을 때, 아일랜드 민족이 토지 소유권을 박탈당하고 국외추방자의 민족으로 전락했을 때, 방랑하던 가수들은 가톨릭 신부들과 마찬가지로 박해받았고, 19세기가 시작될 무렵에는

---

* 이것은 스코틀랜드의 시인인 맥퍼슨이 쓰고 1760~65년에 출판한 『오시안의 시』The Poems of Ossian에 대한 언급이다. 그는 이 시들이 전설적인 켈트족의 음유시인이었던 오시안 덕분에 쓰여졌다고 말한다. 나중에 이 책의 스코틀랜드어 번역판에서 맥퍼슨은 고대 아일랜드의 서사시에 기초하여 시들을 써냈다.

점차로 죽어 사라져 갔다.

그들의 이름은 사라지고 없지만 작은 조각으로만 남아있는 그들의 시가는 비록 노예화되었지만 정복되지 않은 그들의 민족에게 남긴 가장 아름다운 유산이었다.

아일랜드 시들은 모두 4행시로 지어졌다. 그래서 고대 아일랜드 선율의 기반에는 항상 4행 리듬이 존재하는데, 때로 그것은 숨겨져 있거나 하프 후렴이나 종결부에 자주 도입되기도 한다. 이런 고대 노래들의 일부는 아일랜드의 대부분 지역에서 아일랜드어가 오직 노인들에 의해서만 이해될 수 있거나 아니면 전혀 이해되지 않는 현재까지도 아일랜드어 노래제목이나 첫 가사들만으로 잘 알려져 있다. 그러나 더 많은 부분들이나 최근의 것들은 영어로 된 제목이나 가사가 붙여져 있다.

이런 노래들의 대부분을 지배하고 있는 우울한 정서는 오늘날에도 민족적 성향의 표본이 되고 있다. 정복자들이 항상 새롭고, 최신의 억압방법을 고안해내고 있는 상태에 처한 사람들에게 어떻게 다른 정서가 있을 수 있겠는가? 40년 전에 도입되어 지난 20년간 극단으로까지 몰아갔던 최근의 방법은 아일랜드인들을 그들의 고향과 농토로부터 일거에 쫓아내는 것이었다. 그 방법은 아일랜드 입장에서 볼 때 국외 추방이나 마찬가지였다. 1841년 이래 인구는 250만가량 줄어들었으며, 300만이 넘는 아일랜드인들이 해외로 이주해 갔다. 이 모든 것들은 영국인계의 대토지 소유자들의 이익을 위해, 또 그들의 사주에 따라서 행해졌다. 만일 이 같은 일이 30년 동안 더 지속되었더라면, 아일랜드인은 미국에서만 찾아볼 수 있었을 것이다.

– 엥겔스, 「『아일랜드 시집』 서문에 대한 메모」

6. 고대 스칸디나비아 서사시

아일랜드 왕자들 사이의 이권다툼은 노르웨이인들의 약탈과 점령 심지어는 전체 섬의 일시적인 점령을 손쉽게 해 주었다. 스칸디나비아인들이 아일랜드를 그들의 정기적인 약탈지로 간주했을 정도였다는 사실은 노섬브리아의 엘라 왕의 첨탑 속에 갇힌 라그나르 로드브록의 죽음에 대한 노래 「크라쿠말」krakumal *에 잘 나타나 있다.

1000년경에 지어진 이 노래 속에는 라그나르 왕의 영웅적 행위를 노래로서 찬양하는 데 대한 변명으로, 노르웨이 민족의 뒤나민데로부터 플랜더스에 이르는 해안지역에 걸친 침략이 마지막이기라도 한 듯이 고대 이교도의 모든 야만성이 다 나타나 있다. 하지만 스코틀랜드Scotland(이때에 이미, 아마도 여기서 처음으로 스코틀랜드Skotland라 불렸던 것 같다)와 아일랜드는 아주 간단하게 묘사되어 있다. 아일랜드에 대해서는 이와 같이 이야기된다.

"우리는 우리의 칼에 베어

살해된 자들을 높이 쌓아 올렸고

흉포한 싸움의 축제 속에서

늑대의 형제처럼 기뻐했다네.

강철이 청동 방패를 치고,

아일랜드의 통치자,

마스카인은 살해자인 늑대나 독수리를

---

* 이 시는 사로잡혀 죄수의 몸이 된 바이킹 시대 덴마크의 해적 통치자 라그나르 로드브록Ragnar Lodbrok의 애도가로 지어졌다(9세기). 전설에 따르면 라그나르의 아내 크라카Kraka는 이 노래를 자식들에게 불러 주면서 그들에게 아버지의 죽음에 대한 보복을 당부했다고 한다.

굶주리게 하지 않았네.

베드라피에드르Vedhrafiordhr에서

까마귀에게 제물이 주어졌다네.

우리는 우리의 칼로 베고,

새벽에 놀이를 시작하여,

세 왕들에 맞서 린디세이리Lirdiseyri에서

즐거운 전투를 벌였네.

그곳으로부터 상처입지 않고 달아난 것을

자랑한 자 많지 않았네.

독수리가 살덩이를 찾아 늑대와 싸웠고

늑대의 분노가 많은 것을 삼켜버렸네.

이 전쟁에서 아일랜드인들의 피가

해안가에 시내를 이루며 흘렀네."*

엘라 왕의 첨탑 속에 갇힌 라그나르 로드브록

– 엥겔스, 「아일랜드의 역사」

---

* 베드라피에드르는 앞서 말한 대로, 워터포드Waterford이다. 나는 린디세이리가 어느 곳으로 알려져
있는지 잘 모른다. 그것이 존스톤이 번역한 대로 라인스터Leinster를 의미한다는 근거는 없다.
eyri는 사질의 좁은 길목, 덴마크어로 Ore는 어떤 특정 지역을 가리킨다. Valtafn은 독수리 먹이를
의미할 수도 있고, 여기서처럼 일반적으로 번역되기도 한다. 그러나 까마귀는 odin의 성스러운
새이므로, 그 말은 분명 두 가지 의미를 다 갖는다. — 엥겔스

7. 중세 초기의 덴마크 시가

순전히 우연에 의해서, 옛 덴마크의 「투쟁가」Kjämpe-viser가 내 수중에 들어오게 되었다. 몇몇 훌륭한 것들이 상당히 많은 쓸데없는 것들 속에 여기저기 끼어 있었다. 여기에 울란트가 번역한 것들 중 하나를 소개한다.

울루프 씨는 멀리 넓은 지역을 돌아다닌다.

결혼식의 하객을 불러 모으기 위해 말을 타고 달린다.

요정들이 푸른 들판 위로 춤을 추며 날고

요정의 왕의 딸이 그에게 손을 내민다.

"어서 오세요, 울루프 씨, 왜 당신은 달아나려 하죠?

원 안으로 들어와 저와 함께 춤을 추어요."

"하지만 나는 춤을 추지도 않을 것이고 춤을 출 수도 없답니다.

내일이 저의 결혼식 날이니까요."

"이봐요 울루프 씨, 저와 춤을 추어요.

제가 당신께 두 개의 황금박차를 달아드릴 테니.

섬세하고 하얗게 빛나는 셔츠를

나의 어머니께서 창백한 달빛으로 표백을 해 놓으셨죠."

"하지만 나는 춤을 추지도 않을 것이고, 춤을 출 수도 없답니다.

내일은 저의 결혼식 날이니까요.

이봐요 울루프 씨, 저와 춤을 추어요.

금 한 무더기를 당신께 드릴 테니."

"당신의 황금은 기꺼이 가져가겠소.

그러나 나는 감히 춤을 추어서도 안 되고, 춤을 출 수도 없답니다."

"만일 울루프 씨 당신이 저와 춤을 추시지 않는다면,

질병과 재앙이 당신에게 붙을 것입니다."

그러고 나서 그녀는 그의 가슴에 손을 댔다.

그러한 고통이 그의 가슴을 움켜쥔 적은 없었다.

그녀는 거의 실신해가는 그를 부축해 말을 타도록 도와주었다.

"이제 당신을 당신의 아름다운 신부에게로 보내드리죠."

그가 그의 집의 문에 가까이 이르렀을 때

그의 어머니가 공포에 질려 떨고 있었다.

"어서 말해 보거라, 어서 나의 아들아

왜 네 표정이 그리도 창백하고 파리해진 거니?"

"어떻게 표정이 창백하고 파리해지지 않을 수 있겠습니까?

저는 지금 요정의 왕궁으로부터 오는 길인데요."

"오! 나의 사랑하는 아들아,

내가 네 신부에게 무어라 얘기한단 말이냐?"

"제가 숲으로 갔다고 말씀해 주세요.

나의 말과 개를 훈련시키러 말이에요."

다음날 아침 아직 날이 다 새기 전에

신부가 그녀의 친지들과 함께 도착했다.

그들은 꽃가지와 포도주를 뿌렸다.

"저의 신랑인 올루프 씨는 어디 계시죠?"

"그는 말을 타고 숲으로 갔단다.

말과 개를 훈련시키려고 말이다."

신부가 붉은 후장을 들어 올리자

거기엔 올루프 씨가 누워 있었고, 그는 죽어 있었다.

— 알렉스 밀러Alex Miller

나는 아주 부드러운 울란트 번역본보다는 이것을 더욱 좋아한다. 「헤르
존」^{Her Jon}이라는 또 다른 것도 아주 훌륭하다.

- 엥겔스, 마르크스에게 보낸 편지(1860. 6. 20.)

8. 롤랑의 노래

가장 오래된 프로방스 시들은 연도가 대략 1100년경으로 되어 있지만,
시를 쓰려는 시도는 더 일렀다는 것은 의심할 여지가 없다. 계속 발굴되는
자료의 도움을 받아 폴랭 파리는 포리엘과는 대조적으로 서사시는 프랑스
북부에서 처음으로 생겨나, 그곳으로부터 프랑스 남부로 퍼져 나갔다(342
쪽)는 사실을 입증했다.

테이페가 아스팅^{Hastings} 근처에서 「롤랑의 노래」^{Chanson de Roland}를 불렀기
때문에 시기는 확실하다. 아마도 약간 늘어난 현존의 가사들은 제1차 십자
군전쟁 전에 생겨났다는 것이 이미 입증된 사실이다. 이것들에 관한 자료
들은 1837년에 파리에서 프란시스코 미쉘과 1850년에 파리의 게넹에 의해
편집되었다.

저자는 튀롤^{Turold}이다. 상상 속의 이상적인 봉건군주 샤를마뉴라는 인물
속에 표현된 프랑크 왕국의 통일이 이 노래 속에서 찬양되고 있다. 반면에
군주제가 실제로 다시 살아난 시기에는 카롤링거 왕국의 후기 시인들이
지엽적 영웅들을, 특히 『에몽의 아이들』*의 봉건군주제라는 중앙집권제에

---

* 『에몽의 아이들』^{Fils Aymon}은 『하이몬의 아이들』^{Haimonskindern}을 말한다.

'롤랑의 노래' 여덟 장면을 묘사한 그림. 샤를마뉴 대제가 에스파냐 원정의 귀로 중 피레네 산중에서 바스크족(族)의 습격으로 후군이 전멸한 바 있는 778년의 사건에 따랐다. 하지만 여기에 그려진 풍속, 습관, 사상, 감정 등은 모두 12세기 초기의 것으로 노래의 주제는 십자군 그리스도교도의 패전, 신의 전사(戰士)들의 최후의 승리이다. 슬프고도 장엄한 아름다움은 기사들의 애국과 신앙의 정열, 또한 롤랑이 절명할 때에 천사가 내려왔다는 초자연적인 고요함으로 채색되어 있다.

대한 저항을 찬양했다(345~46쪽).

– 엥겔스, 「프랑스·독일의 역사 자료」

9. 프로방스 문학

1

    중세 프랑스 남부의 사람들은 현재 폴란드인들이 러시아인들과 관계하는 것보다도 프랑스 북부인들과 친근한 관계를 맺지 않았다. 중세기에는 흔히 프로방스라 불리는 남부 프랑스는 '상당히 발달된' 나라였으며, 심지어 유럽의 발달을 이끌기도 했다. 그들은 하나의 문학 언어를 갖고 있는 모든 근대국가들 중 최초의 국가였다. 그들의 시가는 모든 로망스어계의 국민들에 의해서, 심지어는 독일인과 영국인들에 의해서조차 당시로서는 도달할 수 없는 하나의 원형으로 간주되었다. 그들은 카스틸리아인들, 북부 프랑스인들, 그리고 완벽한 봉건 기사제도를 갖춘 영국 노르만인들과도 겨루었고, 산업이나 상업 방면에서는 이탈리아인들에 필적했다. 그들은 '중세생활의 한 양식'을 '눈부신 형상으로' 발전시켰을 뿐만 아니라, 최대의 암흑기인 중세에도 고대 그리스 문화의 섬광을 분출시켰다.

– 마르크스 · 프리드리히 엥겔스,
「폴란드 문제에 관한 프랑크푸르트 회의 논쟁」

2

    9세기에는 새로운 프랑코 로망스계 언어가 『불가타』^{Vulgata}*의 번역을 수행할 필요성을 느낄 정도로 발달되었다. 이런 점들은 '투르^{Tours}협의회'(813

---

* 『불가타』는 4세기 후반에 성서를 라틴어로 번역한 것인데, 당시에는 상당히 권위 있는 것으로 인정받았다. 역사적으로 불가타는 로마 가톨릭교회의 절대적인 정본이 되었고, 그래서 '번역된 출판'이라는 뜻의 불가타^{versio vulgata}라는 이름을 얻게 되었다.

년), '마인츠Mainz협의회'(847년), '아를르Arles협
의회'(851년)에서 토론에 붙여졌다. 프랑스 언
어의 가장 오랜 자료 중 둘은 보에시우스에
관한 한 편의 번역시(9세기)와 르느아(르트루
바두르의 역사가)가 아주 중요하게 다룬 발덴
세들Waldenses*의 시 한 편이다. 북부 프랑스에
서 성서와 성서의 각 부분을 올바로 번역하
는 일에 몰두한 성직자들은 대부분 시 형식으
로 이야기했다. 그리하여 11세기라는 이른 시
기에 이미 『사무엘서』와 『열왕기』가 번역되었
고, 또한 두 권은 『불가타』에 담겨 있듯이, 『열

가톨릭 교도들에게 가장
친숙한 클레멘티누스 판의
『불가타』에는 76권의 책이
들어있다. 46권은 구약,
27권은 신약, 3권은 외경
이다.

왕기』의 4권의 책으로 번역되어 있었다. 이러한 작품들은(프로방스의) 세속
적 시인들의 시가 성서와 맞서고자 했다는 것을 보여주고 있다.

- 마르크스, 「슐로서의 '독일 국민을 위한 세계사'의 연대기적 발췌」

---

* 12세기 말엽에 남부 프랑스의 가난한 도시민들 사이에서 발생한 한 종파를 말한다. 그들은
사적소유와 가톨릭교회에 의해 가증스럽게 행해진 부의 축적을 거부했으며, 초기 기독교 전통으로
되돌아갈 것을 주창했다. 이들의 이단성은 특히 남부 스위스나 사보이 같은 산악지대 주민들
사이에 널리 퍼져 나갔는데, 그곳에서 원시적 공산체제와 가부장적 관계의 존속을 옹호하려는
특징을 보여주었다.

10. 기사의 연애 시

우리가 알고 있는 모든 가족 형태 중에서 일부일처제만이 근대적 성애를 발전시킬 수 있는 유일한 형태였다. 그렇다고 해서 이 근대적 성애가 전적으로 또는 주로 일부일처제 내에서 부부 상호 간의 애정으로 발전했다는 말은 아니다. 남편이 지배하는 견고한 단혼의 본성 자체가 이것을 배제한다. 역사상 능동적인, 즉 지배적인 모든 계급들 사이에서의 혼인은 대우혼이 시작된 뒤부터 부모가 정해준 대로 이루어졌다. 그리고 열정으로서, 더욱이 누구나 다(적어도 지배계급 출신이라면) 가질 수 있는 열정으로서, 그리고 성적 충동의 최고 형태로서 — 이것이야말로 성애의 특성을 이루는 것이다 — 역사에 등장한 성애의 최초의 형태인 중세 기사의 연애는 결코 부부간의 사랑은 아니었다. 그와 정반대이다! 프로방스인들 사이에서 고전적 모습으로 나타나는 기사의 연애란 철두철미하게 간통으로 일관되어 있었으며, 또 연애시인들은 이를 찬미하고 있다.

프로방스의 연애 시의 정수는 알바스Albas, 즉 독일어로 여명黎明의 노래 tagelieder였다. 이 노래의 중심적인 장면을 보면 기사는 자기 연인 — 유부녀 — 와 동침하고, 밖에서는 파수꾼이 서 있다가 몰래 빠져나갈 수 있도록 동이 트는 것을 그에게 알려준다. 그 다음의 이별 장면은 이 노래의 클라이맥스다. 북부 프랑스인과 그리고 씩씩한 독일인도 역시 그러한 시풍과 함께 그런 기사식 연애방식을 채택했다. 우리의 늙은 볼프람 폰 에셴바흐Wolfram von Eschenbach, 1170~1220도 역시 같은 외설적인 소재로 3편의 절묘한 시를 남겼는데, 나는 그 세 편의 장편 영웅시(파르치팔Parzival—엮은이 주)보다 이것이 훨씬 더 마음에 든다.

— 엥겔스, 『가족, 사유재산, 국가의 기원』

11. 영국의 농민 평등사상

존 볼.

윌리엄 랭랜드의 「농부 피어스의 불평」Complaint of Piers the Ploughman

평화협정*이 체결된 직후 '존 볼'(궁정의 프로아사르는 그를 켄트의 미치광이 목사라 불렀다)은 파문과 투옥에도 불구하고 20년간이나 그의 설교를 들을 청중을 찾아다녔다. 용감한 요맨yeoman**들이 그의 켄트 교회마당으로 모여들었다.

"선량한 대중들이여." 존 볼은 소리쳤다. "물품들이 공동의 것이 되지 않고, 천한 사람들과 신사들이 존재하는 한 영국은 아무것도 나아질 수 없을 것입니다. 무슨 권리에 의해서 영주라는 자들이 우리보다 뛰어난 인간일 수 있단 말입니까? 무슨 근거에서 그들이 그런 자격을 갖고 있단 말입니까? 왜 그들이 우리를 농노상태에 묶어둔단 말입니까? 만일 우리 모두가 아담과 이브라는 같은 부모로부터 태어났다면 어떻게 그들이 우리보다 우월하다는 것을 증명할 수 있단 말입니까? 게다가 그들이 자만심 속에서 누리고 있는 모든 것들이 우리의 수고 덕분에 만들어져 그들을 위해 착취되고 있는데도 말입니다. 그들이 벨벳과 모피, 털가죽으로 따뜻하게 몸을 감싸고 있을 때, 우리는 누더기를 걸치고 있습니다. 그들이 포도주와 향료, 맛좋은 빵을 먹을 때, 우리는 귀리 빵과 밀짚과 마실 것이라고는 물밖에 갖고

---

* 1360년 영국과 프랑스 사이에서 조인된 '브레티니-칼레 조약'에 관한 언급(백년전쟁 시기)이다. 프랑스를 전장(戰場)으로 여러 차례 휴전과 전쟁을 되풀이하면서, 1337년부터 1453년까지 116년 동안 단속적(斷續的)으로 계속된 전쟁을 '백년전쟁'이라고 한다.
** 영국에서 14~15세기의 봉건 사회 해체기에 출현한 독립 자영 농민. 사회적으로 귀족과 농노의 중간에 위치하면서 중산 계급의 성향을 지니고 있었다.

있지 않습니다. 그들은 여가시간과 깔끔한 저택을 갖고 있지만, 우리는 들판에서 비바람에 시달리며 일해야 하는 고통을 당하고 있습니다. 하지만 이들이 자신의 지위를 유지할 수 있게 된 것은 바로 우리와 우리의 수고에 의한 것이 아니겠습니까?"

민중시에도, 사실상 평등의 사상이 응축되어 있다. 활기에 찬 그린은 이렇게 노래한다.

"아담이 땅을 일구고 이브가 실을 자을 때,
과연 누가 신사였단 말인가?"

윌리엄 랭랜드의 「농부 피어스의 불평」과 궁정시인 초서의 「캔터베리 이야기」의 차이점을 대조해 보라(큰 키 때문에 '키다리 빌'Long Bill이라는 별명을 가진 랭랜드는 슈롭셔에서 태어나 그곳에서 학교에 다녔고, 교회 서기라는 하위직을 맡았던 것 같다. 그러고 나서 곧 런던에 도착했다).

— 마르크스, 「슐로서의 「독일 국민을 위한 세계사」의 연대기적 발췌」

12. 독일의 민중서적들

한 권의 책이 게르만 민족을 위한 민중서적*이라는 것은 대단한 찬사가 아닐까? 어쨌든 이 말은 우리에게 그러한 책으로부터 많은 것을 요구할 권

---

* 독일의 민중서적들은 같은 시기의 영국의 이야기나 가요 따위가 수록된 싸구려 책chap-books과 비슷한 것이다. 민담, 전설, 시가를 수록한 이것은 대중들을 대상으로 한 값싼 서적을 말한다.

리를 부여받았다. 그러한 책은 모든 이성적인 요구들을 만족시켜야 하며, 모든 면에서 그것 나름의 가치는 의심의 여지가 없어야 한다. 민중서적은 날이 저물어서야 힘겨운 일상의 노동에 지쳐 집으로 돌아온 농부의 기운을 북돋우고, 활기 있게 하고 즐겁게 해 주어야 하며, 그들의 수고를 잠시나마 잊게 하고 그의 척박한 들판을 장미향이 나는 정원으로 바꾸게 할 임무를 갖는다. 그것은 기능공의 작업장과 가난한 도제의 비참한 다락방을 시詩의 세계와 황금빛 궁전으로 바꾸어 놓고, 그의 약혼녀가 아름다운 공주로 탈바꿈한 모습을 그에게 보여줄 임무를 갖는다. 하지만 그것은 성경과 마찬가지로, 그의 윤리적 감각을 구체화시키고, 그의 힘, 권리, 자유를 인식시키며, 그의 용기와 조국애를 불러일으켜야 할 임무도 피고 있다.

만일 민중서적에 대해 정당하게 요구할 수 있는 특질들이 풍부한 시적 내용이나 재치, 윤리적 순수성, 그리고 강인하고 믿을 만한 게르만의 정신과 같은 어떤 시기에라도 요구되는 특질들이라면, 우리는 그 책이 자신의 시대에 조응해야 하며, 그렇지 않으면 그것이 민중을 위한 책이기를 그만두어야 한다고 요구할 자격을 갖고 있다. 만일, 특히 지금의 자유를 위한 투쟁 — 그것을 분명히 해 주는 예들로는 입헌 정치의 발달, 귀족 정치의 압제에 대한 저항, 경건주의에 반발한 사상투쟁, 그리고 암울한 금욕의 잔존세력에 대항한 호방한 이들의 싸움 등을 들 수 있다 — 을 벌이고 있는 이 시기를 주시해 본다면, 비록 직접적인 연역에 의해서는 아니지만, 민중서적이 교육받지 못한 사람들을 도와 이러한 경향들이 갖고 있는 진실과 합리성을 그들에게 보여주어야 한다는 기대는 잘못이 아니라고 생각한다. 어느 면에서나 그 책이 경건주의를 앞세운 귀족정치에 굴종하거나 아부하도록 부추겨서는 안 된다. 또 앞 시대의 폐습들 — 오늘날에 실행하기에는 우스꽝스럽거나 심지어 잘못된 것들이기도 한 — 이 민중서적에 존재해서는 절대로 안 된다.

이러한 원칙에 따라 우리는 오늘날 진정으로 게르만의 민중서적들과 대체로 그러한 이름하에 묶일 수 있는 서적들을 판단해보아야 한다. 그것들의 일부는 중세 게르만이나 로마어로 된 시가이고, 일부는 민간에 떠도는 미신이 수록되어 있다. 초기에 그것들은 상류층에 의해 무시당하거나 조롱받았지만, 주지하다시피 낭만주의자들에 의해 탐구, 개작되어 격찬을 받기도 했다. 그러나 낭만주의는 그 책들의 시적 내용만을 보았을 뿐이며, 낭만주의가 민중서적들의 중요성을 파악하는 데 얼마나 무능했었던가는 그 책들에 대한 괴레스의 연구*에 잘 나타나 있다. 괴레스가 최근에 보여주듯이, 사실상 그의 모든 판단들은 날조된 것들이다. 그럼에도 불구하고 이 책들에 대한 일반적인 시각이 여전히 그의 작품들 속에 남아있으며, 마르바하조차도 자신의 저서를 광고하면서 그러한 시각에 대해 언급하고 있다. 마르바하가 산문으로, 그리고 짐록이 산문과 시로 각각 수정 · 개작한 세 편의 책들은 ― 그 중 두 권은 민중을 위해 기획된 것이다 ― 민중적 가치라는 관점에서 여기에 도입된 자료들에 대해 또 다른 정밀한 검증이 요구되고 있다.

중세기의 시가에 대한 견해가 그렇게도 다양한 경우에는 이 책들이 지닌 시적 가치에 대한 평가가 개개 독자들에게 맡겨질 수밖에 없다. 하지만 당연히 어느 누구도 그것들이 진정한 의미에서 시적인 것임을 부인하지는 못할 것이다. 비록 그 책들이 민중서적으로서 거쳐야 할 시험에 통과할 수 없다 하더라도, 그것들의 시적 내용은 완전한 인식과 일치될 것이 분명하

270
―
마르크스 엥겔스 문학예술론

---

* 요제프 폰 괴레스Joseph von Görres의 『독일의 민중서적들』Die deutschen Volksbücher; 하이델베르크, 1807

다. 그렇다. 쉴러의 말대로,

불멸의 시 속에서 영원히 살아있게 될 것은
삶 속에서는 죽도록 운명지어져 있다.*

장난꾸러기 '틸 오일렌슈피겔'
(Till Eulenspiegel)

아마도 많은 시인들은 민중이 보존할 수 없
는 것으로 입증된 민담을 개작함으로써 시를
구제해야 한다는 동기를 하나 더 부여받을 수
있을 것이다.

게르만어계와 로마어계의 이야기들 간에
는 매우 의미심장한 차이가 있다. 진정한 게르만어계의 민담은 행동하는
남성을 전방에 내세운다. 로마어계의 민담은 여성에 초점을 두는데, 고통
받고 있는 여성이나(게노베파), 사랑하되 열정에 대해 수동적인 여성들이
등장한다. 단지 두 편의 예외는『하몬의 아이들』Die Haimonskinder **과『포르투
나트』Fortunat라는 작품으로 둘 다 로마어계이고, 또 민간 전설이기도 하다.
반면에『옥타비아누스』Octavianus와『멜루시나』Melusina 등은 궁정 시가의 산
물들로서 나중에 산문으로 개작된 후에 비로소 대중들에게 알려졌다. 희
극적인 이야기들 중『살로몬과 모롤프』Salomon und Morolf는 직접적으로 게르
만어계가 아니지만,『오일렌슈피겔』Eulenspiegel(독일 14세기의 유명한 장난꾼의
이름—엮은이 주)과『어리석은 사람』Die Schildbürger 등은 말할 것도 없이 게르
만어계이다.

---

* 쉴러의 시「그리스의 신」Die Götter Griechlands에서 인용.
** 하몬 백작의 사이좋은 네 아이들이라는 프랑스의 전설.

우리가 이러한 책 전체를 눈으로 들여다보고 첫머리에서 개진한 원칙에 따라 판단한다면, 그 책들은 시가와 풍부한 해학을 갖고 있으며, 거의 교육 받지 못한 사람들에게조차 일반적으로 쉽게 납득할 수 있는 형식으로 되어 있다는 측면에서는 이런 필요조건들을 충족시킬 수 있다. 하지만 다른 관점에서 보면 그것들은 부적절하며, 그것들 중 일부는 완전히 모순되고, 또 일부는 단지 부분적으로만 받아들여질 수 있는 것임이 분명하다. 그것들이 중세기의 산물이기 때문에 그것들이 현 시기가 완수할 것을 요구하는 특수한 목적에 전적으로 부응하지 못하는 것은 당연하다. 따라서 이런 분야의 문학은 외적으로 드러내는 풍요로움이나 티이크와 괴레스의 선언에도 불구하고 여전히 부족한 점이 많다. 이런 결함이 해소되어야 하는지 여부는 또 다른 문제이기 때문에 여기서는 감히 답하려 들지 않겠다.

이제 개개의 경우들을 살피는 데 가장 중요한 것은 물론 『불사신 지그프리트의 이야기』Geschichte vom gehörnten Siegfried인데, 나는 이 책을 무척 좋아한다. 이것은 더 이상 바랄 나위 없는 책이며, 때로는 최고의 순박함이 때로는 가장 아름답고 해학적인 정서가 담긴 가장 풍요로운 시가를 담고 있다. 거기엔 눈부신 기지가 들어있다. 두 겁쟁이들 사이에 벌어진 결투라는 더 없이 값진 일화를 누가 모르겠는가? 그 이야기에는 떠돌아다니는 젊은 직공이면 누구나가 용이나 거인과 맞붙어 싸워야만 하는 건 아니지만, 모범으로 삼을 만한 등장인물, 즉 기개 있고 건전한 정신의 소유자가 등장한다.

그리고 내 앞에 놓인 쾰른 판*은 상당히 많은 오식이 있다. 그런 오식이 수정되고 구두점이 바로 잡힌다면, 슈밥이나 마르바하의 개작본들은 이 진

---

* 불사신 지그프리트의 아름다운 이야기. 용감한 기사가 불가사의한 모험을 겪어나가는 이야기로 기억할 만하고 읽어볼 만한 가치도 있다.

정으로 민중적인 양식을 갖춘 책과는 비교도 안 될 것이다. 사람들도 이 책에 대해 스스로 감사를 표해 왔으며, 나도 다른 민중서적에 대해서 이 책만큼 자주 접해 보지는 못했다.

『용사 하인리히 공작』Herzog Heinrich der Löwe — 유감스럽게도 나는 이 책의 고본을 손에 넣을 수 없었다. 아인베크Einbeck*에서 인쇄된 신판은 구판을 대체한 듯하다. 그 책은 1735년으로 거슬러 올라가 브룬스비크Brunswick 가家를 계보로 시작하고 있다. 그러고 나서 하인리히 공작의 역사적 전기와 민족 전설이 뒤따르고 있다. 그 책은 또한 용사 하인리히의 민간전설과 비슷한 고트프리트 폰 부용에 대한 이야기를 담고 있다. 거기에는 팔레스타인의 수도원장 게라시미의 노예 안드로니쿠스에 대한 이야기가 끝 부분이 완전히 바뀐 채로 실려 있다. 여기에는 또 저자를 기억할 수 없지만 용사에 대한 이야기가 여러 번 언급되는 신낭만파의 시가 한 편 실려 있다. 따라서 민중서적이 기초를 두고 있는 전설은 교활한 출판업자들이 마구 달아놓은 장식물 때문에 완전히 사라지고 말았다.

전설 자체는 매우 아름답지만, 나머지 것들은 아무런 흥밋거리도 되지 못한다. 슈바비아인들이 브라운슈바이크의 역사와 무슨 상관이 있단 말인가? 게다가 민중서적이 지닌 소박한 양식에 뒤따를 만한 것이 과연 장황하기만 한 근대 로망스 속에 담겨있단 말인가? 하지만 그것들은 사라져 버렸고, 지난 세기의 말, 목사나 교사 같았던 한 천재적인 개작자는 다음과 같이 쓰고 있다.

---

* 아인베크에서 출판된 『위대한 용사 하인리히 공작의 삶과 행적』Leben und Thaten des grossen Helden Heinrich des Löwen, Herzog zu Brauns chweig에 대한 언급.

"그렇게 여행의 목표점에 다다르게 되었고, 성스러운 땅이 그들의 눈앞에 펼쳐지자, 그들은 종교상의 가장 의미심장한 기억과 연관되어 있는 그 땅에 발을 내디뎠다. 이 순간만을 갈망하며 앞만 바라보게 했던 경건한 단순함이 여기에 이르자 열렬한 헌신으로 바뀌었고, 여기서 완전한 만족을 찾았으며 신에 대한 강렬한 환희가 치솟았다."

전설을 옛 언어 그대로 복원한 뒤 완전히 한 권의 책으로 만들기 위해 다른 참된 민속 전설들을 덧붙여 사람들에게 내놓아야만 전설은 시적 의미를 재생시킬 수 있다. 그러나 이런 형태는 사람들 사이에서 유통될 만한 것이 못 된다.

『에른스트 공작』Herzog Ernst — 이 책의 저자는 그리 대단한 시인은 아니다. 왜냐하면 그는 모든 시적 요소들을 동양의 동화에서 찾아냈기 때문이다. 그렇지만 이 책은 매우 잘 썼고 사람들에게 즐거움도 준다. 하지만 그것이 전부이다. 어느 누구도 그 책 속에서 일어나는 환상들의 실재를 믿지 않을 것이며, 따라서 그것은 별다른 변화를 겪지 않고 그저 사람들의 손에 남을 수 있을 뿐이다.

이제 나는 게르만 민족이 만들어내고 발달시킨 가장 심오한 형태의 두 전설에 이르게 되었다. 파우스트의 전설과 방랑하는 유대인의 전설이 바로 그것이다. 이 전설들은 그칠 줄 모르는 힘을 가지고 있다. 어떠한 시기라도 그것들의 진수를 바꾸지 않고 그것들을 받아들일 수 있다. 괴테 이후의 파우스트 전설의 개작물들이 호메로스 이후의 일리아드 격이라 하더라도, 아하수에루스* 전설이 그 후의 시들에 미친 중요성을 언급하지 않더라도 그

---

* 아하수에루스는 영원히 방랑하는 유대인으로 형장으로 가는 그리스도를 자기 집 앞에서 쉬지 못하게 하고 욕설을 한 죄과로 그리스도의 재림 시까지 지상을 방랑한다는 구두수선공이다.

것들은 여전히 우리에게 새로운 양상을 드러내 보인다. 하지만 이런 전설들이 민중서적들 속에서는 어떻게 나타나 있는가! 그것들은 자유로운 환상의 산물이라거나, 독창성이 없는 미신에서 생겨난 것이라 생각하지는 않는다.

방황하는 유대인들에 관한 책들조차도 그 내용은 성서나 낡아빠진 많은 전설들에 의해 정당화시킬 수 있는 종교적인 믿음을 요구한다. 그것은 전설 자체의 가장 피상적인 부분만을 갖고 있지만, 유대인 아하수에루스에 대한 장황하고 지루한 기독교의 설교를 펼치고 있다. 파우스트 전설은 천박한 마법사의 일화들로 장식된 평범한 마녀들의 이야기로 전락한다. 대중적인 희극에서 보존되지 못했던 시가들 거의가 완전히 사라져버렸다. 이 두 책들은 옛 미신들을 강조했기 때문에 현재로서는 아무런 시적 즐거움을 줄 수 없다. 그 밖에 무엇이 그런 끔찍스런 작품에서 기대할 수 있다는 말인가? 전설과 그 내용에 대한 인식도 사람들 사이에서 모두 소멸되어 가는 듯하다.

파우스트는 평범한 마법사나 이스가리옷의 유다 이후의 최대 악당인 아하수에루스와 별반 다름이 없는 자로 치부되고 있다. 그러나 독일 민중들을 위해 이 두 전설들을 복구해낸 다음, 그것들 본연의 순수함을 회복하고 그것의 심오한 의미가 교육을 덜 받은 계층도 완전히 이해할 수 있을 정도로 그 전설들의 정수를 표현해내는 것은 불가능할까? 마르바하와 잠록은 여전히 이 전설들을 개작하고 있다. 그들이 이 작업을 하는 과정에서 현명한 판단을 할 수 있기를 바란다!

우리 앞에는 또 다른 민중서적들이 있다. 예컨대 그것들은 익살스러운 책들로 『오일렌슈피겔』, 『솔로몬과 모롤프』, 『칼렌베르게의 승려』, 『일곱 명의 슈바벵 사람들』 그리고 『방패를 지닌 사람들』 등이다. 이것은 다른 나라들이 거의 만들어내지 못했던 일련의 작품들이다. 기지, 자연스럽게 구성된 이야기 전개나 꼼꼼한 처리, 신랄한 경멸에 곁들여져 그것이 지독하게 악의적인 것이 되지 않도록 하는 선의의 유머, 그리고 놀라울 정도로 희극적인 상황들이 우리의 문학을 수치스럽게 여길 정도로 풍부하게 담겨 있다.

오늘날 어느 저자가 『어리석은 사람』과 같은 책을 창출해내기에 충분한 재간을 갖고 있을까? 어떻게 문트의 지루한 유머와 『일곱 명의 슈바벵 사람들』의 유머와 비교될 수 있단 말인가? 물론 마치 안절부절못하는 사업가처럼, 다른 것을 생각해내기에 앞서 대답을 해야 하는 중요한 문제들에 대해 끊임없이 이야기하고 있는 우리 시대보다 더 조용한 시대였기 때문에 그런 것들이 만들어지도록 요구되었을 것이다. 이러한 책들의 형식은 낯설고 무미건조한 농담과 스타일의 왜곡을 제거하는 것을 제외하고는 거의 바꿀 필요가 없다. 프러시아 검열관의 도장이 찍힌 『오일렌슈피겔』의 몇 가지 출판물들은 그리 완전하지 못하다. 마르바하가 아주 훌륭한 목판화로 묘사한 작품의 초반부에 음탕한 농담이 들어 있기 때문이다.

이런 책들과 현격한 대조를 이루는 『게노베파』, 『그리젤디스』와 『히를란다』의 이야기들이 있다. 이것들은 로망스*에 기원을 둔 책들이며, 각각 영웅적인 여인의 고난을 내용으로 하고 있다. 그들은 종교에 대한 중세의 태도를 매우 시적으로 묘사해 준다. 이들 중 『게노베파』와 『히를란다』만이 대단히 인습적으로 도입되었다. 그러나 도대체 오늘날의 독일인들이 그들과 무슨 관련이 있단 말인가? 물론 그리젤디스와 같은 독일인, 그리고 마르크

---

* 독일로 보낸 전보에는 '낭만적'이라 표기되어 있는데, 이것은 잘못 인쇄된 것이다.

그라펜 발터와 같은 왕자들을 상상할 수는 있을 것이다. 그러나 당시 희극들은 민중서적과는 완전히 다르게 끝을 맺었을 것이다. 이 양 측은 상당한 근거가 뒷받침되어 있기 때문에 여기저기서 비교될 것이다. 만일 『그리젤디스』가 민중서적으로 남아있다면, 나는 그것을 독일연방 최고회의에 제출한 여성해방을 위한 탄원서로 간주한다.

4년 전* 이런 종류의 낭만적인 탄원이 어떻게 받아들여졌는지는 누구나 알고 있으며, 그것은 마르바하가 결과적으로 젊은 독일인들** 사이에서 그리 중요하지 않은 것으로 간주되리라는 의심을 품게 만든다. 사람들은 충분히 오랫동안 그리젤디스와 게노베파의 역할을 해왔다. 이제는 기분전환 삼아 지그프리트와 라이날트를 상연케 하라. 그러나 사람들이 해야 할 올바른 일은 이런 굴욕적인 낡은 이야기들을 찬양하지 않을 것이다.

『옥타비아누스 황제』라는 책의 전반부도 같은 부류에 속한다. 후반부는 그런대로 합당한 사랑 이야기이다. 『헬레나』^{Helena}의 이야기는 단지 『옥타비아누스』의 모방물이거나, 아마도 같은 전설에서 파생된 다른 이야기로 봐야 할 것이다. 『옥타비아누스』의 후반부는 『지그프리트』에나 붙일 수 있는 뛰어난 민중서적이라 부를 만하다. 플로렌스와 그의 양아버지 클레멘스

---

* 1835년 12월 10일 독일 연방의회에 의해 통과된 결의안에 관한 언급. 이 결의안에 따라 젊은 독일작가인 하이네, 구츠코프, 라우베, 비엔바르크, 문트 등의 작품들, 특히 구츠코프의 『발리』^{Vally}와 같은 몇몇 작품들은 여성해방문제를 다루고 있어서 금지당했다.
연방의회 : 독일 연맹국의 중앙기구로 1815년에 설치되었다. 이것은 독일의 주 대표들로 구성되었으며 1866년까지 존재했다.
** 청년독일파 ; 1830년대에 독일에서 생겨난 문학 동인단체로서 하인리히 하이네와 루드비히 뵈르네의 영향을 받고 있었다. 그들의 소설과 시사성을 띤 작품들을 통해 쁘띠부르주아에 반대하는 정서를 표현했고, 양심과 출판의 자유를 주창했다. 하지만 그들의 정치적인 견해는 모호했으며 일관적이지도 못했다. 그들 중 많은 사람들이 곧 흔히 볼 수 있는 부르주아 자유주의자가 되어 버렸다.

의 성격묘사가 뛰어나고, 클라우디우스의 성격묘사도 그렇기 때문이다.

티이크는 여기서 소재를 쉽게 구하고 있다.* 그러나 철저하게 파고 들어가 보면 고귀한 태생의 사람이 평범한 사람보다 뛰어나다는 생각이 들어 있지 않은가? 그리고 민중들 스스로에게서는 이런 생각을 찾아볼 수 없지 않았던가! 이러한 생각이 『옥타비아누스』로부터 제거될 수 없다면, 나는 그것이 불가능하리라 생각한다. 우선 제도적인 삶을 유발시키는 곳을 뿌리 뽑지 않으면, 이 책은 내 생각에 카르타고가 반드시 멸망해야 한다! 는 어구만큼이나 시적으로 남을 것이다.

이미 언급해 온 시련과 인고의 애달픈 이야기들과는 대조적으로 사랑을 찬미하는 세 편의 이야기가 있다. 『마겔론』Magelone, 『멜루시나』Melusina 그리고 『트리스탄』Tristan이 그것들이다. 나는 민중서적으로서 『마겔론』을 가장

고트프리트 폰 슈트라스부르크와 『트리스탄과 이졸데』

마르크스 엥겔스 문학예술론

---

* 루드비히 티이크의 『옥타비아누스 황제』Kaiser Octawianus에 대한 인유(引喩)로 이 작품은 같은 명칭의 독일 민중서적에 근거한 것이었다.

좋아한다. 『멜루시나』는 우스꽝스러운 기괴함과 환상적인 과장이 너무 많아, 어떤 사람은 그것을 『돈키호테』와 같은 종류의 이야기로 생각할 정도인데, 이런 질문도 가능할 것이다. 독일인들이 그 이야기에서 무엇을 기대하겠는가? 이에 덧붙여 『트리스탄과 이졸데』^{Tristan and Isolde}를 말해보자. 나는 이것의 시적 가치에 대해 논하고 싶지는 않다. 고트프리트 폰 슈트라스부르크*가 쓴 이 멋진 이야기는 서술상의 결점이 여기저기서 드러나더라도 나는 그것을 좋아하기 때문이다. 그러나 이것만큼 민중들이 읽기에 바람직하지 않은 책도 없다. 물론 그 책의 여기저기에 근대적인 주제인 여성해방과 밀접한 연관을 갖는 부분이 있다. 솜씨 좋은 시인도 『트리스탄』을 수정하는 일을 할 때, 도덕적인 시가의 인위적이고 지루한 형태로 전락하지 않고서는 그것을 제거해내기도 힘들 것이다. 하지만 민중서적에 이런 문제를 담기에는 부적절하다. 이런 서술 전체는 간통에 대한 옹호로 전락하기 때문에 그것이 민중의 손에 남겨질 수 있을지는 대단히 의문스럽다. 그러는 사이에 책은 거의 흔적도 없이 사라지고, 고작해야 우연찮게 복사본만이 떠돌게 될 것이다.

『하몬의 아이들』^{Die Haimonskinder}과 『포르투나트』는 또 다른 한 쌍의 진정한 민중서적들로, 줄거리의 중심은 남성이다. 포르투나트의 아들이 가장 흥겨운 유머로 그의 모든 모험과 싸워나가며, 샤를마뉴의 절대적이며 전제적인 권력에 맞서 젊은이의 담대함으로 저항하는 대담한 도전과 억제되지 않는 용기는 군주 앞에서조차 자신이 겪어온 모든 수모에 대해 자신의 손으로 복수하기를 두려워하지 않는다. 우리에게 온갖 약점들을 묵인하도록

제2부 문학·예술과 사상의 역사

---

* 13세기 초반에 고트프리트 폰 슈트라스부르크가 지은 시, 「트리스탄과 이졸데」에 대한 언급이다.

하는 그 젊은 기백은 민중서적에 지배적임이 틀림없다. 그러나 『그리젤디스』나 그와 비슷한 작품들 속 어디에서 그것을 발견할 수 있는가?

마지막으로 살펴볼 것들은 독창적인 『수천 년 연감』^{Kalender}, 비상한 꿈의 『해몽서』^{Traumbuch}, 결코 멈추지 않는 운명의 『수레바퀴』^{Glucksrad}, 그리고 끔찍한 미신에서 나온 비슷한 책들이다. 괴레스의 책을 흘끗이라도 본 사람이라면 누구나 그가 얼마나 끔찍한 궤변으로 이 쓰레기 같은 책들에 대해 변명을 하고 있는지 알 수 있을 것이다. 이 모든 끔찍한 책들은 프러시아의 검열을 받아 인정되어 왔다. 그 책들은 물론 뵈르네의 편지들*처럼 혁명적인 것도 아니고, 발리**가 그러하다고 사람들이 주장하는 것처럼 부도덕한 것도 아니다. 우리는 프러시아의 검열이 극도로 엄하다는 비난이 얼마나 잘못된 것인가를 알 수 있다. 그런 쓰레기 같은 책들이 민중들 사이에 남아 있어야 하는가의 여부에 대해 더 이상의 말을 낭비할 필요는 없을 듯하다.

민중서적들의 나머지에 대해서 더 이상 이야기할 필요가 없다. 『폰투스』^{Pontus}, 『피에라브라스 이야기』^{Fierabras} 등은 오래 전에 소실되었고, 더 이상 이름을 거론할 가치도 없다. 나는 몇 차례의 주석에서조차, 문학작품을 시에 대한 관심에 의해서가 아니라 민중의 관심에 따라 판단할 때 이런 작품들이 얼마나 빈약한가를 밝힌 바 있다고 믿는다. 필요한 일은 옛 문체로부터 필요 이상으로 벗어나지 않게 하고, 민중의 눈길을 끌도록 엄격히 선택한 수정을 가해 출판하는 일이다. 비난을 면치 못할 부분을 억지로 제거하는 일은 쉽지도 권장할 만한 일도 아니다. 오직 완전히 미신적인 것만 검열

---

* 루드비히 뵈르네, 「파리에서 온 편지들」.
** 1835년에 만하임에서 출판된 구츠코프의 소설, 『회의하는 여인, 발리』$^{Wally, die Zweflerin}$에 대한 언급이다. 이 작품은 반동적인 성직자들에 의해서 혹독한 비난을 받았다.

을 받지 못하게 해야 한다. 다른 것들은 점차 사라져 가고 있다. 『그리젤디스』는 드물게 눈에 띄고, 『트리스탄』은 손에 넣기도 거의 힘들다. 온갖 지역에서, 예를 들어 부퍼탈 같은 곳에서는 복사본 하나를 구하기도 어렵다. 쾰른이나 브레멘 등과 같은 곳에서는 거의 모든 상점들이 시내에 들른 농부들을 위해 복사본들을 진열대에 갖춰놓고 있다.

하지만 독일의 민중들과 이러한 책들 중 최상의 것들이 지적인 개작을 수행할 만한 것이라 할 수 있는가? 물론 모든 사람들이 그런 개작물을 만들어낼 수 있는 것은 아니다. 나는 선별 능력이 있는 충분한 비판적인 안목과 감별력을 지녔고, 옛 스타일을 다룰 줄 아는 기술을 지닌 오직 두 사람을 알고 있다. 그들은 다름아닌 그림 형제이다. 하지만 그들이 그런 작업을 할 시간과 의도를 가졌었던가? 마르바하의 개작물은 민중들에게는 완전히 부적당한 것이다. 그가 곧장 『그리젤디스』를 갖고 일을 시작했으니 무엇을 기대할 수 있겠는가?

그는 비판적인 감각도 부족할 뿐 아니라 불필요한 생략을 하는 일도 서슴지 않는다. 그는 또한 스타일을 매우 단조롭고 맥 빠지게 만들어 버렸다. 그것은 널리 알려진 『지그프리트』에 개작을 가한 다른 모든 판본들과 비교해 보면 분명해질 것이다. 거기엔 찢겨진 문장들, 변화된 단어의 구조가 있을 뿐인데, 그에 대해 붙일 수 있는 변명은 마르바하의 시가 독창성을 결여하고 있기 때문에, 여기서는 그의 본래의 광증이 드러났다는 것이다. 그렇지 않고서야 민중서적의 그토록 아름다운 글귀들을 바꾸어 놓고 불필요한 구두점으로 가득 메운 것이 도대체 무엇이란 말인가?

민중적인 판본을 알고 있지 않은 사람에게 마르바하의 이야기들은 그런대로 괜찮다. 그러나 이 둘을 비교해 보자마자 마르바하가 애쓴 유일한 노고는 인쇄가 잘못된 부분을 고친 정도라는 것을 알게 된다. 그의 목판화는 매우 다양한 가치를 지닌다. 짐록의 개작물은 그것에 대해 판단을 가할 만큼 아직은 성숙되지 않았다. 하지만 나는 짐록을 그의 라이벌보다 더 신뢰하고 있다. 솔직히 그의 목판화는 마르바하의 것보다 더 훌륭하다.

이렇게 구식의 어조와 오자들과 보잘것없는 목판화를 갖고 있는 오래된 민중서적들은 내게 특이한 시적 매력을 유발시킨다. 그것들은 우리의 인위적인 근대의 '조건들, 혼돈들, 그리고 세세한 구분들'에서 자연과 친밀한 관계를 맺는 세계로 나를 안내한다. 하지만 여기서 중요한 것은 그것이 전부가 아니다. 물론 티이크는 이러한 시적인 매력을 자신의 주요한 논거로 삼고 있다. 하지만 이성이 그것과 모순되고, 독일민중을 문제 삼을 때, 티이크나 괴레스, 그 밖의 여러 낭만주의자들의 권위는 과연 어떤 비중을 지닐 수 있을 것인가?

— 엥겔스, 「독일의 민중서적」

3 장

르네상스
시대의
사상과
문학예술

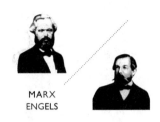

MARX
ENGELS

1. 고대세계의 종말(300년)과 중세의 종말(1453년)의 상황적 차이

1. 산발적으로 대륙 내부나 스페인, 프랑스, 영국의 대서양 해안으로 뻗어나가서 북쪽으로부터는 게르만족과 슬라브족에 의해, 남동쪽으로부터는 아랍민족에 의해 쉽게 분쇄되거나 격퇴될 수 있었던 지중해 연변에 걸친 좁은 지역의 문명 대신에, 이제는 스칸디나비아, 폴란드, 헝가리를 전초기지로 삼은 전全 서유럽이라는 폐쇄된 문명지대가 성립되었다.

2. 그리스인들이나 로마인과 야만인 사이의 대립 대신에 이제는 6개국의 문명화된 언어를 가진 문명화된 민족이 존재했다. 스칸디나비아인 등을 제외하면, 이들 모두는 14세기에 강력한 문학의 융성과 함께할 수 있었으며, 고대세계의 말경에 이미 쇠락하고 사멸해가고 있던 그리스어나 라틴어 문화에 비해 훨씬 더 방대하고 다양한 문화를 보증할 정도로 발전했다.

3. 중세 시민층에 의해 이루어진 공업 생산과 상업의 발전, 한편으로는 생산이 더욱더 완성되고 다양화되고 대량화되었고, 다른 한편으로는 상업이 더욱 강력해졌고 항해는 색슨족, 프리즐랜드인, 노르만족의 시대 이래

로 더욱 대담해졌다. 그리고 다른 한편으로는 수많은 발명이 이루어졌고 동양에서 발명한 것들도 수입되었다.

4. 이러한 것들에 의해서 최초로 그리스 문학의 수입과 확산, 해상의 발견들, 부르주아의 종교개혁을 가능하게 했을 뿐 아니라 그들의 행동 반경이 매우 다양해지고 더욱 신속해졌다. 게다가 수많은 발명들은 비록 비체계적이지만 고대시대에는 없었던 수많은 과학적 사실들을 제공해 주었다(나침반, 인쇄술, 활자, 아마종이는 12세기 이후 아라비아인과 스페인계 유대인이 사용했으며 10세기 이후 무명종이가 점차 모습을 드러내면서 13세기와 14세기에는 이미 널리 확산되었으며, 이집트의 파피루스는 아라비아인 이후에는 완전히 사라졌다). 화약, 안경, 동력 시계 등은 역학은 물론 연대학 상 거대한 진보였다(발명품에 대해서는 No. 11 참조).*

그 외에 여행 소개서(1272년 마르코 폴로 등).

아직도 열악한 상태지만 대학으로 인해 점차 확산되고 있는 보통 교육.

콘스탄티노플의 융성과 로마의 몰락으로 고대는 종말을 고한다. 중세시대의 종말은 콘스탄티노플의 몰락과 불가분하게 결합되어 있다. 새로운 시대는 그리스 시대로의 귀환에서 시작한다 ─ 부정의 부정!

─ 엥겔스, 『자연변증법』

---

* 엥겔스는 발명품에 대한 연대기적 정리가 되어 있는 노트의 11쪽을 언급하고 있다(엥겔스 『자연변증법』, 모스크바, 1972, 191~92쪽).

2. 단테에서 가리발디까지의 이탈리아 문화

1

이탈리아는 고전주의의 나라이다. 근대의 여명이 이탈리아에서 시작된 위대한 시대 이래로, 단테에서 가리발디에 이르는 비할 바 없는 고전적 완성에 기여한 위인들을 배출했다. 그러나 고전주의의 쇠퇴와 외국적 요소가 우세했던 시기에도 고전적 성격의 특징은 계승되었다. 그 중에는 특히 스가나렐레Sganarelle와 둘카마라Dulcamara라는 두 가지의 분명한 유형이 있다. 양자의 고전적 통일은 그 유명한il-lustre 로리아에 체현되어 있다.

　　　　　　　　　　　　　　　　　　　　　　　- 엥겔스, 『자본론』 제5권 서문

2

내가 개인적으로 알고 있는 튀르는 용감한 군인이고 지적인 관리이다. 하지만 군사적 행위의 영역 밖에서 그는 가치 없는 인간일 뿐이다. 즉 그는 정신적 훈련과 교육된 지성이 부족할 뿐만 아니라, 교육, 학문, 경험을 대신할 수 있는 천부적인 기민함이나 직감도 부족하여 일반적 평균치 이하이다. 한 마디로 말해서 그는 놀라울 정도의 경신성輕信性을 천부적으로 타고난 태평스럽고 유쾌한 사람이다. 하지만 그는 분명히 누군가에 의해서 정치적으로 지배당할 인물이 아니며 단테와 마키아벨리에게서 발견할 수 있는 명석한 이탈리아적 천재성은 물론 불같은 성격을 겸비하고 있는 가리발디는 더더욱 아니다.

　　　　　　　　　　　　　　　　　　　　　　　- 마르크스, 「프러시아 문제」

3. 단테

최초의 자본주의 국가는 이탈리아였다. 중세 봉건시대의 종말과 근대 자본주의 시대의 시작은 위대한 인물에 의해서 표현되었다. 중세시대의 마지막 시인인 동시에 근대 최초의 시인인 이탈리아의 단테가 바로 그였다. 오늘날도 1300년대와 같이 새로운 역사적 시기가 다가오고 있다. 이탈리아가 이 새로운 프롤레타리아 시기의 탄생의 시간을 알려줄 새로운 단테를 우리에게 선사할 것인가?

— 엥겔스, 「공산당 선언」 이탈리아판 서문

4. 페트라르카

주위의 풍경을 구경하는 데 지쳐서 나는 정상에 있는 오두막집으로 들어가 음료수를 주문했다. 나는 방명록과 함께 음료수를 받았다. 우리 모두는 그런 종류의 책에서 발견될 수 있는 것이 무엇인지를 잘 알고 있다. 모든 속물들은 방명록을 자신의 보잘것없는 이름과 하찮은 생각을 후세에 전할 수 있는, 즉 불멸성을 확보할 수 있는 소중한 물건으로 간주한다. 그가 우둔하면 할수록 그의 이름과 함께 덧붙이는 논평은 더욱 길어진다.

장사치들은 커피, 고래 기름이나 면화뿐 아니라 이런 모든 것들과 황금조차 생산해 내는 아름다운 자연이 그들의 마음 한 구석에 자리잡고 있음을 증명하고자 한다. 숙녀들은 떠오르는 감상을 표현하고자 한다. 학생들은 그들의 높은 기상과 오만을 표현하려고 기를 쓰며, 현명한 교사는 자연을 과장된 증명서로 표현한다. "장엄한 위틀리Otti, 리지Rigi의 위험스러운 경

페트라르카의 '소네트'가 수록되어 있는 『칸초니에레』의 한쪽

쟁자여!" 자유롭지 못한 솜씨를 겨우 지닌 박사는 키케로 식의 돈호법으로 시작했다. 곤혹스럽게 나는 책장을 넘겼다. 나는 독일인, 프랑스인, 영국인의 말을 읽지 않고 넘겼다. 그때 나는 이탈리아어로 된 페트라르카의 소네트를 발견했다. 번역을 하면 대략 다음과 같다.

내가 언제나 찾고 있으나 발견할 수 없는
그곳 거주지에 나의 영혼은 솟아올랐다네.
한때 나를 피했던 그 표정도 부드럽게
그녀는 제3의 천상의 영역에 그렇게 서 있었네.

내 손을 잡으면서 그녀는 부드럽게 속삭였네.

"우리가 더 이상 헤어지지 않을 이곳에서는 눈물을 흘릴 필요가 없어요.

여기 내 고향으로 너무나 빨리 돌아와

그대 마음의 평온을 깨트린 것은 저였어요."

"아, 남자의 마음이여 내 즐거움을 이해할 수 있으리!

나는 오직 그대만을 기다렸소. 그대가 사랑했던 그 육신은

내가 오래 전에 저기에 남겨놓았소."

왜 그녀는 아무 말도 없이 내 손을 놓았는가?

그 달콤한 목소리가 조금만 더 들렸다면,

나는 천상에서 떠나지 않았을 텐데.*

　이 시를 써놓은 사람은 제노바에서 온 요아힘 트리보니라는 사람인데,
이 시를 계기로 나와 그는 즉시 친구가 되었다. 왜냐하면 다른 논평이 더
공허하고 허튼 것일수록 이 소네트는 그런 배경을 두고 더 뚜렷하게 부각
이 되고 나를 더욱더 감동시켰기 때문이다. 자연이 그 장엄함을 펼치는 곳
에서, 자연 내에서 잠자고 있는 관념이 깨어 있지는 않다 해도 황금의 꿈
을 꾸고 있는 곳에서, "자연이여, 그대는 얼마나 아름다운가!"라는 말밖에
하지 못하는 사람은 평범하고 공허하며 혼란스런 대중보다 더 우월하다고

---

* 엥겔스는 페트라르카의 소네트 241번을 인용하고 있다. 『칸초니에레』^{Canzoniere}는 페트라르카의
서정시집이다. 1342년경 착수하여 1348년에 일단 완성, 그 후에도 얼마나 계속 퇴고했는지는
바티칸에 소장된 원고로 짐작하고도 남는다. 2부로 나뉘어 제1부는 라우라의 생전에 쓴 시로
소네트 225편, 칸초네 21편 등 합계 246편이고, 제2부는 그 여성 사후에 쓴 시로 소네트 90편,
칸초네 8편 등 모두 100편으로 되어 있다.

생각할 권리가 없다. 좀 더 심오한 심성을 지닌 사람에게서 개인적인 슬픔과 고통이 솟아오르지만, 그것은 단지 자연의 광휘 속에서 융합되고 부드러운 화해 속에서 해소될 것이다. 이러한 조화가 이 소네트에서보다 아름답게 표현될 수는 없다.

그러나 그 제노바 사람을 나의 친구로 여기게 한 또 다른 상황이 있었다. 나보다 먼저 온 사람도 연인의 슬픔을 이 정상에 가져왔다. 그리하여 나도 한 달 전만 해도 무한한 축복으로 충만했으나 지금은 괴롭고 절망적인 상태가 된 마음을 지니고 거기에 홀로 서 있던 것은 아니었다. 어떤 고통이 가장 고귀하고 심오한 개인적 슬픔인 사랑의 슬픔보다 자연의 아름다움 앞에서 말할 권리가 더 있겠는가?

– 엥겔스, 「롬바르디아의 경이로움, 알프스 너머」

5. 복카치오

도시의 이단자들(그들은 중세 본래의 공적인 이단자들이었다)은 승려계급(이단자들은 특히 이들의 부와 정치적 지위에 대해 공격했다)에 반대했다. 현재 부르주아가 '값싼 정부'를 요구하는 것처럼, 중세 시민들은 무엇보다도 '값싼 교회'를 요구했다. 교회와 교리의 발전에서 단지 타락만을 보았던 이교도처럼, 외관상 반동적인 도시 시민 이단자들은 소박한 초기의 기독교 교회제도의 부활과 독점적인 성직제도의 폐지를 요구했다. 이러한 비용이 덜 드는 행정이라면 승려, 고위 성직자, 로마 궁정, 간단히 말해서 교회의 값비싼 요소를 폐지할 수 있을 것이다. 도시들은 군주들의 비호 아래 교황제에 대해 공격을 가함으로써 처음으로 공화국에 대한 부르주아의 지배가 정상적인 형태임을 밝혔을지라도, 공화국은 공화국 그 자체일 뿐이었다. 일련의 교리와 교회법에 대한 그들의 적대감은 부분적으로는 전술한 것에 의해서, 부분적으로는 그들의 생활상을 통해서 설명된다. 예를 들어 그들이 왜 독신제에 대해 신랄하게 반대했는지는 복카치오에 의해서만큼 보다 잘 설명될 수 없다.

– 엥겔스, 『독일의 농민전쟁』

6. 티치아노

여기의* 모든 사람들은 이제 예술애호가이고 전람회의 그림에 대해 수다를 떨고 있습니다. 그 일은 어쨌든 재정적인 측면에서는 다소간 실패작이 될 것 같네요. 그런데 전람회에는 훌륭한 그림이 몇 점 있습니다. 그러나 훌륭하다는 일류 화가들의 대부분의 작품들은 단지 이류 수준입니다. 가장 훌륭한 그림 중에는 티치아노의 작품인 멋있는 아리오스토 초상화가 눈에 띠네요. 하지만 근대 독일과 프랑스 학파는 매우 서툴고 거의 의미가 없는 것 같습니다. 전람회의 3/4은 영국의

베첼리오 티치아노가 그린 '로도비코 아리오스토의 초상화'(1509)

제2부 문학·예술과 사상의 역사

---

* 1857년 예술전람회가 맨체스터에서 열렸었다. 그 당시에 엥겔스는 그곳에 거주하고 있었다.

쓰레기들로 차있지요. 스페인과 플랑드르의 화가들이 그 중에서 가장 훌륭하다고 알려졌고, 그 다음이 이탈리아 화가들이랍니다. 당신도 가능하다면 이곳에서 부인과 함께 여름을 보내면서 이 그림을 감상해야만 할 것 같습니다.

내가《트리뷴》* 지에 전람회에 대해서 쓰는 일은 잘 되어 가고 있지 못합니다. 나는 이번 경우에 어디서부터 시작해야 할지 모르겠네요.《트리뷴》지가 지면에 온통 잡문 나부랭이를 싣고 있기 때문입니다.

- 엥겔스, 마르크스에게 보낸 편지(1857. 5. 20)

7. 종교개혁 시기의 촌뜨기 문학

종교개혁 직전과 종교개혁 동안에 독일민족 사이에서는 그 이름이 매우 인상적인 촌뜨기 문학이라는 유형이 발전했다. 오늘날 우리는 16세기와 비슷한 혁명의 시대에 접근하고 있다. 독일민족들 사이에서 촌뜨기 문학이 다시 등장한 것은 약간은 놀라운 일이다. 촌뜨기 문학은 세련되지 못한 심미안의 소유자에게조차 역사발전에 대한 관심을 불러일으켰고, 또 15, 16세기로 되돌려 놓았던 미학적 거부감을 쉽게 극복해버렸다.

평범하고 과장되고 허풍쟁이이며 자만심에 빠져 있는 인물**, 공격 시에는 무례할 정도로 원기 왕성하지만 타인의 무례함에 대해서는 병적으로

---

* 《뉴욕 데일리 트리뷴》; 1851년에서 1862년까지 마르크스와 엥겔스의 많은 논문을 실은 미국의 진보적 신문이다.

** 테렌티우스의 희곡 『내시』에 등장하는 인물. 자만심에 빠져 있고 어리석은 투사.

민감한 인물, 칼을 휘두르지만 쓸데없는 정력 낭비이며 허공에 칼을 높이 들지만 힘없이 무너지는 자, 끊임없이 도덕성을 설교하지만 끊임없이 도덕성을 공격하고 감상과 비열함이 우스꽝스럽게 뒤섞여 있는 자, 당대의 주된 관심사에 관심을 두고 있지만 항상 요점을 파악하지 못하는 자, 이들은 민중적 지혜에 대해서 소부르주아적인 설익은 학식으로 한결같이 거만스럽게 공격하지만 과학에 대해서는 소위 '건전한 상식'으로 비판한다. 어떤 자기만족적인 경솔로 덧없이 너그러워지고 속물적인 내용에 시민적 형식의 옷을 입히며 문학적인 언어를 가지려 애쓰는 자, 하지만 결국에는 순수한 문자적 의미밖에 밝히지 못하고 힘을 보여주지 못해서 온몸이 근질근질한 자, 표면에 드러나지 않는 작가의 몸을 의도적으로 가리켜서 작가의 넓은 어깨를 보여주고 공적으로 사지를 쫙 펼치는 자, 건강한 육체에서의 건강한 정신을 선포하는 자, 무의식적으로 16세기의 가장 난해한 논쟁과 육체의 열기에 감염되어 있고 독단의 노예이며 사고의 폭은 좁고 동시에 진실한 사상 앞에서는 사소한 실천에 호소하는 자, 이들은 모두 반동에 분노하고 진보에 반동적이며 반대자를 우스꽝스럽게 할 수 없어서 하찮은 잔재주로 우습게 반대자를 모욕한다.

살로몬과 마르콜프*, 돈키호테와 산초 판자, 몽상가와 속물, 이 모두가 한 사람이다. 촌뜨기 같은 형식의 분노, 화난 촌뜨기의 형식, 구름으로 뒤덮여 있는 것 같은 자기만족적인 속물들의 자기 자신의 덕성에 대한 의식 ― 이런 것들이 바로 16세기 촌뜨기 문학이었다. 우리 기억이 틀리지 않다면, 독일의 민담은 「불굴의 젊은이, 하이네케」라는 노래에서 서정적 기념비를 세웠다. 하인첸 씨에게는 촌뜨기 문학의 재창조자 중 한 사람이 될 수 있는

---

* 살로몬과 마르콜프 ; 14, 15세기의 독일 풍자 단편소설의 등장인물. 살로몬은 현명하지만 실천적이지 못한 군주를 의인화한 것이며, 마르콜프는 교활한 농부를 상징한다.

보증서와 이 분야에서 다가올 민족들의 봄을 알리는 독일 제비라는 명성이 주어졌다.

- 마르크스, 「도덕적 비판과 비판적 도덕」

8. 종교개혁의 역사적 의의

프로테스탄티즘이 프랑스에서 결국 분쇄되었을 때, 그것은 프랑스에게는 불행이 아니었다. 벨르, 볼테르, 디드로를 보라. 그러나 독일에서의 프로테스탄티즘의 진압은 독일에 대해서가 아니라 진정 전 세계에 대한 재난이었을 것이다. 그 결과 독일에서는 로망스 국가의 가톨릭적 발전 형식이 강요되었을 것이다. 그리고 영국의 발전 형식도 반* 가톨릭적이거나 중세적인 것(대학들, 공립학교들은 모두 프로테스탄트적 수도원이었다)이었기 때문에, 자유로운 모든 독일적, 프로테스탄트적 교육 형식(가정교육, 사립기관에서의 교육, 대학 이외의 장소에서 살아가거나 자신의 진로를 선택하는 학생들)은 중단되었을 것이며, 유럽의 정신적 발전은 한없이 단조로운 것으로 전락했을 것이다.

프랑스와 영국은 본질적으로 모든 편견을 분쇄했으나, 독일은 형식에 관해서만 편견을 제거했으며 천편일률적인 틀을 깨뜨렸다. 이와 같은 사실로부터 부분적으로 모든 독일인의 무형식이 유래한다. 이러한 무형식은 지금에 이르기까지 소국가들의 난립이라는 불이익과 결합되어 왔다. 하지만 다른 한편으로 그것은 민족의 발전 가능성이라는 면에서 매우 유리한 것이다. 이렇듯 유용한 발전 가능성은 그 자체로 일면적인 단계가 극복되는 미래에 비로소 결실을 맺을 수 있을 것이다.

- 엥겔스, 「프랑스 · 독일 역사 자료」

9. 토마스 모어

1

토마스 모어는 자신의 저서 『유토피아』에서 "영국에서는 예전에는 온순하게 길들여졌고 조금밖에 먹지 않았던 당신들의 양이 점점 대식가가 되고 난폭해져서 사람을 먹어 해치운다"고 말한다(『유토피아』, 로빈슨 역, 아버 편, 런던, 1869년, 41쪽).

- 마르크스, 『자본론』

2

토마스 모어는 그의 『유토피아』에서 다음과 같이 말한다.

"그리하여 그의 조국에는 무서운 대역병인 하나의 탐욕스럽고 만족하지 못하는 대식가가 하나의 울타리 안에 수천 에이커의 땅을 에워쌌고, 차지인들은 해고되었으며, 사기치고 야만적이고 폭력적인 압력 때문에 농민들은 소유지를 팔아야만 했다. 그러므로 가증스런 모든 수단을 동원한 대식가들 때문에 불쌍한 민중들 ― 남자, 여자, 남편, 부인, 고아, 미망인, 어린이를 가진 부모들, 전 식솔들(이들은 재산은 적지만 수에 있어서는 많았다) ― 은 추방되어야만 했다. 그들은 정든 가정을 버리고 떠나야만 했지만 갈 곳을 구하지 못했다. 그들은 구매자로 기다릴 수 없었기 때문에 비록 가격이 얼마 나가지 않지만 가구들을 거의 헐값으로 팔아넘겼다. 그 푼돈을 다 쓰고 난 후에 — 그들이 이곳저곳을 방황하면서 곧 소비하게 되는데 — 그들에게 남은 것은 도둑질과 그에 따른 교수형, 혹은 거리에서 구걸하는 것 이외에 무엇이 있었겠는가? 그들은 방랑하고 일하지 않기 때문에 감옥으로 보내진다. 그들은 일을 하고 싶지만 그들을 고용할 사람을 구할 수 없다."

토마스 모어가 도둑이 되어야만 했다고 말하는 불쌍한 도망자들 중 7,200명의 대 · 소도둑들이 헨리 8세 치하에서 사형당했다*(홀린쉐드, 『영국의 묘사』, 제1권, 186쪽).

— 마르크스, 『자본론』

3

지금까지는 힘에 의한, 이제부터는 사회성에 의한 순수하고 신성한 소망, '정의'에 대한 요구. 그러나 토마스 모어는 이러한 요구를 350년 전에 했으며 아직도 충족되어야만 한다.

— 엥겔스, 『반뒤링론』

4

칼 카우츠키는 토마스 모어에 대한 논평에서 부르주아 계몽주의의 첫

마르크스 엥겔스 문학예술론

---

* 1531년의 '헨리 8세 칙령'을 말한다.

형태인 15, 16세기 '휴머니즘'이 이후 어떻게 가톨릭 예수회로 발전했는지를 논증해놓았다.[*]

정확히 같은 방식으로 우리는 여기서 18세기의 또 하나의 성숙한 형태가 근대 예수회, 즉 러시아 외교정책으로 발전했음을 본다. 이러한 반전反轉, 출발점과는 정반대의 지점으로의 궁극적인 귀착은, 그들의 기원과 존재에 대한 명확한 인식을 결여하고 있기 때문에 완전히 환상적인 목표를 설정하는 모든 역사적 운동의 자연스럽고 불가피한 운명이다. 그들은 '역사적 아이러니'에 의해서 무자비하게 응징당한다.

– 엥겔스, 「러시아 차르의 외교 정책」

10. 셰익스피어

1

볼테르가 셰익스피어를 술 취한 야만인[**]이라 칭할 정도로 프랑스인의 감정에는 불쾌한 것이지만, 영국의 비극이 지닌 독특함은 숭고한 것과 천한 것, 무서운 것과 우스운 것, 영웅적인 것과 해학적인 것의 고유한 혼합에 있다. 그러나 셰익스피어는 어느 곳에서도 광대하게 영웅적 드라마의

---

[*] K. 카우츠키, 『토마스 모어와 그의 유토피아』.

[**] 「고대와 근대 비극에 대한 연구」라는 제목이 붙은 비극 『세미라므』$^{Semirame, 1748}$의 서문에서, 볼테르는 셰익스피어의 『햄릿』에 대해 다음과 같이 썼다. "사람들은 이 작품이 술 취한 야만인의 환상에 의해서 지어졌다고 생각할 것이다. 그러나 사람들은 영국의 기존 연극들을 부조리하고 야만적으로 만든 조야한 형식의 파괴 속에서, 즉 『햄릿』에서 한층 더 위대한 특성과 진정한 천재라 할 만한 고귀한 사상을 발견한다."

프롤로그를 말하는 임무를 부여하지 않았다. 이러한 고안물은 연립 내각용으로 보존되었다. 밀로드 애버딘은 영국의 광대는 아니라 해도 최소한 이탈리아의 늙은 광대* 역을 맡았다. 모든 위대한 역사적 운동은 피상적인 관찰자에게는 결국 소극적이나 최소한 평범한 것으로 전락하는 것처럼 보인다. 그러나 이런 시작은 『러시아와의 전쟁』**이라 이름 붙여진 비극에서만 보이는 독특한 면모이다.

이것의 프롤로그는 금요일 저녁에 의회에서 낭송되었다. 의회에서는 내각의 전언에 대한 답신이 동시에 토의되었고 만장일치로 채택되었다. 그리고 이것은 버킹검 궁전의 옥좌에 앉아 있는 여왕에게 어제 오후 전달되었다.

– 마르크스, 「의회에서의 전쟁 논쟁」

2

저 무뢰한 로더리히 베네딕스는 『셰익스피어 편집증』***이라는 두꺼운 책을 펴냄으로써 후대에 더러운 냄새를 남겼습니다. 그는 이 책에서 셰익스피어가 위대한 시인과는 비교도 안 된다는 사실을, 특히 근대 작가들과는 비교도 되지 않는다는 사실을 근사하게 입증했습니다. 아마 셰익스피어는 뚱뚱한 베네딕스를 대좌 위에 모시기 위해 내던져졌을 것입니다. 모든 독

298
—
마르크스 엥겔스 문학예술론

---

* 판탈론Pantalon 이탈리아 민중 희극의 등장인물. 부유하지만 인색하고 어리석은 베니스의 상인.

** 1853년에서 1856년까지 러시아가 중동에 대한 지배를 위해 영국, 프랑스, 터키, 스칸디나비아 연합군과 싸운 크리미아 전쟁을 가리킨다.

*** R. 베네딕스의 『셰익스피어 편집증』. 이 책은 셰익스피어의 독일 드라마에 대한 영향력을 반대하고 있다.

일 문학보다 『위저의 쾌활한 아낙네들』의 제1막이 더 생생하고 현실감이 있습니다. 애견 크랩을 데리고 있는 라운스*가 모든 독일의 희극 작품을 합한 것보다 훨씬 가치가 있다는 것입니다. 하지만 비교를 하자면 육중한 몸집의 베네딕스는 무례한 태도로 별 내용 없이 심각한 논쟁을 즐기는 반면, 셰익스피어는 종종 대단원을 간결하게 처리하여 지겨운 허튼소리(현실 생활에서는 불가피한 것이지만)를 제거합니다. 그가 하는 대로 내버려 둡시다.

- 엥겔스, 마르크스에게 보낸 편지(1873. 12. 10)

3

소유의 가장 보편적 형태인 화폐가 개인적 특성과는 별다른 관계가 있지 않다는 것. 오히려 그것이 서로 대립되어 있다는 것을 셰익스피어는 우리의 쁘띠부르주아 이론가보다 더욱 잘 알고 있었다.

이래서 이놈이 이 정도만 있으면 검은 것을 흰 것으로,
더러운 것을 정갈한 것으로, 천한 것을 고귀한 것으로,
노인을 젊은이로, 비겁자를 용감한 자로 만들 것이다.
이 노란 노예가
백발의 문둥병자를 숭상받게 할 것이다.
과부를 개가시키는 것도 바로 이놈이다.
문둥병 환자건 구토를 일으키게 하는 여자이건,
이 향유를 바르면 다시 4월의 꽃과 같이 된다.

---

* 셰익스피어의 희극 『베로나의 두 신사』의 등장인물.

병사가 불가능한 것에 근접하여

그것에게 키스하게 만드는

그대, 볼 수 있는 신이여*.

- 마르크스 · 엥겔스, 『독일 이데올로기』

4

나는 저녁 때 편안한 마음으로 아피아노스의 『로마 내전』을 그리스 원어로 읽었습니다. 저자는 이집트 태생입니다. 매우 가치 있는 책이었습니다. 슐로 씨는 아마 저자가 로마 내전에서 물적 토대의 뿌리를 파악하려 했기 때문에 "영혼을 지니고 있지 못하다"라고 말합니다. 스파르타쿠스는 전고대사에서 가장 훌륭한 인물임이 밝혀졌습니다. 그는 위대한 장군(가리발디는 아니지만)이고 고상한 인물이었으며 고대 프롤레타리아의 진정한 대변자였습니다. 지독한 건달이었던 폼페이우스는 처음에는 페르시아인에 대한 루클루스의 승리, 다음에는 스페인에 대한 서토리우스의 승리의 명예를 갈취함으로써 부당한 명성을 얻었습니다. 장군으로서 그는 로마의 오딜로 바롯이었습니다. 그는 술라와 그 일당의 '졸개'였습니다. 그가 카이사르에게 용기를 보여주어야 할 때 쓸모없는 인간임이 판명되었습니다. 카이사르는 자신에게 반대한 속물을 당황하게 하기 위해서 가능한 한 가장 큰 군사적 실수(의도적으로 어리석게 보이는)를 범했습니다. 크라수스가 말하길, 평범한 로마 장군이라면 에피루스 전투에서 그를 여섯 번이나 제거할 수도 있었다고 합니다. 그러나 폼페이우스에게는 그 모든 것이 가능했습니

---

* 셰익스피어, 『아테네의 타이몬』, 4막 3장.

다. 『사랑의 헛수고』Love's Labours's Lost에서 셰익스피어는 폼페이우스의 진정한 모습을 얼핏 알고 있었던 것 같습니다.*

– 마르크스, 엥겔스에게 보낸 편지(1861. 2. 27)

11. 칼데론

1

조야하게 구성되었고 무기력한 구조로 되어 있던 이 권력체(그의 지도부에 기억도 없어질 만큼)**는 혁명을 수행하고 나폴레옹을 격퇴시키기 위해 소집되었다. 그들의 행동이 미약한 대신 선언이 단호했다면 그것은 스페인의 시인 돈 마뉴엘 퀸타나 때문이다. 혁명의회는 그를 비서로 지명할 안목이 있었기 때문에 그에게 선언문의 작성을 일임했다.

진정한 위대함과 관습적인 신분을 혼동하면서 지겹게 작위를 열거함으로써 자신의 지위를 선언하곤 했던 칼데론 휘하의 거만한 영웅들처럼 혁명의회가 처음으로 착수한 사업은 고귀한 지위에 따라 명예와 훈장을 선포한 것이었다.

– 마르크스, 「혁명적 스페인」

301
—
제
2
부
문
학
·
예
술
과
사
상
의
역
사

---

* 셰익스피어, 『사랑의 헛수고』, 5막 2장.
** 중앙 혁명의회Central Hunta를 의미한다 — 나폴레옹 지배에 대한 투쟁기간 동안 스페인의 통치기구.

2

　남는 시간에 나는 이제 스페인어를 공부하고 있다네. 가톨릭의 파우스트인 『위대한 마법사』의 저자 칼데론으로부터, 괴테는 문장의 부분부분을 발췌했을 뿐 아니라 『파우스트』의 전체 장면의 기본 구상을 도출하였다네. 말하기는 겁나지만 horrible dictu 나는 프랑스어로 읽으면 불가능했을 것을 스페인 번역판으로 읽었다네. 샤토브리앙의 아탈라와 르네, 베르나르뎅 드 생 피에르의 몇몇 작품들, 그리고 이제 『돈키호테』의 중간 부분을 읽고 있네. 나는 스페인어가 이탈리아어보다 시작할 때 사전을 좀 더 필요로 한다는 사실을 알았다네.

- 마르크스, 엥겔스에게 보낸 편지(1854. 5. 3)

3

　스페인의 극에서는 모든 주인공에게 두 명의 광대들이 딸려있다. 칼데론에게도, 스페인의 파우스트인 성聖 사이프리안에게도 모스콘과 클라린이라는 광대가 등장한다. 이와 동일한 방식으로 반동분자인 라도비츠 장군에게도 프랑크푸르트 의회에서 익살광대 리히노프스키와 어릿광대 빙케라는 두 명의 우스꽝스러운 부관이 딸려있었다.

- 마르크스, 「포그트 씨」

12. 세르반테스

1

세르반테스는 어딘가에서 대중의 도덕성을 보호하기 위해 유명한* 두 숙녀를 붙들어 두었던 훌륭한 경찰 밀정과 그의 조수를 묘사한 적이 있다. 이 친절한 요정들은 새들이 멀리서도 금방 그 깃털을 알아볼 수 있을 정도의 복장을 하고 박람회나 축제 장소에 등장했다. 그들은 어느 새로운 등장인물을 함정에 빠트리려 했다는 듯이 즉시 요정들의 연인들에게 자신들이 묵던 여관을 알려 주는 계략을 짰다.

그러고 나서 경찰 밀정과 조수는 그 여관방으로 쳐들어가 그 숙녀들도 전율할 정도로 질투의 한 장면을 연출했다. 마침내 그들은 간청과 적당한 금전상의 보상을 받은 후 그들을 풀어 주었다. 이런 식으로 그들은 대중 도덕이라는 명분과 자신들의 이익을 잘 결합시켰다. 왜냐하면 희생자는 그 뒤 얼마동안 자신의 음란한 도락에 무너지지 않으려고 조심했기 때문이다.

이와 같은 도덕성의 수호자처럼, 프러시아의 질서 수호자들은 계엄령하에서 정상적인 평온함을 유지하기 위해 간단한 장치를 만들어냈다. 술 냄새를 풍기는 정의의 수호자들을 급파하거나 똑같이 선동적인 몇몇 기병대를 민중들 속으로 파견하는 일, 이런 것들을 통해 좀 떨어져 있는 도시나 마을에서 일어나는 반항적인 욕망은 계엄령을 선포할 기회를 제공해 준다. 왜냐하면 몇몇의 부당한 소요를 핑계로 전 지역을 보호한다는 명분이 생기며, 헌법상의 권리의 마지막 남은 부분마저 박탈할 수 있기 때문이다.

제2부 문학·예술과 사상의 역사

---

* 세르반테스의 『개 시피온과 베르간자의 대화』Coloquis de los perros Cipion y Berganza를 보라.

- 마르크스 · 엥겔스, 「신계엄령법」(1849), 《신라인 신문》

2

중세도 가톨릭교에 따라 생활할 수 없었으며 고대세계도 정치에 의해 생활할 수 없었다는 사실만은 자명하다. 오히려 반대로 이들이 생활을 유지하는 양식이 왜 고대세계에서는 정치가, 중세시대에는 가톨릭교가 주역을 담당했는지를 설명해 준다. 나머지에 대해서는, 예를 들어 로마의 숨겨진 역사가 토지 소유의 역사라는 사실은 로마 공화국의 역사에 대해 조금만 알아보면 분명해진다. 한편 돈키호테는 기사의 무사수련이 사회의 경제적 형식과 양립할 수 있다는 망상에 의해서 이미 오래 전에 그 대가를 치렀다.

- 마르크스, 『자본론』

4 장

근대의
사상과
문학예술

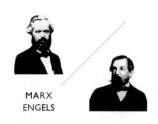

MARX
ENGELS

1. 고전극의 삼일치*

  예를 들면 루이 14세하의 프랑스 극작가들은 그리스극 — 아리스토텔레스를 대표자로 여겼다 — 을 잘못 이해한 상태에서 이론적 구성을 했음이 확실하오. 또한 프랑스 극작가들이 그리스인들을 자신들의 예술적 필요에 맞게 해석했고, 그 결과 소위 '고전'극이라는 것에 고집스럽게 매달렸으며, 이러한 현상은 다시에나 다른 학자들이 아리스토텔레스를 자신들의 필요에 맞게 올바로 해석한 이후까지도 계속되었음이 사실이라오.

  — 마르크스, 라살레에게 보낸 편지(1861. 7. 22)

---

* 삼일치三一致:삼일치의 법칙 three unities, Règles du théâtre classique는 프랑스 고전 연극에서 규칙 중 하나다. 이것은 17세기 프랑스의 고전주의 시대에 연극 이론의 기초를 형성했다. 그것은 행위가 한 날에 이루어지는 시간의 일치, 행위가 한 장소에서 일어나는 장소의 일치, 행위가 단일한 의지에 의해 추진되는 행위의 일치를 요구한다.

2. 라 로슈푸코

책장을 정돈하면서 나는 로슈푸코의 오래된 작은 책인 『금언……』*을 우연히 발견했소. 그리고 책장을 넘기다가 다음과 같은 것을 발견했소.

"절제는 정신의 결점을 감추기 위해 만든 육체의 신비이다."

이와 같은 '엄격함'은 로슈푸코에게서 뽑아낸 것이다!

역시 좋은 글귀다.

1665년 익명으로 『금언과 도덕적 명상』을 간행한 라 로슈푸코. 그는 특유의 예리한 통찰력과 농후한 페시미즘을 통해 인간 심리의 심층에 담긴 '자기애自己愛'를 예리하게 그려내 이 장르에 새로운 바람을 일으켰다.

"우리는 다른 사람의 불행을 보고도 견딜 수 있을 만큼 강하다."

"노인네들은 더 이상 나쁜 예를 들 수가 없을 때에 가서야, 선한 가르침을 줌으로써 위로받기를 좋아한다."

"왕들은 백성들을 동전처럼 주조해낸다. 자기가 원하는 가치만을 백성들에게 부여하는 것이다. 또한 백성들을 진정한 가치에 의해서가 아니라 백성들의 교환율에 따라 평가하도록 강요한다."

"악덕이 우리를 버렸을 때, 우리는 자신이 버린 것이지 버림받지 않았다는 생각에 우쭐해

---

* 프랑소아 드 라 로슈푸코Francois de la Rochefoucauld 의 『금언과 도덕적 명상』. 마르크스는 금언 19, 93, 192, 257, 293, 304, 509번을 인용했다.

한다."

"중용은 영혼이 게으름 피우는 것이다. 이는 야심이 영혼의 열성적 활동임을 보면 알 수 있다."

"우리는 가끔 우리를 낳은 사람은 용서하지만, 우리가 낳은 사람은 결코 용서하는 법이 없다."

"연인들이 각자의 친구들에게 싫증내지 않는 이유는, 항상 자신들에 대해 이야기하기 때문이다."

– 마르크스, 엥겔스에게 보낸 편지(1869. 6. 26)

3. 계몽주의의 역사적 의의

근대 사회주의는 내용상 한편으로는 근대 사회의 지배적인 유산자와 무산자의 계급대립, 임금노동자와 부르주아의 계급대립에 관한 인식에서, 다른 한편으로는 생산에서의 지배적인 무정부상태에 관한 인식에서 나온 것이다. 그러나 이론적 형식을 보면, 근대 사회주의는 애초에 18세기의 위대한 계몽주의자들이 제기했던 원칙들을 진척시킨, 소위 일관된 발전으로서 나타났다. 다른 모든 새로운 이론처럼, 근대 사회주의도 자신의 뿌리를 물질적·경제적 사실에 두고 있지만 처음에는 기존의 사상재료와 결합해야만 했다.

프랑스에서 다가오는 혁명에 대비하여 인간의 정신을 가꾸었던 위인들 자신은 가장 혁명적인 사람들이었다. 그들은 외적 권위라면 어떤 종류의 것이든 거부했다. 종교, 자연관, 사회, 국가 질서 등 모든 것이 가차 없는 비판에 내동댕이쳐졌다. 그들은 다음과 같이 말한다 : 모든 것은 이성의 심판 앞에 자신의 존재를 정당화해야 하거나, 그렇지 않으면 존재를 포기해야 한다. 사유하는 오성이 만물에 대한 유일한 척도이다. 지금은 헤겔이 말한

대로, 먼저 인간의 머리와 그 사유를 통해 찾아낸 원리들이 모든 인간적 행동 및 사회화의 기초로 통용될 것을 요구한다는 의미에서 볼 때, 그러나 다음엔 이러한 원리들에 모순되는 현실이 실제로 철두철미하게 전도되어 있다는 넓은 의미에서 볼 때, 세계는 머리로 서 있는*(물구나무 선, 전도된) 시기이다. 지금까지의 모든 사회형태와 국가형태, 옛날의 모든 표상들은 비이성적인 것이므로 쓰레기통에 내동댕이쳐질 것이다. 지금까지 세계는 그저 편견에 의해 이끌어져 왔다. 과거의 것이면 무엇이든 동정과 경멸만을 받을 뿐이다. 이제야 비로소 서광이 비치기 시작했다. 지금부터 미신, 부정, 특권과 압제는 영원한 진리, 영원한 정의, 천부天賦의 평등과 양도할 수 없는 인권에 의해 추방당해야 할 것이다.

우리는 이제 위와 같은 이성의 왕국이 한낱 부르주아의 이상화된 왕국임을 알고 있다. 또한 영원한 정의란 부르주아적 법률의 현실화이며, 평등이란 부르주아적 법 앞의 평등에 귀착되고, 가장 본질적인 인권 중 하나라 선언된 것은 부르주아의 소유물이라는 것을, 그리고 이성국가, 즉 루소의 사회계약이란 부르주아적 민주공화국으로 탄생했고 또 탄생할 수 있었다는 사실을 알고 있다. 18세기의 위대한 사상가들은 그들의 선배 모두들과 마찬가지로 자신들의 시대적 한계를 뛰어넘을 수 없었다.

– 엥겔스, 『반뒤링론』서문

---

* 헤겔『역사철학 강의』전집, 제11권, 1840년 베를린 간행, 535~36쪽.

4. 백과전서파의 유물론

1

유물론은 영국에서 프랑스로 넘어가면서 다른 유물론적 철학자군인 데카르트주의^{Cartesianism}* 의 일파를 만나 합쳐진다. 프랑스에서도 유물론은 초반에 귀족주의적 교의를 절대적으로 유지하고 있었다. 그러나 곧 혁명적 특성이 나타났다. 프랑스 유물론자들은 종교적 믿음의 문제에 한해서는 비판하지 않았다. 그 대신 과학적 전통, 정치제도 등에 대해서도 닥치는 대로 비판했다.

그리고 그들이 주장하는 교의를 전반적으로 적용시키기 위해 가장 빠른 길을 택했다. 즉 대담하게도 방대한 지적 작업의 모든 주제에 적용시켰다. 그 결과 나중에 '백과전서파'라 불리게 되었다. 이처럼 공인된 유물론이나 자연신교 중에서 하나가, 교육받은 프랑스 젊은이들 모두의 신조가 되었다. 그래서 대혁명이 발발했을 때, 영국의 왕당주의자들이 열어놓은 교리는 프랑스 공화주의자들과 자코뱅당원들에게 이론적 근간을 제공했으며, 또한 인권선언** 의 텍스트도 건네준 셈이다.

– 엥겔스, 『공상적 사회주의와 과학적 사회주의』

2

데카르트파의 유물론이 순수 자연과학으로 전환된 것처럼, 다른 프랑스

---

* 데카르트주의(라틴어로는 Decarte가 Cartesius이다). 그 추종자들은 거기에서 유물론적 결론을 이끌어냈다.

** 엥겔스는 1789년 제헌의회가 선택한 「인권선언」에 대해 언급한다. 그것은 새로운 부르주아 사회의 정치적 강령을 선포했다.

유물론의 경향은 곧장 사회주의와 공산주의로 진행되었다.

유물론이 영향을 끼친 본래적 선, 천부적으로 동등한 인간의 지적 재주, 경험의 전지전능함, 습관과 교육, 환경이 사람에게 미치는 영향, 산업의 막대한 중요성, 오락의 정당화 등으로부터, 유물론이 얼마나 필연적으로 사회주의나 공산주의와 연결되어 있는지를 아는 데는 깊이 연구해 볼 필요도 없다.

만약 우리가 감각세계와 그 세계에서 얻은 경험으로부터 우리의 모든 지식과 느낌을 끄집어낸다면 이때 해야 할 일은 현재 경험하고 있고, 거기서 인간이 정말로 인간적인 것에 익숙해져 자신을 한 인간으로 깨닫게 되는 식으로 경험세계를 분류하는 일이다. 모든 도덕적 원칙들이 올바르게 정립된 이해관계를 정립하는 것이라면, 개인적인 이해관계는 인류의 이해관계와 일치되어야 한다.

개인이 유물론적인 의미에서 부자유스럽다면, 다시 말해 이것이나 저것을 하지 않아도 된다는 면에서가 아니라 자신의 개체성을 주장해야 한다는 면에서 자유롭다면, 죄를 지었을 때 죗값으로 개인을 벌하는 것이 아니라 죄를 유발하는 반사회적 원천을 근절시켜야 한다. 그리고 각 개인에게 자신의 존재를 활기 있게 표현할 수 있는 사회 영역이 주어져야 한다. 인간이 환경에 의해 형성된다면, 그 환경은 인간적으로 구성되어 있어야 한다. 인간이 본래 사회적이라면 그 본성은 사회에서만 계발되어야 하며, 본질적 힘은 분리된 개개인의 힘에 의해서가 아니라 사회의 힘에 의해 평가되어야 한다.

이런 것들과 이와 비슷한 제안들이 가장 오랜 프랑스 유물론자들에게서도 거의 문자화되어 발견된다. 하지만 지금은 그들을 평가할 시점은 아니다. 일찍이 로크를 따랐던 영국의 추종자 중 한 사람인 맨더빌이 주장한 악마의 변명Apologia of Vices은* 사회주의적 경향에서 본 유물론의 전형이다. 그는 현대 사회에서 악은 없어서는 안 될 필요한 것임을 밝힌다. 이것은 결코 현대 사회를 위한 변명은 아니었다.

푸리에는 직접 프랑스 유물론자들을 이끌어 나갔다. 바뵈프주의자들은 잔인하고 주변머리 없는 유물론자들이었지만 사회주의를 발전시켰으며, 이들 또한 프랑스 유물론의 직접 소산이다. 그런데 프랑스 유물론은 스위스의 엘베시우스가 그랬던 것처럼 본토인 영국으로 돌아갔다. 그리고 벤덤은 엘베시우스의 도덕성을 자신의 올바로 이해된 이해관계의 기초로 삼았다. 또 로버트 오웬은 제레미 벤덤의 체계에서 출발하여 영국 사회주의를 발전시켰다.

프랑스인 카베는 영국에 망명하여 그곳 사회주의의 영향을 받은 뒤 프랑스로 돌아와 가장 유명한 — 가장 피상적으로 말하면 — 사회주의의 대표자가 되었다. 오웬처럼 과학적 사회주의자인 프랑스 사람 데자미, 게이, 그리고 여타 사회주의자들은 유물론의 가르침을 진실한 휴머니즘에 대한 가르침과 사회주의의 논리적 토대가 되도록 발전시켰다.

— 마르크스 · 프리드리히 엥겔스, 『신성가족』

---

* 버나드 드 맨더빌Bernard Mandeville; 1670~1733, 『꿀벌의 우화, 혹은 개인적 악덕, 공적 이익』The Fable of the Bees; 1714, 1724에서 이와 같이 주장했다.

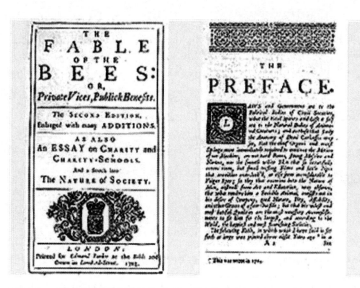

버나드 드 맨더빌의 『꿀벌의 우화, 혹은 개인적 악덕, 공적 이익』 표지.

5. 계몽주의와 변증법

그 사이에 18세기 프랑스 철학과 더불어, 그리고 그 이후에 새로운 독일 철학이 일어났고 헤겔에 이르러 그 종결을 맞이했다. 독일 철학 최대의 업적은 변증법을 사유의 최고 형식으로 부활시켰다는 점이다.

고대 그리스 철학자들은 모두가 선천적, 자생적 변증론자들이었다. 그리고 그 중에서도 가장 대표적인 사상가 아리스토텔레스는 그때 이미 변증법적 사유의 가장 본질적인 형식을 탐구했다. 그런데 이 새로운 철학은, 변증법에 뛰어난 대표적 철학자가 있긴 하지만(데카르트나 스피노자), 특히 영국의 영향을 받아 소위 형이상학적 사유 방식에 점차 경도되었고, 그로 말미암아 18세기의 프랑스인들은 최소한 그들의 특수한 철학책 내에서는 거의 이 사유 방식에 의해서만 지배받았다.

하지만 프랑스는 본래의 철학 밖에서는 변증법의 걸작들을 많이 만들어

냈다. 우리는 디드로의 『라모의 조카』나 루소의 『인간 불평등 기원론』* 만
을 상기해 봐도 알 수 있다.

– 엥겔스, 「『반뒤링론』 서문」

6. 볼테르

1

독일 대학이나 파리에서는 러시아 귀족들의 자제들을 교육시킵니다. 러
시아 귀족들은 항상 서구 세계가 제공해야 할 것 중에서 가장 극단적인 것
을 움켜쥡니다. 이는 순수한 식도락이며, 한때의 프랑스 귀족성도 18세기
에는 이런 식으로 진행되었습니다. 볼테르는 그 자신의 계몽 철학을 강연
하면서 "이것은 이발사나 구두장이를 위한 것이 아니다"라고 말했습니다.
이러한 사고는 러시아인들이 공무원이 되자마자 깡패가 되는 것을 막지
못했습니다.

– 마르크스, 루드비히 쿠겔만에게 보낸 편지(1868. 10. 12)

2

그 당시 유럽에는 이미 계몽된 '계몽'이 있었다. 《타임즈》 지가 아직 계
몽된 여론에 대한 사설을 쓰지는 않았지만, 디드로나 볼테르, 루소, 그리고
다른 18세기 프랑스 작가들의 지대한 영향으로 그런 종류의 여론이 형성

마르크스 엥겔스 문학예술론

---

* 수고에는 a Discoure on the Origin and Foundation of Inequality amon Men으로 되어 있다.

되어 있었다. 러시아는 항상 가능하다면 한 방향으로 여론을 형성함이 중요하다는 것을 알고 있었다. 따라서 그렇게 하려고 애썼다. 예카테리나 2세 때의 궁정은 그 시대의 계몽화된 사람들, 특히 프랑스인들이 주축을 이루고 있었다. 가장 계몽화된 원칙들은 여제나 대신들이 공표했다. 그러고 나서 여제는 교묘하게 원칙을 속였고, 그러면 볼테르나 다른 많은 사람들은 '북쪽의 세미라미스'(앗시리아의 여왕) 찬가를 불렀으며, 러시아가 세계에서 가장 진보적인 나라이고, 자유 원칙의 본고장이며 종교의 관대함에도 으뜸이라고 주장했다.

- 엥겔스, 「노동계급은 폴란드와 어떤 연관이 있는가」

7. 디드로

1

적어도 현 순간에는, 인류가 대체로 발전한다고 확신하는 것은 유물론과 관념론 사이의 대립과는 아무런 관련도 없다. 프랑스 유물론자들 아니 적어도 볼테르나 루소는 광적일 정도로 이것을 확신하고 있으며, 이 확신 때문에 개인적인 가장 중대한 희생도 감수하곤 했다. 만약 '정의와 진리를 향한 열정'에 목숨을 바친 사람이 있다면, 좋은 의미로 이 문구를 사용할 때, 디드로가 그 예가 될 것이다. 이렇게 보면 슈타르케가 이 모든 것들이 관념론*이라고 말할 때, 유물론이라는 단어나 유물론과 관념론 사이의 완

---

* 슈타르케의 저서 『루드비히 포이에르 바하』^{Ludvig Ferubach}에 대한 언급이다.

전한 대립은 그에게 아무런 의미도 없음을 밝히는 것이다.

- 엥겔스,
「루드비히 포이에르바하와 독일 고전철학의 종말」

2

오늘 나는 우연히 집에서 『라모의 조카』 복사본 2권을 발견했소. 그래서 그 한 부를 당신에게 보내오. 이 유일한 걸작은 다시 한 번 당신을 기쁘게 만들 것이오. 이 주제에 대해 헤겔은 다음과 같이 말하고 있소.

"이 작품의 슬프고 찢어지는 듯한 상황을 안다는 것은, 그리고 그에 따라 이 작품을 표현한다는 것은 이 작품의 존재에 경멸의 웃음을 발산하는 것이며, 작품 전체에 스며있는 혼동이나 작품 자체를 무시하는 것이다. 즉 작품 자체가 점점 사라져가는 이 완벽한 혼동을, 그러면서도 그렇게 사라져 가는 것을 두려워한다.

······이러한 상황에서는 모든 이해관계의 본질이 찢겨져 뿔뿔이 흩어지며, 이는 의식적으로 찢어발겨진다. 자아로의 회귀를 생각해 볼 때 만물의 공허함은 각각 그 자체의 독특한 공허함이다. 즉 그 자체가 공허한 것이다······ 그러나 오직 깨어나 저항하는 자의식에 의해서만이 찢어지고 산산조각난 고유의 상황을 알 수 있다. 그리고 그것을 앎으로써 그 상황을 딛고 설 수가 있다. 이 세계의 모든 부분은 거기서 자신의 영혼이 표현되는 것을 발견하거나, 영혼과 함께 밝혀지고 자신이 무엇인지에 대해 말하는 것을 발견하다.

정직한 영혼은 매 순간을 영원하고 본질적인 하나의 사실로 받아들이며, 그래서 그것이 완전히 반대의 것을 행한다는 사실을 모르거나 생각하지도 않는 원시적이고 무분별한 상태에 처해 있다. 하지만 고통스럽고 붕괴된 영혼은 전도를 알고 있다. 사실상 이것은 완전히 전도된 상황이다. 거기에서는 개념 원칙이 지배한다. 그리고 개념 원칙은 또한 정직한 영혼과는 거리가 먼 생각들을 묶어서 단 하나의 단일체로 만들어 놓는다. 그럼으로 해서 의미를 표현하는 언어에는 기지와 재치가 담겨 있다.

그래서 영혼이 발하는 내용과 영혼에 관한 내용은 모든 개념과 실제의 곡해와 전도이며, 영혼 자체나 다른 것을 포괄적으로 속이는 것이다. 그 때문에 속임수를 쓸 때 드러나는 뻔뻔스러움은 가장 위대한 진실이다……평범한 영혼은 단순한 마음의 정직함을, 음의 조화와 음색의 통일성, 즉 선율의 일치를 이루는 선하고 진실한 음악을 택한다."

(디드로의 인용문이 이어진다)* .

헤겔의 주석보다 더욱 재미있는 것은 그 책의 부록에서 발췌한 쥘 자넹** 씨의 주석이네. 이 '바다의 추기경'은 디드로의 『라모의 조카』가 도덕적 메시지가 부족함을 발견하고, 라모의 도착증이 "신사로 태어나지 못한 것"에 대한 고뇌에서 유래한 것임을 밝혀냈다네. 이러한 토대 위에 만든 '코체부에의 쓰레기'는 런던에서 멜로드라마 스타일로 공연되고 있네. 디드로에서 쥘 자넹에 이르는 길은 생리학자들이 말하는 퇴행, 변형 바로 그것이네. 즉 프랑스 대혁명 이전 루이 필립 치하에 있던 프랑스의 정신이라네.

– 마르크스, 엥겔스에게 보낸 편지(1869. 4. 15)

제2부 문학·예술과 사상의 역사

---

* 헤겔의 『정신현상학』Phänomenlolgie des Geistes, 1841, 베를린, 『전집』 제2권, 381~85쪽 참조.

** 쥘 가브리엘 자넹, 『라모의 조카』 평론.

3

많은 사람들이 『라모의 조카』에 감사하고 있는데, 나는 이를 매우 기뻐하오.

- 엥겔스, 마르크스에게 보낸 편지(1869. 4. 16)

8. 루소

1

마지막으로 살펴보자. 심지어 루소의 평등설조차 ― 뒤링의 평등설은 무미하고 왜곡된 모방에 불과하다 ― 헤겔의 부정의 부정에 산파로서의 역할밖에 하지 못했다. 그러나 이는 헤겔이 태어나기 20년 전의 일이기는 하다. 이는 부끄러워 할 것이 아니다. 이 이론이 처음 제시되었을 때는[*] 거의 명백하게 변증법 원리의 빌미를 지니고 있었다. 자연과 원시의 상태에서 인간은 평등했다. 또한 루소가 언어조차 인간의 자연 상태를 왜곡하는 것이라 보았던 것처럼 일종種의 동물의 평등을, 최근 헥켈이 알라리Alali, 즉 무언자無言者들이라고 가설적으로 분류했던 동물인간에 적용했는데, 그 평등이 정당하다면 그 적용도 전적으로 정당하다. 그러나 이같이 평등한 동물인간은 여타의 동물들에게는 없는 하나의 속성, 즉 자기 자신을 계속 발전시키는 능력, 완전성을 지니고 있었다. 그리고 이것이 불평등의 원인이었다. 그리하여 루소는 불평등의 발생에서 진보를 본 것이다. 그러나 이 진

---

[*] 루소, 『인간불평등 기원론』Discour sur l'origine et les fondemens de l'inegatite parmi les hommes, 암스테르담, 1755에 대한 언급이다.

보는 적대적이었던 동시에 퇴보였다.

"(원시 상태를 넘어선) 모든 진보는 외관상 개별인간의 완성을 향한 걸음인 것처럼 보이나 실상은 유類의 몰락을 향한 걸음이었다…… 야금술과 농업은 이 위대한 혁명을 탄생시킨 두 예술이었다." (원시림이 경작지로 전화되자 소유에 의한 빈곤과 예속이 시작되었다)

"인간을 문명화시키고 인류를 타락시킨 것이 시인은 금과 은이라 생각하고, 철학자는 철과 곡물이라 생각한다."

각각의 새로운 문명의 진보는 동시에 새로운 불평등의 진보이다. 문명과 더불어 발생한 사회의 모든 제도는 본래 목적의 반대물로 전화하게 된다.

"인민이 제후를 두었던 것은 자유를 말살시키기 위해서가 아니라 자유를 보호하기 위해서였다는 것은 논박할 여지없는 근본원리이다."

그럼에도 불구하고 제후들은 필연적으로 인민들의 억압자가 되며, 불평등이 최고 정점에 달한 뒤 다시 반전되어 평등의 원인이 되는 지점에 이르기까지 이 억압을 상승시킨다. 전제군주 앞에서는 모두가 동등하다. 즉 모두가 하찮은 존재들이다.

"여기에 극도의 불평등, 즉 원환을 종결시키고 우리가 출발해온 지점을 경유하는 종결점이 있다. 여기서 모든 개인들이 무無이기 때문에 평등해진다. 또한 노예들(신민)에게 주인(군주)의 의지 이외에 어떤 법률도 없다." 그러나 전제군주는 권력을 갖는 한에서만 주인이다. 그 때문에 사람들이 "그를 몰아내도 권력에 대해 불평등할 수는 없다. ……권력이 그를 지켜주며 권력은 그를 무너트린다. 모든 것이 올바른 자연적 과정을 밟는다."

제2부 문학·예술과 사상의 역사

이와 같이 불평등은 다시 평등으로 전화하지만 이는 언어가 없는 원시인의 자생적 평등으로 전화되는 것이 아니라 사회계약이라는 좀 더 높은 평등으로, 억압하는 자들이 억압당한다. 바로 이것이 부정의 부정이다.

그리하여 우리는 여기서 이미 루소에게서, 마르크스가 『자본론』에서 발전시킨 것과 한 치도 다를 바 없는 사유과정을 발견할 수 있으며, 그뿐 아니라 세부적으로 보면 마르크스가 사용했던 동일한 변증법적 전환을 확실히 발견할 수 있다. 즉 그 본성상 적대적이며 그 자체 속에 모순을 담고 있는 과정, 한 극단의 대립물로의 전화, 끝으로 전체의 핵심이라 할 수 있는 부정의 부정이 바로 그것이다.

- 엥겔스, 『반뒤링론』

2

역사가 라우머가 말했듯이 쁘띠부르주아는 한편과 또 다른 한편으로 구성되어 있다. 경제적 이해관계에서 그렇고 마찬가지로 정치·과학·예술의 견해에서도 그렇다. 그의 도덕, 아니 모든 면에서 그렇다. 라우머는 살아 있는 모순이다. 프루동처럼 라우머가 영리한 사람이기까지 하다면 자신의 모순을 운용하는 방법을 곧 배울 것이며, 상황에 따라 현저한 그러나 이제 수치스럽고 화려한 역설들로 발전시켜나갈 것이다. 과학에 대해 아는 체하는 것과 정치학에의 적용은 그러한 견해에서 볼 때 불가분하다. 그리고 지배적인 모티브는 주제의 공허함이란 것밖에 없고, 라우머가 품고 있는 유일한 의문은 다른 모든 헛된 사람들처럼 순간의 성공과 그날의 감동이다. 루소로 하여금 권력 자체와의 타협은 상상도 하지 못하게 했던 이와 같은 단순한 도덕적인 요령은 필연적으로 사라지고 만다.

마르크스 엥겔스 문학예술론

- 마르크스, 『프루동에 대하여』

9. 과거의 관점에서 본 자본주의 진보에 대한 비판과 봉건적 사회주의

프랑스와 영국의 귀족들은 자신들의 역사적 위상에 따라 근대 부르주아 사회에 반대하는 팸플릿을 써야 할 소명을 지니고 있었다. 1830년의 프랑스 '7월 혁명'이나 영국의 '차티스트 운동'의 와중에서 귀족들은 다시 한번 가증스러운 벼락부자들에게 굴복했다. 진지한 정치투쟁에 대한 언급은 더 이상 있을 수도 없었으며, 다만 문화적인 투쟁만이 남게 되었다. 하지만 문화의 영역에서조차 왕정복고시대*의 낡아빠진 말투로는 그것이 불가능하게 되었다.

귀족들은 동정심을 불러일으키기 위해 겉으로는 자신들의 이익을 눈 밖으로 흘려보내는 척해야 했으며, 부르주아에 대한 자신들의 고발이 단지 피착취 노동계급만의 이익을 위한 것으로 정식화해야 했다. 그래서 귀족들은 새로운 주인에게 풍자시를 읊어대고 그들의 귀에 다소 불길한 예언을 속삭여댐으로써 분풀이를 해댔다.

봉건적 사회주의는 이런 식으로 발생했다. 이것은 반은 칭얼대는 소리 반은 비방이고, 반은 과거의 메아리 반은 미래의 협박이며, 때로는 혹독하고 신랄하며 재미있는 비판으로 부르주아의 폐부를 찌르기도 했다. 하지만 근대 역사의 진행을 파악할 능력이 없었기 때문에 항상 우스꽝스러운 결

제2부 문학·예술과 사상의 역사

---

* 여기서는 1814~30년 사이에 등장한 왕정복고를 말한다(엥겔스가 1888년 영국의 편집자에게 보낸 메모).

과만 가져왔다.

귀족들은 사람들을 자기 쪽으로 모이도록 하기 위해 프롤레타리아의 동 냥주머니를 손에 들고 깃발삼아 흔들어댔다. 하지만 민중들은 귀족의 뒤를 따라갈 때마다 귀족의 등에서 낡은 봉건적 문장紋章을 보고는 코웃음을 치고 흩어져버렸다.

프랑스 왕당파와 영국의 〈청년영국파〉*가 이런 모습을 가장 잘 보여주고 있다.

— 마르크스 · 엥겔스, 「공산당 선언」

10. 왕정복고 시대의 작가들

어느 저명한 보수주의자 작가가, 메스트르적이고 보날적인 가장 위대한 형이상학은 결국은 돈의 문제이지만 돈 문제가 모두 직접적으로 사회문제인 것일까라고 소리 높여 외쳤다. 왕정복고 시대의 사람들은, 선정으로 돌아가기 위해서는 합당한 소유권, 봉건 소유, 도덕적 소유 등을 되찾아야 한다는 사실을 숨기지 않았다. 십일조나 강제 노역 없이는 군주제에 대한 충성이 이루어질 수 없음을 모두가 알고 있는 것이다.

— 마르크스 · 프리드리히 엥겔스, 「폴란드 문제에 대하여」

---

* 〈청년영국파〉Young England는 1840년대 초 결성된 토리당 귀족들의 한 그룹디즈레일리, 보스위크, 에슐리 등. 부르주아의 정치적, 경제적 힘이 커지자 부르주아에 대항하는 투쟁에서 지지를 확보하기 위해 노동자 계급을 자기들의 영향 밑에 두려고 했다.

5 장

프랑스의
문학

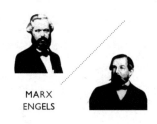

MARX
ENGELS

1. 아베 프레보

틴달*의 감정적 욕구는 아무것도 증명하지 못했다. 그리외의 기사도 마농레스코를 소유하고 사랑하고 싶은 감정적 욕구를 가졌으나 그녀는 그녀 자신과 그를 매번 배신했다. 그녀를 위해 그는 사기도박꾼과 포주가 되었다. 만약 틴달이 그를 비난하려 했다면, 그는 자신의 '감정적 욕구'대로 했을 것이다!

– 엥겔스, 『자연변증법』

---

* 영국의 유물론자 매튜 틴달Mattew Tyindal은 자연신을 부인했다. 그러나 감정의 영역에서는 신을 받아들였다.

2. 샤토브리앙

나머지 시간에는 생트뵈브가 샤토브리앙에 대해 쓴 책*을 읽었지만 나는 항상 이 작가에게 거부감이 든다네. 이 사람은 프랑스에서는 매우 유명하네. 그는 모든 면에서 프랑스적 '공허함'vanite의 가장 고전적인 전형이기 때문이네. 그런데 이 '공허함'은 가볍고 장난기 있는 18세기의 옷을 걸친 것이 아니고, 낭만주의의 옷을 걸치고서 새로 만들어낸 문구에 의기양양해 하고 있다네. 그와 같은 거짓된 심오함, 비잔틴적인 과장, 감정 유희, 잡종 쉴러주의, 생생한 서술, 연극적인 숭고함, 간단하게 말해서 그러한 거짓말이 뒤죽박죽된 것은 형태에서나 내용에서나 이전에 성취되지 못했던 것이라네.

– 마르크스, 엥겔스에게 보낸 편지(1873. 11. 30)

3. 알렉상드르 뒤마

루이 블랑의 역사적 작업을 보면 그는 뒤마가 문예란 기사를 쓰듯이 하네. 그는 다음 장을 쓰기 위해서 항상 자료를 공부한다네. 이렇게 해서 『10년간의 이야기』와 같은 책이 나온 것이네. 여기서 그가 말하고자 하는 것이 독자들이 느끼는 것과 마찬가지로 그에게도 새로운 것이지. 그래서 그를 평가해 보면, 한편으론 일종의 신선함이 느껴지고, 다른 한편으로 보면 작

---

* 생트 뵈브, 『제국 하의 샤토브리앙과 그의 문학 그룹』Chateaubriand et son groupe litteraire sous l'Empire.

품 전체가 상당히 약하다는 느낌이 든다네.

- 마르크스, 엥겔스에게 보낸 편지(1851. 2. 23)

4. 라마르틴

1

날이 지남에 따라 라마르틴은 아래로 처지기 시작했다네. 이 사람은 부르주아에게만 연설을 했고 그들만 위로하려 했다네. 주정부의 선거 발표 또한 전적으로 부르주아를 안심시키기 위한 것이었네. 결과적으로 사람들이 무례해졌음은 자명한 사실이지.

- 엥겔스, 마르크스에게 보낸 편지(1848. 3. 18)

2

라마르틴은 부르주아 공화국이 보유한 화려하고 환상적이며, 공화국의 희망찬 미래의 이념을 내포한 상상의 그림, 즉 공화국의 영광이자 희망이다. 사람이 무엇인가 상상할 수 있다는 것은 놀라운 일이다! 이올로스*가 그의 주머니에 바람을 쏟아내듯, 라마르틴은 공기 중의 모든 정기와 부르주아 공화국의 모든 언어들을 해방시켜 사방으로 불게 한다. 즉 모든 민족이 갖고 있는 우애라는 공허한 말과, 프랑스에 의해서 또는 다른 모든 민족

---

* Eolus: 바람을 자루 속에 가두어 둘 수 있는 힘을 가진 그리스 신화의 '바람의 신'—엮은이 주.

을 위해 프랑스를 희생시켜서 모든 민족을 해방시켜야 한다는 공허한 말들을 날려보내고 있다.

그는 아무것도 하지 않았다.

그저 카베냐의 라마르틴의 주장과 바스티드의 말에 일치하는 행위를 도맡아 했을 뿐이다.

- 마르크스 · 프리드리히 엥겔스, 『마르크스 · 엥겔스 전집』제7권

3

2월과 3월 혁명* 이후에 나타난 낭만적인 꿈, 이를 테면 세계인의 범세계적 형제동맹에 대한 열정적 환상이나 유럽 연방공화국, 영구 세계평화 등은 근본적으로는 그 당시를 이끌어가던 대변인들의 활동의 부진함과 지난한 복잡성을 감추고 있는 한낱 스크린에 불과했다는 점을 우리는 누차 지적해 왔다. 사람들은 혁명을 보전하기 위해서 무엇을 해야 할지 알지 못했고 알려고도 하지 않았다. 그들은 정말로 어떠한 혁명적인 수단도 쓰려 하지 않았고, 쓸 수도 없었다. 반혁명의 음모를 꾸미는 사람들과, 또 다른 사람들의 소심함 때문에 혁명적인 행동보다는 혁명적인 문구만을 외쳤던 것이다. 무뢰한인 라마르틴은 힘찬 선언을 함으로써, 시적 화려함이나 수사의 번쩍임에 위장되어 배신의 시대를 살아간 사람들의 고전적 영웅이 되었다.

- 엥겔스, 「민주주의적 범슬라브주의」

제 2 부 문학 · 예술과 사상의 역사

---

* 1848년의 혁명.

5. 빅토르 위고

1

대략 나와 동일한 시기에 동일한 주제*를 다뤘던 작품 가운데 오직 다음의 두 권만이 주목받을 만하다. 빅토르 위고의 『소인 나폴레옹』과 프루동의 『쿠데타』가 바로 그것이다.

빅토르 위고는 『쿠데타』의 책임 발행인에 대해 혹독하고 재치 있는 독설을 퍼붓고 있는데 그치고 있다. 그의 작품에서 사건 자체는 청천벽력처럼 일어난다. 위고는 이 『쿠데타』라는 작품에서 오직 한 사람의 폭력적 행위만을 보고 있다. 위고는 개인에게 세계사에서 성립하지도 않을, 유래 없는 주도권이라는 개인적 폭력을 부여함으로써 그를 소인으로 만드는 것이 아니라 대인으로 만들고 있다는 점을 깨닫지 못하고 있다.

프루동은 쿠데타를 이전의 역사 발전의 결과로 묘사하려고 한다. 그러나 부지불식간에 그가 의도했던 『쿠데타』의 역사 구성은 『쿠데타』의 주인공에 대한 역사적 변명이 되어버렸다. 그리하여 그는 소위 객관적 역사가의 오류를 범하고 말았다. 나는 프랑스의 계급투쟁이 어떻게 해서 아주 평범하고도 우스꽝스러운 인물이 영웅 역을 할 수 있는 환경과 관계를 창출했는지를 지적하고 있다.

— 마르크스, 『루이 보나파르트의 브뤼메르 18일』 제2판 서문

---

* 이것은 1851년 2월 루이 보나파르트가 일으킨 반동적 쿠데타에 대한 언급이다. 1852년 2월, 그는 나폴레옹 3세라는 이름으로 자신을 황제로 선포했다(마르크스의 『루이 보나파르트의 브뤼메르 18일』 참조).

2

그처럼 '헤아릴 수 없을 정도로' 극단적인 혼란에 빠진 독일은 빅토르 위고의 상상력 속에만 존재하는 것 같네. 또한 독일은 음악이나 꿈 그리고 구름 등에만 흥미를 느끼고 있는 것 같으며, 이승의 문제에서 느끼는 걱정 일랑 프랑스 부르주아나 언론인들에게 넘겨준 것 같네.

- 엥겔스, 폴 라파르그에게 보낸 편지(1892. 12. 5)

3

시간이 지남에 따라, 전쟁*은 재미없는 성격을 띠게 되었다오. 프랑스인 들이 완전히 물러나지는 않았지만 독일의 바보들은 너무 많은 승리를 거 두었소. 빅토르 위고는 터무니없는 생각을 프랑스어로 썼고, 공평한 빌헬 름은 독일어를 남용했소**.

"그 편지의 끝 부분에 떨리는 마음으로, 이제는 안녕."

왕이 이렇단 말인가?! 그리고 세계에서 가장 '교양 있는' 민족이 이렇게 쓰다니! 아무튼 빌헬름의 아내는 이것을 출판했다오.

- 엥겔스, 마르크스에게 보낸 편지(1870. 10. 13)

---

* 1870~71년 사이의 보불전쟁에 대한 언급.
** 엥겔스는 빅토르 위고의 「독일인에게」Aux allemands라는 호소의 글을 말하고 있다. 이것은 9월 10일자 《라펠》지에 나왔다. 그리고 빌헬름 1세가 그의 부인 어거스에게 보낸 편지는 1870년 9월 7일에 발간되었다.

4

요새에 대한 포격은 아직도 전쟁법에서 허용되는 한 수단이지만 이는 비전투원들을 다수 부상시키겠다는 의미를 지닌 것이다. 오늘날의 역사는 일정 지역의 항복을 목적으로 합당한 이유없이 포격을 한 어느 누구라도 비난할 것이다. 우리는 파리를 신성한 도시 ― 그것도 매우 신성한! ― 라 여기고, 파리를 공격하는 어떠한 기도도 신성모독이라 생각하는 빅토르 위고의 '광신적 국수주의'에 조소를 금치 못한다. 우리는 파리를 다른 어느 요새화된 도시와 똑같이 여기며, 도시를 방어하려면 정공법이 주는 위험이나 참호에 대한 공격, 포대의 포위 등을 감수해야 하며 비무장한 건물을 맞춰버리는 오발탄도 감수해야 한다고 본다.

― 엥겔스, 「전쟁론」

6. 유젠느 쉬

유젠느 쉬의 유명한 소설인 『파리의 비밀』The Mysteris of Paris은 특히 독일인의 애국심에 깊은 감명을 끼쳤다. 유젠느 쉬는 이 책에서, 대도시에 있는 '하층계급'들이 비참함과 풍기 문란에 빠지는 것을 설득력 있게 묘사했다. 그러나 일반적으로 가난한 사람들의 상태에 대해 대중이 관심을 갖도록 하는 데는 직접적인 역할을 하지 못했다. 독일의 《타임즈》지인 《알게마이네 짜이퉁》Allgemeine Zeitung이 밝힌 것처럼, 독일인들은 소설쓰기의 문체가 지난 10년 동안에 대단한 변화를 겪었음을 알기 시작했다.

그리고 옛날에는 이야기의 주인공이었던 왕이나 왕자들 대신, 가난한 사람과 멸시받는 사람이 주인공이 되어 그들의 운명과 운수, 기쁨과 고통

알프레드 드 뮈세가 그린 조르주 상의 초상화(1833)

등이 소설의 주제가 되었다. 이래서 독일인들은 조르주 상* 이나 유젠느 쉬, 보우즈(디킨즈) 등 새로운 계층의 소설 작가들이 그 시대의 진정한 대표임을 알게 되었다.

- 엥겔스, 「대륙의 운동」

---

* 우리에게 '조르주 상드'로 알려진 조르주 상George Sand, 1804~1876 은 자유분방한 연애로도 유명한 프랑스의 소설가이다. 본명은 오로르 뒤팽Aurore Dupin이다. '2월 혁명' 당시 크게 활약했던 그녀는 휴머니즘과 사회주의적인 작품을 쓴 소설 『프랑스 여행의 길동무』, 『안지보의 방앗간지기』 등이 유명하다.

7. 유젠느 쉬의 소설 『파리의 비밀』에 대한 비판적 분석

1

유젠느 쉬가 범죄자들이 드나드는 선술집이나 은신처, 그리고 그들의 언어를 묘사한다면, 쩰리가 씨는 '작가'가 원하는 바가 그들의 언어나 은신처를 묘사하는 것이 아니라는 '비밀'을 밝혀낸다. 그의 의도는

"악의 동기에 숨어 있는 비밀을 가르쳐 주기 위함이다." "범죄인들이 가장 편안함을 느끼는 곳은…… 정확히 말해 가장 붐비는 곳이다."

어떤 사람이 꿀벌에 대해 꿀벌의 세포에는 관심을 갖지 않는다는 것과, 또한 꿀벌이 확 트인 공간에서 꽃 위를 너무도 '자연스럽게' 날아다니기 때문에 꿀벌에 대해 공부하지 않는 사람은 꿀벌을 신비롭게 느끼지 않는다는 것을 자연과학자에게 증명해 보인다면, 자연과학자는 이에 대해 뭐라고 말할 것인가? 범죄자의 은신처나 그들의 용어는 범죄자들의 성격을 반영하며 그들 현 존재의 일부분이다. 홍등가의 작은 방에 대한 묘사가 바람둥이 여자에 대한 묘사의 한 부분을 보여주듯이, 범죄인들의 은신처나 용어의 사용 등의 묘사는 범죄인 묘사의 일부분이다.

파리 시민들뿐만 아니라 파리 경찰조차도 역시 대체로 범죄인의 은신처에 대해 '신비'를 느낀다. 그렇기 때문에 바로 이 순간에도 파리라는 '도시'의 밝고 넓은 거리는 범죄인들에게 접근할 수 있는 기회를 경찰들에게 제공해 주고 있다.

마지막으로, 유젠느 쉬는 위에 언급한 묘사로부터 독자가 '불안한 호기심'을 느끼기를 의도했다고 말한다. 유젠느 쉬는 그의 전 작품에서 독자들의 불안한 호기심을 기대했다. 이것은 『아타르 귈』^{Atar Gull}이나 『살라망

드르『Salamandre, 『플릭』Plick 그리고 『플락』Plack을 떠올려 보면 충분히 알 수 있다.

- 마르크스 · 프리드리히 엥겔스, 『신성가족』

2

슈리뇌르는 대대로 도살업자 출신이었다. 상황이 맞아 떨어져 이 전능한 자연의 아들은 살인자가 되었다. 루돌프는 이 살인자가 플뢰르 드 마리를 괴롭히고 있을 때 우연히 만났다. 루돌프는 이 익숙한 싸움꾼의 머리에 상당히 능숙하고 인상적인 주먹을 날려 슈리뇌르의 탄성을 자아냈다. 이후에 범죄자들이 자주 드나드는 선술집에서 슈리뇌르의 온순한 기질이 나타난다. "당신은 아직도 양심과 체면이 있군요"라고 루돌프가 슈리뇌르에게 말한다. 이 말로써 루돌프는 슈리뇌르가 자부심을 갖도록 한 것이다. 슈리뇌르는 교화되어 첼리가 씨가 말하는 것처럼 '도덕적인 사람'으로 변한다. 루돌프는 슈리뇌르를 그의 보호 하에 둔다. 이제 슈리뇌르가 루돌프의 지도 하에 교육받는 과정을 쫓아가 보자.

첫 번째 단계. 슈리뇌르가 받은 첫 교육은 위선과 불신, 술책, 속마음 감추기 등이었다. 루돌프는 비도크가 범죄자들을 개전시켰던 것과 같은 식으로 슈리뇌르를 개전시켰다. 즉 경찰 스파이나 선동분자로 만드는 것이었다. 루돌프는 '훔치지 않겠다는 원칙'을 번복하도록 슈리뇌르에게 '메트르 데콜'(Le maitre d'ecole; 동료 범죄자들이 슈리뇌르에게 붙여준 별명으로, '교장선생'를 말함—엮은이 주)의 행세를 하라고 충고하며 도둑질을 하라고 사주하여 루돌프가 쳐놓은 덫에 걸리도록 유혹한다. 그러면 슈리뇌르는 놀림을 받고 있다고 느낀다. 슈리뇌르는 경찰 스파이나 선동분자의 짓을 하지 않겠다고 버틴다. 루돌프는 비판적 비판주의Critical Criticism의 '순수한' 궤변으로 더러운 속임수도 '선하고 도덕적인' 목적을 위해 사용하면 더럽지 않다고 슈리뇌르를 쉽게 설득시킨다. 슈리뇌르는 '선동분자'로서 우정과 신의를 내세워 자신의 옛 친구를 파멸시킨다. 슈리뇌르는 난생 처음으로 불명예스러운 행동을 한 것이다.

두 번째 단계. 우리는 죽을 위험에서 루돌프를 구해내고 '간병인'으로서 행동하는 슈리뇌르를 보게 된다.

슈리뇌르는 흑인 의사인 데이비드가 마루에 앉을 것을 권하면, 카펫이 더러워질까 봐 거절할 정도의 존경할 만한 도덕적 존재가 되었다. 그렇다. 그는 의자에 앉지 못하는 것을 너무도 부끄러워했다. 슈리뇌르는 비로소 의자를 눕혀 놓고 의자의 앞다리에 걸터앉는다. 죽을 뻔한 위험에서 구해낸 루돌프에게 말을 할 때도 '주인님'이란 용어 대신에 '친구' 또는 '선생님'Monsieur이라고 부를 적마다 꼭 사과하는 슈리뇌르였다.

이처럼 잔인한 자연의 아들을 훈련시킬 다른 훌륭한 방법이 있을까! 슈리뇌르는 자신이 "불독이 자기 주인을 따르듯 루돌프를 따랐다"고 시인함으로써 그의 비판적 전화에 대한 속내를 이야기한다. 예전의 도살업자가 이제는 개로 변했다. 이제부터 그가 행하는 모든 덕행은 개의 그것, 즉 주인에 대한 순진한 '헌신'으로 전락할 것이다. 슈리뇌르의 독립성이나 독자성은 완전히 사라질 것이다. 그러나 잘 그리지 못하는 화가들이 자신의 작품에 나타내려고 했던 바를 꼬리표로 붙이듯이 유젠느 쉬도 '불독' 슈리뇌르라는 꼬리표를 붙여야 한다. 슈리뇌르는 계속해서 다음과 같이 주장한다. "'당신은 아직 양심과 체면을 가지고 있군요'라는 두 단어가 나를 사람으로 만들었다."

마지막 숨을 거둘 때까지 슈리뇌르는 자신의 행동에 대한 동기를 발견할 수 있을 것이다. 그러나 인간의 개체성으로부터가 아닌 그 꼬리표에서 슈리뇌르는 개과천선의 증거로서 자신의 뛰어남과 다른 사람들의 사악함에 대해 곰곰이 생각해 볼 것이다. 그리고 슈리뇌르는 항상 도덕적인 언사를 내뱉을 것이다. 루돌프는 슈리뇌르에게 "나는 당신이 그런 식으로 말하는 것을 듣는 것이 좋다네"라고 말할 것이다. 슈리뇌르는 평범한 불독이 되고 도덕적인 불독이 된 것이다.

세 번째 단계. 우리는 이미 슈리뇌르의 조야하지만 대담한 여유 속에 자리를 차지한 쁘띠부르주아적 예의를 칭찬했다. 또한 '예의바른 존재'라는 말에 걸맞게 슈리뇌르가 쁘띠부르주아의 걸음걸이와 태도를 지녔음을 알게 되었다.

"그가 걷는 것을 보면, 우리는 그를 세상에서 가장 악의 없는 부르주아로 생각한다."

이러한 형식보다 더욱 슬픈 것은 루돌프가 비판적으로 개전된 슈리뇌르의 인생에 부여하는 내용이다. 루돌프는 슈리뇌르를 아프리카에 보내 '세상의 믿지 않는 사람들에게, 살아있는 유익한 개과천선의 본보기 역할을 하도록' 한다. 앞으로 슈리뇌르는 자신의 인간성이 아닌 그리스도교 교리를 전파해야 할 것이다.

네 번째 단계. 비판적·도덕적 전화에 의해 슈리뇌르는 세상의 지혜와 두려움의 규율에 따라 행동하는 조용하고 주의 깊은 사람이 되었다.

"무분별할 정도로 순진함 때문에 학교 방과 후에 끊임없이 잡담하는 머프는 '슈리뇌르는 자기 자신을 깎아내릴까 봐 메트르 데콜의 징계에 대해서는 한 마디도 언급하지 않았다.'"

라고 알려 준다.

슈리뇌르는 자신을 벌주는 것이 부당한 행동이라는 것을 알고 있다. 그

러나 슈리뇌르는 자신이 폄하될까 봐 그것을 말하지 않은 것이다. 현명한
슈리뇌르!

다섯 번째 단계. 슈리뇌르는 루돌프에 대한 개와 같은 태도에서 개화된
형태 — 슈리뇌르는 이를 의식하기 시작한다 — 로 바뀌어 도덕적 교육을
완벽하게 수행해 간다. 죽을 뻔한 위험에서 제르맹을 구한 뒤, 슈리뇌르는
제르맹에게 말한다.

"나에게는 신이 사제들을 보호하는 것처럼 나를 보호해 주는 사람이 있습니다. 누구든 그
의 앞에 무릎을 꿇게 할 수 있을 정도의 사람입니다."

그리고 그는 생각 속에서 그의 신 앞에 무릎을 꿇는다.

"루돌프 씨는 당신을 보호해 주십니다. '주인님'이라고 말해야 하지만, 나는 '루돌프 씨'라고
말했습니다. 하지만 이제는 '루돌프 씨'라고 부르는 데 익숙해졌고 루돌프 씨도 그것을 허락해
주었죠"라고 슈리뇌르는 제르맹에게 말한다.

첼리가는 비판하는 즐거움을 '위대한 깨달음과 꽃 피움'이라고 외친다.

여섯 번째 단계. 슈리뇌르는 마지막에 그의 은혜로운 주인을 위해 자신
을 죽임으로써 진정한 '헌신', 즉 정신적인 불독 노릇을 멋지게 마감한다.
스클레트Squelette가 왕자를 칼로 위협하는 순간에, 슈리뇌르는 살인자의 팔
뚝에 매달렸다. 스클레트는 슈리뇌르를 찔렀다. 슈리뇌르가 죽으면서 루돌
프에게 이렇게 말한다.

"나 같은 한 조각 땅덩어리(한 마리의 불독)가 당신같이 위대하고 은혜로운 주인님에게 때
론 유익했다고 말할 자격이 내게 있겠죠."

슈리뇌르의 비판적 생애를 하나의 경구처럼 요약한 개 같다는 말에다가 다음과 같은 딱지가 그의 입을 통해 붙여진다.

"우리는 구제받았습니다. 루돌프 씨. 당신은 내가 양심과 염치를 안다고 하셨죠."

첼리가 씨는 한껏 목청을 돋운다.

"슈리만Schurimann(?) — 슈리뇌르를 독일어식으로 만든 말 —을 '인간'(?)으로 회복시킨 루돌프의 공이 대단하지 않은가!"

– 마르크스 · 프리드리히 엥겔스, 『신성가족』

3

우리는 마리를 범죄자들이 드나드는 선술집의 여주인에게 묶여있는 창녀로서 범죄자들의 한가운데서 보게 된다. 그녀는 이러한 굴욕 속에서도 정신적 품위와 인간적 아름다움을 지니고, 인간의 편견에 사로잡히지 않아 그녀를 둘러싼 사람들에게 감명을 주었으며, 범죄자 세계에서 자신을 시적인 꽃의 수준으로까지 끌어올려 '꽃의 마리'Fleur de Marie라는 이름을 얻게 된다.

플뢰르 드 마리의 원래 모습과 비판적 변환을 거친 모습을 비교해보기 위해 우리는 그녀의 첫 모습을 주의깊이 관찰해볼 필요가 있다.

마리는 나약함에도 불구하고 생동감과 힘, 그리고 즐거워하고 쾌활한 성격을 가졌음을 곧 보여준다. 이러한 자질들만으로도 그녀가 비인간적 환경에서도 인간적으로 성숙해갈 수 있음을 설명해 준다.

슈리뇌르가 마리를 함부로 대할 때, 마리는 가위를 가지고 자신을 방어한다. 우리가 마리를 발견하는 첫 번째 상황이다. 마리는 무지막지한 야성으로부터 아무 저항도 하지 못하고 굴복하는 무기력한 절름발이로 우리 앞에 나서지 않는 것이다. 그녀는 자신의 권리를 옹호하여 싸울 수 있는 여자이다.

범죄자들이 들락거리는 훼브Feves 거리의 선술집에서 마리는 슈리뇌르와 루돌프에게 자신이 살아온 이야기를 한다. 평상시처럼 그녀는 슈리뇌르의 재치에 웃는다! 마리는 자신이 일이 아니라 재미로 여기면서 감옥에서 번 돈 300프랑을 출감하자마자 써버린 것을 자책한다. "하지만 그때 나에게 충고해 줄 사람이 없었어요"라고 그녀는 말한다. 격동했던 옛날 — 자신을 범죄인들의 선술집 여주인에게 판 일 — 을 기억해내자, 마리는 우울한 기분에 잠긴다. 다음과 같은 사건은 어릴 때부터 지금까지 한 번도 얘기해 본 적이 없는 것이다.

"이런 식으로 나를 뒤돌아보니 부끄러운 건 사실이에요. ……정직하다는 것은 사랑스러운 것이죠."

슈리뇌르가 마리에게 농담을 하며 정직해야 된다고 말하자 그녀는 외친다.

"정직이라구요! 오, 맙소사! 무엇이 있어야 정직하든가 말든가 하죠."

마리는 자신이 '울보'가 아니라고 주장한다. "나는 울보가 아니에요." 그러나 그녀의 인생은 슬프다 — "즐거운 인생은 아니죠." 그러나 기독교적인 참회와는 다른, 한편으로는 스토아적이고 다른 한편으론 에피쿠로스적인 강한 어조로 마침내 자신의 과거에 대해 이야기한다.

"지나간 일은 지나간 일이죠."

루돌프와 처음으로 소풍을 가는 마리를 따라가 보자.

이미 도덕적인 대화를 유도하고 싶어 안달이 나 있는 루돌프는 "당신의 비참한 현실에 대한 의식이 당신을 종종 괴롭혔겠군요"라고 말한다.

"맞아요. 나는 센 강의 제방을 여러 번 바라보았어요. 그때마다 꽃과 태양을 바라보며 나 자신에게 이렇게 말한답니다. 강은 언제나 그대로 그렇게 있을 것이다. 그렇지만 나는 아직 17살도 안 됐다. 그렇다고 누가 장담할 수 있어? 이 상황에서 볼 때 내 인생은 제대로 풀리지 않고 있는 것 같다. 나에게도 좋은 때가 올 수도 있을 것이다. 내가 생각해 보건대 사람들이 나를 괴롭혔지만, 적어도 나는 다른 사람을 해코지하지 말아야지" 하고 그녀는 대답한다.

마리는 자신의 상황이 자의로 만든 것도 아니고, 자신의 성격의 현현도 아니며 어쩔 수 없는 운명이라고 생각한다. 마리의 나쁜 운명은 변할 수도 있다. 그녀는 아직 젊다.

마리가 생각하는 선과 악은 선과 악의 도덕적 추상물이 아니다. 그녀는 다른 사람에게 고통을 준 적이 없으므로 선하다. 또한 그녀를 에워싼 비인간적 상황에서 마리는 항상 인간적이었다. 태양과 꽃들이 그녀의 화사하고 불타는 성격을 잘 나타내 주었기 때문에 그녀는 선하다! 또한 아직 젊고 생명력과 희망으로 가득 차 있기 때문에 선하다. 하지만 그녀의 환경은 선하지 않다. 부자연스러운 제약을 가하고, 그녀의 인간적 충동을 나타내주지 못하며 그녀의 인간적 욕망을 충족시키지 못하기 때문이다. 그리고 기쁨은 없으며 고통만이 가득 차 있다. 그녀는 인생 상황을 선의 이상형에 의해서가 아니라 그녀의 본성과 그녀의 고유한 개성으로 판단한다.

부르주아 생활의 굴레에서 벗어나 그녀의 성격을 마음대로 발산할 수 있는 자연스러운 환경에서, 마리는 생에 대한 애정과 풍부한 감정, 그리고 자연의 아름다움에서 느끼는 인간적 기쁨으로 가득 찼다. 이것으로 봐서 마리의 사회적 지위가 단지 그녀의 표면만을 할퀴었을 뿐이며, 일종의 불행으로 치부해버릴 수 있다. 요컨대 그녀는 선하거나 약한 것이 아니라 단지 인간적일 뿐이었다.

"루돌프 씨, 아, 행복해요. ……이 숲과 평원! 당신이 내가 내려가도록 허락하신다면 얼마나 좋을까요……. 이 풀밭을 마음껏 달려보고 싶어요!"

마차에서 내리자 마리는 꽃을 꺾어 루돌프에게 주지만 그는 기뻐서 아무 말도 하지 못했다.

루돌프는 마리에게 자기가 그녀를 조르주 부인의 농장에 데려가겠다고 말한다. 마리는 그곳에서 비둘기장과 외양간 등을 볼 수 있을 것이다. 그리고 우유와 버터, 과일 등도 맛볼 것이다. 그러한 것들은 이 어린아이에게는 진정한 축복들이다. 그리하여 즐거울 수 있을 것이다. 이것이 그녀가 생각하는 핵심이다. "내가 얼마나 즐겁게 지내고 싶은지 모를 거예요." 마리는 자신의 불행에 대한 책임을 매우 솔직하게 루돌프에게 설명한다. "나의 모든 불행은 돈을 절약하지 않은 데서 시작됐다!" 그래서 그녀는 루돌프에게 검소하게 살고 돈을 예금하라고 충고한다. 그녀의 상상은 루돌프가 그녀를 위해 지어 준 공중누각으로 줄달음친다. 그녀는 다음과 같은 이유로 그저 슬픔에 잠길 뿐이다.

"현재를 망각하고" "즐겁게 웃고 사는 실존에 대한 꿈과 현재를 비교할 때면 그녀는 자신의 비참한 상황을 떠올린다."

지금까지 우리는 무비판적 상태의 마리, 즉 본래의 그녀를 살펴보았다. 유젠느 쉬는 자신의 좁은 세계관의 지평을 넘어섰다. 유젠느 쉬는 부르주아의 편견을 정면으로 내리친다. 유젠느 쉬는 마리를 영웅 루돌프에게 넘겨주어야만 자신의 무모함을 보상받고, 노인과 노파, 파리경시청의 경관 전체, 당시의 종교와 '비판적 비판'으로부터 박수갈채를 받아낼 것이다.

루돌프가 플뢰르 드 마리를 맡겼던 조르주 부인은 불행하고 우울하며 종교적인 부인이다. 그녀는 즉시 이 소녀를 상냥하게 맞아들이면서 "신은 자신을 사랑하고 외경하는 자, 불행한 자와 믿는 자에게 축복을 주신다"라고 말한다. '순수한 비판'을 행한 루돌프는, 미신에 의해 백발이 된 라포르트라는 비참한 사제를 자기 집으로 초대한다. 마리를 비판적으로 개혁시켜야 할 임무가 라포르트에게 주어진다.

마리는 즐겁고 천진난만하게 이 늙은 사제에게 접근한다. 유젠느 쉬는 기독교적인 잔인함으로 그 '놀라운 본능'에 대해 즉시 마리의 귀에 대고 속삭인다. "참회와 속죄가 시작되면 치욕은 끝난다." 교회에서는 이렇게 해서 개인을 구원한다. 사제는 외출에서 맛보는 거침없는 즐거움, 다시 말해 자연의 은총과 루돌프의 우정 어린 동정이 주는 즐거움, 그리고 범죄인들의 선술집 여주인에게 돌아가야 한다는 생각이 주는 당혹감들을 잊고 있다.

라포르트 사제는 즉시 탈세속적인 태도를 취한다. 그의 첫 말은 다음과 같다.

"신의 자비는 무한하오. 사랑하는 소녀예! 신께서는 당신을 혹독한 시련 속에 버리지 않음으로써 자신의 자비를 입증하셨소. 당신을 구원하신 관대한 분이 성경 말씀을 현실화하셨소"
"주님은 자신을 부르는 사람들 곁에 있소. 주님은 사람들의 바람을 채워주실 것이오. 주님은 그들의 음성을 들으시고 그들을 구원하실 것이오. 주님은 자신의 일을 완성하실 것이오."

마리는 사제의 설교의 사악한 의미를 아직 이해하지 못하고 이렇게 대답한다.

"나를 가엾이 여겨 나를 신에게 인도해 주신 분들을 위해 기도하겠습니다."

그녀가 첫째로 생각하는 것은 신을 위한 것이 아니라 인간적인 구원을 위한 것이다. 그녀는 그 사람을 위해 기도하지만 그녀 자신의 구원을 위해 기도하지는 않는다. 그녀는 타인을 구제하는 데 끼친 영향을 그녀의 기도 때문이라고 여긴다. 사실상 그녀는 너무 순진하기 때문에 그녀가 벌써 신에게로 돌아갔다고 생각한다. 사제는 이러한 이교도적인 환영을 깨트리는 것이 자신의 의무라고 생각한다.

"곧 당신은 큰 잘못에 대한 사함을 받을 것이오. 그 분의 예언을 다시 한 번 말씀하시기 위해 신께서는 타락하려는 사람들을 붙드시니까 말이오."

우리는 사제가 말하는 비인간적인 표현들을 간과하지 않는다. 곧 너는 사함을 받을 것이다! 이 말은 당신의 죄가 아직 용서받지 못했다는 것이다.

라포르트 신부가 마리를 맞아들일 때 그녀에게 죄의식을 심어 준 것처럼, 루돌프는 작별할 때 그녀에게 금 십자가를 선물한다. 그녀 앞에 다가올 그리스도의 책형의 상징인 십자가를 말이다.

마리는 벌써 오랫동안 조르주 부인의 농장에서 살았다. 우선 백발의 라포르트 신부와 조르주 부인의 대화를 들어 보자.

라포르트 신부는 마리가 '결혼'하는 것을 불가능하다고 생각한다. "왜냐하면 심지어 신부가 보증을 서더라도, 어떠한 남자도 그녀의 젊음을 더럽힌 그녀의 과거와 맞닥뜨리지 않을 수 없기 때문이다." "그녀가 지닌 커다란 죄를 속죄하고 도덕심을 견지해야 한다"고 그는 덧붙인다.

가장 평범한 부르주아가 그런 것처럼 라포르트 신부는 자신을 견지할 수 있는 가능성을 이렇게 증명해 보인다. "오늘날 파리에는 선량한 사람들이 많소." 이 위선적인 사제는, 파리와 같이 번화한 거리에서는, 어느 날 어느 때나 파리의 선량한 시민들이 일곱이나 여덟 살 정도 된 성냥팔이 소녀 곁을 그저 무관심하게 지나친다는 것을 잘 알고 있다. 물론 마리도 마찬가지로 물건을 팔며 이들은 거의 예외 없이 마리와 같은 운명을 지니고 있다.

신부는 마리의 속죄에 대한 결정을 내렸다. 마음속으로 이미 그는 마리에게 유죄판결을 내린 것이다. 밤에 마리가 라포르트 신부와 집으로 동행하는 모습을 보자.

"얘야, 봐라." 라포르트 신부는 달콤한 말로 시작한다. "저 끝없이 무한한, 이제는 보이지조차 않는 지평선을" (왜냐하면 밤이기 때문에) …… "나는 저 고요와 광대함에 접할 때마다 영원을 생각하게 된다. 내가 이 말을 너에게 하는 이유는 네가 창조의 아름다움을 느낄 줄 알기 때문이다. 나는 네 속에서 타오르고 있는 종교적 경이로움에 의해 여러 번 감동을 받았다. 그토록 오랫동안 종교적 감정과는 단절되었던 너에게서 말이다."

신부는 벌써 마리가 자연의 아름다움에서 즉각 느끼는 순진한 기쁨을 종교적 감탄으로 바꿔놓는 데 성공했다. 그러나 그녀에게 자연은 이미 신성한 기독교화된 자연으로 변해버리고 창조로 하락한다. 투명한 공간의 바다가 어두움의 상징인 썩은 영원성으로 더럽혀진 것이다. 그리고 그녀는 벌써 자신의 존재에 대한 인간적 표출은 종교, 진정한 존엄을 박탈하는 '불경스러운' 짓이고, 비종교이자 무신앙적인 짓임을 배웠다. 신부는 그녀 스스로가 수치스럽게 느끼도록 하여 그녀의 자연적·정신적 힘과 은총을 얻는 방법을 박탈함으로써 그가 그녀에게 약속했던 초자연적인 은총을 얻는 방법, 즉 세례를 받아들이게 해야만 했다.

마리가 고해성사를 하려고 신부에게 관용을 베풀어 줄 것을 부탁하자 라포르트 신부는 대답한다.

"주님께서는 당신의 자비로우심을 네게 보여 주셨다."

마리는 자기가 겪은 관용으로는 자신과 어느 친근한 인간적 존재와의 관계를 주시하는 일을 허락받지 못한다. 그녀는 거기서 과도하고 초자연적인, 또 초인간적인 자비와 겸손을 보아야 한다. 다시 말해서 인간적 관용 속에서 신적인 자비를 보아야 한다. 모든 인간과 자연의 관계를 신과의 관계로 초월시켜야 하는 것이다. 신부가 지껄이는 신의 자비에 대해 대답하는 마리의 태도에서 그녀가 벌써 종교 교리에 얼마나 오염되었는지를 알수 있다.

마리는 개선된 환경에 들어서자 새로운 행복을 느꼈다고 말했다.

"나는 항상 루돌프 씨를 생각했습니다. 나는 가끔 하늘을 쳐다보곤 했는데 그곳에서 선을 보려고 한 것은 아니고 루돌프 씨를 찾아내 그에게 감사하려 했던 것입니다. 그래요, 고백하겠습니다. 하나님 아버지, 저는 신보다는 루돌프 씨를 더 생각했습니다! 왜냐하면 신만이 할 수 있을 것 같은 것을 루돌프 씨가 나에게 해 줬거든요. 그때 나는 영원히 커다란 위험에서 벗어나 진정 사람이 느끼는 것처럼 행복했습니다."

플뢰르 드 마리는 하나의 새로운 삶의 상황을 단순히 현실적으로 존재하는 것, 새로운 행복으로 느껴지는 것, 다시 말해서 그 환경을 대하는 그녀의 태도가 자연적이지, 결코 초자연적이지 않다는 것 등은 잘못된 것임을 이내 알아차렸다. 마리는 자기를 구원해 준, 즉 현실적으로 존재하는 인간 속에서 자신의 구원자를 보았지, 거기서 어떤 상상적인 구세주, 즉 신을 보지 못한 자신을 나무랐다. 마리는 이미 종교적 위선에 빠져 있었다. 그래서 자신이 그 존경할 만한 점을 지닌 타인에게서 존경할 점을 뽑아내 신에게 바치며, 그리고 일반적으로 사람이 지닌 인간적인 것을 그에게 낯선 것으로 여기고, 그 사람이 가진 비인간적인 것을 자신이 본래 소유했던 것으로 간주한다.

마리의 사고나 감정, 생에 대한 태도 등이 종교적으로 변형된 것은 조르주 부인이나 라포르트 신부 덕택이라고 마리는 말한다.

"루돌프가 나를 그 도시에서 데리고 나올 때, 나는 이미 내가 타락했음을 어렴풋이 알고 있었어요. 그러나 당신(라포르트 신부)과 조르주 부인이 내게 준 교육과 충고, 보기 등으로 인해 내가 불행하다기보다는 죄가 있었음을 이해하게 되었어요. 신부님과 조르주 부인은 나의 무한한 파멸의 깊이를 깨닫게 해 주셨어요."

말하자면 인간적이기 때문에 참을 수 있었던 그녀의 타락에 대한 의식을 기독교도이기 때문에 참을 수 없는 영원한 파멸에 대한 의식으로 바꾼 장본인이 라포르트 신부와 조르주 부인이다. 신부와 사이비 여신도가 마리로 하여금 기독교인의 관점에서 자신을 판단하도록 가르친 것이다.

마리는 자신이 처해 있었던 정신적인 불행의 깊이를 느낀다. 그리하여 그녀는 이렇게 말한다.

"선과 악에 대한 의식이 나를 두렵게 한다고 느낀 이래로, 왜 나는 불행한 운명에 남겨져 있는가요. 내가 불명예에서 벗어나지 못했다면 비참함, 구타 때문에 나는 죽었을지도 모릅니다. 적어도 지금은 헛되이 항상 바라고 있는 순결함을 모른 채 죽었을 겁니다."

신부는 마음에도 없는 대답을 한다.

"아무리 고상한 사람이라도 당신이 빠져나온 더러운 환경에 단 하루만이라도 내던져지면 씻을 수 없는 오명에 찍힐 것이오. 이것이 바로 신의 불변의 정의요!"

이러한 달콤한 어조로 이야기한 신부의 저주에 깊은 상처를 입은 마리는 외친다.

"그래서 당신은 내가 절망해야만 한다고 생각하시는군요!"

머리가 센 종교의 노예가 다음과 같이 답한다.

"당신의 생애에서 절망적인 측면을 지우려는 바람은 포기하시오. 그러나 신의 무한한 자비는 믿어야 하오. 가엾은 아가씨, 당신은 이승에서는 눈물과 회한과 후회만 있을 뿐이오. 그러나 천당에 가면 용서와 영원한 축복이 있을 것이오!"

그러나 이제 마리는 하늘나라의 용서와 영원한 축복에 위로받을 만큼 바보스럽지 않다.

"오, 가엾은 신이여!" 그녀는 외친다. "나는 아직 너무 어려요. 난 불행해요."

이때 신부의 위선적인 언변이 극에 달한다.

마르크스 엥겔스 문학예술론

"그 반대요. 행복은 당신 것이오, 마리 양. 혹독하지만 구원을 주는 회한을 주님께서 당신에게 주심은 당신의 행복이외 또한 이로써 당신 영혼의 종교적 감수성을 알 수 있소. 당신이 겪는 고통은 하늘나라에 다 기록되오. 내 말을 믿으시오. 신께서 당신에게 악의 노정을 주심은 단지 당신에게 참회의 영광과 회개에 합당한 영원한 보상을 받게 하려 하심이오."

이 순간부터 마리는 죄의식의 노예가 된다. 이전의 가장 불행했던 생활 속에서도, 마리는 사랑스럽고 인간적인 개인으로 성장할 수 있었다. 외적 타락의 내부에서 마리는 자신의 인간적인 본질이 자신의 진정한 본질임을 알고 있었다. 그러나 현 사회의 추잡함은 그녀가 외부에서 접촉해야 하기 때문에 그녀의 내부 깊숙한 곳의 본질이 된다. 그 추악으로 인한 지속적인 우울증적 자학은 그녀의 현 존재의 자기 목적, 즉 신 자신이 부여한 그녀의 삶의 과제와 의무가 된다. 옛날에 그녀는 "나는 울보가 아니에요"라고 뽐냈으며 "지나간 일은 지나간 일이죠"라고 알았던 반면에, 이제는 자학이 그녀의 선이 되고 후회가 그녀의 영광이 된 것이다.

마리가 루돌프의 딸이란 것이 나중에 밝혀진다. 우리는 그녀를 다시 한 번 게롤트슈타인의 공주로 알게 된다. 마리가 그녀의 아버지와 대화하는 내용을 살짝 들어보자.

"저는 아무 소용도 없이 신에게 저를 이러한 굴레에서 벗어나게 해 주시고, 제 가슴 속에 신의 독실한 사랑과 신성한 바람으로만 채워달라고 빌었습니다. 한 마디로 해서 그분께 저를 완전히 바치고 싶기 때문에 저를 영원히 데려가 달라고 했지요. 그러나 신께서는 저의 소망을 들어 주시지 않았습니다. 이 세속적인 생각은 그분과 교섭할 가치가 없는 것이었기 때문이죠."

자신이 범한 탈선이 신에 대한 무한한 죄라는 것을 알았을 때, 자신을 온전히 신께 바치고 이 세상이나 세상의 관심사와 완전히 멀어지기만 하면 그 사람은 구원과 자비를 얻을 수 있다고 확신한다. 마리가 그녀의 비인간적인 생활환경에서 빠져나온 것이 신의 기적이라고 깨달았다면, 그러한 기적을 맞을 자격을 갖추기 위해서 그녀 자신도 성인聖人이 되어야 한다. 그녀의 인간적 사랑은 종교적 사랑으로 바뀌어야 하고 행복의 추구는 영원한 축복에 대한 추구가 되어야 한다. 현세적인 만족은 신성한 희망으로, 인간과의 접촉은 신과의 접촉으로 바뀌어야 한다.

즉 신이 그녀를 완전히 떼메고 가야 한다. 왜 신이 마리를 완전히 데리고 가지 않는지에 대한 비밀을 마리는 스스로 밝혀준다. 마리는 아직 자신을 완전히 신께 바치지 않았고, 그녀의 마음은 아직 세속적이고 잡다한 일에 정신팔려 있다. 이것이 그녀가 지닌 힘찬 본성의 마지막 몸부림이다. 마리는 속세와 완전히 담을 쌓고 수녀원에 들어감으로써 신께 자신을 완전히 바치는 것이다.

> 수도원은 죄를 쌓지 않은
> 사람이 올 곳이 아니네.
> 일찍이건 늦건
> 그렇게 크고 다양한 죄를
> 후회하는 마음으로 회개하는
> 달콤한 즐거움을 잊지 못하네.
> (괴테) *

마리는 루돌프의 음모로 수녀원의 대수녀원장이 된다. 처음에는 자신이

---

* 괴테, 『경풍자시』 Zahme Henien, 제4권.

적합지 않다고 생각하여 그 직위를 거절한다. 늙은 대수녀원장이 마리를 설득한다.

"이봐요, 자매님. 내 말 좀 들어봐요. 교회에 들어오기 전 당신의 생활이 순진하고 칭찬을 들을 만하지 못하고 잘못만을 저질렀다 해도, 당신이 여기 들어온 이후 모범적으로 보여준 복음의 미덕 덕분에 당신의 죄가 아무리 무겁더라도 당신의 과거를 주님 앞에서 용서받고 속죄할 수 있을 것이오."

대수녀원장의 말로부터 우리는 마리의 현세의 미덕이 복음의 미덕으로 변하였음을 알 수 있고, 더 나아가 마리의 현실적 미덕이 복음적 형태를 띠지 않고는 나타나지 못할 것처럼 보인다.

마리가 대수녀원장에게 답변한다.

"성모시여, 이제는 받아들일 수 있으리라 믿습니다."

수녀원 생활은 마리의 개성과는 맞지 않는다 — 그녀는 죽었다. 기독교 신앙은 그녀를 상상 속에서만 위로한다. 아니 오히려 기독교의 위안이 그녀의 현실적 생활이나 본질을 정확하게 말살 — 그녀의 죽음 — 한 것이다.

처음에는 루돌프가 마리를 회개하는 죄인으로 만들었고 다음에는 수녀가 되도록 하고, 그리고 마침내 시체가 되게 한 것이다. 그녀의 장례식에서, 가톨릭 사제일 뿐 아니라 비판적 신부인 첼리가는 설교를 했다.

첼리가는 그녀의 '결백한' 현 존재를 '덧없는' 현 존재라고 말해 '영원하고 잊을 수 없는 죄'와 대비시킨다. 첼리가는 또한 그녀의 '마지막 호흡'이 '용서와 관대를 비는 기도'였다는 사실에 대해 칭찬한다. 그러나 주님의 자비가 필요함과 고인이 보편적인 원초적 죄에 빠졌었으며 죄를 강렬하게 인식했었음을 상세히 설명하고 나서는 또한 선교 목사처럼 고인의 미덕을 현세의 용어로 칭찬해야 한다. 그리고 첼리가 씨는 다음의 표현을 사용한다.

"그러나 개인적으로는, 그녀가 용서를 빌 어떠한 행위도 하지 않았다."

마침내 첼리가는 시들어빠진 꽃과 같은 강단의 웅변을 마리의 무덤에 던져준다.

"어떤 이보다도 내면적으로 순수한 마리가 이 세상에 대해 눈을 감았습니다."

아멘!

– 마르크스 · 프리드리히 엥겔스, 『신성가족』

8. 오노레 발자크

1

온갖 탐욕을 샅샅이 연구한 발자크는 늙은 고리대금업자 곱세크가 상품을 축적하여 재화를 모으려 하기 시작했을 때, 그를 어린아이로 표현한다.

– 마르크스, 『자본론』

2

일반적으로 현실적 관계들을 깊이 파악하는 것으로 유명한 발자크가 그의 마지막 소설인 『농부들』에서, 한 소농이 고리대금업자의 환심을 계속 얻기 위해 온갖 노동을 수행하고도, 자신의 노동은 현금이 되는 것이 아니기 때문에 고리대금업자에게 주는 것이 없다고 생각하고 있는 모습을 그린다. 고리대금업자 편에서 보면, 이렇게 해서 자기는 파리채 하나로 두 마리의 파리를 잡는 것이다. 고리대금업자는 노동임금의 현금 지출을 절약하고, 자신의 농지로부터의 노동의 박탈이 진척되면서 파멸해 가는 농부를 고리대금업이라는 거미줄로 점점 깊숙이 옭아매는 것이다.

- 마르크스, 『자본론』

3

내가 매우 흥미 있게 읽은 《전진》*에 실린 폴Paul의 기사는 정곡을 찌르고 있었다. 새해 선물étrennes을 주고받는 기간이 지나면 바로 「밀」**이 자라고 그 뒤엔 내가 그토록 보고 싶어하는 그 소설***이 나온다고 믿어본다. 발자크의 슬리퍼 속의 폴, 볼만하겠군! 말이 난 김에 말이지만 내가 앓아누워 있어야만 했을 때, 발자크 작품 이외에는 거의 읽을 것이라곤 없었고, 이때 이 위대한 늙은이를 철저히 즐겼단다. 그의 책에는 볼라벨류나 카프피그류, 루이 블랑류 그 밖의 다른 사람들의 책에서 보다 훨씬 나은 1815년에서 1848년까지의 프랑스 역사가 들어있다. 얼마나 대담했는지! 그의 시적 정의에는 혁명적인 변증법이 요동치고 있었단다!

- 엥겔스, 로라 라파르그에게 보낸 편지(1883. 12. 13)

4

어느 한 소인****이 발자크의 소설(게다가 『골동품상회』Cabinet des antiques나 『고리오영감』)을 처음 읽고 나서, 한껏 경멸하는 투로 지금까지 알려진 그저 그

---

* 폴 라파르그, 「사회주의와 진화론」, 《전진》지, 1883, 제2권.
** 폴 라파르그의 기사, 「아메리카의 밀」, 《경제신문》, 1883, Vol. 27, Nos. 7 and 8.
*** 폴 라파르그가 생 펠라지 감옥에 투옥 중일 때 구상한 소설로 집필되지는 못했다.
**** 에두아르트 핀다Eduard Pindar에 관한 언급, 그는 러시아 출신의 이민자로 1850년 초 엥겔스의 러시아어 공부를 도와주었다.

351
제2부 문학·예술과 사상의 역사

런 작품이라고 말한다면 그 사람에 대해 어떻게 생각하겠소.

- 엥겔스, 마르크스에게 보낸 편지(1852. 10. 4)

5

지금 이 순간에는 자네에게 단지 몇 줄만 써 보낼 수 있소. 집주인의 대리인이 여기에 있어서, 그를 상대로 발자크의 희극 속에 나오는 메르카데의 역할을 해야만 하오. 기왕 발자크에 대해 말하려면, 나는 당신에게 그의 『알려지지 않은 걸작』Le Chef-d'oeuvre Inconnu과 『멜모트의 화해』Melmoth reconcilie 를 읽으라고 권하고 싶소. 이 작품들은 즐거운 아이러니가 가득 찬 두 권의 아담한 걸작들이오.

- 마르크스, 엥겔스에게 보낸 편지(1867. 2. 25)

9. 피에르 뒤퐁

1846년 프랑스의 도시 인구는 24.42퍼센트, 농촌 인구는 75.58퍼센트에 달했다. 또 1861년의 도시 인구는 28.86퍼센트, 농촌 인구는 71.14퍼센트였다. 지난 5년 동안 농촌 인구의 감소는 점점 커간다. 피에르 뒤퐁은 1846년에 벌써 그의 『노동자들』에서 이렇게 노래했다.

> "누더기를 입은 채 움막에서,
> 우리는 어둠의 벗, 올빼미와 도둑과 함께
> 한 지붕 아래, 쓰레기 속에서
> 산다네."

10. 아르튀르 랑

아르튀르 랑의 소설*은 매우 좋다고 생각합니다.

– 엥겔스, 마르크스에게 보낸 편지(1869. 10. 22)

11. 조제프 르낭

1

라지루스**를 보면 르낭의 『예수의 일생』이 생각나네. 이 작품은 많은 점에서 범신론적 · 신비론적 환영이 가득 찬 단순한 소설에 불과하네. 그렇지만 이 책은 어느 면에서 독일 선구자들보다 뛰어나지. 그리고 별로 두껍지 않으니까 자네는 그 책을 읽어 보아야만 하네. 물론 이 책은 독일 사태의 결과물이라네. 매우 뛰어나다네. 여기 네덜란드에서는, 독일의 비판적 · 신학적 학파가 일반적인 풍조라서 성직자들도 설교단상에서 스스로에게 신앙고백을 한다네.

– 마르크스, 엥겔스에게 보낸 편지(1864. 1. 20)

---

* 아르튀르 랑의 소설, 『음모의 로마인』Le roman d'une conspiration, 파리, 1869.

** 라살레에 대한 풍자적 언급이다.

2

나는 르낭의 책*과 성서를 읽으면서 이곳의 초기 기독교를 연구하고 있습니다. 르낭은 매우 천박하지만 세계인으로서 독일 대학의 신학자들보다

더 넓은 견문을 가지고 있습니다. 그렇지만 르낭의 책은, 그가 필로스트라투스Philostratus에 관해 논평한 것이 그대로 적용될 수 있는 한 권의 소설 같습니다. 그리고 알렉상드르 뒤마 페레의 소설들이 프롱드당 시대를 말해 주는 자료로 쓰일 수 있듯이, 이 책은 역사 자료로 사용될 수 있습니다. 개인적 견해인데, 나는 이 책에서 심각한 실수를 발견했습니다. 게다가 르낭은 매우 뻔뻔스럽게도 독일인들의 글을 표절했습니다.

조제프 르낭(Joseph Ernest Renan: 1823~1892)는 프랑스의 종교가이자 언어학자이다. 프랑스 실증주의자의 대표 중 한 사람이다.

– 엥겔스, 빅토르 아들러에게 보낸 편지(1892. 8. 19)

12. 에밀 졸라

(폴 라파르그의) 소개장을 사회문제에 잠깐 손댄 쾨니히스베르크Königsberg

---

* 르낭의 7권으로 된 『기독교 기원의 역사』(파리, 1863~83).

의 젊은 콘라트 슈미트 박사에게 주었어야 했다. 그는 내가 본 가장 푸릇푸릇한 젊은이였던 것 같아. 그는 3개월가량 여기에 머물렀는데, 마치 오늘날의 고상한 젊은이가 "구두진을 먹지 않으면 잉크도 마시지 않는다"라고 하듯이, 고상한 젊은이 같았지. 폴이 그 젊은이를 국립도서관이 있는 리슐리외Richelieu 거리에 내팽겨 친다 해도 그 젊은이는 폴을 그리 괴롭히지는 않을 것이네. 그 젊은이는 졸라에게 유물론적 역사관Materialistische Geschitsanschauung을 발견했기 때문에, 졸라를 높이 사고 있더라.

– 엥겔스, 로라 라파르그에게 보낸 편지(1887. 6. 15)

13. 기 드 모파상

나는 모파상의 장편소설 『벨아미』Bel Ami;1885를 월요일 밤*에 다 읽었단다. 그리고 『벨아미』 속에 나타난 파리 언론계의 모습을 생각해 보고 있다. 비록 과장이 많으리라 생각되지만, 너와 폴이 화요일 아침에 보내준 편지는 『벨아미』에 나타난 삶의 한 장면을 펼쳐 주었지. 이제 모파상에게 경의를 표해야 할까 한다. 글쎄, 이 말이면 족하겠군. 파리에서 신문을 발행하기 위해서는 깡패가 되어야만 한단다.**

– 엥겔스, 로라 라파르그에게 보낸 편지(1887. 2. 2)

---

* 1877년 1월 31일.

** 1887년 2월 1일 엥겔스에게 보낸 편지에서 로라 라파르그는 《인민의 외침》Le Cri du Peuple 지의 발행인이자 블랑쥐 장군의 지지자the Boulangist인 카롤린 세베린Caroline Severine과 쥘 게드Jules Guesde, 그리고 다른 사회주의자들이 주도하는 편집진과의 갈등에 대해 썼다.

6 장

영국과
아일랜드의
문학

MARX
ENGELS

1. 대니얼 디포

1

마르크스판 로빈슨 크루소는 다니엘 디포^{Daniel Defoe}가 창조해낸 로빈슨 크루소*의 원형이며, 이로부터 부차적인 특성들 — 이를테면 난파선에서 건져 올린 무기, 식량, 의류, 연장 등 잡동사니들 — 이 채택되었습니다. 훗날 로빈슨 크루소는 '프라이데이'(금요일)라는 하인을 거느리게 되었고, 내가 틀리지 않다면, 한때 노예 거래도 한 적이 있는 난파당한 장사꾼, 즉 한마디로 진정한 '부르주아'가 된 것입니다.

- 엥겔스, 카우츠키에게 보낸 편지(1884. 9.20)

358
—

---

* 『로빈슨 크루소』의 원 제목은 『요크의 선원 로빈슨 크루소의 생애와 이상하고 놀라운 모험』^{The Life and Strange Surprising Adventures of Robinson Crusoe of York; 1719}이다.

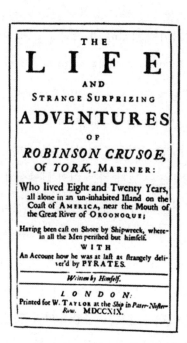

『로빈슨 크루소』의 초판 표지. 선원이 된 로빈슨 크루소는 아프리카 연안에서 무어인
들에게 붙들려 노예가 되지만, 거기서 도망쳐 친절한 선장의 도움으로 브라질 농장
에서 일자리를 얻게 되었다. 그곳에서 농장주의 의뢰를 받아 흑인 노예를 구하러 아
프리카로 가던 중 배가 파선하는 바람에 무려 28년간 무인도 생활을 했다.

2

로빈슨 크루소의 체험들은 정치경제학자들*이 선호하는 주제이므로 섬
에서 그가 보여준 모습을 한번 살펴보도록 하자. 로빈슨은 비록 절제 있는

---

* 리카아도조차 로빈슨에 관한 자신의 이야기들을 가지고 있다. "그는 원시적 사냥꾼과 낚시꾼은
즉시에 상품 소유자로 만들어 교환가치 속에 노동시간을 계산한 비율에 따라 1817년 런던
교환소에서 통용되던 연금표에 따라 계산을 하도록 만드는 시대착오를 저지른다. 오웬 씨의
평행사변형이 부르주아 사회형태 이외에 그가 알고 있던 유일한 사회형태인 것 같다."(마르크스 :
『Zur Kritik & c』, 38, 39쪽)

사람이기는 하지만 몇 가지 필요한 것들을 충족시킬 필요가 있으며, 따라서 연장과 가구를 만들고 염소를 치고 물고기를 잡고 사냥을 하는 따위의 다양한 종류의 필요한 작업을 해야만 한다. 그가 행하는 기도 따위는 고려하지 않기로 한다. 왜냐하면 기도는 로빈슨에게 즐거움의 원천이며 그 역시 기도를 오락으로 여기기 때문이다.

로빈슨은 그가 하는 일의 다양성에도 불구하고 그 형태가 어떻든 간에 자신의 노동이 다름 아닌 자기 자신의 활동이며 결국 인간노동의 다양한 형태로 구성되어 있을 뿐이라는 사실을 알고 있다. 다름 아닌 필요성 때문에 그는 다양한 종류의 작업을 위해 자신의 노동을 정확히 분배해야만 했다. 그의 일상적인 활동을 하면서 어떤 일이 다른 일보다 더 많은 작업을 필요로 하는 경우는, 상황에 따라 그 정도의 차이가 있지만, 당초에 목표로 삼은 사용가치를 달성하기 위해 극복해야 하는 어려움 때문에 발생하는 것이다.

우리의 친구 로빈슨은 체험을 통해 배우고, 난파선에서 시계, 원장元帳, 펜, 그리고 잉크를 건져내고는 순수한 혈통의 브리튼 사람처럼 기록하는 습관을 갖기 시작한다. 그의 재고품 목록에는 그가 소유하고 있는 생활용품과 이를 제작하는 데 필요한 작업, 그리고 특정한 양의 생활용품이 평균적으로 그에게 요구하는 노동시간에 대한 목록이 기록되어 있다. 로빈슨과 스스로 만들어내 자기의 재산이 된 용품들 사이의 관계는 쎄들리 테일러 여사와 같은 사람도 쉽사리 이해할 수 있을 만큼 단순하고 분명하다. 하지만 그러한 관계 속에는 가치를 결정하는 데 필수불가결한 모든 것이 포함되어 있는 것이다.

- 마르크스, 『자본론』

2. 조나단 스위프트

스위프트는 1727년 펴낸 『아일랜드에 관한 소견』에서 목초지에 대해 다음과 같이 적고 있다. "토지개량에 관해 말하자면, 토지개량이나 조림에 뜻이 있는 몇몇 사람들이 탐욕이나 기술부족으로 인해 토지 상태를 악화시키는 경우가 일반적이며 나무나 생울타리를 제대로 심고 키우지도 못하고 시디아인의 방법을 쫓아서 목초지에 대한 환상에 사로잡힘으로써 매일매일 전원의 인구를 감소시키고 있다."

— 엥겔스, 「영국 · 아일랜드 역사 초고」

3. 알렉산더 포프

《나치오날 차이퉁》^{National-Zeitung}* 지는 다음과 같은 포프의 시 구절을 실었다.

바보 여신^{Dullniss}은 일단 태어나면 결코 죽지 않으므로,

아직도 그녀의 옛 제국을 복고하려 하네.**

하지만 포프가 말하는 바보의 왕국은 《나치오날 차이퉁》의 왕국과는 다르다. 여기에서는 던스 1세가 여전히 통치하고 있는 반면에, 거기선 한때 던스 1세가 통치했듯이, 지금은 던스 2세가 통치하고 있다는 점에서 말이다.

* 1848년에서 1915년까지 베를린에서 발간된 부르주아 일간지.

** 두 구절은 알렉산더 포프의 풍자시 『바보열전』^{Du nciad} 제1권에서 인용한 것이다.

4. 셸리와 바이런*

철학자들과 경제학자들만큼이나 시인들을 잘 알고 이해했던 마르크스는 이렇게 말하곤 했다. "바이런과 셸리의 차이는 다음과 같은 점에 있다. 즉 이 두 시인을 이해하고 사랑하는 사람들은 바이런이 36살에 죽은 것을 다행으로 여긴다. 왜냐하면 그가 더 오래 살았더라면 아마 반동적인 부르주아가 되었을 것이기 때문이다. 반대로 그들은 셸리가 29살에 요절한 것을 애석해한다. 셸리는 변함없는 혁명가였으며 살았더라면 사회주의의 전위대와 함께 있었을 것이기 때문이다."

– 에드워드 에이블링 · 엘레노어 에이블링, 「사회주의자 셸리」

5. 월터 스코트

스코틀랜드에서 씨족제도가 멸망한 것은 1745년 폭동 진압과 때를 같이했다 1745~46년 스코틀랜드 산악지대 씨족들은 잉글랜드와 스코틀랜드의 토지 귀족과 부르주아의 억압과 토지 수탈에 맞서 기왕의 씨족조직을 유지하기 위해 폭동을 일으켰다.

---

* 예외적으로 마르크스의 딸 엘레노어의 회고에서 발췌된 이 부분은 책의 본문에 포함된다. 그녀는 에드워드 에이블링과 결혼했다.

스코틀랜드의 클랜이 씨족 제도의 바로 어느 고리를 이루고 있는가는 연구할 여지가 남아있으나, 그것이 씨족제도의 한 고리라는 것은 의심할 바 없다. 월터 스코트의 소설에서는 스코틀랜드 산악지대의 클랜이 생생하게 묘사되어 있다. 모건은 다음과 같이 말하고 있다.

1745년 스코틀랜드에서 일어난 '재코바이트 봉기'를 다룬 스코트(Walter Scott, 1771~1832)의 서양 최초의 역사소설 연작 중 첫 권 『웨이벌리』(Waverley, 1814)의 주인공 웨이벌리.

이 클랜은 …… 그 조직과 정신으로 보아 씨족의 훌륭한 전형이며, 씨족 성원들을 지배하는 씨족 생활의 뚜렷한 실례이다. …… 그들의 분쟁과 피비린내 나는 복수, 클랜에 따른 영토의 분배, 그들에 의한 토지의 공동이용, 클랜 성원들의 족장에 대한 신뢰와 그들 상호간의 신뢰 등 그 어디에서나 우리는 씨족사회의 확고한 특징을 보게 된다. …… 혈통을 따지는 방식은 부권에 따랐기 때문에 남자의 자녀들은 클랜에 남아있었지만, 여자의 자녀들은 그 아버지 쪽의 클랜으로 넘어갔다 *.

그러나 이전에 스코틀랜드에서 모권이 지배했다는 것은 — 베다Beda에 따르면 — 픽트인의 왕가에서는 모계에 의한 상속이 있었다**는 사실에 따라 증명된다. 웨일스인과 스코트인들 사이에서는 푸날루아 가족의 잔재가

---

* 루이스 H. 모건, 『고대사회』, 런던, 1877, 357~358쪽.

** 비드 대사, 『영국 교회사』Historiae ecclesiasticae gentis Anglorum 제1권. 제1장

초야권의 형태를 띠면서 중세기에 이르기까지 보존되고 있었다. 이 초야권은 그것이 돈으로 해결되지 않는 한, 종족 우두머리와 왕이 이전의 공동남편들의 최후의 대표자로서 이 권리를 모든 신부들에게 행사할 수 있었다.

－ 엥겔스, 『가족, 사유재산, 국가의 기원』

6. 영국 노동자 시인 미드

농노의 주인은 농노를 가축 한 마리쯤으로 여기는 야만인이었고, 노동자의 고용주는 이보다는 개화되어 노동자의 손을 하나의 기계쯤으로 여기고 있다. 간략히 말하면 농노와 노동자의 지위는 크게 다를 바 없지만 굳이 이 중 어느 한편이 더 불이익을 당하고 있는지 따진다면 그것은 자유노동자이다. 그들은 모두 노예이다. 단 한 가지 차이가 있다면 농노가 처한 노예상태는 가장되지 않고 노골적이며 솔직한 반면, 노동자의 노예상태는 교묘하게 위장되고, 자기 자신과 남들로부터 기만적으로 은닉된, 과거보다 더 나쁜 위선적* 예속상태라는 것이다.

따라서 노동자에게 백인 노예라는 이름을 붙여준 토리당의 박애주의자들의 말은 적절했다. 그러나 위선적으로 가장된 노예상태는 최소한 외형적이기는 하지만, 자유에 대한 권리를 인정하고 자유를 사랑하는 인민 앞에 굴복함으로써, 이에 자유의 권리가 긍정되고, 핍박받는 노동자가 어느 날 그 원리가 실천됨을 반드시 보게 될, 예전의 노예상태와는 다른 역사의 진

마르크스 엥겔스 문학예술론

---

* 1845년과 1892년의 독일판에는 '위선적' 대신에 '신학적'으로 나왔다. 그 하단에는 영어로 '백인 노예'white slaves라는 말이 주어지고 독일어의 동의어가 따른다.

보가 자리잡게 될 것이다.*

　끝으로 공장제도에 대한 노동자들 자신의 감정을 토로하는 에드워드 P. 미드의 시 몇 연을 읽어보자. 이 시는 노동자들 사이에 팽배해 있는 생각들을 정확히 표현하고 있다.

　　왕, 그것도 무자비한 왕이 있다.

　　하지만 시인의 상상속의 왕이 아니라 백인 노예들이 잘 알고 있는

　　증기라는 잔악하고 무자비한 왕이다.

　　그에게는 강철로 된 팔이 있다.

　　비록 하나뿐이지만 그 속에는 마력이 있어

　　수백만을 파멸시키고 말았다.

　　히몬의 계곡에 떡 버티고 섰던

　　그 옛날 잔인했던 몰로크 신처럼

　　그의 밥사발은 타오르는 불꽃으로 만들어졌고,

　　아이들을 먹어 삼킨다.

　　그의 신도는 피에 굶주리고, 오만하며

　　뻔뻔스러운 굶주린 무리.

　　왕의 커다란 손을 움직여

　　피로 황금을 만들어낸다.

---

* 다음 3절과 시는 1887년 미국판, 1892년 영국판에는 삭제되어 있었다.

그들은 그 더러운 이득을 위해

모든 인간의 권리를 노예의

사슬로 묶어버리고는,

아름다운 여인의 고통을 조롱하며

사나이의 눈물을 외면한다.

노동자의 탄식과 신음은 그들에겐

음악소리.

젊은 남녀의 몰골이 이 증기왕의

지옥에 나타난다.

증기왕이 탄생한 후

지상의 이 지옥들이 절망을 흩뿌렸고

육신과 함께, 천국이 빚어낸 인간의

영혼이 거기서 살육당한다.

– 엥겔스, 『영국 노동자계급의 상태』

7. 토마스 칼라일

1

이른바 식자층의 오락이나 계몽을 목적으로 지난해 영국에서 출간된 온갖 두꺼운 저서들과 얇은 소책자들 가운데 칼라일의 『영국의 과거와 현재

상황』은 읽어볼 만한 유일한 책이다.

　슬프고도 재미있지만 복잡한 내용을 담은 장편소설, 그리고 계몽적이고 명상적이며 학술·비학술적 성격의 성경 주석 또는 계몽적 성격의 소설과 저작들은 영문학의 두 가지 주요 품목들이며, 읽지 않고 그냥 서가에 두어도 별로 양심에 꺼릴 것이 없을 정도이다. 아마도 독자들은 약간의 새로운 내용이 담겨 있는 지질학, 경제학, 역사학이나 수학 등에 관한 책들을 찾아볼 수 있을 것이다.

토머스 칼라일(Thomas Carlyle, 1795~1881)은 영국의 평론가·역사가이다. 이상주의적인 사회 개혁을 제창하여 19세기 사상계에 큰 영향을 끼쳤다. 저서로는 『과거와 현재』, 『프랑스 혁명사』(The French Revolution: A History, 1837), 『영웅 숭배론』(On Heroes, Hero-Worship, and The Heroic in History, 1841) 등이 있다.

　하지만 이러한 책들은 잘 읽혀지지 않는 단순한 연구의 대상일 뿐이지 독서의 대상은 아니고, 양분을 공급받던 보편적인 인간적 토양으로부터 그 뿌리가 떨어져 나가버린, 메마를 만큼 전문화된 학문분야이고 그저 단순히 채집된 식물에 비견될 수 있을 뿐이다. 독자들이 무엇을 추구하든 간에 칼라일의 이 책은 인간의 심금을 울리고 인간관계를 나타내며 인간적 관점의 궤적을 보여주는 유일한 것이다.

— 엥겔스, 「토마스 칼라일의 '영국의 현재와 과거의 상태'」

2

　토마스 칼라일은 독일 문학으로부터 직접적이고도 대단히 중요한 영향을 받아온 유일한 영국 작가이다. 그가 영향을 받은 사람 가운데 예의상 적어도 독일의 작가 한 사람의 이름쯤은 거론해야 할 것 같다.

　토마스 칼라일은 모든 공식적인 영국 문학이 부르주아계급의 세계관과 취향에 예속되었던 시기에 일찍부터 그 부르주아계급에 맞서 싸웠던 문학적 풍토에서 출발했다. 그가 쓴 프랑스 혁명사, 크롬웰을 위한 옹호, 차티즘에 관한 소책자, 그리고 『과거와 현재』Past and Present; 1843 등에서 볼 수 있듯이, 그는 때로는 혁명적이기조차 한 방식으로 그러한 비판을 수행했다는 평가가 내려지고 있다. 하지만 그의 저작들에서 현재에 대한 비판은 이상할 정도로 비역사적인 중세 찬미와 밀접히 연결되고 있는데, 이는 윌리엄 코베트와 몇몇 차티스트 등과 같은 영국 혁명가들의 특징이기도 하다.

　과거에 그가 최소한 어느 특정 사회단계의 고전적 시기를 찬양했지만, 지금은 그를 절망으로 몰아넣었고, 따라서 그는 미래를 두려워하고 있다. 칼라일이 혁명을 인정하거나 그것을 찬양하는 경우에도 그에겐 혁명이 크롬웰이나 당통같은 어느 한 개인에게로 집중된다. 이들에 대한 칼라일의 태도는 그가 『영웅과 영웅숭배에 대한 강의』에서 취했듯이, 절망을 잉태하고 있는 현재로부터의 유일한 도피책, 또는 하나의 새로운 신앙으로 설파했던 것과 똑같은 영웅숭배적 태도이다.

　칼라일의 문체는 그의 사상과 부합된다. 그것은 무기력한 가식적 태도, 조심스러운 완곡어법, 혼란스럽고 감상적인 계몽적 장광설 등 원래의 창시자들 — 곧 런던의 식자층 토박이들 — 로부터 영국문단 전체로 퍼져나가고 있는 근대 부르주아의 펙스니프적인 *, 즉 다분히 위선적인 문체에 대한 직접적이고도 격렬한 반발이다. 이와는 대조적으로 칼라일은 영어를 전

---

* 펙스니프는 찰스 디킨즈의 소설 『마틴 처젤위트』Martin Cauzzlewit에 나오는 아첨장이 위선자를 가리킨다.

혀 새롭게 빚어내야 하는 그대로의 원료처럼 다루었다. 예전의 어휘와 표현들을 새롭게 찾아냈고, 독일어식 양식, 특히 장 폴의 특성을 따른 새로운 표현들이 창안되었다. 그러한 새로운 문체는 운치가 없고 무척 허세적이긴 했지만 종종 재치 있고 독창적인 면을 지니고 있었다. 이러한 점에서 볼 때 그의 『최근의 소책자들』Latter-Day Pamplets; 1850은 눈에 띌 만큼 한 걸음 퇴보한 것이다.

그런데 독일문학을 통틀어, 칼라일에게 가장 큰 영향을 끼친 사람이 헤겔이 아니라 장 폴이라는 사실은 아주 특이한 일이다. 슈트라우스와 함께하고 있는 천재의 대열에서, 칼라일이라는 천재는 현재의 소책자들 속에서 방향을 잃어버렸지만 그 대열은 그냥 지속되고 있다. 『현재』The Present Time 라는 책은 "현재는 과거의 산물이고 미래의 초석이지만 어쨌든 그것은 새로운 시대"라는 명제로 시작된다.

이처럼 새로운 시대를 처음으로 공표한 것은 교황의 개혁정신이다. 바티칸에서 복음을 설파하던 교황 피우스 9세는 전 기독교 국가에 '진실의 법칙'을 전하고자 했다 :

"300여 년 전에 성 베드로 교황은 천국의 법정에 기록되어 있고 용감한 자 모두의 가슴속에 분명히 새겨져 있는 단호한 선고와 진정한 명령을 받았습니다. 교황직을 버리고 떠나라고요. 그러니 우리 모두 권위를 버리고 그 기만과 사악한 착란상태에서 벗어납시다. 그 자체의 위험성을 안고서 교황직은 지속되므로 언젠가는 그 대가를 치러야만 할 것입니다. 진실의 법칙, 즉 교황청의 진실의 법칙이 행해야 할 것은 하나님과 인간에게 모두 죄를 짓는 꼴인 그 타락한 자주적인 삶을 버리는 것입니다. 즉 정정당당히 죽어서 땅 속에 묻혀버리는 일 말입니다."

"가련한 교황이 수행할 과업은 이와는 사뭇 다릅니다. 하지만 대체적으로 볼 때 그것은 본질적인 면에서 이와 같았습니다. '교황의 개혁?' 튀르고와 네커는 이에 비하면 아무것도 아니었습니다."

"하나님은 위대하십니다. 그러니 추문이 끝나면 어느 헌신적인 인간으로 하여금 절망 속에서가 아니라 희망에 차서 교황직을 맡도록 하실 것입니다."[*]

이러한 개혁 선언과 함께 교황은 다음과 같이 문제를 제기했다.

"돌풍과 대화재와 지진의 근원. 모든 종교재판소 판사가 원하고 거의 모두가 소망하는 심판일까지 미루는 문제. 그러나 심판일은 이미 도래했습니다. 그것이 무서운 진실이었습니다."[**]

진실의 법칙은 선포되었다. 시칠리아인들은

"교황이 인가한 이 새로운 규칙을 처음 적용하기 시작한 아주 주목할 만한 사람들이었다. 우리는 진실의 법칙에 따라 나폴리인들과 나폴리의 종교재판관에 소속되지 않는다. 우리는 천국과 교황의 은혜를 입어 이것들에서 자유로울 것이다."

따라서 시칠리아인들의 혁명은 가능했다.

스스로를 '일종의 구원자', '선택받은 자유군'으로 간주하는 프랑스 국민들은 가련하고 멸시받는 시칠리아인들이 자신들의 과업을 빼앗아갈까 봐 우려했다. 그 결과가 1848년 2월 혁명이었다.

"마치 땅 속으로 공감의 전류가 흐르듯이 유럽이 온통 걷잡을 수 없이 폭발했다. 그리고 우리는 1848년을 맞이했다. 유럽이 일찍이 목격한 가장 특이하고 비참하며 경악스러운, 전반적

---

[*] 칼라일 편, 『최근의 소책자들』(런던, 1850), 3쪽.
[**] 칼라일, 같은 책, 4쪽.

으로 가장 굴욕적인 한 해를 말이다. 도처의 군주들과 통치자들은 그들의 귀에 대고 울부짖는 전 세계의 목소리, '꺼져라, 이 백치 같은 위선자들아. 영웅은커녕 광대에 불과한 인간들아. 꺼져버려라'고 외쳐대는 목소리를 갑작스러운 두려움 속에서 경청했다. 특이하게도 이 해에 들어서 처음으로 군주들은 황급히 떠나버렸다. 그러면서 그들은 이렇게 소리치는 것 같았다. '물론 우리도 어쩔 수 없었소.' 군주들 가운데 어느 누구도 자기 목숨과 맞바꾸겠다는 의지로 왕위에 미련을 갖거나 집착하지 않았다. 이것이 현재 놀라운 특징이다. 민주주의는 이 새로운 순간에 모든 군주들이 스스로 연극배우에 불과함을 알게 되는 것을 목격했다. 군주들은 고문이나 처벌이 두려워 치욕스러운 모습으로 황급히 도망쳐버렸다. 도처에서 민중은 스스로의 정부를 구성했고 소위 무정부 상태라는 공공연한 군주 부재의 상황이 — 여기에 치안이 곁들여졌으면 좋았을 것이다 — 도처에서 벌어졌다. 1848년 3월의 나날 속에서 발트 해에서 지중해에 이르기까지 이탈리아, 프랑스, 프러시아, 오스트리아 등 유럽 전역에서 역사는 이렇게 이루어졌다. ……

　그리하여 유럽엔 군주가 한 명도 남지 않았다. 단지 술통 위에서나 신문사설에서, 아니면 의회로 진출해 열변을 토하는 대중웅변가 — 민중 — 들만이 있을 뿐이었다. 이후 넉 달 동안 프랑스를 비롯해 유럽 전역은 온갖 종류의 열병에 휩쓸리는, 시청에서 라마르틴이 주재하는 하나의 파도와도 같은 거대한 군중집회로 몸살을 앓았다. 이 가련한 라마르틴이 생존하는 동안, 이러한 광경은 사려 깊은 사람들에겐 너무도 서글픈 것이었다. 그의 마음속엔 단지 구슬픈 바람소리만 지나칠 뿐이었으니 말이다. 슬픈 일이었다. 창세기 이래 혼돈이 다시금 웅변적인 모습으로 구현되었다. 하지만 이런 혼돈의 상황은 스스로를 조화라고 자처했다. 하지만 이런 경우 그저 기다리고만 있으면 된다. 모든 풍선들은 바람이 빠져버려 머지않아 처참한 모습으로 땅에 떨어져버리고 말기 때문이다 *."

---

* 칼라일, 같은 책, 6~8쪽.

이 광범위한 혁명의 불을 당기고 그 연료를 손에 든 사람들은 과연 누구인가?

"학생, 젊은 문인, 변호사, 신문기고자 등을 비롯해 경험 없는 열광자, 정당한 방법으로 파산당한 불량배들이었다. 이제껏 젊은이, 그것도 거의 어린애들이 인간사에서 그처럼 주도적 위치에 선 적은 한 번도 없었다. 대부분의 언어에서처럼 처음에 '주인'이나 상급자를 나타내기 위해서 시니어Senior라는 말이 만들어지고 난 후에 상황이 바뀌고 말았다. 좀 더 자세히 들여다보면, 연장자가 더 이상 존경받지 못하고 경멸받기 시작했다. 연장자는 아직도 어린애, 그것도 미덕, 너그러움, 젊은이의 혈기 같은 것이 결여된 한낱 어리석은 어린애에 불과했다.

하지만 이미 도처에서 시작되고 있듯이, 이러한 광란의 상태는 머지않아 잦아들 것이다. 인간의 생존을 위한 일상적 필수요건들은 이런 광기어린 상황과 어울릴 수 없으며, 그 외 어떤 것들이 타파되더라도 이 필수요건들만은 지속적으로 남아있을 것이다. 색칠을 다시하고 모양을 바꾼 낡은 기계가 다시금 설치되는 양상이 머지않아 대부분의 국가들에서 잇따라 나타날 것이다. 즉 과거에 광대에 불과했던 군주들이 조건이 성숙되면 헌법과 국회, 그리고 기타 그럴듯한 부수적 제도가 재정비된 상태에서 다시금 등장할지 모른다. 도처에서 구시대의 일상생활이 다시 고개를 쳐들려고 할 테지만, 이러한 상황이 영구적일 가능성은 없다."*

"유럽사회는 대단히 위험스런 격동 속에서, 고정된 기반 위에 견고히 자리잡지 못하고 격렬하고 끝없는 소용돌이와 급류 속에서 뜬 채로 계속 요동하다가 이제는 처참하게 고꾸라지고 있다. 하지만 간헐적으로는 고통스럽게 스스로를 조절해 나가야만 한다. 그러면 마침내 새로운 반석이 나타날 것이며, 거대한 파도와도 같은 반란과 그 반란의 절박성이 다시금 잦아들 것이다."**

---

* 칼라일, 같은 책, 6~8쪽.
** 칼라일, 같은 책, 8~10쪽.

역사란 대부분 이런 식이다. 하지만 구시대는 이와 같은 형태로라도 위안을 거의 받을 수 없다. 도덕도 마찬가지이다.

"왜냐하면 우리가 어떻게 생각하든 간에 보편적인 민주주의가 현재 우리가 살고 있는 시대의 필연적인 사실로 등장한 것이다."[*]

- 마르크스 · 프리드리히 엥겔스,
「토마스 칼라일의 '최근의 소책자들'」

8. 19세기 중반의 영국 리얼리즘 작가들

작금의 영국 소설가들은 생생한 표현과 웅변들로 가득 찬 지면을 통해, 모든 직업적인 정치가, 출판업자, 도덕가들을 총괄한 것 이상의 정치적, 사회적 진실들을 세상에 토해냈다. 그리고 놀랄 만큼 한결같이 온갖 종류의 일들을 업신여기는 '대단히 고상한' 연금 수혜자와 공채소유자로부터 작은 상점의 점원과 법률 서기에 이르기까지 전 분야에 걸친 중산계급의 모습을 그려내고 있다.

과연 디킨즈, 대커리, 브론테, 가스켈 여사 등은 이들을 어떻게 묘사해왔는가? 위의 소설가들은 중산계급의 모습을 주제넘은 태도, 가식, 약간의 전횡과 무지로 가득 차 있는 것으로 그려 보이고 있다. 그리고 문명세계는 '자기보다 높은 사람에겐 굽실거리고, 자기만 못한 이들에겐 압제적'이라는 경구적 표현을 중산계급에 덧붙임으로써 이 소설가들의 판단을 정당화

---

[*] 칼라일, 같은 책, 10쪽.

하고 있다.

– 마르크스, 「영국의 중산계급」

9. 윌리엄 칼튼

여기 도착한 이래 나는 윌리엄 칼튼^{William Carleton}의
『아일랜드 소작농의 특징과 내력』^{Traits and Stories of the Irish}
^{Peasantry; 1853} 제1권 이외에는 신문 한 장 책 한 권 읽지
않았네. 1권을 다 읽는 데는 많은 어려움이 뒤따랐으
므로 2권은 더 적당한 시기까지는 보류해 두어야겠네.
이 책은 상호 연관성 없는 일화들로 구성되어 있기 때
문에 아일랜드 소작농의 생활이 여러 측면에서 묘사되
고 있네. 그래서 이 책은 단숨에 읽어 치울 수 있는 종

아일랜드의 소설
가 윌리엄 칼튼
(1794~1869)

류의 것은 아니라네. 바로 이러한 이유 때문에 이 책은 필요에 따라 이번
엔 이 음식, 다음번엔 저 음식을 맛보듯이 사서 지녀야 할 책이라네. 칼튼
은 문체가 훌륭한 작가도, 그렇다고 문장의 대가도 아니지만 그의 독창성
은 바로 묘사의 진실성에 있다네. 아일랜드 소작농의 아들로서 그는 레버
와 러버보다도 자신이 다루고 있는 내용에 대해 잘 알고 있는 것 같네.

– 마르크스, 엥겔스에게 보낸 편지(1879. 8. 14)

마르크스 엥겔스 문학예술론

10. 버나드 쇼

　역설적인 작가 쇼는 작가로서는 매우 재능 있고 재치 있기는 하지만 경제학자와 정치가로서는 전적으로 쓸모없는, 정직하지만 전문가이지는 못한 친구요.

- 엥겔스, 칼 카우츠키에게 보낸 편지(1892. 10. 3)

11. 에이블링

1

　에이블링의 연극은 내가 기대했던 것보다 훨씬 나았소. 그것은 매우 잘 그려진 일종의 소묘이지만 입센 식으로 해결 없이 끝나버리고 마는데, 관객은 바로 이 점에 익숙하지 못하다오. 잇따라 또 한 편이 상영되었는데, 이는 에체가라이의 『두 가지 의무 사이의 갈등』Conflictos entre dos deheres, 1882을 영국적인 상황에 맞게 고쳐 쓴 식이었소. 이 작품은 선정적 요소가 잔뜩 가미된 것으로서, 비록 주제가 무겁고 통속적이며 영국인들의 취향에 맞춘 것이기는 하지만 관객들로부터 좋은 반응을 받았소.

- 엥겔스, 폴 라파르그에게 보낸 편지(1889. 5. 17)

2

　에이블링의 연극적 노력이 발전하고 있는 듯하오. 2주 전에 상연된 최근 작품은 대단한 성공작이었소.

375
—
제2부　문학·예술과 사상의 역사

12. 윌리엄 모리스

지난 금요일* 사회민주주의동맹SDF**
이 자선 공연을 가졌단다. 투씨와 에이
블링이 한 작품에서 공연했지만, 나는
세 시간 동안 계속 딱딱한 의자에 앉아
있고 싶은 마음이 안 생겨 아예 가지를
않았단다. 님Nim이 말하기로는 다소간
자기들 자신의 과거를 소재로 한 작품
이어서 그런지 연기를 퍽 잘했다고 하
더라. 라이트 여사도 낭송을 잘했고, 백
스도 오랫동안 피아노를 연주했다고 들
었다.

전날 밤 여기 왔다가 『고대 북유럽

윌리엄 모리스(William Morris ; 1834~1896)는 영국의 사회주의 작가이자 건축가이다. 산업혁명의 물결 속에서 범람하기 시작한 값이 싸고 저속하며 조잡한 기계생산 공예품에 대한 반작용으로서 일으킨 '미술공예운동'(Art and Craft Movement)의 주도자로 활약했다.

---

* 11월 21일.

** 사회민주주의동맹The Social Democratic Federation : 다양한 사회주의 분자, 특히 지식인들을 규합해 1884년 8월 창립된 영국사회주의자동맹. 오랫동안 이 동맹은 기회주의적이며 분파주의적 정책을 추구하는 힌드맨이 이끄는 개혁주의자들의 통치를 받았다. 동맹 내 혁명적 마르크스주의자인 엘레노어 마르크스 에이블링, 에드워드 에이블링, 톰 만 등은 이 노선에 반대해 대중 노동자 운동과의 결탁을 위해 애썼다.
1884년 가을에 동맹이 분리되고, 1889년 12월 좌익 성원들이 독자적인 기구를 조직한 (1889년 12월) 이후 동맹 내의 기회주의자의 영향력은 더욱 강화되었다. 그러나 인민들이 혁명적 성향에 영향을 받아, 기회주의자의 지도노선에 불만을 품은 혁명주의 분자들이 동맹 내부에서 꾸준히 성장하고 있었다.

시가집』이 내 책상 위에 있는 것을 보고 대단히 기뻐했던 모리스는 — 그는 아이슬랜드 출신의 열성분자다 — 에다에서 브륀힐트의 분신에 대한 자신의 시 한 편(브륀힐트가 지구르트의 시신과 함께 분신하는 장면 묘사)을 낭송했다고 한다. 그 자선 공연은 이처럼 성공적이었다는데, 내가 보기엔 그들의 문학보다는 실제 연기가 더 낫고, 시보다는 산문이 더 나은 것 같더라.

- 엥겔스, 로라 라파르그에게 보낸 편지(1884. 11. 23)

7 장

독일문학

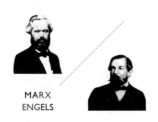

MARX
ENGELS

1. 17세기 중반에서 19세기 초반까지의 독일과 독일문화의 상황

1. 1648÷1789

a) 정치상황; 독일의 제후들은 베스트팔렌의 평화를 최대한으로 이용하고 있었는데, 서로 경쟁하는 동안에 외국세력에게 자신들을 팔아넘기고 말았다. 이 외세들 — 프랑스의 제후들 — 은 점차 독일의 모든 프랑스 소유지를 점유하고 알자스를 에워싸기 위해 독일의 약점을 최대한 이용했다. 프랑스의 역사적 권리와 튜턴족의 '강도야'라는 외침, 좌측의 보주지역*을 제외한 대략 서기 1000년 이후의 언어적 경계의 불변성, 이것이 일반적인 상황이다. 특별하게는 북부에서 오스트리아와 그 제국과 경쟁하고 있는 강대국인 프러시아가 등장했다. 북부와 남부로의 분리는 현실화되기 시작했다. 프러시아 역사의 비판. 프리드리히 2세. 러시아의 발흥과 프리드리히 2

---

* Vosges; 보주 산맥은 프랑스 동부의 산맥으로, 알자스-로렌 지방에 걸쳐 있다.

세의 러시아 정책에의 예속. 프러시아로 인해 시민전쟁은 이제 오스트리아와 프러시아 간의 경쟁적인 전쟁으로 바뀌었다.

b) 경제상황; 그럼에도 불구하고 '30년 전쟁'의 결과로부터 완만한 회복 및 부르주아의 재 등장. 그러한 상황 아래서 이 회복은 수치스러운 힘을 통해 가능했다. 이 모든 것에도 불구하고 경제적 진보는 정치적 개입에 의해서만, 제후들의 비열한 행위와 그들이 외국으로부터 받은 돈에 의해서만 가능했다. 이것은 독일이 경제적으로 얼마나 낙후되었는지를 말해준다. 이 시기는 가부장적 통치의 원천이었다. 1648년 후에야 이 국가는 실제로 사회적 기능에 부합했으며, 이는 재정적 궁핍에 의해 강요된 것이었다. 재정적 결핍을 무시한 곳에서는 정체가 있었다(베스트팔렌의 주교구). 낙후 상태가 얼마나 지독했던지! 국가의 원조는 얼마나 한심한 것이었는지! 세계시장에 대해서는 완전히 수동적이었다. 대규모 세계전쟁(1801년까지의 미국의 내전 및 혁명전쟁)에서 중립국으로서 약간의 이득을 취할 수 있었을 뿐이었다. 그에 반해 약탈국가에 대해서는 무력했다(프랑스 혁명 덕택으로 이 수치스러운 지위는 제거되었다).

c) 문학과 언어의 전반적 쇠퇴; 신학은 화석화된 독단론이었다. 다른 학문에서는 독일이 쇠퇴했지만 아직 희망의 빛은 남아 있었다. 즉 야콥 뵈메(발흥하는 철학자들의 새로운 조짐), 케플러, 라이프니츠 ― 다시금 현존하는 것, 현실적인 것으로부터의 추상화. 그리고 요한 세바스찬 바하.

d) 1789년의 독일 상황; ⓐ 농업 ― 농부, 농노, 태형, 세금징수의 상태. ⓑ 산업 ― 회복되지 않는 기아, 본질적으로 수제 노동. 영국에서 대규모 공업이 이미 시작된 반면, 독일의 산업은 완전히 발달되기도 전에 소멸되

었다. ⓒ 무역 — 수동적. ⓓ 귀족과 정부와의 관계에서의 시민들의 사회적 지위. ⓔ 그 발전의 정치적 장애. 파멸, 멩케에 따른 서술. 관세, 수로교통의 방해. 분할로 인해 자유무역은 국내 국경에 국한되었다. 관세는 대부분 도시의 소비세에 대한 것이다.

재산에는 어쩔 줄 몰라 하는 제후들은 — 슈바르츠의 보호자 및 칼 아우구스트와 같이 — 그 자신은 깨우쳤을지라도 대부분 전쟁을 치러 끝내기보다는 '라인동맹'에 들어가기를 훨씬 더 선호했다. 그 증거는 그들의 목에 스스로 칼을 들이 민 결과가 되어버린 1806년의 침입*이다. 게다가 2천 명의 제후들 각자는 절대군주였다. 그들은 미숙하고 배우지 못한 룸펜들이었으며, 그들 간의 협력은 결코 기대할 수 없었다 하지만 변덕스러움 덕분에 항상 기대를 할 수는 있었다(슐뢰처). 미국의 내전 기간 동안 병사 무역 — 그러나 그들의 가장 수치스러운 행위는 그들이 존재한다는 사실 자체였다.

그리고 그들 외에도 동부 국경에는 프러시아, 그리고 남쪽으로 오스트리아가 탐욕스러운 새로운 영역을 찾아 손을 내밀고 있었다. 이들 국가만이 아직 그 상황을 버텨낼 수 있었는데 양 국가 중 한 국가만이 존속했다. 하지만 그들의 필연적인 경쟁은 그 어떤 탈출구도 불가능하게 만들었다. 완전히 막다른 길에서 오직 외부로부터만 구원책이 나올 수 있었는데 그것이 바로 프랑스 혁명이었다. 당시에는 군사력, 문학 및 철학, 그리고 치밀하고 객관적인 과학적 연구 분야만 활기를 띠었다. 이미 18세기경, 비록 선두 대열에 있다고는 하지만 프랑스에서 정치적 정서가 지배적이었던 반면

---

* 1805년 나폴레옹은 '아우스터리츠 전투'에서 승리하여 제 3차 대 프랑스 동맹을 붕괴시켰다. 이에 신성로마제국은 해체되고, 프랑스의 영향 아래 있는 '라인 동맹'이 결성되어 프랑스의 패권은 독일 중부까지 뻗치게 되었다. 1806년 10월 14일에는 프랑스군이 '예나-아우어슈테트 전투'에서 프로이센군을 격파했다.

에, 독일에서는 모든 것들이 현실로부터 관념적인 영역으로 도피해버렸다. '인간'과 언어의 발전 ; 1700년 야만인 상태, 1750년; 레싱과 칸트, 곧 괴테, 쉴러, 빌란트, 헤르더, 헨델, 글루크, 모차르트.

2. 1789~1815

알자스 로렌 등의 독일 영토는 이미 그 절반이 프랑스 주권하에 있었는데, 그것이 프랑스 혁명과 결탁하여 전쟁에 대한 빌미를 주었다. 러시아와 오스트리아는 이제 갑자기 하나가 되었다.

프랑스와 프로이센이 벌인 '발미 전투' 장면

발미^{Valmy} 전투*. 집중화기의 사용에 의한 대열 전술의 패배. 플로이루스^{Fleurus} 및 엠나페스^{Jemnapes} 전투. 일련의 군사적 요지의 연결을 그 토대로 삼았던 오스트리아 경제전술의 패배. 라인 강변 좌측의 정복. 농부와 자유정신이 깃든 도시들의 환호는 개별적 협박이나 나폴레옹의 혈세에 의해서도 없앨 수 없었다. 아미앵 평화, 제국 대표자의 주요결정, 제국의 해체. '라인동맹', 나폴레옹에 의한 소도시의 일소는 유감스럽게도 충분하지 못했다. 그는 항상 제후들과의 관계에서는 혁명가였다.

군소 제후들이 나폴레옹 앞에서 그렇게 굽실거리지 않았다면 그것은 지

---

* 제1차 대^對 프랑스 동맹군에게 계속 밀리기만 했던 프랑스 혁명 정부는 1792년 9월 이 전투의 승리로 전세를 역전시켰다. 발미에서의 프랑스 승리는 부르봉 왕조의 폐지에 이은 공화정^{共和政} 선포와 때를 같이하고 있었다. 프랑스는 11월 유럽의 현존하는 왕정을 전복하려는 모든 인민들에게 원조를 제공하겠다는 폭탄선언을 했고, 1793년 1월에 드디어 루이 16세를 처형했다. 이때부터 프랑스는 대외팽창에의 길을 걷게 되었다.

속되었을 것이다.

1806년 — 나폴레옹의 실수는 프러시아를 완전히 붕괴시키지 못했다는 것이다 — 대륙 봉쇄 하의 독일의 경제적 지위. 외국에 의한 그 지독한 굴욕의 시기는 오히려 문학과 철학의 영광의 시기였으며, 음악은 베토벤의 절정기와 일치한다.

- 엥겔스, 「독일에 관한 메모」

3

지난 세기 말경에 독일의 상황은 그러했다. 전 국토는 부패와 반동적인 퇴보가 뭉쳐진 하나의 살아있는 덩어리였다. 국가의 무역, 상업, 산업 및 농업은 거의 침체하여 무용지물이 되었다. 농민계급, 상인 및 공장주는 피를 빨아먹는 정부와 열악한 무역의 이중적 압력을 겪었다. 귀족과 제후들은 자신들의 신민들을 쥐어짰는데도 불구하고 늘어나는 지출에 맞게 그들의 소득이 불어나지 않는다는 것을 깨달았다.

모든 것들이 잘못되고 있다는 불안감이 전국에 팽배해 있었다. 교육도 없었고, 대중의 마음을 움직일 방법도, 자유로운 언론도, 민의도 없었고 심지어는 다른 나라와의 확대 교역도 없었고, 있는 것이라곤 비열함과 이기심뿐이었다. 천박하고 야비하고 참담한 소매업적인 정신만이 온 나라에 펴져 있었던 것이다. 모든 것이 낡아버리고 부서지고 파멸을 향해 치달았다. 변화에 대한 한 가닥 희망조차 없었다. 국가에는 죽은 제도라는 썩은 시체를 치울 힘조차 없었다.

회복의 유일한 희망은 문학에서 보였다. 이 수치스러운 정치적 · 사회적 시대는 동시에 독일 문학의 위대한 시대였다. 1750년경에는 독일의 모든 위대한 인물들이 태어났다. 시인 괴테와 쉴러, 철학자 칸트와 피히테, 거의

20년 후 독일 최후의 위대한 형이상학자* 헤겔이 바로 그들이다. 이 시기의 가장 주목할 만한 작품은 당시 독일사회에 반대하는 저항과 반란의 정신을 내뿜었다.

괴테는 어느 반란자의 추억을 기리는 극적인 경의의 표시로『괴츠 폰 베를리힝엔』을 썼다. 쉴러는 모든 사회에 공개적으로 선전포고를 하는 한 고결한 젊은이를 찬양하는『약탈자』를 썼다. 그러나 이 작품들은 그들이 젊었을 때의 작품들이었다. 그들이 좀 더 나이 들었을 때 그들은 모든 희망을 잃었다. 그래서 괴테는 가장 신랄한 종류의 풍자에 국한했고 쉴러는 과학과 무엇보다도 고대 그리스와 로마의 위대한 역사가 그에게 제공해 준 피난처가 없었다면 절망에 빠졌을 것이었다. 민족의 가장 훌륭하고 가장 탁월한 사람조차도 자국의 미래에 대한 모든 희망을 포기해버렸다.

갑작스럽게 하나의 청천벽력처럼 프랑스 혁명이 독일의 혼란에 벼락을 내리쳤다. 그 결과는 어마어마했다. 사람들은 거의 교육받지 못했고 예전부터 폭정에 너무나도 익숙했던 탓에 아무런 변화 없이 남아있었다. 하지만 중간계급들과 귀족들의 좀 더 나은 자들은 국민의회와 프랑스 국민에게 즐거운 동의의 환호를 보냈다. 당시 살아있던 수백 내지 수천의 독일 시민들 중 한 사람도 프랑스 국민의 명예를 노래하지 못했다. 그러나 이런 감격은 독일식이었고, 순전히 형이상학적이었으며 그 감격은 단지 프랑스 혁명가의 이론에만 해당된다는 것을 의미했다.

이 이론들이 사태의 중량과 부피에 못이겨 뒷전으로 밀려나자마자, 1791년의 이론적 헌법에 의한 이론적 동맹에도 불구하고 프랑스 법정과 프랑스 국민과의 일치가 실제로 불가능하게 되자마자, 프랑스 국민들이

---

* 여기에서 형이상학metaphysics이라는 단어는 존재 영역을 초월하여 있는 상태들을 다루는 철학이라는 의미로 사용된다.

8월 10일*을 통해 자신들의 통치권을 실제적으로 주장하자마자, 더욱이 1793년 5월 31일 지롱드당이 실각함으로써 이 이론이 완전히 침묵으로 돌변하자마자**, 이 독일의 열광은 혁명에 대한 격렬한 증오로 바뀌어버렸다.

당연히 이 열광도 귀족이 자신들의 특권을 포기했을 때인 1789년 8월 4일 밤에서와 같은 그런 행동에만 적합하다는 걸 의미했다. 그 선량한 독일인들은 박애적인 이론가가 끌어낼 수 있는 추론과는 그 실천적 귀결이 엄격히 구별되는 행동을 한 번도 고려해 본 적이 없었다. 독일인들도 우리 모두가 잘 알고 있듯이, 많은 당파들에게는 오히려 심각하고 불쾌했던 이 귀결을 결코 인정하려 들지 않았다.

그렇게 처음에는 혁명에 열정적인 친구였던 모든 대중들은 이제 혁명의 최대의 적이 되었다. 그때 그들은 노예근성적인 독일 신문을 통해 파리로부터 가장 왜곡된 소식을 들었다. 그래서 그들은 굴레의 사슬을 힘차게 벗어던지고 모든 전제에 맞서, 귀족과 성직자에 맞서 도전을 하는 맹렬한 활동보다는 자신들의 낡은 조용한 신성 로마제국의 똥 더미***를 오히려 더 선호하게 되었다.

– 엥겔스, 「독일의 상태」

---

* 부르주아 개헌의회가 채택한 1791년의 헌법은 프랑스에 입헌군주제를 세웠다. 이 헌법은 1792년 8월 10일 국왕을 폐위시킨 민중봉기의 결과로 폐지되었다.

** 지롱드당: 프랑스 혁명 때 있었던 정치적 그룹. 그들은 혁명과 반동 사이를 넘나들면서 군주제와 타협하면서 온건적 부르주아계급의 이익을 대변했다.

*** 프로이센^{추도 세력}과 수많은 왕국, 공국, 후국으로 이루어진 신성 로마제국^{962~1806}에 대한 언급이다.

2. 쉴러

헤겔은 칸트의 무력한 '정언 명령'* — 그것은 불가능한 것을 요구하며 따라서 결코 현실적인 것에 도달하지 못하는 것이기 때문에 무력하다 — 을 어느 누구보다도 준엄하게 비판했다. 헤겔은 쉴러가 조달한 실현 불가능한 이상을 꿈꾸는 속물근성을 다른 누구보다도 냉혹하게 비웃었다(예컨대 『정신현상학』을 보라). 그럼에도 불구하고 헤겔은 가장 철저한 관념론자였다.

— 엥겔스,

『루드비히 포이에르바하와 독일 고전철학의 종말』

3. 괴테

1

이와 같이 (헤겔의) 체계의 내면적 요구 하나만 가지고 보더라도 벌써 철두철미 혁명적인 사유방법이 왜 극히 온화한 정치적 결론에 도달했는지 이유를 충분히 알 수 있다. 그런데 우리가 이와 같은 특수한 형식의 결론을 내리게 되는 것은 물론 헤겔도 독일 사람으로서 그와 동시대인인 괴테와 마찬가지로 상당히 속물근성을 가지고 있었다는 데에 기인한다. 괴테나 헤

---

* 칸트에 따르면, 이른바 그의 '정언 명령'定言命令, categorical imperative은 실제적 필요를 충족시키기 위해서가 아니라 무조건적으로 구속력 있는 도덕적 의무를 고취시키며, 순수한 도덕적 개념의 명제 하에서 행해지는 그러한 도덕적인 행위를 일컫는다.

겔이나 각각 자기의 영역에서는 그야말로 올림포스 산의 제우스였으나 두 사람 모두 독일의 속물근성을 완전히 벗어나지는 못하고 있었다.

- 엥겔스,

『루드비히 포이에르바하와 독일 고전철학의 종말』

2

삶의 가치와 삶을 향유하기 위한 최선의 방법 따위와 같이 속물들 틈에 나 어울리는 주제에 대한 그의 (뒤링의) 장황한 노작勞作들은 속물주의에 너무도 깊이 빠져 들어 괴테의 파우스트에 대한 자신의 분노를 토로한다. 괴테가 그 진지한 현실의 철학자인 바그너Wagner, 즉 그의 영웅이 아니라 그 비도덕적 파우스트를 만들어낸 것은 실제로 용서할 수 없는 일이었다.

- 엥겔스, 『반뒤링론』

3

모든 헤겔적 사유방식의 규칙에 따라서 "현실적인 것은 모두 이성적인 것이다"라는 명제는 다른 명제로, "존재하는 모든 것은 멸망하기 마련이다."*로 귀결된다.

- 엥겔스,

『루드비히 포이에르바하와 독일 고전철학의 종말』

---

* 괴테의 『파우스트』에서 나온 메피스토펠레스가 한 말의 의역(1막 3장 「서재」).

4

이 모든 것을 또한 괴테, 즉 '예언자'에게서 발견될 수 있는데 자신의 눈을 뜰 수 있는 사람이면 누구나 행간에서 이런 의미를 찾아낼 수가 있다. 괴테는 '신'에 관심을 갖는 것을 싫어했다. 그 단어는 그를 불편하게 했으며, 단지 인간적 문제에서만 평안함을 느꼈다.

1844년 자본주의 착취와 봉건적 수탈에 맞서 봉기한 슐레지엔 직조공들의 행진

이 인간성은 즉 종교의 질곡으로부터 이 예술의 해방이 바로 괴테의 위대함을 이루고 있다. 고대인들이나 셰익스피어도 이런 점에서 괴테에게 비견될 수 없다.

그러나 이 완성된 인간성, 바로 종교적 이원론의 극복은 독일민족 발전의 다른 측면, 즉 철학에 대해 결코 이방인이 아닌 사람에 의해서만 그 완전한 역사적 의미를 이해될 수 있을 뿐이다.

- 엥겔스, 「토마스 칼라일의 '영국의 과거와 현재의 상태'」

5

「칼 그륀, 인간적 관점에서 본 괴테에 대하여」라는 그의 괴테에 관한 논문을 수정해서 1/2 내지 2/3 크기로 줄이고 자네만 좋다면 그것을 우리가 출판하려고 하네. 그에 대해 자네가 가능한 한 빨리 내게 편지를 써 보냈으면 하네. 그 책은 아주 독특하다네. 칼 그륀은 괴테의 모든 속물근성을 인간적인 것으로 찬양하고, 괴테를 프랑크푸르트의 거주자 및 한 관료로서 '천진난만한 인간'으로 만드는 반면에, 그의 위대함과 천재성을 간과하거나 어떤 때는 남용하기도 한다네.

　이와 같이 그 책은 인간이 독일 쁘띠부르주아와 동일하다는 가장 화려한 증거를 제공해 준다네. 나는 이것을 지적했을 뿐이지만 그것을 발전시키고 우리의 출판에 적합하지 않은 그 논설의 나머지는 상당 부분을 삭제해 버리도록 하겠네. 자네는 어떻게 생각하나?

- 엥겔스, 마르크스에게 보낸 편지(1847. 1. 15)

4. 하이네

1

　18세기의 프랑스에서처럼 19세기의 독일에서도 철학적 혁명이 정치적 붕괴를 예고했다. 그러나 이 두 나라는 얼마나 다른가! 프랑스 철학자들은 모든 공식적 과학, 교회, 그리고 종종 국가와 공개적 투쟁을 벌이고 있었다. 그들의 저술은 국경 주위, 즉 네덜란드 혹은 영국에서 인쇄되었다. 그들은 종종 바스티유 감옥에 투옥될 위험에 처하기도 했다.

　이와는 달리 독일인 철학자들은 교수들, 국가가 임명한 청년의 교육자들이었다. 그들의 저술은 널리 알려진 교재였으며 전체 발전의 종결체계 — 헤겔적 체계 — 는 왕립 프러시아 국가 철학의 수준으로 고양되기조차 하였다. 혁명이 이 교수들 뒤에, 그들의 애매하고 현학적인 문구들 뒤에, 그들의 답답하고 지겨운 문장들 뒤에 숨을 수 있다는 것이 가능한 일이란 말인가? 혁명의 대표자, 자유주의자, 머리를 혼동시키는 철학의 치열한 반대자들로 간주된 사람들이 바로 이 사람들이 아니었던가?

그러나 정부도 그리고 자유주의자들도 보지 못한 것을 적어도 1833년
에는 한 사람이 보았다. 이 사람은 다름 아닌 하인리히 하이네였다 *.

\- 엥겔스,
『루드비히 포이에르바하와 독일 고전철학의 종말』

2

그러한 것들 외에 모든 살아있는 독일 시인들 중에 가장 출중한 하인리
히 하이네는 우리의 대열에 동참했고 사회주의를 설파하는 몇몇 단편을
포함한 정치시집을 출간했다. 그는 그 유명한 『슐레지엔 직조공의 노래』의
저자이며, 그에 대해서 나는 여러분에게 진부한 번역을 하겠는데 그것이
영국에 모독이 될까 두렵다. 어쨌든 나는 번역을 할 것이며, 단지 그것이
1813년 프러시아의 표어에 관한 것임을 주의하라. '왕과 모국을 위해 신과
함께'는 충성스러운 당이 즐겨하는 말이 되었다. 그 노래 **는 다음과 같다.

> 그들의 음울한 눈에는 눈물도 없이,
>
> 베틀에 앉아,
>
> 그 얼굴에는 분노를 띠우네.
>
> 우리는 수난을 당했으며 오랫동안 굶어왔네.
>
> 낡은 독일이여!

---

* 이것은 하이네의 에세이 『독일의 종교사와 철학사에 대하여』Zur Geschichte der Religion und Philosophie에
포함된 독일의 철학적 혁명에 대한 하이네의 진술을 언급한다. 하이네는 헤겔 철학에서 그 정점을
이룬 철학적 혁명이 독일에 임박한 민주주의 혁명의 서막이었다고 믿었다.

** 엥겔스는 하이네의 초판 시집에서 번역했다. 1844년 7월 10일 《전진》지에 최초로 나왔던 것과는
달리 첫째 연의 번역에는 셋째 행이 추가되어 있다.

우리는 너를 위해 수의를 짜고 있네.

그리고 세 겹의 저주를 짜고 있네.

우리는 베를 짜네, 베를 짜네!

첫 번째 저주는,

동한과 기근 속에 기도드렸던 신에게로,

우리는 그저 바라고 고대했지.

그런데도 그는 우리를 놀리고 조롱하고 우롱했지.

우리는 베를 짜네, 베를 짜네!

두 번째 저주는 우리의 빈곤을 누그러뜨리지 못하는 제국의 왕에게로,

우리에게서 마지막 동전 한 닢마저 빼앗아버리고 우리를 개처럼 쏘아 죽이는 왕에게로,

우리는 베를 짜네, 베를 짜네!

세 번째 저주는,

우리에게 아무것도 주지 않고 가난과 수치만을 주는 거짓 조국에게로,

꽃은 이미 꺾이고

부패와 살해가 벌레를 키우는 거짓 조국에게로,

우리는 베를 짜네, 베를 짜네!

독일에서 유래한 내가 아는 한 가장 힘 있는 시 중의 하나인 이 노래를 남기며, 나는 우리의 이후의 진보와 사회, 문학에 관해 곧 보고할 수 있기를 희망하며 이제 당신으로부터 떠나간다.

- 엥겔스, 『독일 공산주의』

3

하이네는 아래의 말보다 더 경멸스럽게 그의 속물적 독일 대중*에 관해 말할 수 없을 것이다. "그 저자는 그것이 마치 합리적인 존재인 것처럼 그의 대중에게 마침내 익숙해져 있습니다."

- 엥겔스, 『자본론 보론 제3권』

4

친구여, 나는 자네를 내일 볼 수 있는 시간을 갖게 되기를 바라네. 나의 출발은 월요일로 정해져 있다네.** 출판업자 레스케는 방금 나를 만나려고 와 있네. 그는 다름슈타트에서 검열 받지 않은 계간지***를 발간했다네. 엥겔스, 모제스 헤스, 헤르베크, 알렉산더 융 등과 내가 기고했다네. 그는 내가 시 또는 산문을 기고하는 것에 대해 자네에게 말해보기를 요구했다네. 자네는 거절하지는 않겠지. 왜냐하면 우리는 독일에서 자리잡을 수 있는 모든 기회를 이용해야 하기 때문이네.

내가 남겨두고 떠나야만 하는 모든 사람 가운데에서 하이네에게 작별 인사를 하는 것은 무엇보다도 섭섭한 일이네. 나는 자네가 나와 함께 떠나기를 무척이나 바라고 있네. 자네의 훌륭한 부인에게 나와 내 아내의 안부를 전해 주게.

마르크스가

---

* 로마체로에게 보낸 후기에 대한 언급.

** 마르크스는 《전진》지의 편집에 참여했다는 이유로 프랑스의 귀조Guizot 정부로부터 추방당했다. 이 축출명령은 프러시아 정부의 압력으로 1845년 1월 16일에 떨어졌다. 마르크스는 원래 계획보다 다소 늦게 2월 3일에 브뤼셀로 이주했다.

*** 『사회개혁을 위한 라인연보』, 그 두 권이 1845~46년에 출간되었다.

- 마르크스, 하인리히 하이네에게 보낸 편지(1845. 1. 12)

5

나의 소중한 하이네,

나는 이 편지를 지참인, 즉 온후하고 교양 있는 러시아인 안넨코프가 다녀가는 편을 이용해 자네에게 안부를 전하네. 며칠 전에 나는 자네에 대한 사소한 중상을 우연히 듣게 되었네 ― 뵈르네의 편지는 그가 죽은 후에 발행되었네. 나는 그가 서신이 보여주듯이 흑과 백색으로 무미하고 소심하고 싱겁다는 것을 결코 믿어본 적이 없다네. 그리고 구츠코프의 추신이 얼마나 구질구질한 쓰레기인지. 나는 독일 정기 간행물에서 뵈르네*에 대한 자네의 책에 관해 구체적인 평론을 써보려 하네. 어느 문학적 시기에서도 기독교 ― 독일 멍청이들이 자네의 책에 한 것보다 더 우둔하게 책을 다룬 것을 발견할 수 없을 것이네. 그리고 독일의 문학적 시기에서 멍청함이 없었던 적은 없다네. 자네의 책에 대해 내게 말하고픈 특별한 일이 있다면 지금 지급至急으로 하게.

마르크스가

- 마르크스, 하인리히 하이네에게 보낸 편지(1846. 4. 5)

6

하이네는 급속히 야위어가고 있네. 2주일 전에 내가 그를 방문했는데 그는 신경성 발작으로 침대에 누워 있었다네. 어제야 그가 일어났지만 매우

---

* 『하인리히 하이네의 루드비히 뵈르네』Heinlich Heine, über Ludwig Börne에 대한 언급, 함부르크, 1840.

무기력한 상태에 있다네. 그는 거의 몇 걸음도 걸을 수 없었고, 벽에 기댄 채 안락의자에서 침대로, 그리고 그 반대로 발을 질질 끌며 걸어 다닌다네. 더욱이 그의 집 안에서 소음, 목공작업, 망치 두드리는 소리들은 그를 미치게끔 한다네. 하인첸은 그를 보기를 원했지만 허용되지 않았네.

　　　　　　　　　　　　　　　－ 엥겔스, 마르크스에게 보낸 편지(1848. 1. 14)

5. 청년독일파

　독일 문학도 또한 모든 유럽처럼 1830년의 사건*에 의해 내던져진 정치적 열광의 영향 아래서 진통을 겪고 있었다. 미숙한 입헌주의나 훨씬 더 미숙한 공화주의는 동시대의 거의 모든 작가들에 의해서 비난받았다. 틀림없이 주의를 끌 만한 정치적 암시로써 그들의 작품의 모자라는 점을 보충하는 것이 갈수록 습관화되었는데, 이는 특히 삼류 문필가의 습관이 되었다. 시, 소설, 평론, 극들의 모든 문학적 생산은 소위 '경향성'이라는 것, 즉 다소 소심한 반정부 정신의 표현으로 가득 차 있었다.

　1830년 이후부터 만연되어 온 사상과 이러한 정치적 대립 요소들의 혼란을 종식시키기 위해 대학에서는 성급히 재개한 독일철학과 프랑스로부터 단편적으로 수입된 엉터리 사회로의, 특히 생시몽의 사회주의가 뒤범벅이 되어 있었다. 그리고 이 뭉치 덩어리를 이룬 이질적 사상에 대해 장황히 설명을 늘어놓았던 작가의 무리는 자신들을 주제넘게도 '청년독일파' 또는

---

*　이것은 1830년 프랑스의 7월 혁명과 그 여파로 벨기에, 폴란드, 독일과 이탈리아에서 일어났던 폭동에 대한 언급이다.

'현대파'라고 불렀다. 그들은 그 이후 그들의 젊은 혈기의 과실을 후회했지만 그들의 문체를 개선시키지는 못했다.

                         – 엥겔스, 『독일에서의 반혁명 운동과 혁명 운동』

6. 알렉산더 융

    마침내 그 저자는 처음부터 작업을 해온 것, 즉 그에게는 '현대적'인 것의 절정인 소중한 '청년독일파'에 도달한다. 그는 뵈르네로부터 시작한다. 실제로 '청년독일파'에 대한 뵈르네의 영향은 그리 대단하지는 않았다. 문트와 퀴네는 그가 미쳤다고 했고, 라우베는 그가 너무도 민주적이고 너무 정언적이라고 생각했다.

    그는 단지 구츠코프와 비인바르크에게만 더 지속적인 영향을 미쳤다. 특히 구츠코프는 뵈르네에게 상당한 빚을 지고 있다. 후자 뵈르네의 가장 커다란 결과는 민족에 대한 그의 차분한 영향에 있었다. 이는 『파리로부터의 편지』Briefe aus Paris*를 쓴 작가의 친아들이 새롭고 철학적인 자유주의자의 모습으로서 나타났을 때까지, 즉 1832년에서 1840년까지의 혼란스러운 시기에 독일민족은 그의 작품을 신성한 대상물로 간직했으며, 그 작품으로부터 힘과 지원군을 찾아냈다.

    뵈르네의 직·간접적인 영향이 없었다면 헤겔로부터 진행된 자유로운 경향이 형성되는 일은 훨씬 더 어려웠으리라. 해야 할 필요가 있는 모든 것

---

* 루드비히 뵈르네, 『파리로부터의 편지』 제1~2부, 함부르크, 1832 ; 3~6부, 파리, 1833~1834.

이란 헤겔과 뵈르네 사이의 진흙으로 막힌 길을 치워내는 일이었으며 그 것은 그리 어렵지 않았다. 이 두 사람은 보이는 것보다는 서로 더 가까이 있었다. 뵈르네의 솔직성과 건강한 모습은 적어도 이론적으로 헤겔이 마음 에 품었던 것의 실천적 측면이라는 사실이 증명되었다.

당연히 융 씨는 이것도 보지 않는다. 사실 그에게는 뵈르네가 상당히 존 경할 만한 인물이었으며, 그 상황에서는 확실히 매우 가치 있는 특징적인 사람이었다. 그는 바른하겐과 퓌클러가 아마도 가졌을, 그러한 부인할 수 없는 장점을 지녔다. 그리고 그는 특히 훌륭하고 극적인 비평을 썼지만 광 신자였으며 테러리스트였다. 선한 주께서 그런 것으로부터 우리를 구제해 주시기를.*

청년독일파와 구츠코프의 인격을 절대적인 개념으로부터 구축하고자 융은 뵈르네 같은 단순한 인물을 이해할 수조차 없다. 그는 가장 극단적이 고 가장 과격한 선언이 뵈르네의 내면적 존재로부터 얼마나 불가피하게 그리고 논리적으로 발생하는지를, 뵈르네가 천성적으로 공화주의자였다는 것을, 실제로 파리로부터의 편지가 그러한 사람에 대한 것 치고는 그다지 강한 용어로 쓰여지지 않았다는 것을 깨닫지 못한다.

그렇지 않다면 융 씨가 군주제 국가에 대해 어느 한 스위스인이나 어느 한 북미인이 이야기하는 것을 결코 들어본 적도 없었다는 말인가? 그리고 누가 삶을 오직 정치적 관점에서 숙고한다고 해서 뵈르네를 비난할 것인 가? 헤겔은 그와 같은 일을 하지 않았는가? 그에게는 국가가 세계사로의 이행 속에 있지 않고 따라서 국내외 정치조건, 즉 그 절대정신의 구체적 현

---

* 자신의 사유 양식만으로 시대의 기수가 된 인물의 그따위 맥 빠지고 나약한 인식을 수치스럽게 여겨라!

실성 속에 있지 않다는 말인가? 그리고 — 충분히 익살맞게도 — 융 씨는 그 완성을 보다 넓은 헤겔적 외양에서 발견하고 종종 가장 놀라운 방법으로 헤겔적 외양과 일치하는 뵈르네의 직접적이고 순진한 외양에 직면한다.

융 씨는 바로 자신이 그러한 무의미하고 경솔하고 무력하고 아첨하는 소인이었기 때문에 뵈르네의 중요성, 그의 강철과도 같이 굴복하지 않는 성격, 그의 당당한 의지력을 조금도 알지 못한다. 그는 한 인격체로서의 뵈르네가 독일사회에서 아주 독특하다는 사실을 알지 못한다. 그는 뵈르네가 독일 자유의 기수, 즉 자기 시대의 독일에서 유일한 진정한 인간이었다는 것을 알지 못한다.

그는 4백만 독일인에 대항하여 일어나서 이상의 왕국을 선언하는 일이 무엇을 의미하는지 생각할 수조차 없다. 그는 뵈르네가 자족적인 독일인의 회개를 설파하고 독일인들에게 이미 도끼가 나무뿌리에 놓여있으며 더 강력한 자가 나타날 것이고 그가 불로써 세례를 하고 잔인하게 타작마루로부터 왕겨를 휩쓸어갈 것이라고 말하는 새 시대의 세례 요한이라는 것을 이해하지 못하고 있다. 융 씨는 그 자신이 이 왕겨의 일부분임을 알아야 한다.

마침내 융은 그의 사랑하는 '청년독일파'에 도착하여 참을만하지만 너무 구체적인 하이네의 비판과 더불어 일을 시작한다. 그러고 나서 나머지 사람들이 다음 차례로 다루어진다. 먼저 라우베, 문트 및 퀴네, 그 다음엔 비인바르크가 다루어진다. 비인바르크에게는 그가 받을 만한 가치 있는 만큼의 경의가 표해졌으며, 마침내 거의 50쪽이 구츠코프에게 할애되었다. 첫 세 사람은 보통의 중용적인 찬사, 즉 많은 인정과 적당한 비난을 받는다. 비인바르크는 특정한 탁월함이 주어졌지만 4쪽만이 그에게 할애되었다. 그리고 마지막으로 구츠코프는 파렴치한 노예근성으로 근대의 기수가 되었다. 그의 이미지는 헤겔적 개념의 도식에 상응하여 구축되었으며 그는 일류의 명사로 대접을 받는다.

그러나 한 젊고 새파란 저자에 의해 판단이 내려졌다면, 사람들은 그것을 불문에 붙일 것이다. 한동안 청년문학에 자신들의 희망을 걸고 기대되는 미래로 눈을 향한 채 그들 자신에게 정당화될 수 있는 것보다 더 많은 인내로서 청년독일파의 작품을 주시했던 많은 사람들이 있었다. 특별히 자신의 마음이 독일적 사유 발전의 현 단계를 거쳐 온 사람이면 누구든 언젠가는 문트, 라우베 혹은 구츠코프의 작품에 대해 특별한 애착을 가질 것이다. 하지만 그 이후 이 경향을 능가한 진보가 너무 힘차게 달려 나갔으며, 대다수 '청년독일파' 작가들이 지닌 공허함은 놀라울 만치 명백해졌다.

'청년독일파'는 혼란한 시기의 불명확성에서 탈출했지만 이 불명확성에 의해 얼룩진 채 남아있다. 그 시기에 사람들의 마음속에서 아직 무형체의 미발달된 형식으로 격동했고, 그 후에야 비로소 철학의 도움으로 의식적으로 인지된 사상이 '청년독일파'에 의해 환상의 유희를 위해 이용되었다. 그리하여 애매모호함, 즉 개념의 혼동이 '청년독일파' 자신들 가운데에서 만연되었다. 구츠코프와 비인바르크는 다른 사람들보다 그들이 원하는 것을 더 잘 알고 있었고, 라우베는 모든 사람들 가운데 가장 모르고 있었다. 문트는 사회적 변덕을 추구했다. 퀴네에게서 헤겔인 것을 볼 수 있는데 그는 도식과 분류법을 만들었다.

그러나 사유의 제반 불명확성을 볼 때 가치 있는 그것으로부터 어떤 것도 생겨날 수 없었다. 관능의 합리화에 대한 사상은 하이네의 예를 따라가 보면 조잡하고 허울 좋은 방법으로 인식되었다. 자유로운 정치원칙은 다양한 인격체들 가운데 차이가 있으며 여성의 지위는 가장 공허하고 혼동된 논의를 불러일으켰다. 아무도 자신이 다른 사람과의 관계에서 어디에 서

있는지를 모르고 있었다. 이 사람들에 대립되는 다양한 정부가 채택한 수단들은 그 시기의 보편적 혼동에서 비롯되었음에 틀림없다. 이러한 관점에서 나온 환상적인 형식은 단지 지속적인 혼동만을 조장할 수 있었을 뿐이다.

'청년독일파' 작품의 외적인 화려함 덕택으로, 즉 그들의 재치 있고 야무지고 생생한 스타일, 그 주된 슬로건이 걸쳐 입은 미국의 신비주의 덕택으로, 또한 그들의 영향 하에서 비평의 부활과 문학잡지의 재생 덕택으로 '청년독일파'는 곧 다수의 젊은 작가들을 매혹시켜, 머지않아 그들은 비인 바르크를 제외하고는 각자 제자들을 얻게 된다. 낡고 초라한 순수문학은 젊은 세력으로부터의 압력 하에 기를 내주어야만 했으며, '청년문학'은 그들이 정복했던 분야를 소유하여 그것을 분리시켰다. 그리고 이 분해과정에서 해체되었다. 마침내 원칙의 부적절함이 드러났다. 그들 모두는 서로에 대해 실수를 저질렀던 것이다. 원칙은 사라졌다. 원칙은 이제 단지 인격의 문제였다. 구츠코프냐 문트냐 그것이 문제였다. 이 정기 간행물은 도당의 행위, 언쟁 및 무가치한 것에 대한 논쟁으로 채워지기 시작했다.

- 엥겔스 「알렉산더 융, '청년독일파' 문학」

마르크스 엥겔스 문학예술론

7. 칼 베크

1

시작부터 그는 '황금률'이 로스차일드(로트쉴트)의 '변덕'을 따라간다는 쁘띠부르주아적 환상을 기록한다. 환상은 로스차일드 가家의 권력에 관한 온갖 억측을 발생시킨다.

환상에 기초를 두고, 시인이 위협하는 것은 로스차일드의 실제 권력의 파괴, 사회적 조건의 파괴가 아니다. 시인은 단지 그것이 인간적으로 적용되기를 열망할 뿐이다. 그는 은행가들이 사회주의적 박애주의자가 아니고 하나의 이상에 대한 열광자가 아니며 인류의 자선가가 아니라 단지 은행가임을 한탄한다.

베크는 자신의 모든 표현에서 가난한 사람의 겁 많은 쁘띠부르주아적 비참함을 '소인', 즉 가련하고 경건하고 모순적인 소망을 지닌 가난하고 소심한 자를 표현하는 것이지, 자부심 있고 위협적이며 혁명적인 프롤레타리아를 말하는 것이 아니다. 베크가 로스차일드 가에 쏟아내는 위협과 비난은 그의 모든 선의적인 의도에도 불구하고 카푸친 Capuchin 수도회 수사의 설교보다도 독자들에게는 더욱 터무니없는 것처럼 들린다.

로스차일드 금융왕국의 설립자 메이어 암셀 로스차일드(Mayer Amschel Rothschild; 1744~1812). '로스차일드 가문'(Rothschild family)은 독일-유대계 혈통의 국제적 금융 재정 가문으로, 어느 한 정부에 종속되는 법이 없이 서로 다른 나라로 퍼져 영업을 하고 있었다. 이 가문은 이스라엘 건국자금을 대기도 했다.

그것은 로스차일드 가의 권력에 관한 가장 소아적 환상 위에서, 이 권력과 현존 조건 간의 연관에 대한 완전한 무지 위에서, 그리고 로스차일드 가문이 권력을 획득하고 권력을 유지하는 데 이용해야만 했던 수단에 대한 완전한 오해에서 비롯되었다.

무기력함과 이해부족, 여성적 감상과 쁘띠부르주아의 비참하고 진부하게도 근실한 태도들은 이 서정시의 시상이다. 헛되이 과격하게 보이기 위한 시도로서 그들은 자신에게 폭력을 행사한다. 그들은 단지 우스꽝스럽게 보일 뿐이다. 그들의 강요된 베이스는 끊임없이 희극적 가성으로 울려퍼지고 있다. 그들이 행한 앤셀라두스의 타이탄적 투쟁의 극적인 연주는 익살

맞고 분리된 하룻강아지의 동작을 만들어내는 데 성공할 뿐이다.

2

한 연대가 그 악대를 연주하면서 출발한다. 사람들은 군인들에게 그들과 공동전선을 펼 것을 요구한다. 독자는 시인이 마침내 용기를 불러일으킨다는 것에 기뻐한다. 헌데 어이 저런! 우리는 마침내 그 의식이 단지 제왕의 즉위식이고 사람들의 말은 그 행진을 지켜보는 한 젊은이의 즉흥적이고 조용한 공상임을 깨닫게 된다. 그는 아마도 김나지움 학생일 것이다.

그리하여 한 젊은이는 타오르는 가슴으로써 꿈을 꾼다(76쪽).

하이네의 손에서 동일한 자료는 동일한 점에서 독일 사람에 대한 날카로운 풍자를 포함하고 있는 반면에, 베크의 경우에는 나타나는 모든 것들이 열정적인 젊은이와 자신을 동일시하는 시인 자신에 대한 풍자이다. 하이네의 경우, 부르주아의 열광은 의도적으로 고조되었기 때문에 마찬가지로 의도적인 한 번의 충돌로써 땅으로 내려온다.

하지만 베크의 경우, 이 환상과 관련되어 땅으로 내려올 때 그 결과를 마땅히 겪게 되는 사람은 시인 그 자신이다. 전자의 경우에서 부르주아는 시인의 무례함에 분노를 느끼며, 후자의 경우에서는 부르주아가 공통적으로 지니고 있는 정신적 태도에 대해 안도를 느낀다.

3

책 전체에 걸쳐서 뚜렷이 나타나는 줄거리를 이야기하고 상황을 창조하는 데 완전히 무능력한 것은 '진정한 사회주의' 시의 특징이다. 진정한 사회주의는 애매모호하여 줄거리의 개인적인 사실들을 일반적 조건에 결부시키기 때문에 사실들에 관한 충격적이거나 의미심장한 것을 산출할 근거를 제공해주지 못한다. 그것이 바로 진정한 사회주의자들이 왜 자기들의 산문에서조차 역사로부터 수줍어 달아나는가 하는 이유이다.

그것을 피할 수 없는 곳에서 그들은 철학적 구성으로서, 또는 불행과 사회적 사건의 고립된 예들의 무미건조하고 지루한 목록을 산출하는 것으로서 만족한다. 더욱이 그들은 모두 산문과 운문 양자에서 이야기를 구성하는 데 필수적인 재능을 결여하고 있다. 그리고 이것은 그들 전체 외양에서 드러나는 애매모호함과 연관되어 있다.

4

베크는 독일의 대다수 서투른 동료들과는 견줄 수 없을 정도로 더 많은 재능과 더 많은 힘을 가지고 있다. 그의 지독한 한탄은 독일의 비참함이며, 그의 이론적인 명시 가운데에는 자신의 과장된 감상적 사회주의와 '청년독일파'의 회고담이 들어 있다. 독일 내의 사회적 갈등에 계급간의 뚜렷한 차이에 의해 보다 날카로운 형식이 주어지거나, 부르주아에 의해 정치권력의 일순간적 획득이 주어질 때까지 독일 자체 내에서 독일 시인에 대한 희망은 거의 찾아볼 수 없다.

한편으로는 혁명적 요소 자체가 아직 충분히 발전되지 않았기 때문에 독일 시인이 독일사회에서 혁명적 지위를 맡는다는 것은 불가능하다. 다른 한편으로는 사방에서 그를 둘러싼 만성적 비참함에 영향을 받아 쇠약해졌기 때문에, 독일 시인은 자신과 대립하는 그것에 굴복하지 않고 그것을 넘어서고 그것으로부터 자유롭게 되고 그것을 비웃을 능력이 없는 것이다. 현재 우리가 아직도 약간의 재능을 가지고 있는 모든 독일 시인에게 할 수 있는 유일한 충고는 문명화된 나라로 이민을 가라는 말이다.

— 엥겔스, 『독일 사회주의 시와 산문』

제2부 문학·예술과 사상의 역사

8. 프라일리그라트

1

[신라인 신문 복간에 관한 편집부 성명서]*

《신라인 신문》의 유지를 위해 특히 쾰른에서 보인 관심 덕분에 우리는 포위상태로 해서 발생된 재정난을 극복해내고 신문이 복간되도록 할 수 있게 되었다. 편집진은 그대로 남아있다. 페르디난트 프라일리그라트가 새로이 편집부에 합세했다.

칼 마르크스

《신라인 신문》편집장

2

우리가 시에 대해 이야기해 온 이래로, 우리는 우리의 프라일리그라트가 「자, 나가자. 헤리사우여」^{sa ira, Herisau}라는 제목 하에 1846년에 발표한 혁명에 대한 여섯 편의 선동시에 관해 몇 마디 언급해야만 하겠다. 그 중 첫 번째 것은 독일의 마르세예즈이며 프러시아와 마찬가지로 오스트리아에서도 혁명이라 불리는 「용감한 해적」의 노래이다. 아래의 요구는, 그 자신의 깃발을 휘날리며 존재하지 않는** 그 유명한 독일 함대를 지휘하는 이 배

---

* 《신라인 신문》민주주의 기관지 ; 마르크스가 편집한 일간지. 1849년 1월 1일부터 1849년 5월 19일까지 발행되었다.

** In partibus infidelium ; 주석 174절 참조. 이 문맥에서 그 말은 '존재하지 않는'^{non-existent}을 의미한다. 엥겔스는 게오르그 헤르베크의 「독일 함대」, 페르디난트 프라일리그라트의 「함대의 꿈」과 「두 개의 깃발」이라는 시들을 암시하고 있다. 이 시들은 아직 존재하지 않는 독일 해군을 찬미하고 있었다.

에 전달되었다.

> 대포구멍은 부정한 돈벌이의 은빛 함대를 향해서
> 용감하게 겨누고 있네.
> 대양의 썩어가는 물마루 위에
> 썩어라 욕심의 결실이여. (9쪽)

그 밖의 노래 전체는 순조로운 분위기조로 씌어졌기 때문에 운율에도 불구하고「일어나라, 너희 선원들이여 닻을 올려라」*라는 노래에 맞추어 부를 때 가장 잘 어울린다.

가장 특징적인 것은「어떻게 그것을 해내는가」^{Wie man's macht}라는 시인데, 말하자면 어떻게 프라일리그라트가 혁명을 해내느냐 하는 것이다. 어려운 시기가 닥쳐 사람들은 굶주리고 거지꼴로 이리저리 헤맨다. "어떻게 그들이 빵과 옷을 얻을 수가 있는가?" 이러한 상황에서 무엇을 해야 하는가를 알고 있는 어떤 '용감한 녀석'이 앞으로 나온다. 그는 전체 군중을 후방 수비군의 조병창^{造兵廠}으로 끌고 간 다음 거기에서 찾아낸 제복을 나눠주고 즉시 그것을 입힌다.

군중은 또 '시험삼아' 소총을 잡는다. 그리고 "소총을 잡는 것도 재미있으리라"고 생각한다. 그 순간 우리의 '용감한 녀석'이 장난삼아 나누어 준 옷을 주워 입는 것은 아마도 반역, 침입 및 강도로 불릴 것이며, 또한 누군가의 옷을 위해 싸울 준비가 되어 있어야만 한다. 그래서 헬멧, 군복 및 탄띠가 분배되며 거지의 부대자루가 깃발로서 올려진다. 이러한 방법으로 그

---

* 빌헬름 게르하르트^{Wilhem Gerhard}의 시「선원」에서.

들은 길거리로 나온다.

그러면 '왕실 군대'는 자신들의 모습을 나타내며 장군은 발포 명령을 내리고, 병사들은 즐겁게 옷을 걸쳐 입은 후방 수비군을 에워싼다. 그들은 또한 '재미삼아' 수도로 진행하여 거기서 지원을 받고, 그리하여 '옷에 대한 농담'의 결과로 다음과 같은 일이 벌어진다. "왕좌와 왕관은 무너지고, 왕국은 그 기초부터 흔들리게 되며, 인민들은 승승장구하여 그들의 오랫동안 억압받은 머리를 치켜세운다."

모든 것이 너무도 급격하고 순조롭게 일어나서 전체과정 동안 '프롤레타리아 중대'의 구성원 누구도 자신의 파이프의 불이 꺼졌다는 것을 깨닫지 못한다. 그 어느 곳에서도 프라일리그라트의 머릿속에서보다 혁명이 더 즐겁고 그리고 더 쉽게 완수되지는 않는다는 것은 인정해야만 한다. 실제로 그렇게 순진하고 전원적인 소풍에서 대반역을 감지하려면 모든 것이 검은 쓸개와도 같은 《알게마이네 프러시아 신문》Allgemeine Preussische-Zeitung의 과대망상이 필요하다.

- 엥겔스, 「진정한 사회주의자들」

마르크스 엥겔스 문학예술론

3
무어인 제후*에게
에브너로부터 편지가 동봉되었네. 오늘 나는 바이데마이어로부터 다른 한 통의 편지도 받았다네.

---

* 무어인 제후 ; 프라일리그라트가 지은 시의 표제인물. 마르크스는 종종 시인들에게 그 이름을 갖다 붙인다.

"며칠 전에 한 대표자가 킹켈의 모금운동을 반대하기 위해 런던선동 동맹*으로부터 도착하였네. 이 사람들은 아마도 한 줌의 탈주자가 쓸데없는 것에 관해 야단법석을 떨었기 때문에 여기 미국에서도 모든 사람들이 친킹켈파와 반킹켈파로 갈라져 있다고 상상한 것입니다. 오래전에 코수트Kossuth 충격이 킹켈을 잊혀진 사람으로 만들었으며 그가 모금한 수천 달러는 그렇게 소란 떨 가치가 있는 것이 아닙니다."

"나는 어떠한 경우에도 여기서 소극Revue의 판매를 돌볼 수 없습니다. 프라일리그라트의 새로운 시들이 여기서도 팔릴 수 있으니까요."

바이데마이어가 우리에게 또 다른 재촉을 한 후 다음과 같이 썼다네.

"그러나 무엇보다도 프라일리그라트의 시는 가장 큰 매력입니다."

이것을 가슴에 간직하고 새로운 세계에 맞추어 새해의 노래를 만들게나. 현 상황 속에서 나는 그것이 격정적인 것이든 해학적인 것이든 산문보다는 운문으로 쓰는 일이 실제로 더욱 쉬울 것으로 믿네.

그런데 만일 자네가 개인생활에서 아프리카적인 장엄성에 나타나는 독특한 해학을 예술적으로 가공하려고 한다면, 나는 자네가 이 장르에서 어떤 역할을 하리라는 것을 확신한다네. 왜냐하면 자네의 부인이 올바로 지적했듯이, 자네는 엉큼한 사람이기 때문이지.

---

* 그의 편지에서 바이데마이어는 '쥐와 개구리의 전쟁'이라는 일화를 관련시킨다. 독일의 두 이민단체 — 아르놀트 루게의 선동동맹과 고트프리트 킹켈의 이민클럽은 서로 대항했다. 킹켈은 혁명의 성공에 중요한 것은 '자금이 충분히 조달된 소규모의 잘 무장된 파견대'라고 주장했다. 킹켈은 독일에서 혁명을 조직하기 위한 기금을 받으려는 기대로 혁명적·선동적인 오락성 미국 여행을 계속했다.

4

나는 이 모든 프라일리그라트의 일 때문에 아주 괴로움을 당하고 있단다. 그것은 항상 이 순수문학 어중이떠중이와 같은 옛날이야기이지. 그들은 영원히 신문을 통해 하늘로까지 추켜올려지기를 바라고 있으며 군중의 눈에 그들의 이름이 있기를 원한다. 그들이 내놓은 가장 참담한 운문은 역사에서 가장 큰 사건보다도 그들에게 중요하지. 이것은 동인조직이 없이는 생겨날 수 없기 때문에 이것이 중요한 요구가 된다는 것은 자연스러운 일이다. 불운하게도 우리 공산주의자들은 이것에는 매우 부적합하단다.

심지어 설상가상으로 우리는 이 모든 속임수를 알고 있고, 이 조직의 성공du succes을 비웃으며 대중적 인물이 되는 것에 대해 거의 범죄적 혐오감을 가지고 있지. 만일 그러한 시인이 이러한 이유 때문에 불쾌하게 느낀다면 그것은 극도의 편협함을 보이는 것이지. 왜냐하면 그는 다른 곳에서 틀림없이 접하게 될 경쟁을 전혀 감당하지 못하기 때문이란다. 그가 곧바로 시작부터 자신을 킹켈의 경쟁에 대면해야만 하는 모임에 내던져진다면, 그는 훨씬 더 심한 편협함을 보일 것이다. "그런데 당신이 무슨 도리가 있겠소Mais que Voulez-vous?" 그의 존재를 위해서도 시인은 방향芳香, 상당한 방향을 필요로 한단다……

세월이 흘러 고상한 페르디난트의 시의 흐름은 메말라버렸고 그가 아직도 그의 두개골로부터 그럭저럭 짜낼 수 있는 하찮은 시들은 불명예스럽게도 좋지 않다는 것을 덧붙여야겠다. 이래서 사람은 매일 행해질 수 없는 완전한 작업을 통해 탈출구를 마련해야만 한단다. 그래서 만일 어떤 사람이 잊혀지지 않으려면 광고는 하루하루가 지나갈수록 더욱 필요하게 되지.

실제로^{in fact} 누가 1849년에서 1858년 사이에 프라일리그라트에 대해 이야기했었지? 아무도 없었단다. 단지 베치히만이 이 고전주의자를 재발견했지. 그는 크리스마스나 생일선물로만 이용된 그런 정도로 잊혀져 버리고, 이미 문학 그 자체에서보다는 문학사에서 두각을 나타낸 사람이란다. 이에 대해 책망을 받아야 할 유일한 사람은 당연히 칼 마르크스와 더불어 그의 '호흡'이지. 그러나 일단 프라일리그라트가 통속잡지 『정자』^{Gartenlaube}의 방향에 따라 다시 열기가 더해지면 너는 알게 될 것이다. 그가 어떤 류의 시를 내뿜어낼지를!

시를 출판한다는 것이 얼마나 쩨쩨하고 가련하고 비참한 사업인가! 이것이 내가 왜 지벨을 추켜올렸는가에 대한 이유란다. 그는 실제로 형편없는 시인이지만 물론 자신이 철두철미 허풍선이였다는 것을 알고 있지. 그는 자신에게 오늘날의 필수적인 방식^{procede}으로서의 광고업이 허용되기만을 갈망하고 있단다. 왜냐하면 이것 없이는 그는 별 볼일 없을 것이기 때문이지.

- 엥겔스, 예니 마르크스에게 보낸 편지(1859. 12. 22)

5

가족 시인 프라일리그라트는 그의 「강도」와 「해적」으로 나를 매우 즐겁게 해 주었다네.

- 마르크스, 엥겔스에게 보낸 편지(1869. 7. 17)

6

프라일리그라트 : "만세! 게르마니아여!" '신'도 '짐말'도 수고스럽게도

오랫동안 불러대는 노래에 빠져있지 않았다네.

나는 그따위 운율을 뒤범벅시킨 상인이 되기보다는 새끼고양이가 되어 야옹 하고 울겠네*!

- 마르크스, 엥겔스에게 보낸 편지(1870. 8. 22)

7

가족 시인 프라일리그라트에 대해 자네는 무슨 말을 해야만 하는가? 현재와 같은 역사적 재앙조차도 그에게는 단지 자기 혈육brats에 대한 찬미**의 역할을 한다네. 더욱이 영국인을 위한 의용군 의무병은 그로 인해 외과의사로 변신했다네.

- 마르크스, 엥겔스에게 보낸 편지(1870. 11. 2)

8

그 고상한 시인 프라일리그라트는 당분간 여기 자기의 딸 집에 머무르고 있네. 그는 내게 감히 나타나지 못한다네. 독일 속물들이 그에게 준 6만 탈러Taler 은화***는 「게르마니아, 너 자랑스러운 여성」**** 등과 같은 티르타이Tyrtai의 노래를 작곡함으로써 변제되어야만 한다네.

마르크스 엥겔스 문학예술론

---

* 셰익스피어, 『헨리 4세』 제1부 3막 1장.
** 프라일리그라트가 보불전쟁(1870년 8월 12일) 때 쓴 「전장에 있는 볼프강에게」라는 시에 대한 암시다. 이것은 전방에 지원했던 아들에게 바치는 헌시였다.
*** 이것은 프라일리그라트가 영국에서 독일로 귀향할 수 있게 하기 위해 1867년 독일과 뉴욕의 쁘띠부르주아 민주주의자들이 모집한 기부금을 언급한다. 거의 60,000탈러가 모여졌다. 마르크스는 도덕적인 근거에서 이 기부금에 대한 프라일리그라트의 동의를 비난했다.
**** 프라일리그라트의 시, 「오, 게르마니아여!」Hurra, Germania! 첫 행.

- 마르크스, 지크프리트 마이어에게 보낸 편지(1871. 1. 21)

9. 노동자 계급운동에서의 탁월한 인물. 요한 필립 베커

1

친애하는 베벨, 나는 이 편지를 요한 필립 베커와의 대화 때문에 쓰고 있다네. 그는 여기서 나와 함께 열흘을 머물렀고 파리(거기서 그는 예기치 않게 그의 딸이 죽은 것을 알게 되었네!)를 경유하여 지금쯤 제네바로 돌아갔을 것이네. 나는 늙은 거장을 다시 보게 되어 무척 기뻐했네. 물론 그가 육체적으로 나이를 먹었지만 아직도 그는 쾌활하게 잘 지내고 있네.

「니벨룽엔의 노래」에서 의인화된 우리의 라인프랑스Rhine-Frankish 전설의 등장인물인 폴커라는 바이올린 켜는 사람이 바로 그 자신이네. 나는 수년 전 그에게 자기의 회고담과 경험담을 적어 보내라고 요청했다네. 그리고 이제 그는 나에게 자네와 다른 사람들이 자기를 격려했다고 말하고 있으며 그 자신이 그렇게 하길 원해서 몇 번이나 글을 쓰기 시작했다네. 하지만 단편적 출판물에 대해 별로 진실된 격려를 받지 못했다네(그러한 것은 『신세계』Neue Welt의 경우에 해당되는데, 그가 몇 해 전에 수편의 매우 화려한 것들을 보내왔다네. 그런데 이것들은 리프크네히트가 모텔러를 통해 그에게 알려준 대로 충분히 소설적이지 못한 것으로 여겨지네).

- 엥겔스, 아우구스트 베벨에게 보낸 편지(1886. 10. 8)

2

베커는 드문 성격의 인간이었다. 한 마디로 그를 완전히 묘사할 수 있다.

그건 건강함이란 말이다. 그는 철저하게 육체와 정신 모두가 건강했다. 강건한 신체와 거대한 완력을 지닌 미남인 그는 학교교육을 받지 못했지만 자신의 낙천성과 건강 덕분에 교양 있는 마음을 자기의 몸에 아주 조화스럽게 발달시켰다. 그는 자신의 본능만 따르면 올바른 길을 가게 되어 있는 몇몇 안 되는 사람들 중 하나였다.

이것이 왜 그가 혁명적 운동의 발전에 보조를 맞추고 18세 때와 마찬가지로 그가 78세였을 때도 선두 대열에서 정정하게 서 있는 것이 그렇게 쉬웠는가 하는 이유이다. 1814년에 자

'이슬란과 싸우는 폴커(오른쪽)' 「니벨룽엔의 노래」(Das Nibelungenlied)에서 폴커(Volker von Alzey; 알지 출신의 폴커)는 하겐의 친구로 2부에서만 등장한다. 음유시인으로 악기로는 바이올린을 잘 다룬다. 하지만 실제 극중 모습은 바이올린 현으로 사람의 모가지를 잘라버리는 인간흉기이다. 하겐과 함께 무지막지한 살육을 벌이며, 거의 마지막까지 하겐과 함께 싸우다가 하겐과 군터가 포로가 되기 직전에 살해당한다.

기 나라를 지나가는 코사크인들과 함께 놀았고, 1820년 잔트, 즉 코체부에의 암살자의 사형집행을 보았던 그 소년은 20대의 막연한 반대주의자에서 지속적으로 성장했으며, 1886년에는 운동의 정상에 서 있었다.

그는 1848년에 '심각한' 공화주의자 다수처럼 우울하고 고도의 규율적인 무식한 사람이 아니라 다른 모든 사람들처럼 포도주, 여자 및 노래를 사랑하는 삶의 열정을 가진 사람, 즉 팔츠^{Pfalz}의 진정으로 쾌활한 아들이었다. 보름스^{Worms} 가까이에 있는 「니벨룽엔의 노래」의 나라에서 성장한 후 그는 말년에도 오래된 서사시에 나오는 등장인물처럼 보였다. 그는 쾌활하

고 조소하듯이 칼을 내지르는 사이로 적들을 큰 소리로 호령하고, 강타할 것이 없을 때는 민요를 작사했다. 그는 그런 식으로, 단지 그런 식으로만 보였음에 틀림없다. 즉 바이올린쟁이 폴커^{Volker the Fiddler}로!

- 엥겔스, 「요한 필립 베커」

3

자네의 라이프니츠에 관한 두 편의 시와 「될 대로 되라」^{Alles Wurst}는 내 맘에 꼭 드네. (자네가 나의 제안에 동의한다면) 바이데마이어에게 보내는 첫 편지에서 그것들을 자네가 동봉한다면 좋겠네.

- 마르크스, 요한 필립 베커에게 보낸 편지(1860. 4. 9)

마르크스 엥겔스 문학예술론

제 8 장

러시아어와
러시아 문학

MARX
ENGELS

1. 러시아어

1

당신에게 말씀드렸는지 모르지만, 난 1870년 초 이래로 러시아어를 배워야 할 필요가 있었는데, 지금은 능숙하게 읽고 있습니다. 그 계기는 플레로프크스키의 매우 중요한 저작 『러시아 노동계급(특히 농민)의 상황』이 뻬쩨르부르그로부터 내게 송부되었기 때문이며, 또 한 가지 이유는 내가 체르니셰프스키의 탁월한 경제학 저서들(그는 이 저서들 때문에 시베리아 광산으로 유배당해 현재 7년에 걸쳐 유형생활을 보내고 있습니다)을 연구해 보고 싶었기 때문입니다.

그 결과 내 나이 정도의 사람이면 누구나 고대어, 게르만어와 로망스어 등의 어군과는 전혀 다른 한 언어를 숙지하는 데 노력할 만한 가치가 있다고 느꼈습니다. 현재 러시아에서 일고 있는 지식인 운동은 겉으로 드러나지 않는 상태로 내부로 심화되어 가고 있음을 입증해 주고 있습니다. 민중의 정신은 항시 보이지 않는 끈에 의해 그들의 육체와 함께 결합되어 있는 것입니다.

– 마르크스, 지크프리트 마이어에게 보낸 편지(1871. 1. 21)

2

지금까지의 러시아 운동에서 발생한 온갖 기이한 현상은 모든 러시아의 저술들이 오랫동안 서구인들에게는 불가사의한 것이었다. 따라서 바쿠닌과 그 일당이 — 러시아인들에게는 이미 잘 알려진 — 자기네들의 작태를 서구인들로부터 은폐하는 일은 아주 쉽게 사실로 밝혀진다. 이러한 현상은 이제 끝났다. 러시아어는 표현력이 가장 풍부하며 살아있는 언어로서 그 자체만으로도 매우 가치가 있다. 러시아 문학에 의해 가치가 인정되는 러시아어에 대한 지식은 이제 더 이상 희귀한 일이 아니다. 적어도 독일 사회민주당원들에게는 더욱 그렇다.

– 엥겔스, 「망명문학」

3

나의 팸플릿에 대한 당신의 번역은 아주 뛰어나다고 생각합니다.*

러시아어는 참으로 아름답군요! 끔찍스럽게도 거친 측면을 빼고는 독일어가 갖는 모든 장점들을 갖추고 있습니다.

– 엥겔스, 베라 자술리치에게 보낸 편지(1884. 3. 6)

---

* 베라 자수리치Vera Zasulich는 1884년에 엥겔스의 소책자『공상적·과학적 사회주의』를 러시아어로 번역하였다.

2. 이고리 원정기

에이쇼프의 『슬라브족의 언어와 문학의 역사』Histoire de la Langue et de la Litterature des Slaves, 파리, 1839는 매우 어설픈 책이네. 내가 판단할 수 없는 문법에 관한 장을 제쳐두고서라도(그러나 나는 리투아니아인과 레트인이 슬라브인으로 호명된 것을 발견했네. 이것은 난센스가 아니겠는가?), 나머지는 대부분 사파릭의 것을 표절한 것이네. 이 친구는 또한 슬라브 민족의 국민시 원본과 프랑스어 번역본에서 표본을 제시하고 있다네. 그 중에 나는 『이고리 원정기』라는 것을 발견했네. 이 시의 주제는 몽골의 침입 직전에 러시아 공후들에게 단결을 호소하는 내용이라네. 그 시의 한 구절은 매우 기이하다네. "흑해 연안에서 노래를 부르고 있는 고트족의 저 어여쁜 처녀들을 바라보라*." 이 구절에 따르면 게트 또는 고트족은 러시아인들을 무찌른 터키 폴로베츠인들을 축하했었다는 말이네. 이 원정기는 이교도적 요소들이 아직 강하게 느껴지지만 영웅적인 기독교적 색채가 주조를 이루고 있다네.

보헤미안 영웅시 모음집**에 들어있고, 독일어로 항카와 슈보보다에 의해 번역·출판된 보헤미안 영웅서사시 「짜보이」(사모?)는 한편으로 논쟁의 여지가 많으며, 광신적인 반게르만주의를 표방하고 있다네. 그것은 보헤미안이 무찌른 다고베르의 게르만족 대장에 대항하는 시가 분명하다네. 또 그것은 게르만족뿐만 아니라 기독교도에 대한 복수를 부르짖고 있기도 하

마르크스 엥겔스 문학예술론

---

* Voici des jolis filles des Gothes entonnent leur schants au bord de la Mer Noire.

** 마르크스가 언급하는 체코의 영웅시 모음집은 『루코피스 크랄로베드보르스키』Rukopis Kralovedvorsky로, 체코 민족운동의 두 탁월한 인물들인 항카와 슈보보다가 1829년 독일어로 번역했다. 번역자들은 그 초고가 13세기의 체코 영웅가의 소실된 일부라고 주장했다. 시 「짜보이와 슬라보이」는 영웅 짜보이와 슬라보이의 주도로 펼친 외국 왕의 지배로부터 체코인의 해방투쟁을 그리고 있다.

다네. 즉 용감한 보헤미안들에게 한 명의 아내로 만족할 것을 촉구하는 내
용과 함께 매우 소박한 시적 형상으로 적을 질책하고 있다네.

– 마르크스, 엥겔스에게 보낸 편지(1856. 3. 5)

3. 로모노소프 슬라브어와 언어학*

『뽀신스카야 안톨로기야』(러시아 시인선), 존 보우링 편, 제2판, 런던,
1821년.

> 하늘의 영광이여,
>
> 당신에게 영원의 월계관을!
>
> 당신과 함께 축배를, 뮤즈의 환희를,
>
> 희열의 영광을 노래부를 때
>
> "오, 뮤즈여!
>
> 나는 표트르의 아들이어라."

바튜스코프^{Batjuskov}

　　미하일 바실리예비치 로모노소프는 1711년에 홀모고리에서 태어났다.
그는 선원의 아들이었다. 그는 자코노스파스카야 학교에서 공부했다. 1736
년에 그는 〈임페리알 아카데미〉에 입학하고 그해 독일유학을 떠났다. 그리

---

*　이 본문은 영국의 시인이며 번역가인 존 보우링의 저서에서 엥겔스가 작성한 노트로 구성되어
있다.

고 뻬쩨르부르그 대학의 화학교수가 되었으며, 1745년에는 아카데미 회원이 되었다. 1760년에는 아카데미 고등학교 및 대학교 학장으로 임명되었다. 그는 1765년에 사망했다. 1804년 뻬쩨르부르그 아카데미에서 그의 전집 제3판을 발행했다.

『러시아 소연대기』

『고대 러시아사 ― BC. 1054년까지』

『러시아어 문법』

『웅변술 소입문서』

『러시아 작문 규칙, 작시법』

『성서의 효용에 대한 서문』

『여제 엘리자베떼 1세』

『뻬쩨르 대제』

『화학론』

『전기력에 의한 대기현상론』

『광선의 기원, 새로운 색채이론』

『지진에 의한 금속변화론』

『정밀 해양항로의 탄생』

『금성의 태양으로의 출현』

『물리학 강의 입문』

『1744년 초 혜성에 대한 묘사』

『초기 오즈노바니 금속학』

『수발로부Suvalovu에 보내는 16번째 편지』

시, 「표뜨르 대제」, 서사시

『타미라Tamira와 셀림Selim』, 비극

유리의 장점에 대한 서한체의 시(프랑스 산문 번역, 파리, 1800)

(로모노소프)*

「행복을 비는 송시」

『러시아 제국의 화려한 희망』

『화려한 희망』, 융커Junker 교수에 의해 독일어로 번역됨.

11편의 찬송가, 찬미가, 49편의 비명. 불꽃놀이의 묘사, 아나크레온의 번역 및 모방 등.

또한 루시안의 『사자의 대화』 번역.**

– 엥겔스, 「로모노소프에 관한 노트」

4. 제르쟈빈

약 80년 전, 예카쩨리나 2세의 승승장구하던 군대가 현재 '남부 러시아'로 불리는 지역으로 복속되기 전에 터기 영토를 하나하나 점령하고 있었다. 그 때 시인 제르쟈빈 Derzhavin; 1734~1816은 황후의 영광과 덕성을 기리며 그녀의 제국이 쌓아놓은 위업을 노래하고자 하는 시적 열망의 발로로, 차르 정책의 수치스런 과단성과 자립성을 촉구하

푸시킨 이전의 가장 유명한 러시아의 시인이자 관료인 제르쟈빈

제2부 문학·예술과 사상의 역사

---

* 여기에서 로모노소프에 관한 전반 소개를 끝낸다.

** 로모노소프가 번역한 루시안의 『죽음의 왕국에서의 대화』로부터의 발췌 참고.

는 다음과 같은 시를 읊조렸다.

"오, 러시아여. 너에게 그 어떤 동맹국이 있단 말인가?

진군하라. 그러면 전 우주가 너의 것이 되리라*!"

– 엥겔스, 「다뉴브 전투」

5. 푸시킨

좋은 수확이 필연적으로 곡물가격의 하락을 의미하지는 않는다는 외견상의 모순에 대한 당신의 지적은 매우 흥미롭습니다. 많은 나라들과 다양한 단계의 문명에서 현실적 경제관계를 연구해 보면 18세기적 합리주의적 보편화가 얼마나 독단적 오류와 결함을 지녔는가를 알 수 있습니다. 에딘버러Edinburgh와 로티안Lothians의 상황을 우주적인 표준치로 삼은 우리의 훌륭하신 아담 스미스를 생각해 보면 됩니다.

그런데 푸시킨**은 이를 이미 알고 있었던 것입니다.

…… 또 무엇 때문에.

순수 산물만 있으면.

거기엔 돈이 필요없는가.

아버지는 아들의 이론을 이해하지 못하고

토지를 자꾸만 담보로 넣었다.

---

* 제르쟈빈, 「바르샤바의 포로」On the capture of Warsaw.

** 푸시킨, 『예브게니 오네긴』.

푸시킨(1279~1837)과 푸시킨이 그린 『예브게니 오네긴』의 주인공 예브게니 오
네긴. 이 작품은 그가 1823~1831년까지 9년 동안 쓴 운문 소설로, '푸시킨
시대 러시아 삶의 백과사전'이라 불렸던 러시아 문학의 고전이다. 최초의 완결
된 판본은 1833년에 출간되었고, 완성된 판본은 1837년에 출간되었다.

- 엥겔스, 니콜라이 다니엘슨에게 보낸 편지(1891. 10. 29~31)

6. 체르니셰프스키와 도브롤류보프

1

체르니셰프스키와 도브롤류보프라는 또 다른 두 명의 사회주의자, 레싱
처럼 위대한 두 작가를 탄생시킨 국가가, 큰소리만 치며 개구리같이 팔딱
거리다가 급기야 서로를 잡아먹을 바쿠닌을 비롯한 몇몇 애송이 학동들을
갑자기 품게 되었다고 해서 몰락하지는 않을 것이다. 우리는 러시아의 젊
은이들 중에 탁월한 이론 및 실천적 재능과 커다란 열정을 지닌 이들, 즉
여러 나라의 운동을 잘 알 수 있게 해 주는 언어에 대한 지식에서 프랑스와
영국의 젊은이들을 능가하고, 민첩함에서는 독일 젊은이들을 능가하는 러

시아의 젊은이들을 알고 있다. 노동운동을 이해하며 거기에 참여하고 있는 이들은 바쿠닌주의자들의 간교한 간계로부터 자신들이 벗어나 있다는 사실을 자신들의 완수된 임무로 간주해버릴 수 있다.

- 엥겔스, 「망명문학」

2

당신은 당신의 동포들에게 약간 불공평하신 게 아닙니까? 우리들, 마르크스와 나는 그들에게 불평을 할 근거가 없습니다. 그것은 거기에는 과학적 연구보다는 혁명적 열기로 주목받을 가치 있는 일부 학파가 존재하고, 일종의 모색이 도처에서 있었으며, 다른 한편으로는 체르니셰프스키와 도브롤류보프를 탄생시킨 민족에게 가치 있는 비판적 정신은 물론 심지어 순수 이론적 영역에서조차 연구에 대한 헌신이 있었습니다. 나는 다만 활동적이고 혁명적인 사회주의자들을 거론하고 러시아 문학의 '역사·비판학파'에 대해서 언급하고 있습니다. 그 학파는 독일과 프랑스가 이러한 종류의 공식적 역사학의 영역에서 태동시킨 모든 학파들을 월등히 능가하고 있습니다.

- 엥겔스, 예브게니 파프리츠에게 보낸 편지(1884. 6. 26)

3

에어리프*의 저술들은 부분적으로 알고 있습니다. 나는 그를 레싱과 디드로에 비견할 만한 작가로 보고 있습니다.

- 엥겔스, 베라 자술리치에게 보낸 편지(1871. 11. 9)

7. 학자 또는 비평가로서의 체르니셰프스키

얼마간의 과학적 견해를 내세우거나, 단순히 지배계급의 궤변론자나 아첨꾼에 머물기를 거부하는 사람들은 자본의 정치경제학과 더 이상 무시할 수 없는 프롤레타리아의 요구들을 조화시키려고 했다. 그 중에 아직 빈약한 혼합주의이기는 하지만 존 스튜어트 밀의 이론이 가장 좋은 실례이다. 그것은 부르주아 경제의 파산을 선언하고 있다. 여기에 대해서는 러시아의 위대한 사상가이며 비평가인 N. 체르니셰프스키가 그의 『밀의 정치경제학 개요』Outlines of Political Economy according to Mill에서 탁월하게 해설한 바 있다.

- 마르크스, 『자본론』 제1권

---

* 에어리프Ehrlieb는 마르크스가 도브롤류보프를 독일식으로 옮겨 쓴 이름이다.

8. 체르니셰프스키와 러시아 농촌공동체

1

『자본론』의 제2판 독일어판에 대한 발문에서…… 나는 높은 평가를 받을 만한 인물로서 '러시아의 위대한 사상가이며 비평가'*를 언급했습니다. 그의 탁월한 논문들에서 이 작가는 다른 자유주의적 러시아 경제학자들이, 러시아는 과연 농촌공동체의 파괴에서 시작하여 자본주의 체제로 이행해야만 하는가, 아니면 반대로 러시아는 이러한 체제의 고난을 겪지 않고도 자신에게 역사적으로 주어진 전제들을 계속 발전시켜 나감으로써 그 결실을 전유할 수 있을 것인가에 대한 문제를 다루었습니다. 그는 후자의 입장에 서기를 공언했습니다.

– 마르크스, 《오쩨체스트베니예》(자피스키) 편집부에 보낸 편지

2

그러나 러시아 농촌공동체는 게르첸과 드가초프를 능가하는 사람들의 관심과 인정을 받아왔다. 그 가운데 한 사람이 바로 러시아에 큰 공헌을 하고 있는 위대한 사상가 니콜라이 체르니셰프스키이다. 그러나 '해방자'라 불리는 알렉산드르 2세는 야쿠츠크와 시베리아로 체르니셰프스키를 오랜 기간 유배시킴으로써 점차적인 파멸을 맞고, 자신의 업적에 불명예스런 오점을 영원히 지울 수 없을 것이다.

러시아와 서유럽을 갈라놓는 지적 장벽 때문에 체르니셰프스키는 마르

---

* N. G. 체르니셰프스키.

크스의 저술을 전혀 읽지 못했으며, 『자본론』이 출간된 시기에 그는 야쿠
츠크의 스레드예-빌류이스크*에서 오랜 기간 유배생활을 하고 있었다. 그
의 정신적 발전은 이러한 지적 장벽에 의한 조건 속에서 완전히 고립되어
진행되었다. 당시 러시아에서 차르 체제의 검열기관이 그대로 허용하는 것
은 전혀 존재하지 않았다. 그래서 저술의 군데군데에 빈약한 측면과 편협
성이 발견되기도 하지만, 놀랍게도 그 이상의 결정적인 실수는 전혀 발견
되지 않고 있다.

체르니셰프스키 또한 러시아 농촌공동체를 당대의 사회형태로부터 새
로운 발전단계, 즉 한편으로 러시아 농촌공동체보다, 다른 한편으로는 계
급대립을 통해 서유럽의 자본주의 사회보다 높은 단계로 이행하기 위한
수단으로 보았다. 체르니셰프스키의 견해에 따르면, 서구가 갖지 못한 수
단을 러시아가 가짐으로써 러시아가 장점을 지녔다는 것이다.

"개인의 권리의 무한대한 확장에 의해 서유럽은 새로운 질서의 도입이 크게 저해받고 있
다. ……개인이 즐기는 사소한 것까지도 부정하기가 쉽지 않으며, 서구에서 개인은 무한한 사
적 권리를 누리는 데 익숙해 있다. 상호간의 양보의 미덕과 필요성은 오직 쓰디쓴 체험과 기나
긴 사색을 통해서 만 터득할 수 있다. 서구에서는 더 나은 경제적 관계의 제도가 희생을 감수
하며 커나가기 때문에 제도를 확립시키기 어렵다. 그 제도는 영국과 프랑스의 농민들의 습관
에 위배되고 있다." 그러나 "저기에서 유토피아로 보이는 것이 여기서는 …… 사실로서 존재
한다. 영국인과 프랑스인에게는 민중들의 삶에 도입하는 데 극히 어려운 관습들이 러시아인에
게는 사실로서 존재한다. …… 서구가 그토록 큰 어려움과 긴 세월에 걸쳐 현재 추구하고 있는
사물의 질서는 이미 우리의 농촌 현 존재의 강력한 민족적 관습 속에 들어 있다. …… 우리는

제2부 문학·예술과 사상의 역사

---

* 엥겔스의 오류, 1867년에 체르니셰프스키는 바이칼 호의 동부인 알렉산드르프스키 자보드에서
중노동형을 살고 있었는데, 그곳에서 1872년에 빌류이스크로 옮겨졌다ᄅ

서구가 공동체적 토지소유제의 몰락이 가져온 결과가 얼마나 통탄할 노릇이며, 서구인들이 잃은 것들을 회수하기가 얼마나 어려운가를 보고 있다. 서구의 예가 우리에게 재현되어서는 안 된다."(체르니셰프스키, 『전집』, 제네바, 제5권, 16~19쪽 : 플레하노프의 『우리의 차이』*에서 인용, 제네바, 1885)

그는 개별 가족 사이에 아직도 토지의 공동 경작제 및 생산 작물의 분배가 지배적인 우랄 카자흐족에 대해 이렇게 말한다.

"우랄인들의 현금 제도와 함께 옥수수 생산 기계의 도입 시기까지 살아남는다면, 그들은 대규모의, 수백 제샤친(1제샤친=1.092헥타르)의 경제를 전제로 하는 기계와 그에 적용되는 소유제를 유지하게 되어 매우 기뻐할 것이다."(같은 책, 13쪽)**

그렇지만 여기서 염두에 두어야 할 것은 이들 우랄 카자흐족은 군사적 배려에 의해 유지되는 토지의 공동경작으로 러시아 내에서도 독특한 생활양식을 보여주고 있다(물론 우리도 여기 병영식 공산주의를 갖고 있기는 하다). 또한 그것은 주기적인 재분배를 행하는 형식을 갖는 우리의 경우와, 특히 모젤 강 지역의 농촌과 거의 비슷하다. 그런데 만약 현 질서가 기계류의 도입 때까지 변함없이 유지된다면, 돌아오는 이익은 그들 자신이 아닌 카자흐들을 종으로 부리는 러시아 군대의 재원 충당금으로 들어갈 것이다.

하여간 현재 서유럽 자본주의 사회는 분열하고, 발전에 따른 불가피한 모순에 의한 파멸의 위협에 직면하고 있는 데 반해, 러시아에는 경작지의 약 절반이 농촌공동체의 공동재산으로 남아 있다. 서구에서 새로운 사

---

* 『우리의 차이』, 게오르기 플레하노프, 『철학선집』, 제1권, 모스크바, 1974, 135쪽을 보라.
** G. 플레하노프, 같은 책, 314쪽.

회 조직을 통한 모순의 해결이 모든 생산수단은 물론 토지의 인수를 의미한다면, 서구에서는 비로소 창출되고 있는 이러한 공동재산과, 러시아에는 이미 있어왔고 아직도 존재하는 공동체적 재산 간의 관계는 어떻게 정립되어야 할 것인가? 그것은 현재 전자본주의를 풍미할 선풍적 운동의 시발점으로 작용할 수 있을 것이며, 러시아 농민 공산주의를 자본주의 시대의 모든 기술적 성과로 풍요롭게 만듦으로써 모든 생산수단을 근대적 사회주의 공동재산으로 단번에 전환시킬 것인가?

아니면 다음에 인용된 편지 속에서 체르니셰프스키의 견해를 총괄한 마르크스의 견해대로 "러시아는 과연 러시아 내의 자유주의 경제학자들이 원하는 바와 같이 자본주의로 이행시키기 위해 공동체를 파괴해버리고 시작해야 할 것인가? 아니면 새로운 체제를 수용하는 고통을 감내함이 없이 기존의 모든 장점을 보존하면서 러시아 고유의 역사적 유산을 발전시켜 나가야 할 것인가?"

문제제기 그 자체는 이미 그 해답의 실마리를 보여주고 있다. 러시아 공동체는 몇 세기 동안 자체적으로는 공동 소유의 더 높은 단계의 형태로 발전시켜주는 어떠한 자극도 느끼지 못하고 유지되어 왔다. 이는 원시 공산주의적 질서를 보유했던 독일 촌락, 켈트족 씨족공동체, 그리고 인도와 기타 공동체들의 경우도 마찬가지이다. 이 모든 것들은 시간이 흐름에 따라 그 주위 내지 그 자신의 수단에 조응하며, 점차 관철되어가는 개별가족과, 개인 간의 상품 생산과 교환의 영향하에서 갈수록 자신의 공산주의적 성격을 읽어가고, 서로 자립적인 지주들의 공동체 속에서 해체된다.

결국 러시아 공동체가 무언가 다르거나 좀 더 나은 운명을 지닐 수 있는가에 대한 질문이 제기된다면, 그 이유는 러시아 자체 속에 내포되어 있다기보다는 단지 유럽 국가들 중 이 나라가 당시까지 상대적으로 생명력을 유지해왔기 때문이다.

즉 서유럽은 당시 이미 상품생산 일반뿐만 아니라 최고의 또는 마지막 형태인 자본주의 생산양식조차 그 사회가 창조해낸 생산력과의 모순에 빠져 이러한 생산력을 관리할 능력을 잃고 있음을 보여주고, 이러한 내적 모순과 그에 조응하는 계급적 충돌로 몰락해나가고 있었다. 이로부터는 단지 러시아 공동체에 있을 법한 변혁의 주도권은 결코 그 자체에 의해 오는 것이 아니라 서구의 산업 프롤레타리아로부터 올 수 있다는 사실이 도출된다. 부르주아에 대한 서유럽 프롤레타리아의 승리와 그 결과로 오는 사회주의적 관리경제에 의한 자본주의적 생산의 대체만이 러시아 공동체를 이와 같은 발전단계로 끌어올리는 필수적 전제조건이다.

– 엥겔스, 「러시아에서의 사회적 관계들에 대한 후기」

9. 혁명가로서의 체르니셰프스키

1

두 번째 논문*의 제목은 「대의에 대한 과거와 현재의 개념에 대한 개관」이다. 우리는 방금 바쿠닌과 네차예프가 러시아 국외 인터내셔널 기관을 협박하는 것을 보았다**. 이 논문에서는 그들이 체르니셰프스키에게 화풀이 하는 것을 볼 수 있다. 그러나 체르니셰프스키는 러시아 내에서 그를 추종

---

* 마르크스와 엥겔스는 네차예프와 바쿠닌이 간행한 익명의 무정부주의 소책자에 실린, 한 논문을 언급하고 있다.
** 이것은 인터내셔널의 러시아 관계지인 『인민의 기관』에 대한 언급이다. 그것은 1868년과 1869년에 발행되었고 인터내셔널의 강령과 조직적 단결을 강조했다.

하는 젊은 학생들을 사회주의 운동으로 이끌어 들이기 위해 많은 노력을 기울인 인물이다.

- 마르크스 · 프리드리히 엥겔스,
『사민주의 동맹 및 국제 노동자 협회』

2

내가 L(로빠찐)로부터 알게 된 체르니셰프스키는 1864년에 시베리아 광산으로 8년의 강제 노동형을 언도받았으며, 따라서 아직도 2년의 형기를 남겨두고 있네. 제1심은 그에겐 혐의가 전혀 없

체르니셰프스키|Nikolay Gavrilovich Chernyshevsky; 1828-1889는 고전적 작품 『무엇을 할 것인가?』What Is To Be Done?; 1863를 통해 러시아의 젊은 지식층에게 커다란 영향을 끼쳤다.

음을 선언하고 그의 혐의를 뒷받침하던 비밀 · 음모 서한들은 명백한 위조 forgeries라고(그것들은 사실 위조였다) 판결할 만큼 훌륭했네. 그러나 차르의 명령에 따라 최고재판소Senate는 이 판결을 기각하고 그 간교한 인물을 시베리아로 보냈다네. 최고재판소는 다음과 같은 판결을 내렸지. "그는 너무나도 교활하여 법적으로 혐의를 받지 않는 형태로 저술을 해 왔으며 아직도 그 속에서 공개적으로 독을 퍼트리고 있다."

플레로프스키는 조금 나은 상황에 있네.* 그는 모스크바와 성 뻬쩨르부르그 사이에 있는 어떤 초라한 작은 지역에서 단순한 행정적 유형상태에 있다네.

---

* 플레로프스키는 1862년에 체포되어 1863년에 아스트라한으로 유배당했다. 그는 1868년과 1870년 사이에 쪼베리에서 경찰의 감시 하에 살았다.

- 마르크스, 엥겔스에게 보낸 편지(1870. 7. 5)

3

나는 서방세계의 관심을 불러일으켜 보고자 체르니셰프스키의 생애와 성격*에 대해 무엇인가를 출판해보고 싶습니다. 하지만 이를 위해 약간의 자료가 필요합니다.

- 마르크스, 니콜라이 다니엘슨에게 보낸 편지(1872. 12. 12)

4

체르니셰프스키에 관해 내가 단지 과학적 측면에만 언급할 것인가, 아니면 그의 활동이라는 다른 측면을 다룰 것인가는 전적으로 당신에게 달렸습니다.** 나의 책 제2권***에서 나는 물론 그를 경제학자로서만 형상화할 것입니다. 나는 그의 주요 저술들을 잘 알고 있습니다.

- 마르크스, 니콜라이 다니엘슨에게 보낸 편지(1873. 1. 18)

마르크스 엥겔스 문학예술론

5

우리는 방금 N. G. 체르니셰프스키의 죽음에 관해 들었습니다. 매우 슬

---

* 체르니셰프스키에 대한 논문을 쓸 의도로 마르크스는 반복하여 전기를 쓸 자료를 보내줄 것을 다니엘슨에게 부탁했다. 그러나 1873년 3월 20일(4월 1일)에 가서야 다니엘슨은 그에게 체르니셰프스키에 관한 짧은 전기적 기록을 보낼 수 있었다. 다니엘슨은 체르니셰프스키의 문학 작품과 정치적 시도에 대한 자료를 구할 수 없었다. 그래서 계획된 논문은 실현되지 못했다.

** 체르니셰프스키의 혁명적 활동을 의미한다.

*** 칼 마르크스의 『자본론』에 대한 언급이다.

프고 안타까울 따름입니다. 그러나 아마도 그것이 더 나은 일인지도 모르겠습니다.

— 엥겔스, 니콜라이 다니엘슨에게 보낸 편지(1890. 6. 19)

10. 시체드린

보내주신 시체드린의 『이야기』^{Ckazku}에 대해 깊은 감사의 뜻을 전합니다. 가능한 한 빨리 읽어보고 싶은데, 지금 저는 왼쪽 눈에 결막염 증상이 있어서 당분간 그것을 읽을 수가 없습니다. 러시아어 타이프가 나의 눈길을 무척이나 끌어당깁니다.

— 엥겔스, 니콜라이 다니엘슨에게 보낸 편지(1887. 2. 19)

11. 플레로프스키

나는 플레로프스키의 책을 처음 15쪽까지 읽었네.*(그것은 시베리아와 북러시아 그리고 아스트라한에 관한 내용이라네). 이것이야말로 러시아 경제상황을 솔직히 묘사한 최초의 작품이네. 저자는 자신이 말한 이른바 '러시아의 낙관주의'에 대해 단호한 적대적 입장을 취하고 있소. 나는 이 공산주의적

---

* 마르크스는 플레로프스키의 『러시아의 노동계급의 상황』을 러시아어로 읽고 있다.

엘도라도의 장밋빛 견해를 결코 거들떠보려고도 하지 않았었지. 그러나 플레로프스키는 예상을 뒤엎었네. 이러한 작품이 뻬쩨르부르그에서 출판될 수 있었다는 사실은 정말로 이상한 일이며 급격한 변화의 조짐인 것 같다네.

"우리는 극히 소수의 프롤레타리아를 가지고 있습니다. 그러나 우리 노동계급의 대부분은 그 어느 프롤레타리아들보다 더 비참한 상태입니다[*]."

서술방식은 매우 독창적이네. 그것은 가끔 몽텔의 저술을 생각나게 해준다네. 특히 그 자신이 직접 여행하고 자기 눈으로 보고 확인했다는 것이 드러나 있네. 그는 지주, 자본가 및 관리들에 대한 증오의 불길을 보았던 것이네. 거기에는 어떠한 사회주의 교의도, 토지에 대한 어떠한 신비주의 (공동소유 형태에 대한 선호도에도 불구하고)도, 어떠한 허무주의적 낭비도 없다네. 물론 군데군데 장광설이 보이기도 한다네. 하지만 그것은 어쩌면 그 책이 의도했던 대로 독자들이 도달할 발전단계에 걸맞은 것일지도 모르네.

어쨌든 이 책은 자네가 쓴 『노동계급의 상태』 이래 가장 중요한 책이네. 아내를 반죽음으로까지 몰아가는 무서운 구타, 보드카, 그리고 불륜 등 러시아 농가의 생활상이 잘 묘사되어 있네. 그러므로 만약 자네가 게르첸 씨의 훌륭한 저술들을 내게 보내주면 시기적으로 매우 적절할 것 같네.

– 마르크스, 엥겔스에게 보낸 편지(1870. 2. 10)

마르크스 엥겔스 문학예술론

---

[*] 편지에서의 인용 구절은 러시아어였다.

부록

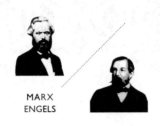

MARX
ENGELS

1. 엘레노어 마르크스, 「모어를 회상하며」에서 (1895)

그는 독특하고도 탁월한 이야기꾼이었다.* 나의 고모들에게 들은 바로는, 어렸을 때 그는 누이들에게 지독한 폭군이었다고 한다. 그는 누이들을 자기의 말처럼 '몰아서' 트리어Trier에 있는 마르쿠스베르크Markuspberg로 쫓아버리곤 했으며, 더 심하게는 더러운 반죽과 그보다 더 더러운 손으로 만든 '케이크'를 억지로 떠먹였다는 것이다. 하지만 고모들은 그 모든 것들을 참는 대가로 칼이 들려줄 이야기 때문에 군말 없이 그 '쫓김'을 참았으며, '케이크'를 먹었다고 한다.

이제 세월이 흐르자 그는 자기의 아이들에게 이야기를 들려주었다. 그는 산책을 하면서 우리 어린 자매들에게 이야기를 들려주었다. 이때 이야기는 장chapters이 아니라 마일miles로 계산해야 했다. "1마일만 더 해주세요"

---

* 막내 딸 엘레노어 마르크스는 그녀의 아버지에 대한 회상록을 영어로 썼다. 모어Mohr는 마르크스 일생의 별명이다.

가 두 소녀의 외침이었다. 모어가 들려준 온
갖 신기한 이야기들 가운데 가장 경이롭고
재미있게 들었던 것은 한스 뢰클Hans Röckle에
대한 이야기였다. 그것은 몇 달을 두고 계속
된 하나의 전체적인 이야기의 연속이었다. 익
살스러운 한스 뢰클의 재치와 시로 가득 찬
그 이야기들을 그때 아무도 받아 적어놓지
않은 것은 참 유감이다.

마르크스의 막내 딸 엘레노어 마
르크스. 그녀는 영국의 사회주
의자 에드워드 에이블링과 결혼
했으나 1898년 동반자살했다.

한스 뢰클은 장난감 가게를 근근이 꾸려가
는 '궁색했던' 사람으로, 호프만Hoffmann*과 같
은 마술사였다. 한스의 가게는 아주 신기한
것들로 가득 차 있었다. 나무로 된 남자와 여
자, 거인과 난장이, 왕과 왕비, 직공과 주인, 노아의 방주에 실은 만큼의 수
많은 새와 동물, 책상과 의자, 탈 것들, 갖가지 종류의 상자 등이 바로 그것
들이다. 한스는 비록 마법사이기는 했지만 악마나 백정에게는 마술을 부리
는 자신의 의무를 이행하지 않았다.

그래서 그는 성미에 매우 거슬리지만 계속해서 악마에게 장난감만은 팔
아야 했다. 이 과정에서 이야기는 신비한 모험의 세계로 빠져들어가는데,
항상 한스의 가게로 되돌아와서 끝이 났다. 이러한 모험의 일부는 호프만
의 모험들만큼이나 무섭고 대단한 것들이었다. 어떤 것들은 우습기도 했지
만, 모든 것들이 엄청난 기백과 재치와 유머를 지닌 이야기들이었다.

---

* 호프만E. T. A. Hoffmann ; 1776~1822은 유명한 독일의 낭만주의 작가이다.

그리고 모어는 자식들에게 책을 읽어주었다. 그는 나에게도 – 나 이전에는 누이들에게 그랬던 것처럼 – 호머의 책 전부, 『니벨룽겐의 반지』, 『구드룬』Gudrun, 『돈키호테』, 『아라비안나이트』 등을 읽어주었다. 셰익스피어는 우리 집안의 경전이었고, 좀처럼 우리 입이나 손에서 떠나지 않았다. 내가 다섯 살 무렵에는 셰익스피어의 각 장면들을 암기할 정도였다.

나의 여섯 번째 생일날, 모어는 나에게 첫 번째 소설인 불멸의 『피터 심플』Peter Simple*을 선물했다. 마리아트와 쿠퍼Cooper의 전체 과정이 이 책의 뒤를 이었다. 내가 이 책들을 읽을 때면, 아버지는 그 이야기 모두를 정확하게 읽어주고 그 소설을 놓고 토론을 벌이기도 했다.

그러고는 그의 어린 소녀가 마리아트의 바다 이야기에 자극받아 '함장'(그것이 무슨 직책인지 상관없이)이 되겠다고 선포하고, 자신이 "소년처럼 옷을 입는 법"과 "전사로서 참여하기 위해 도망가는 법"의 가능성 여부를 아버지에게 물었을 때, 그는 그 모든 계획들이 잘 이루어질 수 있을 것이라 생각한다며 확실하게 대답해 주었다.

하지만 그 계획에 착수하기도 전에 이 월터 스코트W. Scott 광은 일을 시작했고, 어린 소녀는 자신의 일부가 혐오스러운 캠벨Campbell의 가문에 속한다는 놀라운 이야기를 들었다. 그리하여 하일랜드Highland를 각성시켜 '45명'the forty-five(1745년 잉글랜드에 맞서 스코틀랜드의 제임스 2세를 추종하는 세력, 즉 '제커바이트'Jacobite의 봉기 당시 45명의 친위대 – 엮은이 주)을 소생시킬 음모가 꾸며졌다.

스코트는 작가였는데, 마르크스는 계속 그에게로 돌아갔으며, 필딩이나 발자크만큼 잘 알고 있었고, 또한 그를 칭찬까지 했다는 것을 덧붙이고 싶

---

* 『피터 심플』Peter Simple은 영국의 소설가, 뱃사람, 모험담 작가인 프레데릭 마리아트Frederick Marryat ; 1792~1848의 소설이다.

다. 그리고 그가 이러저러한 온갖 책들에 관해 이야기하는 동안, 소녀는 그 것에 관해 아무것도 모르는데도 어린 딸에게 세상에서 가장 훌륭한 책들을 모두 볼 수 있게 하려고 했으며, 그녀가 스스로 시도하고, 생각하며, 이해하도록 가르치고자 했다. 그녀는 결코 가르침을 받고 있다는 생각을 하지 않았다. 그러한 가르침에는 거부하려고 했겠지만 말이다.

이 '비참하고' 또 '한층 더 비참해진' 남자는 이런 식으로 어린 소녀와 '종교' '정치'에 대해 이야기하곤 했다. 아마 대여섯 살 무렵, 나는 어떤 종교적 불안을 느꼈고(우리는 아름다운 음악을 들으려고 '로만 가톨릭교회'에 들른 적이 있었다), 그가 모든 것들에 대해 어찌나 명쾌하고 올바르게 설명해 주었는지, 바로 그 순간부터 지금까지 의심할 여지도 없이 그런 것들은 내 마

뒷줄 왼쪽부터 시계방향으로 엥겔스, 마르크스, 그의 장녀 예니,
막내 엘레노어, 둘째 라우라

음 속의 장애물이 될 수 없었다. 그리고 그가 내게 그 이야기를 해주었던 기억이 생생하다. 나는 그것이 그 이전이나 그 이후에도 항상 들을 수 있었던 이야기로 여겨지진 않았다. 그것은 한 부자가 죽인 목수의 이야기였는데, 여러 번 이렇게 말했다. "결국 우리는 교회를 용서할 수 있게 되었다. 왜냐하면 교회가 어린이의 존엄을 가르쳤기 때문이다."

2. 엘레노어 마르크스, 「하이네와 마르크스의 우정에 대하여」에서 (1895)

하이네(40대 초반)와 계속적이고도 친밀하게 만났던 부모와 헬렌 데무트Helen Demuth 모두가 하이네에 대해 많은 이야기를 했던 기억이 난다.* 모어는 하이네를 시인으로서 칭찬했을 뿐만 아니라 그에 대해 진정한 애정을 가지고 있었다는 말은 결코 과장이 아니다. 심지어 그는 하이네의 정치적 변덕에 대한 온갖 변명을 늘어놓기도 했다. 모어는 시인들이란 괴상하고 성가신 소들이며, 일상적인 것조차 지극히 일상적인 행동거지로는 평가할 수 없는 존재들이라고 주장했다.

나의 어머니 — 그녀의 아름다움과 지혜에 하이네는 깊은 경의를 표했다 — 는 덜 관대했다. 나는 종종 모어가 무한히 기뻐하면서도, 뫼메Möhme(나의 어머니)가 위대한 시인인 하이네를 얼마나 무시하고, 또 그를 나약한 사람으로 격하시키려 했는지 불평하는 것을 들은 적도 있다.

나는 부모의 대화를 들었기 때문에, 하이네가 계속 부모의 방으로 뛰어들어가 자신의 '운문'을 읽어주며, 그들의 의견을 묻곤 하는 것이 퍽이나

---

* 이 텍스트는 칼 카우츠키의 요청으로 영어로 썼고, 아직 발표된 적이 없다. 이것은 암스테르담에 있는 〈국제사회사연구소〉International Institute of Social History 의 도움을 받아 게재되었다.

재미있었다. 계속해서 모어는 8줄의 약간 '작은 것'을 놓고 토론하고 분석했다. 하이네의 시처럼 불멸의 시들이 노력이나 정신적 고통 없이 이루어질 것으로 생각하는 사람들은 이 위대한 시인이 매일 나타나 어떤 시들을 읽고 또 읽으려 했는가를 상기해봐야 한다. 그가 논의하려 했던 것은 이 말이 저 말보다 나은지 여부였는데, 한 마디로 말해서 그는 노력과 퇴고의 표시가 드러날 때까지 자신의 시를 연마한 인물이었다.

모어가 가장 참을 수 없었던 것들 가운데 하나는 비평을 대하는 하이네의 병적인 감수성이었다. 심지어 그가 가장 혐오하는 사람들의 비평에 대해서도 그러했다. 어떤 비열한 싸구려 글쟁이와 다투기라도 하면, 말 그대로 닭똥 같은 눈물이 그의 볼을 타고 흘러내리곤 했다. 그럴 때마다 모어가 내리는 한 가지 처방은 그를 자기의 아내에게 보내는 것이었다. "예니Jenny von Westphalen한테 가서 울게나"가 바로 그 처방이었다. 예니는 자신의 재치 있고 신랄한, 그러면서도 상냥한 말투로 이 낙심하고 있는 시인을 금방 생기가 돌도록 해주었다.

모어나 뫼메에게서 자주 듣던 대화 중 하나는 헤르베히*(나의 부모가 아주 좋아했던)가 자신의 방을 가장 호사스러운 패션으로 꾸미는 데 반해, 하이네의 방은 은둔자의 그것이라는 말이었다. 헤르베히는 화려한 양탄자와 커튼, 가구들로 치장했지만, 하이네는 방을 꾸미지 않았다. 탁자와 의자 그리고 책상이 고작이었다.

그러나 결국 모어와 뫼메 그리고 우리들의 나이 든 벗 니미**의 기억에서 가장 생생한 것은 그 시인이 실천적 인간의 모습으로 자신을 분명히 보여

---

* 게오르그 헤르베히Georg Herwegh ; 1817~1875는 1848년의 시인이자 초기 노동운동의 일원이다. 1842년부터 마르크스와 친분을 맺었고, 독일에서는 장기간 추방당했다.
** 니미Nymmy와 헬렌 데무트Helen Demuth는 마르크스 가족의 가정부이자 친구였다.

주었다는 것이다. 당시 태어난 지 몇 달밖에 되지 않았던 맏언니 예니가 발작과 경련을 일으켰었다고 한다. 모어와 뢰메와 헬렌은 모두 어찌할 바를 모르고 절망에 잠겼을 때, 그 시인은 자신이 직접 목욕준비를 하고 아기를 씻겨주었다. 그리하여 모어의 말대로 간신히 예니의 생명을 구할 수 있었다.

내가 아는 한, 그들은 정치에 대해 거의 토론하지 않았다. 그러나 확실히 모어는 하이네를 매우 부드럽게 평가했으며, 그의 작품뿐만 아니라 그 인간 자체까지도 사랑했었다.

3. 폴 라파르그*, 「마르크스를 회상하며」에서 (1890)

마르크스는 하이네와 괴테의 시편들을 암송했고 대화하는 도중에 인용할 경우도 종종 있었다. 그는 유럽의 모든 시인들에 대한 열렬한 독자였다. 해마다 그는 그리스어로 된 아이스퀼로스의 작품을 읽었다. 그는 아이스퀼로스와 셰익스피어를 인류가 낳은 가장 위대한 연극의 천재라고 불렀다. 그는 셰익스피어에게 한없는 존경을 보냈다. 예컨대 그는 셰익스피어의 작품들을 면밀히 연구했기 때문에 작중인물들 가운데 가장 하찮은 인물조차 기억할 정도였다. 그의 가족들 모두 영국의 극작가를 진정으로 동경했으며, 특히 그의 세 딸들은 여러 작품들을 암송했다.

1848년 이후 이미 해독 가능했던 영어에 대한 지식을 보다 완벽하게 하기 위해서 그는 셰익스피어의 독창적 표현들을 전부 들추어내 분류해 놓았다. 또한 자신이 그 당시 높이 평가하던 윌리엄 코베트William Cobbet의 논

---

* 폴 라파르그는 마르크스의 사위, 즉 둘째 딸 라우라 마르크스의 남편이다.

쟁적 저작들 가운데 일부를 분류해 놓기도 했다. 그 외에 자신이 좋아하던 시인들로는 단테와 로버트 번즈Robert Burns가 있었는데, 그의 딸들이 번즈의 풍자시나 민요들을 암송하거나 노래할 때는 이를 듣고서 매우 즐거워하곤 했다.

때때로 마르크스는 소파에 누워서 소설책 한 권을 읽곤 했다. 어떤 때는 번갈아서 한꺼번에 두세 권을 읽기도 했다. 다윈처럼 그도 소설의 애독자였는데, 18세기의 소설들, 특히 헨리 필딩Henry Fielding의 『톰 존스』Tom Jones를 애독했다. 그가 가장 흥미롭게 읽은 보다 현대적인 소설가로는 폴 드 코크Paul de Kock,

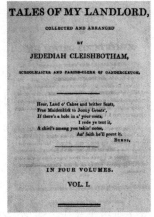

월터 스코트의 『나의 지주 이야기』Tales of My Landlord 시리즈 4개 중 첫 번째가 『흑인 난쟁이』The Black Dwarf, 1816와 『옛 사람들』The Tale of Old Mortality,1816이다.

찰스 레버Charles Lever, 알렉상드르 뒤마 1세Alexander Dumas senior, 월터 스코트 Walter Scott 등이 있는데, 특히 스코트의 『옛 사람들』Old Mortality을 걸작으로 간주했다. 그는 모험과 해학이 풍부한 소설의 꾸준한 애독자이기도 했다.

마르크스는 세르반테스와 발자크를 다른 소설가들보다 좀 더 높이 평가했다. 그는 돈키호테에게서 그 미덕들이 부르주아 세계의 출현으로 말미암아 조롱과 비웃음의 대상이 되었다는 것을, 또 사라져가는 기사도에 대한 서사시를 발견했다. 그리고 그는 발자크를 매우 칭찬했기 때문에 경제학에 관한 책을 쓰자마자 발자크의 걸작인 『인간 희극』에 대한 독후감을 쓰고자 했다. 그는 발자크를 당대의 역사가로 평가했을 뿐만 아니라, 루이 필립의 시대에는 아직 무르익지 않았다가 그가 죽고 난 후 나폴레옹 3세 때 이르러 발전되었던 특성들을 예견이라도 하듯 창조해 낸 작가로 보았던 것이다.

그는 비교할 수 없을 정도로 풍부한 상상력의 소유자이다. 그의 최초의 문학작품은 몇 편의 시였다. 마르크스의 부인은 남편이 젊었을 때 쓴 시들을 정성껏 보관했지만 누구에게도 보여준 적이 없었다. 그의 부모는 그가 문필가나 교수가 되기를 바랐기 때문에, 아들이 당시 독일에서 천대받던 사회주의 운동과 정치경제학에 전념하자 스스로를 타락시키고 있다고 여겼었다.

마르크스는 딸들을 위해 그라쿠스 형제Gracchi에 관한 희곡을 한 편 쓰겠다고 약속했지만, 불행하게도 그 약속을 지킬 수 없었다. '계급투쟁의 기사'로 불린 그가 고대 로마사회의 계급투쟁에 관한 저 끔찍하고도 웅장한 일화를 어떻게 다루었는지 보았더라면 매우 흥미로운 일이었을 텐데.

4. 프란치스카 쿠겔만,* 「마르크스의 위대성의 몇 가지 특징」에서 (1928)

누구든지 마르크스 앞에서 과장된 느낌을 보여주면, 그는 하이네의 시구를 즐겨 떠올리곤 했다.

한 소녀가 바닷가에 서 있었네
심한 비통과 두려움을 안고
소녀의 슬픔은 무엇 때문일까?
그건 해가 져버렸기 때문이지.

---

* 프란치스카 쿠겔만Franziska Kugelmann : 1858~1939 은 이 전기의 저자로서, 루드비히 쿠겔만 박사의 딸이다. 그녀는 사회민주당원이자 1848~1849년 혁명의 가담자로서, 마르크스가 1867년 『자본론』제1권을 교정 보는 동안 그의 집에서 머물렀다.

마르크스는 하이네를 알고 있었기 때문에 파리에서 마지막 병마에 시달리고 있던 불운한 시인을 방문했다. 마르크스가 들어섰을 때 마침 하이네의 침대를 바꾸는 중이었다. 그의 고통은 몸에 손을 대는 것조차 참을 수 없을 정도로 심했기 때문에 간호사들이 시트 째로 그를 다른 침대로 옮겼다. 그러나 아직 하이네는 재치를 잃지 않고 맥없는 목소리로 마르크스에게 말을 건넸다.

"여보게 마르크스, 저 숙녀들은 여전히 나를 높이 떠받들고 있다네."

마르크스가 생각하기로는, 사랑에 대한 하이네의 모든 훌륭한 노래는 그의 상상력의 열매이며, 그는 여자들과의 일에서 결코 성공해 본 적이 없었고, 결혼생활에서도 전혀 행복하지 못했다는 것이다. 마르크스는 다음의 시구들이 그의 죽음과 완전히 맞아떨어진다고 생각했다.

그는 여섯 살에 처형되어

일곱 살에 무덤 속에 눕혀졌다.

그러나 그는 여덟 살이 되자

붉은 포도주를 마시고 매우 기뻐했다.

하이네의 성격에 대한 마르크스의 견해가 결코 좋은 것만은 아니었다. 특히 마르크스는 하이네에게 그를 도와준 친구들에 대한 배은망덕을 꾸짖었다. 예컨대 "그렇게 호감을 주는 젊은이를 칭찬하지 않는 것은 너무도 훌륭해" 등의 크리스티아니Christiani에 대한 무척 아이러니한 구절들이 바로 그것이다.

아마 마르크스가 파고들지 않았던 학문이나 열광하지 않았던 예술분야는 없을 것이며, 그의 칭송을 불러일으키지 않은 자연의 아름다움도 없었을 것이다. 하지만 그는 부정직, 허울, 자랑, 허영 등을 참지 못했다.

어머니의 가장 친한 친구는 텐게^{Tenge} 부인이었는데, 모든 면에서 뛰어난 분이었고 언어 감각이 특출난 분이었다. 그녀는 프랑크푸르트의 볼론가로-크레베나^{Bolongaro-Crevenna} 가문 사람이었다. 그녀는 베스트팔렌의 대지주 텐게 리트베르크^{Tenge-Rietberg}와 결혼하여 레다^{Rheda} 근처에서 봉토로 먹고살았다. 이 두 분들은 서로 자주 방문했다. 텐게 부인이 우리 집에서 머무를 때마다 늘 같은 작은 방을 썼는데, 그녀는 그것을 '내 방'이라고 불렀다.

어머니는 그녀에게 한 재미있는 방문객에 대해 편지를 썼는데, 그를 소개시켜 주기 위해 하노버로 초대하는 내용이었다. 텐게 부인은 기꺼이 수락하면서 며칠 동안은 머물 수 있을 것이라고 답장해 왔다. 그런데 마르크스가 '그녀의 방'을 차지하고 있었기 때문에, 어머니는 그녀가 머무를 동안만 방을 옮겨 달라고 부탁했다. 마르크스는 피아노를 예술적으로 치는 이 감탄할 만한 여인과 더불어 지내는 것을 대단히 기뻐했다. 우리 모두의 기억에서 지워질 수 없는 나날들을 함께 보냈다.

마르크스의 감각은 시에서뿐만 아니라 과학과 시각예술에서도 대단히 세련되었다. 그는 드물게 잘 읽는 사람이었고 또한 놀라운 기억력의 소유자였다. 그는 괴테, 셰익스피어, 그리스 고전의 위대한 시에 대해 나의 아버지와 함께 열광했다. 샤미소*와 뤼케르트**도 역시 그가 좋아하는 시인에 속했다. 그는 샤미소의 감동적인 시 「거지와 그의 개」^{The Begger and his dog}를 인용하곤 했다. 그는 뤼케르트의 언어구사력과, 특히 그의 비할 데 없는 원문

---

* 아달베르트 폰 샤미소^{Adalbert von Chamisso; 1781-1838}는 프랑스 출신으로 프러시아의 자유주의적 낭만파 시인이자 식물학자이다.

** 프리드리히 뤼케르트^{Friedrich Rückert; 1788-1866}는 후기 낭만파 시인으로 동양 문학작품의 번역자로 유명하다.

에 가까운 하리리*의 『마케마스』^{Maqāmas} 번역을 칭찬했다. 몇 년 후 이 시절을 기리면서 마르크스가 나의 어머니에게 이 책을 선물했다.

마르크스는 언어에 천부적인 재능을 가지고 있었다. 영어 이외에도 프랑스어에 능통하여 스스로 『자본론』을 프랑스어로 번역했으며**, 그리스어, 라틴어, 스페인어 그리고 러시아어에 대한 지식도 해박했기 때문에 그 언어로 읽고 줄줄이 번역할 수 있었다. 그는 라틴어를 독학으로 익혔는데, 그것은 여드름으로 고생할 때 '기분전환'으로 익힌 것이었다.

그는 투르게네프가 베일에 싸인 슬라브적 감성으로 러시아인의 특성을 경이롭게 보여준다는 평을 했다. 그는 레르몬토프^{Lermontov}의 표현을 능가하기도 힘들고, 같은 수준에 이르기도 힘들다고 여겼다. 스페인 사람 중에서 그가 좋아한 작가로는 칼데론***이 있다. 마르크스는 칼데론의 작품을 몇 개 가지고 있었는데, 때때로 부분 부분을 큰 소리로 낭독했었다.

저녁 무렵, 아니 석양이 질 무렵에는 모두 텐게 부인의 현란한 피아노 연주를 즐겨들었다. 당시 그녀는 자신의 방명록을 하노버로 가져와 다시 제본했는데, 이것은 레다나 근처의 빌레펠트^{Bielefeld}와 같은 대도시에서는 있을 수 없는 일이었다. 그녀가 집으로 돌아갈 시간이 될 무렵에는 마르크스에게 방명록을 무언가로 채워주기를 바랐다. 왜냐하면 그가 그녀의 방을 차지하고 있었기 때문에, 그녀의 말대로 하면 그가 실제로는 자기의 손님이라는 것이었다. 마르크스는 그 요청을 받아들여 다음과 같이 썼다.

---

* 알리 하리리^{Abu Mohammed Kasim ibn Ali Hariri; 1054~1122}는 아랍의 시인이자 언어학자이다.

** 마르크스가 『자본론』 제1권을 프랑스어로 번역한 것이라기보다는 그가 만족하지 않았던 르와^{Roy}의 번역을 신중하게 편집했던 것이다.

*** 칼데론^{Pedro Calderon de la Barca; 1600~1681}은 스페인의 극작가로, 그의 『인생은 꿈이다』^{La Vida es Sueño}는 120편의 희곡 중 가장 유명한 것이다.

인생은 꿈이며, 열광이자 환상이다.

이것은 거장 칼데론이 가르쳐준 것.

그래서 나는 인생을 매우 아름다운

환상이라고 생각한다네.

— 텐게 – 크레베나의 방명록 안에서 살기 위해.

텐게 부인이 떠난 뒤, 어머니는 우연히 종잇조각 하나를 발견했는데, 위에 인용한 시구가 적힌 곳 다음부터 끝까지 채워져 있었다.

인생은 꿈이며 열광이자 환상이다.

이것은 거장 칼데론이 가르쳐준 것.

당신의 손으로 색조의 바다를 걷어 올린다면,

나는 모든 영원한 것들을 꿈꿀 수 있으련만.

여성다운 고귀한 조화로

이슬처럼 길들여진 인생의 거치른 열광.

그래서 나는 인생을 매우 아름다운

환상이라고 생각한다네.

— 텐게 – 크레베나의 방명록 안에서 살기 위해.

나의 부모는 이 아름다운 생각의 일부만이 적혀 있다는 점을 매우 유감스럽게 생각했다. 그러나 한 권의 방명록에 그 시를 다 쓰려면 지면을 너무 많이 차지해 버렸을 것이라고 마르크스는 대답했다.

몇 년 후, 마르크스는 함께 나누었던 이야기들을 기억해 내기 위해 나의 어머니에게서 몇 가지 책들을 가져왔다. 뤼케르트가 번역한 하리리의 『마케마스』, 샤미소의 작품들, E. T. A. 호프만의 『조그만 못』Klein Zaches이 바로 그것들이다. 전설의 형식을 띤 이 풍자는 마르크스를 기쁘게 해주었다.

■ 편역자 후기

– 마르크스 · 엥겔스의 유물론적 미학과 리얼리즘의 이해를 위하여

일반적으로 마르크스와 엥겔스는 미학에 관한 어떤 체계적인 이론을 정립하지 않았다고 알려져 있다. 하지만 그들이 남긴 저작들 속에서 우리는 기존의 관념론적 미학이론을 혁파하는 혁명적 미학이론이 변증법적 유물론과 사적 유물론에 바탕을 두고 있음을 알 수 있다. 즉 그들은 과학적 · 혁명적 세계관의 논리적 연장선상에서 예술의 본질과 기원 및 발전, 그리고 예술의 사회적 임무와 목표를 설명했던 것이다.

따라서 마르크스와 엥겔스는 예술을 사회적 의식의 한 형태로 보고, 그 변화의 근거를 사회적 존재 속에서 찾고 있다. 인간의 미적 · 예술적 역량, 즉 미적으로 세계를 지각하고 이해하며, 나아가 예술작품을 창조할 수 있는 능력은 인간사회의 장구한 발전의 결과로서 나타난다. 또 예술의 내용과 형식은 물질세계와 인간사회의 발전과 더불어 일정한 법칙들에 따라 불가피하게 발전했다.

여기서는 예술을 물적 토대의 수동적 산물로 보지 않고 오히려 사회적 의식의 다양한 형태들이 자신이 출현한 사회적 현실에 능동적으로 영향을 주고 있다는 점을 염두에 두면서 '리얼리즘'realism의 문제를 다루고자 한다. 그래야만 마르크스 · 엥겔스가 주장한 본래의 이론과 부합되리라 여겨지기 때문이다.

예술과 물적 토대의 관계

마르크스와 엥겔스는 문학과 예술이 단지 내부적 발전법칙에 따라서만 이해될 수는 없다고 말했다. 예술의 본질, 기원, 발전, 그리고 그 사회적 역할은 전체로서의 사회체계를 분석해야만 가능하다고 보았다. 그 사회체계 내에서는 경제적 요인이, 즉 생산관계들과의 복합적인 상호작용을 통한 생산력의 발전이 결정적인 역할을 한다. 따라서 그 변화의 요인은 인간의 사회적 존재에서 구해져야 한다.

마르크스와 엥겔스는 예술의 사회적 본질과 역사과정상의 발전을 규명하면서, 계급사회에서의 예술이야말로 계급모순과 특정 계급의 정치·이데올로기로부터 크게 영향을 받는다는 점을 보여주었다. 마르크스와 엥겔스는 인간적 사고의 본성에 대한 변증법적 견해를 예술적 창조성에 대한 분석으로까지 확대시키면서 물질세계와 사회의 발전과 더불어 예술의 발전을 축적하는 과정에서 예술의 내용과 형식이 일정한 법칙에 따라 변화해왔다는 사실에 주목하고 있다.

역사상 각 시기는 나름대로의 고유한 미적 이상을 지니고 있으며, 다른 조건 아래서는 반복될 수 없는 특수한 성격에 상응하는 예술작품들을 생산했다. 그래서 마르크스와 엥겔스는 사회발전의 수준과 그 사회구조가 예술작품의 내용과 장르를 규정한다고 보았다. 물론 마르크스와 엥겔스는 사회적 의식(특히 예술)의 형태들과 경제적 토대 사이와 관계에 대해서 기계적으로 해석한 것은 아니다. 즉 예술적 창조성은 사회발전의 일반법칙에 종속되지만, 그것은 의식의 한 특수형태로서 자신의 독특한 성질과 특수한 양식을 갖는다고 본 것이다.

바로 이것을 우리는 예술의 '상대적 자율성'relative autonomy이라 부른다. 즉 예술작품은 특정 사회구조와 역사적으로 관련을 맺고 있지만, 사회구조가 소멸할 때 같이 사라지는 것은 아니다. 이에 대해서는『정치경제학 비판을 위하여』의 서문에 잘 묘사하고 있다.

그러므로 예술의 발전시기와 물질적 생산의 발달 시기는 반드시 일치하지는 않는다. 왜냐하면 특정 시기의 정신문화가 물질적 생산의 발전수준에 의해서 뿐만 아니라 그 시기의 특수한 사회적 관계들의 성격에 의해서도 규정되기 때문이다. 달리 말해서 사회적 관계들의 특수한 성격이나 계급적 대립의 발전 정도, 인간개선의 발전을 위한 특수한 조건들의 존재여부가 예술의 성격과 발전을 규정하면서 연관을 맺고 있기 때문이다.

마르크스와 엥겔스에 의해 고찰된 주요한 미학적 문제들

1. 미적 감성의 기원

미적 감성에 대한 마르크스의 고찰은 경험적인 자료들에 의해 충분히 개발될 수도 확인될 수도 없었다. 그 당시만 하더라도 그러한 자료들은 거의 찾아보기 힘들었기 때문이다. 따라서 그는 다른 작가들과 마찬가지로 입수 가능한 지식들을 이용해서 철학적인 논의를 전개해 나갔다. 마르크스는 은연중에 자신의 분석을 유신론적, 자연주의적 입장에 대립되는 방향으로 이끌어 나갔다. 그는 자신이 특별히 미적이고 신성에 의해 주어지거나 천부적인 본능을 논박했던 것처럼 17세기 사상가들의 '불가지론'不可智論; je ne sais quoi의 논거를 부정했다.

마르크스는 미학적 감성을 구체적인 역사적 과정의 특수한 구조들 사이에서 매우 점진적으로 형성된 것 ― 무엇보다도 인간노동의 발전에서 그 한 부분 ― 으로 설명했다. 예술적 창조와 미학적 반응이 마르크스에게는 인간 고유의 능력들이다. 그것들은 그와 비슷한 동물세계의 현상들과 혼동

453
편역자 후기

되어서는 안 되는 것들이다. 노동하는 인간인 '공작인'工作人; Homo Faber이 처음 미적 감성을 획득하게 되면 그들은 노동기술을 개선시키고 물질세계를 관념과 행동을 통해 지배해 나가는 동안 그 감성을 세련시킨다.

물리적 세계는 인간의 조화된 기준과 효용 혹은 척도에 따라 개조된다. 그리하여 미적 기교가 발달함에 따라 (인간화된) 유희능력은 새로운 출구를 찾게 된다. 즉 '유희는 인간의 육체적·정신적 능력에 특유한 것이다' Spiel seiner eignen körperlichen und geistigen Kräfte. 이 시점에서 이제 노동하는 인간은 유희하는 인간homo ludens이 되는 길목으로 들어선다.

그리고 이제 우리가 미학적 감성을 그것의 보다 관조적인 측면에서 ─ 즉 보다 엄격하고 혹은 보다 통상적인 의미에서 ─ 논하려 한다면 당연히 그것을 예술 형성 단계로부터 유래하는 보다 후기의 발전상태를 고려해야만 할 것이다. 마르크스는 한때 순수 자연적인 대상들에 대해 미적으로 민감한 태도를 일컬어 '광물학적 감각'mineralogical sense이라 불렀는데, 그것은 이 단어가 다소간 여타의 가능한 기능들로부터의 비실천적apractical 분리를 함축했기 때문이다. 이러한 수용양식은 예술작품을 생산하는 사람에게 필요한 감성의 내재화로 표현할 수 있다.

따라서 그것은 예술적 생산인 인간 외화(예술적 생산) 이전 과정의 상대물이다. 내재화와 외화의 변증법이 계속됨에 따라 진보하는 예술적 패턴들과 그것들이 불러일으키는 미적 반응들은 점차 분명한 관계를 형성하게 된다. 그리하여 특수한 미적 태도가 형성된다.

이상의 설명은 원시인들이 객관적이면서도 주관적인 전유Aneignung과정을 통해 물질적 현실세계를 자신들의 필요에 맞게 개조해 나가는 과정에 관한 마르크스의 일반 논리에 의해 대부분 뒷받침된다. 온갖 기능적 태도들 가운데 특별히 인간적인 미적 감성(최초로 적극적인 의미에서 예술적이라 할 만한)은 인류가 자신의 '인간적 본질'을 긍정하고 실현시키려는 총체적인 사회적 실천에 의해 발생한다.

요컨대 이것이 바로 마르크스의 원전들로부터 재구성될 수 있는 미적 감성의 기원에 관한 이론적 틀이라 할 수 있다. 그리고 적절한 몇몇 원전들을 고찰해 보면 그 테마에 관해 보다 확실한 이해를 얻을 수 있음과 동시에 해석상의 난점들 또한 발견하게 될 것이다.

『1844년 초고』와 『정치경제학비판 서설』에서 마르크스는 귀중품으로서 금과 은이라는 대상을 논의한다. 즉 그는 금과 은의 빛깔이 미적 감각 중 가장 통속적인 형식을 자극하는 '미적 속성'을 구성한다고 말한다. 여기서 우리는 마르크스가 빛깔의 속성을 미적 자극 중 역사적으로 가장 기본적인 양식은 아니지만 통속적인 것이라고 말한 데 주목할 필요가 있다. 그렇다면 마르크스는 이렇듯 감각적으로 경험된 물리적 색깔의 특성에 미적 반응의 자연적 기초를 둔 것일까?

한편 다른 저서에서 마르크스는 구조적 속성, 즉 노동과정 속에서 진보된 것 — 대상의 인간화된 한도限度, measure, Mass(질 · 양의 통일적 개념) — 을 미적 반응의 기초로 상정한다. 그렇다면 이것은 금속의 빛깔에 대한 관찰과 모순되는가, 아니면 그것과 정합되는 것인가? 아니면 우리는 마르크스적인 두 개의 평행적인 범주들로, 즉 색깔로 이루어지는 범주는 천부적 능력에 호소하는 미적 속성의 구성요소이자 노동으로 발전된 인간에 의해 향유되는 범주로 상정해야만 하는가?

이러한 가정은 잘못된 것이다. 만일 우리가 『1844년 초고』와 『자본론』을 연구해보면, 공작인homo faber으로서의 인류가 그 발전과정을 거치면서 완전히 순수한 상태로 보존하는 천부적 미적 반응이라는 개념을 받아들일 만한 근거가 없음을 알게 된다. 따라서 미적 감성의 출현 단계에 관한 마르크스의 주장은 재구성하는 편이 훨씬 나을 것이다. 여기서 그의 논리를 간추려 보면 다음과 같다.

1) 처음에 예술이 발달한다. 그것은 원시 노동자들이 자신들의 필요에 맞게 대상들을 형성하고 대체로 물질세계를 관장하기 위해 자신들의 힘을 행사, 표현할 때 생기는 일종의 '보너스'이다.

2) 수많은 시간이 지난 뒤 예술가의 관심은 대상의 구조(그 본래의 질량, 부피, 비율)에 집중된다. 이 단계에서 고정관념과도 같은 기능주의가 사라지고 비실천적인 미적 관조가 나타나기 시작한다.

3) 색깔, 음색 등과 같은 '주어진'given 물리적 속성들에 대한 미적 감응성은 미적 감성이 표현되기에 이르는 보다 후기의 시기에 상대적 자율성을 띠면서 내부적으로는 다양성을 보유한 채 발전할 수 있었다. 그것은 인간 노동에 의해 생겨나고 인간 노동에 집중되는, 그리고 예술과 그에 종속적인 상대물들이 생겨나는 기초과정의 다음 단계로서 발생한다. 마르크스의 세계관은 그러한 전반적인 과정이 수백만 년 — 초기 구석기시대로부터 후기 신석기시대에 걸치는 — 이라는 시간을 요구한다는 사실을 우리에게 암시하고 있다.

이제 예술대상과 미적 경험을 식별하는 특징들에 관한 마르크스의 분석에 눈을 돌려 보면 미적 감성이 발생하는 단계들을 재구성하는 데 필요한 토대와 부연설명이 발견될 것이다. 『1844년 초고』에서 미美의 객관적 양식은 그것의 '한도'Mass, 즉 Measure라고 기술되어 있다. 마찬가지로 『정치경제학비판 강요』에서는 그리스 예술의 주요 특징으로서 정연한 구조 — 꽉 짜여진 형상geschlossene Gestalt, 형식과 주어진 한계Form und gegebene Begrenzung — 를 논하고 있다.

분명 마르크스가 사용하는 'Mass'라는 독일어는 그의 일반적인 세계관과 상호 관련되어 있으며 다양한 맥락 하에서 설명되어야만 한다. 즉 이 단어는 1) '구체적 현실의 구조들'의 재생산(주로 그것들의 형태. 원시인들은 이러한 형태들을 지배함으로써 자신들이 도구와 질그릇, 은신처 등을 만드는 최선의 방법을 획득했다는 사실을 깨닫는다.) 2) 물질세계의 형태와는 다른 — 보다 정확히는 그것에 '대적하는' — 매력적이고도 일관성 있는 하나의 통일체를 제공하는 대칭, 균형, 비례, 조화의 다양하고도 특수한 속성들을 의미하는 것으로 보인다.

그러나 '한도'가 마르크스에서는 그 밖의 다른 의미를 지닌다 해도 미적인 맥락 하에서 이 단어는 예술작품 내부의 정연한 구조를 명확하게 지시하고 있다. 이것은 현실적 대상들의 외부구조를 재생산하는 데 관심을 집중시키는 경우에도 마찬가지이다. 따라서 마르크스가 인간적인 능력과 예술의 본질적 속성이 상호 관련하에 출현한다는 점을 지적하는 대목에서 사용하는 '재생산'이라는 단어는 '리얼리즘'과는 완전히 구별지어 이해해야 한다. 그는 어떻게 미적 현상의 초기 단계에서 이 '재생산'이라는 용어를 모방mimesis으로서 생각해낼 수 있었을까? 19세기 중반의 그 어느 작가도 최초의 동굴예술에 대해서는 아는 바가 없었다.

마르크스는 고대 그리스 예술에 나타나는 신화에 심취했는데, 그와 엥겔스는 원시종교가 어떻게 예술을 기형화하고 그것에 영향을 미쳤는가에 대해 상술하고 있다. 그 어떤 시대에서도 현실의 정확한 재생산이 리얼리즘으로 불린 적은 없었다. 마르크스와 엥겔스에게 리얼리즘은 훨씬 후기의 특정 문학 유파가 지향했던 목표였다 — 그리고 그것은 분명 예술의 근본과는 거리가 먼 것이었다. 오히려 리얼리즘에 관한 마르크스적 개념은 주로 전형적인 사회적 표현과 관련되어 있었다. 그것은 근본적인 형식구조를 함축하지도 않았을 뿐만 아니라 예술의 기원으로까지 거슬러 올라가지도 않았다.

그 후 마르크스와 엥겔스는 여타의 관심사들에 정력을 쏟았기 때문에 물질세계와 관련된 초기 형식구조에 대한 탐구 작업은 더 이상 진척을 보지 못했다. 하지만 우리는 라살레의 『지킹엔』에 관해 쓴 그들의 1859년도 편지들을 통해서 그들이 형식문제에 대해 지속적인 관심을 갖고 있었다는 사실을 알 수 있다. 보다 후기의 마르크스주의자들에 의해 이루어진 연구로는 게오르그 루카치가 가장 풍부한 업적을 남겨 놓고 있지만 — 모방을 기본 원리로 다루면서 (『미적인 것의 특성』^{Die Eigenart des Aesthetischen, 1963}) — 그는 'Mass'의 개념에 포괄적인 모방적 의미를 부여하는 데 지나치게 고심했다. 그가 상정하는 모든 진정한 예술은 모방적이다.

그리고 루카치는 자신의 이러한 주장의 증인으로서 마르크스를 내세운다. 하지만 우리가 그의 이러한 개념을 받아들인다면 모방은 사실상 매우 모호하고 한계가 분명치 않은 현상이 되고 만다. 더욱이 루카치는 모방적 예술의 발달을 상대적으로 자율적인 구조들(우리가 예술의 대자적 존재^{Für-sich-Sein}라 부르는)의 원시적 출현 때문에 비로소 가능했던 것으로 묘사하고 있다.

비록 루카치가 모방의 제1 우위성을 주장하고는 있지만, 그는 마법적 상징성을 띤 '예술적 내용'의 일정한 내부조직 — 상대적인 자율성을 지닌 구조 내부에서 균형잡힌 특징을 갖고 있는 — 이 필요하다는 점을 인정했다.

이제 상대적으로 자율적인 예술구조에 대해 보다 자세히 살펴보기로 하자. 마르크스는 『1844년 초고』에서 한 상인이 귀금속 시장을 찾는 것은 귀금속의 아름다움 때문이 아니라고 말한다. 다시 말하자면 마르크스는 (『정치경제학비판 서설』에서) 한 부인의 가슴에 달린 다이아몬드에 의해 부여되는 미적 쾌락은 동일한 금속이 상품으로 간주될 경우 사라지고 만다는 사실을 지적하고 있다.

마르크스 엥겔스 문학예술론

전자의 경우 '미적 효용가치'는 명백한 것이지만, 다른 상황에 처하게 되면 그 귀금속의 특수성보다는 오히려 교환가치가 우세해진다. 물론 그것의 미적 효용가치는 또한 '보석연마공의 손 안에 있는' 다이아몬드가 갖게 될 '기계적' 효용가치와도 구별된다. 이러한 맥락에서 본다면 미적 효용가치는 대상의 특수한 성질이며 구체적인 인간의 필요를 직접적으로 만족시켜 준다. 미적 경험의 이렇듯 비실천적 성격은 자본주의 사회의 참혹한 노동경험을 근본적으로 통렬히 비판하는『자본론』의 몇몇 분석을 통해 한층 더 분명해진다.

예를 들면 감당하기 힘든 공장노동에 관해 서술하고 있는 한 구절에서 마르크스는 노동자가 '노동을 자신의 정신적 육체적 힘의 유희play로서 향유할' 권리를 박탈당했다고 말한다. 또한 그는『강요』Grundrisse에서 중세의 수공업에 관하여 다음과 같이 서술하고 있다. "이 노동은 여전히 반半예술적이다. 그것은 그 자체 내에 여전히 목표Selbstzweck를 갖고 있다." 바로 이러한 구절을 통해 확실히 우리는 미적 경험에 관한 마르크스의 개념을 근본적으로 공리적인 목적론으로 치부해버릴 수 없게 된다.

다른 한편 이러한 구절들이 모방이야말로 미적 경험의 일차적 요소라는 해석을 완전히 배제하는 것은 아니다. 하지만 마르크스가 그 어느 곳에서도 이러한 해석을 적극적으로 옹호하고 나서지 않았다는 사실은 지나칠 수 없다. 더욱이 그는 인간적 행위 ― 그 특유의 인간적 측면에서의 ― 가 자연과는 먼 거리를 유지하고 있다는 생각을 항상 염두에 두고 있었다.

『1844년 초고』에서 마르크스는 인간은 자신의 생산대상인 물질세계와 목표에 '맞서고'confronts (일정한 거리를 유지하고) 있다고 주장했다. 다른 류species와는 달리 인류는 대상의 고유한 한도에 합당한 관심을 갖고서 미의 법칙에 따라 행동한다. 그리하여 인간은 내재적인 자연과 무차별한 필요로부터 '자유로운 상태에서 오직 성실하게 생산할 뿐이다.' 바로 이러한 자유가 전제되지 않으면 비실천적이며, 더구나 상대적으로 자율적인 예술의 세계를 창조해낸다는 것은 상상조차 할 수 없는 일이다.

그러나 여기에서 마르크스가 미적 경험을 그 성격상 종합적인 것으로 간주하고 있었다는 점에 주목할 필요가 있다. 즉 이 경험은 지적, 감정적, 감각적인 것들의 혼융이다. 바로 이 때문에 우리는 예술작품의 비실천적인 구조를 혼란시키지 않고서도 모방적인 요소를 철저히 '예술적 내용'으로 인정할 수 있다. 그러나 한편으로 이러한 측면들의 종합에도 불구하고 그것의 수용은 비추론적, 즉 비이론적이다.

예를 들어 『정치경제학 비판 서설』에 실은 1859년의 서문preface에서 마르크스는 현실에 대한 지적, 종교적 전유專有와 예술적 전유를 구별하고 있다. 또한 셰익스피어에 대한 아르놀트 루게Arnold Ruge의 비판에 공격을 가하는 1858년의 편지에서, 마르크스는 '철학적 체계'가 예술작품에 힘을 부여할 수 있다는 그의 개념을 무가치한 것이라고 반박한다. 사실 예술 속에서 독특하게 발생하는 인식은 여타의 인식 유형과는 다른 것임에 틀림없다.

그렇다면 예술대상의 이러한 독특함은 그러한 대상들이 예술 외부에서 입증되는 데 따른 윤리적 관심을 사전에 배제하는가? 혹자는 실제로 그것이 옳다고 말하면서도 유젠느 쉬의 경건파적인 도덕주의가 그의 줄거리 전개에 부적절했기 때문에 비웃음거리가 되었던 예를 들지도 모른다. 하지만 마르크스와 엥겔스는 어떤 윤리적 판단을 자신의 작품 속에서 지나치게 중점적인 것으로 부각시키는 도덕적으로 미숙한 작가들에 대해 비판할지도 모른다. 그럼에도 불구하고 그들은 어떤 인간적인 행위들이 다른 행위와 비교해볼 때 도덕적으로 명백히 우월하다는 점을 인정했으며, 그러한 행위들은 일종의 인간적 이상으로 간주되었다.

그리고 그 이상을 예술 내부의 주인공이 한편으로는 단순한 표현을 통해서, 다른 한편으로는 이미 인식되고 있거나 실현되고 있는 인류의 윤리적 이상들을 표현하기 위한 매체를 통해서 실현시키려고 노력했다. 바로 여기에 미적 현상과 도덕적 전망의 적절한 통합이 존재했던 것이다.

요컨대 미적 감성이 출현한 이후 객체와 주체가 꾸준히 혼융되어 하나의 미적 장場을 구성하는 상황은 진보를 거듭했다. 이 상호 관련의 시기에 그것들은 각각 그 장이 포괄하는 하나의 자족적이고도 조화로운 구조를 갖는다. 왜냐하면 그 시기에는 여타의 기능들이나 보다 더 큰 세계로부터 상대적으로 자율성을 띨 수 있기 때문이다. 주체와 객체는 서로 합쳐 그 자체의 독특한 특징을 갖는 하나의 '상대적' 세계를 형성한다. 그러나 이 '자기목적성'autotelicism은 인식론적 · 이데올로기적 측면을 사전에 배제하지 않으며, 예술대상의 특수한 통합과 영혼을 풍성하게 하는 독특한 합성적 경험은 모두 평상적 세계 그리고 다른 인간적 경험과 결코 단절되지 않는 관계를 맺고 있다.

예술의 기원에 관한 논의를 전개하면서, 여기서는 예술작품과 미학적 경험의 독특한 특징에 관한 마르크스와 엥겔스의 의견을 수용해 왔다. 그러므로 여기에서도 형식과 문체에 관련된 그들의 주장들을 다시금 고찰하는 것이 적절하다. 그들은 형식을 예술적 수단의 총체 — 전반적인 예술적 구조를 이루고 있는 부분들의 조화로운 필연적 조직 — 로 여겼다. 하지만 그들은 형식에 관한 문제들에 대해 거의 아무런 언급도 하지 않았다.

그리고 이러한 사실은 프란츠 메링에게 보내는 엥겔스의 1893년도 편지를 통해 부분적으로나마 설명된다. 그 편지에서 그는 자신과 마르크스가 내용에 일차적인 강조를 둘 수밖에 없었다고 말한다. 하지만 실제로 내용에 대한 그들의 강조는 이보다 더 했는데, (『지킹엔』에 관한 편지가 확인해 주는 것처럼) 그들은 내용에 최우선권을 부여하고 있었다. 다시 말해서 그들의 입장은 하나의 내용미학Gehaltästhetik이었다. 하지만 이러한 발언이 예술작품은 상대적 자율성을 통해 경험되는 일종의 자기목적적인 구조라는 그들의 기본 명제를 파기하는 것은 아니다.

마르크스와 엥겔스가 다루고 있는 문체란 예술작품에 가해진 개인의 예술적 개성의 흔적이다. 하지만 여기서도 마찬가지로 이러저러한 예술가들의 문체에 관해 그들이 언급했던 사실을 여타의 미학적 문제에 관한 그들의 사상과 연결시킬 수 있을 만큼 문체의 특징에 관한 그들의 언급이 이론적으로 충분한 것은 아니다.

2. 소외와 예술의 탈소외

생산적 노동이 미학적 행위와 예술의 출현을 위한 조건만을 제공했던 것은 아니다. 이러한 조건들은 역사 전체를 통해서 사용자와 노동대중 전반 사이에서 발생하는 여러 발전과정들에 의해 결정적으로 영향을 받았다. 그리고 이와 함께 사회 내부의 다양한 계급들에 의한 노동생산물의 소비유형도 변화를 거듭했다. 마르크스는 여타의 많은 문제들에서도 그랬던 것처럼, 자신의 관심을 자본주의 사회의 문화와 생산에 집중시켰다. 하지만 때때로 그는 여타 시대의 예술가들이 처했던 상황에 관해서도 언급했다. 따라서 미학 분야에서도 소외를 현재에 이르는 문명 발달의 총합으로 생각했다고 결론내리는 것이 적절할 듯싶다.

인류의 진보라는 입장에서 볼 때 진보는 왜곡된 부작용이라는 대가를 치러 왔다. 동물적 상태로부터의 진보는 압제와 착취 그리고 성격 혼란의 야기라는 값비싼 대가를 치렀다. 미적 행위와 예술대상들은 이렇듯 준엄하고도 냉혹한 문명의 역학을 통해서 개발됨과 동시에 그들의 잠재적 실현을 부분적으로 방해하는 여러 유형을 강요받았다. 이것이야말로 소외라는 단어가 함축하고 있는 의미이다. 그 고유한 잠재성으로부터의 예술의 소외는 소외에 관련된 분야들, 즉 종교적 · 정치적인 분야 등을 보완하고 그러한 분야들의 발전에 나름대로의 역할을 담당했다.

그러나 만일 소외가 모든 역사적 시대 속에서 미학적 현상들로부터 분리될 수 없었다면 마르크스에게는 바로 그 소외야말로 발달된 자본주의의 시장조건으로서 보다 강력한 의미를 지녔을 것이 틀림없다. 자본주의 시장은 예술을 일종의 상품 — 결코 이전에는 존재한 적이 없었던 — 으로 변형시켰다. 그리하여 미지의 구매자가 생산자의 생계를 위한 원천이 된다. 그리고 가공품의 가격평가는 가장 중요한 요소가 된다. 흥취와 가치, 기호 그리고 지식의 공동체였던 세계가 이제 비인간화할 필요성 그리고 시장과 고객의 평가를 위한 동기가 더 중요한 세계로 탈바꿈하고 말았다.

더욱이 예술품의 생산자로부터 가장 고립된 위치에 있는 집단은 어떤 집단일까? 두말 할 나위 없이 그 집단은 다른 시장상품을 생산하는 산업노동자 계급이었다. 그러나 사실상 노동하는 남성과 여성이야말로 이제는 돌이킬 수 없는 먼 과거에 미적 행위와 예술을 탄생시켰고, 또 그것을 추구했던 장본인들이다. 이제 바로 그들의 가장 직접적인 후예들은 전문화와 소외 때문에 상류계층의 숙련가에 의해서만 생산되는 예술에 접할 여가와 잉여소득이 턱없이 부족하다.

그렇다면 마르크스와 엥겔스가 주장하는 자본주의 특유의 소외과정이 지니는 근본 특징이란 무엇인가? 이러한 측면들은 특히 다른 것들 사이에 서inter alia 예술 분야에 적용시킬 경우 특수화될 수는 있지만, 다른 영역의 소외로 인한 결과들로부터 결코 분리될 수 없는 것이다. 하나의 분야에서 나타나는 결과는 나아가 사회전반을 통해서, 그리고 모든 계층과 직업의 사람들에 의해서 감지된다.

1) 공작인, 즉 노동하는 사람이 노동의 산물로부터 분리된다. 대부분의 경우 생산물은 생산자에 의해 점유되지도, 이용되지도, 향유되지도 혹은 분배되지도 않는다. '생산물의 처분'은 그것의 생산과 판매를 조직, 관장해온 '자본소유자의 재량'에 달려 있다. 이윤이 바로 목표이다.

2) 이윤을 위한 경쟁은 또한 생산과정의 내부적 성격을 결정한다. 대상의 '제작자를 노예화하는 노동질서 속에는' 일반적으로 '작업속도, 반복, 획일성'이 존재한다. 기계적인 노동이 창조적인 독창성을 말살해 버린다.

3) 인간의 개성과 유적 잠재성 그 자체는 자본소유자의 이윤을 획득하기 위해 착취, 압제당하는 동안 기형화될 것이 분명하다. 소외는 자신들의 온갖 자연적 능력과 성향뿐 아니라 그것들에 대한 인식과도 거리가 먼 상태에서 일하는 사람들 사이에 뿌리를 내린다.

이러한 서술은 모든 생산적 행위에 종사하고 있는 노동자들의 소외에 어느 정도 접근하고 있으며, 계급구분적인 사회경제적 관계에 관하여 어느 정도는 모든 시대를 포용하고 있다. 예를 들어 현대의 영화산업, 베스트셀러 소설 산업 혹은 극단 사업 등등을 생각해보면 이러한 소외적인 측면은 곧 분명해진다. 그러나 장인으로서의 예술가는 어느 시대에서나 많은 이익을 제공받아 왔다. 즉 일단 그가 제작한 작품의 판매가치가 인정되면 그는 소외를 감수해야만 하는 불안의 대가로서 다양한 보상을 받는다.

하지만 언제든지 교체될 수 있다고 간주되는, 즉 산업예비군의 일부인 산업노동자들의 처지는 이와 같을 수 없다. 그래서 실제로 예술가들은 쉽사리 다음과 같은 반응을 보인다. "소외는 나에 대해 어떠한 지배력도 가질 수 없다. 그것은 내가 나의 작품에 최우선권을 부여하기 때문이다. 그것이 나를 위해 많은 돈을 벌게 해줄지의 여부는 중요한 것이 아니다. 나는 나 자신의 주제와 방식을 선택하고 나의 모든 존재를 그 예술작품에 투영한다. 그리고 내가 내건 조건으로만 내 작품을 세상에 내놓는다.”

그러나 보다 분별력이 있고 성공적인 예술가라면 자신이 만든 생산물의 처분, 그 작품의 조건과 의도 그리고 자신의 자연적이고도 자발적인 잠재력과 그의 작품의 조화에 대해 자유롭고도 완벽한 지배력을 행사할 수 있다고 쉽사리 주장하지는 못할 것이다. 물론 공장노동자나 예술가나 자신의 참여를 보류할 ‘자유’는 있다. 다시 말해서 다리 밑에서 잠을 잘 수도 있고 복지연금을 신청할 수도 있다.

하지만 시장에 대한 초월과 생계 수입의 박탈이 진정한 자유가 아니라고 생각하는 사람에 대해 시장은 또 다른 가치를 통해 가장 숙련되고 활동적이며 기지발랄하고 심지어는 반항적인 행위를 위한 전제조건을 제시한다. 따라서 아무리 완강한 예술가라 할지라도 적어도 다음 두 가지 중 어느 하나를 선택하지 않을 수 없다. 즉 그 시대에 순종적인 예술가들은 이용 가능한 사회경제적 자원들의 대부분을 포기하든지, 아니면 시장과 고객들 ─ 후원자와 오늘날의 대중 ─ 의 힘에 의거한 성공에 기여하는 정도에 따라 예술적 행위를 향한 독창적인 동기들의 모든 측면들을 재고하지 않을 수 없을 것이다.

예술가들의 고립, 특히 이전 시대의 보다 후원적인 공동체로부터의 고립은 사회 내부에 존재하는 압제와 갈등의 보다 악화된 조건들과 병행하면서 여러 가지 복합적인 결과들을 야기해 왔다. 마르크스가 이미 주목했듯이, 어떤 예술행위를 위한 전제조건은 사실상 자취를 감추었고, 밀턴Milton과 같은 사람도 이제는 마치 거미가 거미줄을 잣듯이 시를 읊을 수밖에 없다. 그리고 노동자들이나 중간계층도 이제는 예술의 유산을 보존하거나 혁신을 환영하기에 적절한 청중일 수 없다.

한편 예술가는 미학적 행위에 따르는 치명적인 위험을 감지하고서, 보헤미안적인 사회 속에서 자신의 피난처를 구하게 될지도 모른다. 그곳에서 그는 다른 예술가들과 함께 비록 아직은 어느 정도 자신들의 계획들을 방해받고 있지만 나름대로 마음속에 품고 있던 것들을 추구할 수 있을 것이다. 그리고 변증법적으로 이번에는 보헤미아가 수적으로 증대하는 비예술가들을 위한 비순응적인 삶의 유형으로 이루어진 공동체가 된다. 혹 자신의 본거지를 위한 예술의 반복적, 기계적 재생산이 다시금 이 작품에 내포된 많은 것들의 수준을 하락시킬 것임에 틀림없을지라도, 어쨌든 그 예술품은 많은 중산층 또는 중하층 성원들의 미적 경험을 상승 · 확대시킬 것이 분명하다.

그리하여 몇몇 변용된 표현들은 균질화되고 상품화되는 동안 민주화되었다. 마찬가지로 「공산당 선언」은 자본주의적 세계시장으로부터 획득되는 문학을 위한 소득에 주목했다. 즉 국가적 경계는 허물어졌고 바야흐로 세계문학이 하나의 사실로서 등장하게 되었다. 따라서 예술창작의 목표였던 그리고 그것이 수용되었던 이전의 사회가 타락의 길로 접어들면서 그 부산물로 개인적 표현의 해방이라는 결과가 나타났다는 주장은 대체로 타당할지도 모른다.

이제 고독한 예술가는 과거 집단적 복종에 의해 인정되었던 사람들보다도 더 많은 가능성들에 접할 수 있다. 이제는 전대미문의 작품들이 극도로 무심한 비인격적 시장의 상실에 개의치 않으며, 반작용에 대한 공포도 떨쳐버릴 수도 있다. 하지만 자본주의시대에 창조된 예술작품들은 아무리 대담하고 완전할지라도 그것의 배경에 한정될 수밖에 없다. 따라서 미학적 잠재력의 완벽한 실현은 불가능한 것처럼 보였으며, 예술가들의 고민은 흔히 작품의 복잡성으로 표현될 수밖에 없었던 까닭에 이러한 예술의 최상품은 소수 엘리트를 제외하고는 접근하기조차 힘들게 되었다. 그리하여 보통의 산업가, 상인 또는 은행가 등 동시대의 여타 사람들은 이윤을 최고의 목표로 삼는 상품화된 잡동사니와 구경거리에 둘러싸여 살아갔다.

따라서 마르크스와 엥겔스가 고대예술을 선호했던 사실은 전혀 뜻밖의 일이 아니다. 그들은 그리스의 예술유산들을 대단히 탁월한 것으로 여겼다. 그들의 견해에 따르면 르네상스와 중세 역시 19세기보다는 호의적인 조건들을 제공했다. 그 당시에는 적어도 소외라는 현상이 후원자의 계급적 견해에 대한 예술가의 충성스런 참여에 의해 완화되었을지도 모른다. 게다가 후원자들은 '청탁금'에 대해 비교적 관대했으며, 그들의 제작과정에도 개입하지 않았다. 하지만 19세기 중반에 이르러 대부분의 예술가들은 예술 작품의 새로운 후원자가 도저히 견뎌낼 수 없는 존재라는 사실을 깨달았다. 그들의 열망과 기대는 하층계급의 갈망과 조금도 다를 바 없었다.

이러한 현상은 문명의 발달에 의해 유발된 소외현상이 보다 강화됨에 따라 나타났던 역사적 역학의 일부이다. 하지만 마르크스의 철학은 그러한 역학을 그대로 방치해두지 않았으며, 현재의 보다 강화된 소외로부터 탈소외의 과정을 도출해내면서 그러한 과정들이 어디에 이르는지를 조심스럽게 전망했다. 완전한 탈소외에 이르는 운동과 공산주의에 이르는 운동은 동일한 것으로 간주되었다. 생산적 개체들이 자신의 노동과정과 결과들을 타고난 힘의 실현으로 향유함으로써 이 시대는 그때까지의 모든 역사를 사회적으로 대체하면서 역사상 보기 드문 신기원으로 인식되었다.

달리 말해 이 협동의 시대는 인간의 필요와 목표를 실현시키는 데 자연과 사회에 의해 제시된 문제들을 전례 없이 민주적으로 관장함으로써만 가능한 것이었다. 그리고 이 시대는 일종의 가능성의 영역에 속했는데, 두 말 할 나위 없이 미학적인 설계와 성취뿐 아니라 인간 행동의 모든 영역에서의 가능성도 포함되었다.

그러나 미적 분야에서는 이 시대는 특히 어떤 의미를 지니고 있는가? 실제로 마르크스는 보다 유리한 사회경제적 조건하에서는 미적 분야의 범위가 확대될 수 있으며, 사실상 특정의 미적 가치들은 원시사회에서와 마찬가지로 다른 영역에 대해서도 지배력을 행사할 것이라는 점을 시사했다. 그리고 이전의 특정 기준들을 초월하여 생산적이고도 통찰력 있는 존재로 성장한 인간은 자신의 생득권 — 또한 놀이하는 인간homo ludens으로서 — 을 주장할 수 있게 된다는 것이다. 마르크스는 이에 대해 어떤 상세한 예견을 제시하려 하지 않고 단지 이 가능성에 관계된 세 가지 요소를 언급했다.

1) 개인의 창조적 능력들이 완전히 개발될 것이다. 즉 라파엘로가 될 만한 능력을 갖춘 사람이라면 그는 라파엘로가 될 것이다.

2) 노동의 성격이 점차 미학적으로 변화해 나갈 것이다. 그것의 미래는 자기활동Selbstbetätigung, 곧 육체적 심리적 능력의 자유로운 활동이다.

3) 모든 사람들이 예술의 전 영역에서 예술적 성취를 거둘 수 있도록 개발될 것이다. 이제 더 이상 전문적인 화가란 존재하지 않으며, 단지 모든 사람들이 참여하는 추구물로서의 회화가 있을 뿐이다.

소외와 탈소외에 관한 마르크스적 분석이라는 맥락 하에서 오늘날 그러한 이론에 접근하는 데 우리가 생각해야 할 점은 무엇인가? 3개의 조항 중 마지막 것은 일찍이 『독일이데올로기』에서 언급되었고 아마 푸리에의 '나비'이론papillon theory으로부터 도출된 것으로 여겨진다. 이것은 푸리에적 유토피아에 관한 몇몇 비판적 발언에도 불구하고 엥겔스의 『반뒤링론』만큼이나 뒤늦게 사람들에게 인식되었다. 이 3가지 조항 중 우선적으로 강조되어야 할 것으로 하나 혹은 두 개의 사항만을 택할 수 있는가? 아닐 것이다. 이러한 일방적인 해석이 갖는 위험성은 『기술의 사상가 마르크스』Marx, penseur de la technique, Paris, 1962에서 쉽게 찾아볼 수 있다. 이 책의 저자인 그리스 철학자 코스타스 악셀로스Kostas Axelos, 1924~2010는 노동의 미적 충만(자유로운 유희로서의 노동)을 최우선적으로 강조하고 있는데, 마르크스가 예술품의 소멸까지도 예상했다고 주장하고 있다.

만약 그것이 사실이라면 마르크스적 탈소외는 역설적으로 퇴행적인 유토피아, 즉 미적 구조들이 여전히 의식적으로 개발되어야 했던 시기로의 격세유전적인 퇴행을 제시한 것이나 다름없다. 또 다른 면에서 악셀로스의 관점은 마르크스적 원형을 기술론적 이익의 관념에 대한 단순한 몽상으로 호도하는 것이다. 마르크스는 미적 탈소외의 세 가지 요소들을 예상했으며, 모든 가치들에 대한 공산주의적 재평가와 모든 물화된 과정들의 활성화는 이러한 가능성들을 능히 약속하고도 남는다. 하지만 우리는 현재의 보다 유리한 시점에서 이러한 예상들이 얼마나 확고한 기반 위에서 설계되었는가를 물어볼 수는 있다.

우리는 마르크스와 엥겔스가 미적 탈소외에 관한 자신들의 논의에서 어느 정도까지 유토피안으로 비쳐지는가를 정확히 말할 수는 없다. 오직 미래만이 이에 대해 대답할 수 있을 것이다. 하지만 예술적 전문화가 사라지고 예술적 능력이 사회 성원 전체에 골고루 분배될 것(세 번째 사항)이라는 그들의 생각은 어느 정도는 경솔한 것이 아닐까? 하지만 이것이 주로 자신들의 희망을 피력한 것이라면 오늘날 우리 앞에 나타나고 있는 산업예술에의 경향, 해프닝, 예술과 기술의 직접적인 결합, 여가에 창조성을 주입하는 성향의 증대를 고려해 볼 때, 두 번째 사항에 관한 마르크스와 엥겔스의 탁월한 예지는 인정할 수밖에 없을 것이다.

이제 바야흐로 자신의 진실을 회복하고 있는 마르크스 철학의 이러한 측면은 헤르베르트 마르쿠제의 저서 『해방론』을 필두로 강조되어 왔다. 처음에는 마르쿠제도 악셀로스적인 해석에 기울어 있었지만, 나중에는 형식의 궤적으로서의 예술대상은 사라지지 않을 것이라고 주장했다.

탈소외라는 주제를 논의하는 데 가장 중요한 것은 아마도 마르크스와 엥겔스가 자신들의 연구방식으로서 예언prophecy을 채택하지 않았다는 점을 기억하는 일이다. 그들의 저서를 연구하는 것은 곧 앞으로 다가올 과학적 사회주의 사회의 성격에 관한 몇몇 사상들을 발굴해내는 일이다. 그들의 사상에 치밀한 전문성이 결여되어 있는 것은, 로버트 터커가 단언하듯이, 그들의 분석행위와 모호한 메시아주의의 대체를 위한 현실적 기반이 없었던 데 기인하는 것은 아니다. 그들이 과묵했던 것은 자신들이 허세를 싫어했기 때문이다.

과학적 사회주의 사회의 도래는 자신들의 분석에 포함된 역사적 발전과정에 근거하여 경제적·사회적으로 확증되는 듯했다. 이것은 분명 조건 소멸에 따른 소외의 종말을 의미하는 것이었다. 그러나 공산주의적 경제·사회관계의 출현은 새로운 시대를 위한 기초, 즉 발단 — '자유를 위한 전제조건' — 을 제공해 준다. 자신들의 예언을 위해서 마르크스와 엥겔스는 현존하는 자본주의와 그것의 변화를 증명하는 역학을 분석하는 데 총력을 기울였다. 가장 중요한 역학적 요인은 자본주의 사회에서 압박받는 자들의 요구와 잠재적 능력이었다. '어리석은 대중'이 그들의 문명을 지배하는 '짐진 천재들'에 종속되었던 상황이 일단 전복되면, 바야흐로 미적 인간homo aestheticus의 출현 시기가 무르익게 될 것이었다.

그러나 아무리 시험적인 성격이 강한 정식화일지라도 미적 인간이라는 개념은 인류의 능력에 대해 우리가 아는 것으로부터 부당하게 도입된 것이라서 몇몇 비평가들에 의해 부정될 것이다. 이러한 비평가들은 미적 행위의 확대 가능성이나 노동과 여가를 자유롭게 즐길 수 있는 자발성을 위한 희망이란 아예 존재치 않는다고 잘라 말한다.

예를 들어 터커는 마르크스가 감각의 완전성과 '인간적 삶의 활동 전체의 필요에 의해서' 세계를 전유하는 풍성한 인간을 예언했기 때문에 사태의 과장을 피할 수 없었다고 말한다. 터커는 마르크스가 사용하는 용어에 이러한 과장이 포함되어 있다는 점에 주목한다. 하지만 주요 논제에 대해서도 이러한 주장을 하는 것이 과연 옳은 일일까? 아마도 터커는 실제적인 역사적 초점을 놓치고 있는 듯하다. 즉 사람들은 때때로 기존의 사회조건이 억누르고 왜곡하는 잠재력을 실감할 수 있다. 실제로 이것은 그릇된 논제일까? 오늘날 도처에서 발견되는 그것에 관한 매우 현실적인 증거들은 오히려 지나친 확신에 도달할 위험을 조장하는 결과를 낳고 있다.

터커가 스스럼없이 저질렀던 또 다른 과오가 있다. 탈소외화된 개성은 미적 개성으로 환원될 수 없다는 주장이 바로 그것이다. 이러한 주장은 포괄적이고도 총체적인 마르크스적 관점을 침해한다. 분명 마르크스는 미적 성취를 보다 거대한 총체성 속에서 강조했다. 그것은 그 개념의 역사적 변증법에 고유한 것이다. 따라서 터커의 저서 제14, 15장에서는 소외된 상황 속에서 뿌리를 잃은 소외된 자아로부터 미적 해방이 오는 것으로 묘사되어 있다.

그러나 마르크스는 그 과정이 상황을 탈소외화시키려는 사람들의 사회적 행동으로부터 진전되어 나가는 것으로 인식하고 있다. 공산주의적 개인은 사회 내부의 변형적 행위 — 인류 전체의 발전에 의해 마련되어진 — 에 의해서 현실화된다. 즉 비본질Unwesen에서 인간적 본질menschlichen Wesen로 진행된다. 달리 말하자면 탈소외화된 조건은 미적 성취만큼이나 윤리적, 지적, 실천적 측면에도 의존하고 있는 것이다.

또 다른 방향에서 바라보면, 탈소외와 미적 실현이라는 개념은 공산주의적 인간상에 관해 논의할 경우 매우 절실한 의미를 지닌다. 확실히 공산주의적 환경과 개성을 확립하려는 노력은 윤리적 헌신, 적극적인 사회경제적 이론 그리고 실천적 경험 속에서 그 결정적인 근거를 마련한다 — 그러나 사회주의적 기초로 다져진 상황 하에서 미적 행위와 예술에 대한 적절한 주의를 기울이지 않는 것은 오류이다. 예술의 위치는 진실로 예술적인 것 이상의 목표를 지향하지 않는다.

『1844년 초고』에서 모든 여타의 가치들을 왜곡시키는 상업적 가치들의 엄청난 위력을 논의하면서, 마르크스는 당신이 예술을 즐기고 싶다면 예술적으로 계발된 인간이지 않으면 안 된다고 말했다. 그것은 분명한 판단임에 틀림없다. 하지만 그것은 공산주의적 개성 전체의 발전된 능력을 가정하고 있다. 그리고 그러한 상황에서라면 몇몇 영향력 있는 사람들이 맡고 있는 촉진제로서의 역할이 부정될 것이다. 왜냐하면 그들은 오직 사회주의적 전망을 전달하는 예술만을 요구하기 때문이다. 마르크스의 이러한 언급은 확실히 예술을 통한 사회성원의 대중선전교육을 정당화하는 반면에, 이러한 유일 목표에 순응하지 않으려는 예술가들을 매장시키거나 침묵시키는 행위를 비난하는 의미를 지니고 있다.

3. 예술 속에서 구체화되는 계급 가치들

소외와 탈소외가 마르크스와 엥겔스의 사상 속에서 서로 분리될 수 없이 결합된 테마라는 점은 분명하다. 그들 미학사상의 일관된 주요 테마들은 소외와 탈소외라는 문제를 다루는데, 기존의 예술작품은 특정 이데올로기적 차원을 포함하거나 구체화한다는 식으로까지 확대시키고 있다고 말할 수 있다. 여기서 이데올로기는 사회계급의 태도와 이해관계 또는 사고방식의 패턴에 대한 표명이나 증후적 표현으로 간주될 것이다.

이데올로기가 일종의 증후적 표현으로서 직접 표명될 때, 예술가는 특정 위치를 선택하는 데 의식적일 수도 있고 그렇지 않을 수도 있다. 그러한 패턴들은 예술작품이 상호 모순적인 계급적 이해관계에 대한 명확한 상을 제시해 주지 않고 어떤 경향적인 태도를 취하지 않는 경우에서조차도 노련하고 면밀하며 분별력이 있는 비평가에 의해서 명백히 설명될 수 있을지 모른다. 예술가에 의해 선택, 표현된 계급적·사회적 가치들이 무엇이든 간에 그것들의 동기와 근거는 예술과 사회적 삶을 침해하는 소외에 자리잡고 있을 것이다.

소외라는 입장에서 볼 때 몇몇 계급적 가치들은 병적인 것임에 틀림없다. 이것들은 점차 반동화되어 가는 지배계급의 패턴 속에서 현 상태의 이해관계를 지지하는 의식적, 무의식적인 가치들이다. 다른 예술작품들은 특정 계급의 것으로 가치들과 함께 소외된 조건들도 암암리에 또는 노골적으로 반대하고 나설 것이다. 그것들의 표현이나 근본 가치들은 역사적으로 아직 그들의 '양지陽地'를 얻지 못한 ─ 또는 그들의 계급적 주도권이 훨씬 전에 왔다 사라져버린 ─ 사회 계급들의 태도에 상응하는 것인지도 모른다.

반항적인 예술가일수록 계급적, 사회적 의미를 함축하고 있는 자신의 미학적 선택들은 심사대상에서 제외되는 가치들에 의존하는 예술가와 비교해 볼 때 심각한 내적 갈등에 휩싸일 우려가 있다. 물론 기존 사회에 이의를 제기하는 혁명적 예술가는 또한 체포되거나 박해받을 위험에 처하며, 사회적 인정과 영향력을 제공해 주는 출구가 봉쇄되거나 생계의 원천으로부터 추방당할 것이다.

지배계급의 가치에 반대하는 또 다른 길은 이보다는 조금 불분명하게 나타난다. 즉 예술가는 시장의 유혹과 요구를 거절하면서도 노골적으로 이데올로기적인 반대 표명에 휩쓸리지 않기 위해 '상아탑'을 구축하는 길을 택한다. 하지만 문제는 소외된 사회적 조건 상황이 ─ 이미 수많은 '상아탑'예술의 실례들이 증명하고 있는 것처럼 ─ 작품 곳곳에 스며들게 된다는 점이다. '반항자'가 되었건 '현실론자'가 되었건 지배계급의 가치에 반기를

든 예술가는 자신의 삶을 유지하는 데 값비싼 대가를 치러야 한다. 그것은 지배계급의 가치를 순순히 받아들이는 예술가들에 부과되는 것과는 다른 양상을 띠는 대가이다.

우리는 그 '반항자'들을 소외현상을 거부하는 자들로 규정할 수 있다. 그들은 현 상태의 가치들을 강화시키는 사람들이 아니며 적어도 그러한 가치 전부를 강화시키지는 않는다. 하지만 이데올로기적 명쾌함과 윤리적 엄격성을 추구하면서 그들은 예술의 특수한 몇몇 자원들을 무시해버릴 위험이 있다. '상아탑' 예술가들은 예술을 구성하는 특수한 요소에 관련될 경우 또 다른 유형의 위험을 안게 될 것이다. 즉 그들은 사회관계에 대한 연구를 등한시하기 때문에 종종 자신의 창작물을 빈곤화시킨다. 그리고 그 내용의 빈약성은 채 소화되지 못한 조잡한 이데올로기만을 두드러지게 만들 위험이 있다.

미적 대상의 특수한 자원들이 기형화되는 방식에 대해 고찰할 경우, 마르크스와 엥겔스가 예컨대 학자나 저널리스트의 저서에 공평하게 적용될 수 있는 용어를 사용함으로써 각 작가들이 작품 속에 담아 놓은 계급·가치들에 접근했다는 사실에 주목하는 것은 매우 중요하다. 하지만 '내용' 해석의 차원에서 볼 때 매체의 독특한 특성은 무시되었다. 이러한 특성들과 그것들의 취약성은 마르크스와 엥겔스가 소외현상에 대한 완벽한 진단 아래 특정 예술작품들을 분석하면서 보다 일반적인 수준으로 언급되었다.

예를 들면 그들은 때때로 반체제 시詩에서 엿보이는 이데올로기적 명쾌함에 대한 적극성이 구조적 자기목적성autotelicism을 혼란에 빠뜨렸다는 점에 주목했다. 또한 그리스 시대의 진리가 오늘날 우리의 예술 속에서 보다 높은 수준으로 재생산되어야 한다고 단언하는 구절, 그리고 고대 그리스 예술의 지속적 가치에 관한 마르크스의 흔히 인용되는 구절(『정치경제학비판 강요』)도 상기해 봄직하다.

이를 통해 우리는 마르크스가 표명한 예술의 진리는 이데올로기적 지침 혹은 다시 말해 '프롤레타리아' 예술을 의미하는 것이 아니었다는 사실을 확인할 수 있을지도 모른다. 그러한 예술들은 험난한 정치적 목표나 심지어는 세부적인 전술적 임무에 투입됨으로써 정치경제학 혁명에 앞서 또는 그 후 단기간 동안 변화 모색의 수단으로 평가될 수 있었다. 이러한 예술작품의 궁극적 승리나 소멸은 그것이 소외에서 벗어나 — 여기에서 진리는 예술의 특수한 자원들에 의해 높은 수준에서 쉽사리 구체화될지 모른다 — 사회조건들을 제시하는 데 얼마만한 노력을 경주하느냐에 달려 있다는 식의 '목청 높은' 예술에 대한 옹호는 여전히 미적으로 매력적인 고대 예술 작품들에 필적할 만한 영속적인 위치를 상정하고 있다.

만일 미적 특수성에 관한 접근 가능한 잠재성이 온갖 '반항적' 예술에 의해 소홀히 다루어지고 있다는 가정이 마르크스와 엥겔스에 의해 제시된 것이라면, 그들은 소외현상이 근대 지배계급의 태도, 이해관심사, 사고방식에 노골적으로 대응하는 패기만만한 예술에까지도 점점 깊숙이 침투해 가고 있다는 사실을 믿고 있음이 틀림없다.

'계급등가물'class equivalent이라는 용어는 권력을 쥐고 있는 계급을 등에 업고 커온 지배가치들을 자신의 특징으로 삼고 있는 — 무의식적이건 마지못해서이건 — 예술의 속성을 묘사하는 데 특히 효과적이다. 즉 그 용어는 모델로부터 수용적인 매체로의 전이에 대한 장황한 해설을 거칠 필요 없이 보다 직접적으로 설명해 주고 있다.

원래 '계급등가물'이라는 용어는 러시아 마르크스주의의 시조인 게오르기 플레하노프에 의해 처음 사용되었지만, 이미 마르크스와 엥겔스는 예술가에 의해 표현되거나 시사된 가치들이 어떻게 한 사회적 계급의 이데올로기가 갖는 여러 측면들과 동등해지는가를 여러 저서와 편지들에서 서술하고 그 현상에 대해 자주 언급하고 있었다. 이러한 관계들은 예술작품 내에 존재하는 명백한 증거를 기초로 제시된 것이지, 결코 작가나 예술가의 출신계급과 관련지어 제시된 것은 아니다. 그렇다면 하나의 사회 역사적 등가물을 인식하는 과정에서 그들은 그것을 어떻게 분류했는가? 그것은 다음 세 가지 방식 중 어느 하나였다고 생각된다.

1) 그 작품은 주요한 역사적 계급이 갖고 있는, 의식적으로 포착된 포괄적인 세계관과 연관되어 있을 수 있다(예를 들어 아이스퀼로스와 샤토브리앙에 관한 저서를 보라).

2) 보다 범위를 넓혀, 그 작품은 당대의 주도적인 이데올로기와 연관되어 있을 수 있다(단테나 중세 시가에 관한 엥겔스의 견해와 독일 종교개혁기 문학에 관한 마르크스의 견해).

3) 그 작품은 보다 한정적으로 단 하나의 정치적 입장에 속할 수도 있다(하이네나 '청년 독일운동'에서 나타난 당시 독일의 여러 사건들에 대한 등치).

그러나 예술과 문학이 내포하고 있는 정치적 이데올로기의 직접성은 보다 노골적으로 '부르주아'와 '프롤레타리아'라는 주요 계급 범주의 적용에 이르게 되었다. 게다가 예술가들이 사회적 태도의 변화라는 입장을 취하면서부터 새로운 작품 내부의 등가물들에 대한 정치화된 인식이 정당화되었다.

19세기의 예술가들 사이에서는 양극 분화현상이 보다 심했던 까닭에, 한편에서는 특정 정당에 공감을 표시하는 반면에, 다른 한편에서는 '예술당'the party of Art에 참여했다. '예술을 위한 예술' 운동은 마르크스나 엥겔스에 의해서 그다지 구체적으로 언급되지 않았다. 하지만 그들은 그 개념을 명확히 인식하고 있었다. 간접적으로 그들은 한정된 집단을 위해 제작된 자기 본위의 궤변적 예술에 관해 언급함으로써 '예술을 위한 예술'을 비판했다.

마르크스와 엥겔스가 '예술을 위한 예술' 속에서 소외 조건들에 적대적인 측면을 발견했던 것은 사실일지 모르지만, 그들은 결코 그러한 유형의 예술이 제시하는 해결책에 찬성하지는 않았다. 그들은 독일의 철학자이자 무정부주의자인 막스 슈티르너^{Max Stirner, 1806~1856}(본명은 요한 카스파르 슈미트 ^{Johann Caspar Schmidt})와 같은 탐미주의자를 ─ 그들이 인정하지 않았던 ─ 낭만주의 운동에 결부시켰음이 분명하다. 만일 반反 이데올로기적 탐미주의자들에 의해 표명된 계급 친화성이 어느 편인가를 구별해야만 했다면, 마르크스와 엥겔스는 의심할 여지없이 그들을 프롤레타리아적 가치가 아닌 부르주아적 가치에 보다 밀접하게 연결시켰을 것이다.

예술을 위한 예술이 부르주아의 속물근성과 계급적 이기주의에 대해 표시한 경멸은 이에 대한 충분한 반박이 되지 못한다. 따라서 마르크스적 역사철학이 속물적 자본축적과 전문지식 간의 양자택일이나 소유와 교양 간의 양자택일을 결정적인 것으로 여기지 않았다는 사실을 인식하는 것이 중요하다. 그리고 선택은 보다 광범한 기초, 즉 소유, 속물근성, 문화적 유산, 당대의 예술 등이 서로 적대적인 양대 계급 중 주로 어느 한편의 이익을 위해 조직되었다는 사실을 깨닫게 해 주는 기초 위에서 이루어져야 한다. 궁극적으로 한 인간의 선택은 한편으로는 자신의 소유권, 압제권, 상속권, 착취권을 빈틈없이 방어하는 지배계급과 다른 한편으로는 해방을 위한 자신의 성공적 투쟁이 곧 계급사회와 소외의 폐지를, 모든 기록된 역사를 통해서 계급구분사회에 고유한 기형적 압박과 착취의 해결을, 예술을 위한 예술이 교묘하지만 불충분하게 회피했던 소외의 여러 측면들에 대한 완벽한 해결을 의미하는 대다수 피압박계급(노동계급) 사이에 가로놓여 있다.

그러나 마르크스와 엥겔스는 부르주아와 프롤레타리아 간의 갈등에 의거해 당대의 궁극적인 자신들의 가치선택을 했으면서도 보다 특수화된 사회적 분류방식을 빈번히 사용하기도 했다. 그리고 이것은 예술 속에 존재하는 계급가치들에 대한 접근에서도 마찬가지였다. 자신들의 눈앞에 놓여 있는 예술적 문제에 따라 그들은 상인의 문화적 전형에 관해 언급하기도 했고, 괴테와 같은 난해한 예술가의 복잡 미묘한 계급 모순적 개념들에 대해 주목하기도 했다. 대체로 계급분석에 관한 그들의 언급은 민감하고 유연성이 있으며 예술작품에 편향되어 있다. 하지만 결코 그들이 예술에 대한 자신들의 관심 속에 계급가치를 주요 초점으로 다루지 않았다는 사실을 간과해서는 안 된다.

그러면 이제 새로이 개발된 범주들을 적용함으로써 그들이 보여준 유연성에 대해 고찰해 보기로 하자. 파울 에른스트Paul Ernst에게 보내는 1890년 6월 5일자 편지에서 엥겔스는 스칸디나비아 문학, 특히 입센의 계급적 성격에 관한 이 청년 사회민주주의자의 주장에 답변을 내린다. 여기에서 엥겔스는 독일의 쁘띠부르주아와 노르웨이의 쁘띠부르주아를 신중하게 구별하고 있는데, 그의 주장에 따르면 노르웨이의 쁘띠부르주아 계급은 훨씬 더 적극적인 역사적 역할을 담당하고 있으며 스칸디나비아 문학에 활력을 불어넣고 있다. 그들의 방법론은 널리 보급되었지만 주요 테마들의 맹목적인 적용은 아니었다.

역사주의적 감성은 비극적인 것의 범주에 관한 마르크스와 엥겔스의 견해 속에서도 분명히 드러난다. 그들은 비극의 개념을 아직 성숙되지 않은 혁명에 관해 묘사한 희곡(『지킹엔』에 관한 편지)뿐만 아니라 자신의 존엄성을 유지하기 위해 허황되게 애쓰는 병든 계급체제(마르크스의 『헤겔 법철학

비판 서설』1843에서 언급)에 대해서도 적용한다. 그런데 비극에 관한 그들의 이러한 견해들은 완벽하게 발전된 이론적 틀을 갖고 있지는 못했다. 따라서 이후에 그 이론이 발전할 여지는 여전히 남아 있다 할 것이다.『지킹엔』에 관한 분석을 통해 그들은 계급적 실천의 불가능에 의해 어떤 시대적인 역사적 진취성이 짓밟힐 경우 비극적 충돌이 불가피하다고 주장한다.

이러한 난국의 또 다른 표현은 돈키호테의 희비극에서 나타난다. 거기에서 진취성은 이미 지배력을 상실한 한 계급의 전형으로부터 등장한다. 또한『지킹엔』에 대한 분석은 한 개인의 예언적인 무례함을 즉각적으로 좌절시키는 제도를 다루고 있는 반면, 돈키호테의 예에서는 갈등에 휘말린 두 계급제도의 가치를 상정한다.

만일 마르크스와 엥겔스가 이러한 논의들을 보다 진척시켰더라면 그들 간의 통일성이 분명해졌을 것이다. 어쨌든 여기에서 꼭 짚고 넘어가야 할 의문 사항이 있다. 즉 이러한 충돌들은 객관적 역사에 의해서 어느 정도, 어떻게 강요되는가? 그리고 그 경우 개인의 의식은 이러한 역사적 맥락을 실제로 초월할 수 있는 능력을(역사적 행위와 충돌의 필연성에 대한 '비극적' 인식 능력) 어느 정도 갖추고 있는가? 후자의 경우라면 마르크스적 비극 범주는 엄청난 규모로 충돌하는 시대적 필연성들(헤겔의 입장)에 있는 것이 아니라, 새로운 시대를 추구하는 개인적 도전이 제도화된 대상들에 의해 좌절된다는 사실에 있다.

달리 말하자면 비극은 단순히 그 구체적인 주역들이 서로 충돌하는(계급 역사시대의 객관적 맞물림) 상호 모순적인 두 계급 사이에서 발생하는 것이 아니다. 비극은 오히려 자신의 예지와 과감한 행동이 지배계급의 전형에 의해 붕괴되고 마는 다소 돈키호테적이면서도 영웅적인 '전위'에 존재한다. 아마 마르크스와 엥겔스의 주장이 갖고 있는 모호한 점은 바로 이런 식으로 해결될 수 있을지도 모른다.

그러나 마르크스, 엥겔스 이후에 제시된 비극의 미적 범주들이 그들을 능가하는 것은 아니다. 마르크스와 엥겔스의 불충분한 논의로부터 어떤 포괄적인 공식을 제공하면서도 그 이상의 미적 문제들을 다루는 데에는 무감각했던 동유럽 마르크스주의자들은 오히려 해를 끼쳤다고도 할 수 있다. 한편 마르크스 철학이 비극의 기초를 제거해 버렸다는 『비극의 죽음』 (1961)에서의 슈타이너George Steiner의 주장을 받아들일 만한 어떠한 근거도 없다. 너무 일찍 도착했거나 너무 늦게 출발한 사람들 앞에 기다리고 있는 굴욕과 파괴를 수반하면서 시대 가치들 간에 발생하는 충돌은 공산주의 초기 국면에 관한 『독일이데올로기』 내의 발언에서 이미 암시되어 있는 것처럼, 사회주의적 발전의 예견 가능한 미래에 대해서도 여전히 관계가 있는 상황이기 때문이다.

이러한 주장은 이미 1908년에 훗날 레닌 밑에서 교육상을 지낸 바 있는 아나톨리 루나차르스키Anatoly Lunacharsky에 의해 다시금 제시되었다(그런데 슈타이너는 루나차르스키를 그 정반대 관점, 즉 비극의 '죽음'이라는 입장을 취한 사람으로 판단했다). 제2차 세계대전 이후의 몇몇 소수 소련 작가들이 사회주의 사회는 주요 갈등으로부터 자유롭다는 이론을 믿고 있었던 것은 사실이다. 하지만 이러한 범주석적Panglossian 태도는 비극의 사회적, 미적 원천에 관한 마르크스적 사상과 비교될 만한 자격조차 갖추고 있지 않다.

이제 논의를 마무리 짓기 위해서 마르크스주의가 제공하는 두 가지 강조 사항 중 어느 하나는 예술적 가치들의 계급적 조건성립에 관한 설명을 위해 제시될 필요가 있다고 본다. 보다 결정론적인 의미에서, 이 개념은 예술 작품의 표현이 예술가에 의해 부과되고 중재됨에 따라 특정 계급의 이데올로기에 부합한다는 사실을 의미한다. 그리고 시대적 계급 갈등이 역사

구조와 자신의 소설이 지니는 역학에 대한 뛰어난 인식력을 갖춘 예술가에 의해서 명석하고도 세련되게 묘사될 때 예술적 가치들의 계급적 조건이 일차적으로 성립한다 — 적어도 가장 심오하게 발생한다 — 는 사실이 보다 포괄적인 설명을 통해 밝혀질 것이다. 또한 이것이 보다 충분하게 그리고 보다 미학적으로 이해될 경우, 주요 예술의 계급적 결정인자들에 관한 마르크스적 개념은 우리에게 미적 범주로서의 리얼리즘에 관계된 문제를 제시해 준다.

4. 리얼리즘의 문제

마르크스주의 미학사상은 예술에서의 진정한 현실 묘사에 관한 그 기준에 의해서 앞서 논의된 보다 협소한 의미에서의 계급결정적class-determined 예술에 관한 주요한 확증을 얻게 된다. 만약 예술이 진정하고도 결정적인 역사적 단면과 현실의 역학관계를 표현할 수 있다면 이러한 능력을 갖추지 못한 예술은 그것과 상치된 방향에 의해 밝혀질 것이다.

'리얼리즘'이라는 용어는 마르크스의 저서 어느 곳에서도 찾아볼 수 없다. 하지만 그가 쉬의 소설과 라살레의 희곡, 그리고 위대한 19세기 소설가들에 관해 언급한 후, 민나 카우츠키와 마가렛 하크니스Margaret Harkness에 보낸 엥겔스의 편지에서 정식화된 일반적 개념을 받아들였다는 사실에는 의심할 여지가 없다. 리얼리즘은 한 예술 작품의 예술적 인식 가치로서 설명될 수 있다. 인식적 등가물에 관한 그들의 개념이 노골적인 이데올로기적 등가물보다 폭넓다는 사실은 발자크에 관한 그들의 논의에서 밝혀진다. 이 논의에서 예술가는 자신의 공공연한 이데올로기적 입장에 의해 조장되는 것 이상의 것을 '본다', 즉 감지한다. 의심할 여지없이, 인식적 등가물들을 구체화시키는 능력 속에 함축된 자유는 당시 계급의 장단점에 관한 특정 고정관념에 의해 제한된다. 그러나 보다 좁은 의미의 계급 가치는 리얼

481

편역자 후기

리즘이라 불릴 수 있는 예술적 인식 속에서 우세한 위치를 점할 수 없다. 소설가로서의 발자크는 자신이 왕당파적 성향임에도 불구하고 왕당파 정치를 포괄적이면서도 날카롭게 고발하면서 당시 프랑스 사회를 묘사할 수 있었다.

따라서 한 작품이 진정한 리얼리즘을 성취했느냐의 여부는 작품 속에 내재되어 있을지도 모르는 '진보적' 또는 '반동적' 계급가치의 입장 그 자체로 판단할 수는 없다. 만약 그러한 가치가 내재할 경우 그것들은 비록 관련은 있다 하더라도 또 다른 주제이다. 따라서 리얼리즘의 진정성은 특정 인식 등가물, 특히 특정 장소와 시기에 사회적으로 갈등을 일으키고 있는 삶의 지배적, 전형적 특징들의 표현에 의해 성취되고 판단될 수 있다. 그러므로 이 경우 '전형성'Typicality이야말로 핵심적인 고려대상이다. 역사적으로 전형적인 특정 상황은 적어도 부분적으로는 이전의 역사적 순간들과 다른 점이 존재하기 때문에 새로운 성격과 사건들로 구체화되어야 한다. 이것은 개성과 특수성이 전형성의 불가결한 측면이라는 사실을 의미한다.

그러나 특정 시대와 장소에서의 삶의 전형적 특징들에 대한 결정적인 배려는 세부묘사에 대한 성실성의 평가와 불가분의 관계를 맺고 있다(물론 문학 분야는 일종의 미적 범주로서의 리얼리즘에 대한 모델을 제공했다). 마르크스와 엥겔스는 예를 들어야 할 경우 그 원천으로서 흔히 문학을 거론했으며, 모든 예술 중에서 특히 문학을 선호하는 경향이 있었다. 따라서 미술에 관한 언급은 찾아보기조차 힘들다.

그러나 그들의 논의를 통해 미술의 리얼리즘도 이와 비슷한 기준을 갖고 있다는 사실을 추측해 내기란 그리 어렵지 않다(렘브란트에 관한 마르크스의 논의 또는 베첼리오 티치아노Vecellio Tiziano, 1488~1576; 영어로는 Titian가 그린 시인 로도비코 아리오스토Lodovico Ariosto, 1474~1533의 초상화를 높게 평가하면서 1857

년 5월 20일 마르크스에게 보낸 엥겔스의 편지를 참조하라). 또한 전형성에 관한 그들의 가정에 딸린 일종의 부속 지침으로서 역사는 '온갖 변종과 단계'를 예상하면서 이해해야만 한다. 그래서 전형성의 유일한 모델이란 결코 제시될 수 없다는 마르크스의 언급(『자본론』제3권)이 눈에 띈다.

리얼리즘은 마르크스와 엥겔스의 주요 테마로서 명백히 제시되었고 또 탐구되었다. 물론 이 말은 그들이 리얼리즘을 연구하는 과정에서 아무런 애매한 점도 남겨두지 않았다는 뜻은 아니다. 또한 그들이 리얼리즘을 궁극적으로 예술에 대한 관심의 최우선적인 위치에 놓았다거나 실질적으로 그들만이 미학사상의 발전에 기여했다는 ─ 많은 사람들이 그렇게 주장하고 싶어한다 ─ 의미를 갖는 것도 아니다. 리얼리즘에 관한 그들의 사상에 의해 남겨진 공백 속에서 우리는 다음과 같은 몇 가지 질문을 이끌어 낼 수 있다.

즉 마르크스와 엥겔스는 등장인물과 배경의 전형성이 리얼리즘 작품 속에서는 낙관적으로 나타나야만 한다는 사실을 느끼고 있었을까? 또는 전형적 상황 속에서의 비전형적 인물이란 존재할 수 있을까? 또는 비전형적 상황 속에서의 전형적 인물이란 존재할 수 있을까? 민나 카우츠키에게 보내는 1885년의 편지에서 엥겔스는 작중인물과 배경 양쪽 모두의 전형성을 강조했다. 그러나 하크니스에게 보낸 1888년의 편지에서는 전형적 인물은 리얼리즘의 범주를 벗어남이 없이 오히려 예외적인 상황 속에서 탄생한다는 사실을 받아들이고 있는 듯하다. 따라서 보다 탁월한 리얼리즘의 규범은 등장인물들과 배경 모두의 생생하고 특수화된 전형성이라는 결론이 도출가능하다. 그리하여 혹자는 전형화의 정도에 따라 리얼리즘 작품의 등급을 구분할지도 모른다.

보다 세밀한 연구가 요구되는 또 다른 영역은 작가의 세계관 ─ 이데올로기 — 과 한 작품의 예술 인식 가치들 사이의 관계에 관한 문제이다. 예를 들어 마르크스와 엥겔스는 발자크에게서 하나의 완벽한 상위성相位性; discrepancy을 발견했다. 즉 한편으로 예술 인식적 리얼리즘을 내포한 소설들과 비예술적 원천들에 의해 확증되는 발자크의 이데올로기적인 견해들 간의 상위가 바로 그것이다.

그러나 괴테의 작품 속에서 엥겔스는 이와는 상이한 관계, 즉 때로는 총괄적인 규모로 예술 인식적인 관계를 때로는 단지 이데올로기적이고 비예술적인 관계를 발견하기도 했다. 다시 말해 괴테는 숭고함과 세속성을 번갈아 가며 보여 주었다고 볼 수 있다. 한편 발자크와는 정반대의 위치에 서 있는 유젠느 쉬의 작품은 전적으로 이데올로기적이었다. 즉 『파리의 비밀들』은 세계와 그 구체성 그리고 전형성을 삼켜버리고 독자들에게는 거의 모든 인식의 원천을 말살시킨 작품이다. 마르크스와 엥겔스에 의해 다루어진 이 세 가지 경우는 아마도 세계관과 예술적 인식 간의 관계에 대한 완벽한 조망인지도 모른다. 그리고 이러한 조망을 보다 상세하게 논하게 해 주는 수많은 분석적 작품들이 있다.

그들은 한 예술작품 속의 이데올로기가 갖고 있는 가치를 예술적 인식의 가치와 관련하여 어떻게 판단하고 있는가? 마르크스와 엥겔스는 『파리의 비밀들』같은 허구적 장편이나 라살레의 희곡 속에서 나타나는 세계관의 편재를 비판했다. 엥겔스는 앞서 인용된 편지에서 작가의 견해는 겉으로 드러나지 않도록 배려하는 것이 보다 바람직하다고 카우츠키에게 충고했다. 그럴 경우에야 비로소 독자는 인식적 표현에 관한 자기 자신의 결론을 보다 잘 도출해낼 수 있기 때문이다.

마르크스와 엥겔스는 완벽한 결론을 제시해 주는 예술작품이야말로 일반 대중의 보다 폭넓은 견해를 회피하려는 수단으로 작용할 것이라고 믿는 듯하다. 이렇듯 그들이 이데올로기를 예술적 리얼리즘의 중심 위치에 놓고 싶지 않았다는 사실은 예술 매체의 상대적 자율성relative autonomy 또는 자기목적성에 관한 그들의 개념을 보충 설명해 준다. 즉 예술의 상대적 자율성이나 자기목적성은 예술 대상의 독특한 특성을 제공해 주며, 그 대상의 특수한 가치들과 속성들 때문에 실현된다. 이데올로기는 그 자체로서 예술에 고유한 특징일 수 없다.

한편 역학적인 전형성은 모방 예술의 비추론적인 수단에 의해서 전적으로 표현될지도 모른다. 여기서는 우리가 채택하고 있는 저서들 속에서 분명하게 나타나 있지 않은 역학적 요소의 여러 측면들에 관한 질문을 던질 수 있을 것이다. 완벽한 리얼리즘은 항상 사회적으로 나타나는 상황이나 인물들에 대해 역학적으로 강조하고 있을까? 몰락의 역학관계를 표현하는 것이 합리적일까? 하크니스에게 보낸 편지에서 엥겔스는 마르크스주의 미학사상의 고전적인 저작들이 결코 모든 우발적인 사건들을 규정할 수 없다는 사실을 분명히 했다.

하크니스는 오랫동안 영국 노동자들이 투쟁정신을 결여하고 있었다는 사실을 강조했다. 엥겔스는 이에 대해 지침이라기보다는 오히려 하나의 질문을 던짐으로써 응답했다. "당신이 노동자계급의 삶의 수동적 상에 만족하면서, 능동적 측면은 또 다른 작품을 위해 남겨 두는 매우 훌륭한 이유가 따로 있지는 없는지 나로서는 알 길이 없지 않은가?"

5. 경향문학

현실적 삶의 전형적, 역동적 측면들에 대한 예술적 인식은 예술가의 세계관 그 자체에 의해 제시되는 것보다 더 나은 예술일 뿐만 아니라 사회주의 운동을 위한 보다 나은 증언으로 생각되었다. 그러나 사회적으로 새로이 등장하고 있는 역사적 세력을 묘사하는 데에는 특수한 필요에 의해서만 움직이는 리얼리즘 매체가 아닌 또 다른 유형의 예술이 적절한 것으로 판명되었다.

예술가가 새로이 등장하는 역사적 세력으로서 사회주의 이념을 예술 속에 투여했을 경우 예술적 목표의 근원은 현실에 대한 직접적 인식이나 이데올로기(그리고 부차적으로는 인식적인 탐구)에 있었을지도 모른다. 하지만 이러한 상황은 예술이 모방적 세부묘사를 부차적인 것으로 간주하도록 했으며 리듬, 풍자, 변주 등과 같은 예술적으로 매력적인 여러 다양한 성질들의 지원을 받은 작품의 세계관에 최우선적인 중점을 두는 결과를 낳았다. 게다가 세계관을 역사적 전망 제시에 투입한 결과 이데올로기적 매체가 발견했던 것보다 예술적으로 훨씬 더 역동적인 매체를 획득할 수 있게 되었다.

물론 여기에서는 리얼리즘이 문제되지 않았다. 그 대신 마르크스와 엥겔스의 또 다른 주요 테마가 전면으로 부상했다. 그것은 다름 아닌 '경향' 문학, 즉 역사적 이념, 태도 감정, 갈등 등과 이 이념에 관한 예술적 개성(작가)이라는 본질적으로는 추론적이지만 시화詩化된 수단을 통해 제시하는 작업이었다. 개인적 에세이, 반영적 · 풍자적 시, 표현주의적 희곡 등은 분명 소설, 영화와 같은 주요한 리얼리즘 매체보다 '경향'문학에 걸맞은 매체들이다.

'경향'문학이나 경향성은 1840년대 독일에서 나타나 결국 1848년 혁명을 이끌어 냈던 현상이다. 이러한 상황 속에서 마르크스와 엥겔스는 특히 젊은 시절에 그 현상에 자주 접했다. 그리고 그것은 최근의 '공약 문학' committed writing과 같이 다른 명칭을 갖고서 여러 상이한 배경 속에서 다시 나타났다. 이것은 어쩌면 소외와 탈소외에 관한 우리의 논의에서 언급된 '반항적' 예술의 주요 양식일 수도 있다. 그리고 그 세계관은 탈소외를 향한 희망이 주도했는데, 이러한 예술은 보통 사회를 지배하는 기존 질서에 대항한 투쟁을 묘사하고 환기시키는 데 그 목적을 두는 명백히 정치화된 예술이다.

엥겔스가 민나 카우츠키에게 전했던 바와 같이 리얼리즘의 목표는 사회 현실의 생득적 변증법을 구체화하는 것이다. 리얼리즘은 종종 광범위하게 역사 내부의 자발적, 적극적 발전 경향 혹은 추세를 암시해 준다. 마르크스와 엥겔스는 거듭해서 사회적 발전 경향에 관한 이러한 잠재적 인식이 노골적이고 교훈적인 경향을 지니고 있기 때문에 참여예술art engagée과 구별했다.

후자는 일관된 이데올로기적 입장으로부터 착안되었다. 리얼리즘은 그 근저에 흐르는 특별히 예술적인 인식으로 시종일관되거나 뒤범벅된 개념들 속에서 무질서하게 발생하지만, 그 사건의 흐름은 잠재적이며 비교훈적으로 제공된다. 경향적인 예술은 쟁취해야 할 적극적인 목표를 갖고 있는 반면, 리얼리즘은 대부분 집중적이고 적극적인 열망을 결여한 당대의 사회적 소외에 대해 강력히 반대 입장을 취함으로써 생겨난다.

그런데 이러한 구분이 모호해지는 경우가 있다. 즉 독일의 극작가 베르톨트 브레히트Bertolt Brecht, 1898~1956의 「콤뮌의 나날들」Days of the Commune처럼 부분적으로는 리얼리즘의 성향을 매우 강력히 띠고 있으면서, 한편으로는 규정적인 성격을 내포하고 있는 경우도 있다. 따라서 역사의 역동성을 표현하는 예술은 단 하나의 세계관과 단 하나의 청중반응을 강조하든가, 아니면 청중이 나름대로의 견해를 피력할 수 있게 해 주는 불안정하고 다의적인 예술적 리얼리즘을 강조하든가, 둘 중 어느 하나를 선택하는 것이라는 것을 분명히 해야 한다.

이상의 정식화들은 마르크스와 엥겔스가 '경향'문학을 그리 탐탁히 여기지 않았다는 사실을 암시해 준다. 하지만 이것은 결코 일반적인 사실이 아니다. 예를 들면 괄목할 만한 시인 하인리히 하이네Heinrich Heine, 1797~1856는 마르크스와 절친한 친구였는데, 이들은 사상과 애증을 자신의 시에서 강력하게 표현하는 정치적 동료를 갖고 있다는 사실을 흡족히 여겼다. 훗날 하이네가 퇴락의 길을 걷자, 그들은 하이네를 질책했다. 그것은 그가 기존의 종교와 질서의 여러 요소를 지지하는 경향이 있었기 때문이라기보다는 오히려 그가 표현했던 이데올로기의 빈약한(기회주의적인) 선택 때문이었다.

이와 마찬가지로 유명한 시인이자 번역가인 페르디난트 프라일리그라트Ferdinand Freiligrath, 1810~1876는 마르크스와 엥겔스의 소개로 당 기관지에 초빙되었다. 마르크스는 1860년 2월 29일자의 한 편지에서 이 시인에 대해 다음과 같이 언급했다. 그는 정치와 예술에서 당과 일정한 거리를 유지했지만, 그의 경향성은 프롤레타리아의 새로운 사회적 역할을 훌륭히 표현해 냈다. 마르크스는 모든 진정한 창조에 고유한 경향을 강조했던 것이다.

1883년 6월 논평에서 엥겔스는 시인 게오르그 베르트가 정치, 사회적으로 점증해가는 노동자계급의 역할을 분명히 했던 방식에 찬사를 보냈다. 하이네, 프라일리그라트, 베르트는 모두 경향시인이지 리얼리즘적 허구작가는 아니다. 그들은 자신의 목소리로 발언하고 발라드 풍으로 노래했지만, 대가적인 지성과 감성으로 미적 정교성과 혁신적 언어감각을 가지고 발언했다. 그들의 예술적 개성표현은 그 작품에 마땅한 자기목적의 기초를 제공해 주었다. 그리하여 청중들은 이를 통해 일찍이 마르크스가 『1844년 초고』에서 인간의 창조적 태도에 필수적인 것이라고 주장했던 '간격'distance과 '자유'freedom를 접하게 되었다.

여기에서 우리는 경향예술에 관한 마르크스와 엥겔스의 입장과 당파문학partiinost에 관한 레닌의 개념을 구분 지을 필요가 있다. 구 소련의 문학비평가이자 미학자인 미하일 리프쉬츠Mikhail Lifshitz, 1905-1983와 기타 여러 작가들은 이러한 구분을 혼동해 왔다. 레닌은 정치적 전유로서의 당과 이 조직체의 한 구성원으로의 길을 선택하는 예술가들에 대부분의 지면을 할애하는 자신의 핵심적 논문, 「당 조직과 당 문학」에서 많은 사항들을 지적하고 있다. 레닌에게서 훈련이라는 문제는 매우 중요하지만, 마르크스에게는 그렇지 않았다. 물론 마르크스는 노동자와 그들의 당에 대한 예술가들의 지속적인 이해를 바랐으며, 예술적 광택을 지닌 채 그와 이 당이 역사의 역동성을 이해함으로써 역사의 역동성을 표현해 내는 '경향문학'을 환영했다.

하지만 마르크스는 예술가들이 흔히 직면하게 되는 사회적 삶의 경향성 묘사라는 예술적 문제들을 거론했는데, 여기에서 그가 취한 자세는 훈련에 대한 호소가 아닌 주제, 등장인물, 배경 그리고 그 작품 속에 나타나는 예술가의 개성표현에 대한 관심으로 나타났다. 프롤레타리아 예술의 필요성이나 가능성에 관한 마르크스의 기록이 없다거나 그의 견해가 어떤 확실성을 가지고 입수 가능한 저서들로부터 도입될 수도 없었다는 것은 결코 우연이 아니다.

반면에 레닌은 개인적으로는 자신의 견해를 일단 유보하면서 프롤레타리아적 당 문학가 집단이라는 일종의 온실을 출현시키는 데(1924년 당의 해소가 그것을 암시해 준다) 주도적인 역할을 맡았다. 이것은 바로 오늘날 소비에트 문학에서 레닌 사후 수년 동안이 '스탈린 시대'라고 불리는 것을 능히 감당해 내는 이유의 핵심이다.

6. 예술에서 근본적인 인간가치의 표현

마르크스와 엥겔스가 예술창조에 관계되는 여러 가치들 중에서 보다 우선권을 주었던 가치가 무엇인가에 관한 질문은 이미 앞에서의 몇몇 지적을 통해 제기되었다는 사실을 염두에 두고, 이제 그 문제에 대한 해답을 찾기로 하자. 우선 고대 그리스 예술의 영속적 성격에 관한 마르크스의 사상을 여기에 소개하는 것이 매우 유용할 것이다.

그리스의 미학적 업적이 갖는 역사를 일관하는 성격에 관한 문제 그리고 우선성의 문제를 주의 깊게 종합해 보면, 거기에서 또 다른 주요 테마가 드러난다. 즉 예술 속에 표현된 특정 가치에 대응하는 근본적인 인간적 가치에 대한 마르크스와 엥겔스의 이념이 바로 그것이다.

근본적인 인간적 등가물들 — 가장 통역사적인 그리고 가장 보편적으로 인간적인 등가물들 — 은 유젠느 쉬의 소설 『파리의 비밀들』에 등장하는 주인공 플뢰르 드 마리Fleur de Marie에 관한 마르크스의 분석 중에서 유일하게 직접적으로 논의되고 있다.

플뢰르 드 마리는 자신의 부르주아적 배경을 뛰어넘을 수 있는 생명력을 가진 인물로 해석되는데, 그 생명력은 쉬 자신에 의해서 인간적 주제 위에 부가된 서투른 교화를 통해 표현된다. 쉬는 '생의 기쁨'joie de vivre이라는 일종의 진정한 구체성을 그녀에게 부여하고 있다.

마르크스는 그의 미학사상 전반에 걸쳐서 근본적인 인간적 등가물들에 관해 간접적으로 거론했다. 이것은 사회적 탈소외(근본적인 인간적 잠재성을 가정하는)의 수단에 대한 그의 전면적인 탐구에 필수적인 토대이다. 강건하고 억센 관능성, 불굴의 의지, 치솟는 열정, 지적인 힘에 관한 예술적 표현에 대해서 마르크스가 보여준 정확한 인식은 아이스퀼로스나 셰익스피어의 작품에 관한 그의 논평에서도 나타나 있다.

그렇다면 그리스 예술의 지속적인 영광에 대해 그들이 보여준 찬사를 어떻게 받아들일 것인가. 그것은 독일의 역사가 막스 라파엘Max Raphael, 1889~1952이 암시했던 방식에 의해서 ① 고대 예술에 의해 성취된 조화로운 형식적 속성들에 대한 인정으로 해석되어야 할 것으로 믿는다. 하지만 마르크스가 예술의 지속적 성격에 중요하다고 생각했던 두 가지 또 다른 기준들이 있는 듯하다. ② 예술은 그 사회의 전반적 의미를 그 자체의 특수한 수단을 통해서 표현할 수 있다(그리스 예술은 경제활동의 특정 양식과 수준에 토대를 둔 살아 있는 신화체계에 의해 유지되었다). ③ 이 예술은 지고한 인간적 가치들을 표현했고 그에 의거해서 인간에 대한 강력한 확신을 제시했다. 마르크스는 ②와 ③에서 언급한 두 속성들이 '미숙하고' 소박한 문명의 예술에 특히 적절하다고 믿었던 것 같다. 그러므로 속성 ②를 예술적 인식 가치에 연결시키고, 속성 ③을 근본적인 인간적 가치에 관련시키는 것이 정확할 것이다. 이 인식 가치와 근본적인 인간적 가치는 서로 혼합되고, 둘 다 구체화된 가치들의 형식에 대한 적합성을 의미하는 속성 ①에 의존한다.

그러나 우리는 이렇듯 완벽한 구분체계를 추구하는 가운데 또 다른 기준으로서의 발전적 전망을 반드시 염두에 두어야 할 것이다. 엄격한 의미에서 이것은 일종의 이데올로기적 등가물이지만 마르크스와 엥겔스의 관점에서 볼 때, 이러한 발전적 이데올로기의 기준은 단독적으로 고려될 수 없는 대상이다. 왜냐하면 이 가치는 적절한 형식적 표현과 함께 비로소 구체화될 수 있기 때문이며, 더욱이 그것은 말하자면 근본적인 인간적 가치에 대한 또 다른 외관을 갖춘 표현이기 때문이다.

이러한 지속적 가치들의 등급 구분이나 우선성을 마르크스와 엥겔스는 주도면밀하게 정립시키지는 못했다. 하지만 앞에서 지적했듯이 그들의 미학사상은 내용미학Gehaltästhetik, 즉 내용에 편중된 미학이라 족히 불릴 만한 것을 면밀하게 분석하고 있다. 왜냐하면 '형식'은 그들에게서 '내용보다 중요하지 않을 뿐 아니라, 그리스 예술과 탈소외화된 인간성의 이상에 대한 마르크스의 지칠 줄 모르는 집착에 비추어 볼 때 마르크스와 엥겔스가 온갖 지속적인 가치들 중에서 최우선권을 둔 것은 바로 예술 속에서 구체화되고 근본적으로 인간적인 가치였다고 믿을 수밖에 없기 때문이다.

형식적 가치에 대한 이데올로기적 가치 및 인식적 가치의 우선성에 관한 한 수많은 예들이 그것을 증명하고 있다. 예를 들어 엥겔스는 1859년 라살레에게 보내는 한 편지에서 희곡『지킹엔』에 대해 지고의 기준, 즉 '역사적, 미학적' 기준을 적용시켰다고 명백히 언급하고 있다. 여기에서 '역사적'이라는 용어는 물론 인식적, 이데올로기적 기준들을 의미하며, '미학적'이라는 것은 곧 형식적이라는 의미를 내포하고 있다. 그러므로 후자의 기준은 분명히 부차적인 것으로 간주되고 있다. 또한 마르크스의 편지 속에서도 마찬가지이다.

그러나 앞서 기술한 사항에서, 그들이 형식에 대해 아무런 관심을 표명하지 않았다거나 예술적 실현을 당연한 것으로 여겼다는 결론을 도출해서는 안 된다. 이와는 반대로『지킹엔』에 대한 그들의 비평은 실질적으로 이데올로기적인 만큼 예술적이다. 그들은 라살레의 예술적 기교에 근본적인 불만을 표시했다. 그것은 라살레의 '쉴러적인 측면'(독일어를 사용한 동음이어적 묘사), 즉 작가의 논리적 사상을 표현하는 '대변적' 인물을 등장시키거나 아니면 예술가의 기교 대신에 연사의 기술을 대체시키는 라살레의 방식에 대한 비판이었다.

그럼에도 불구하고 독자들은 마르크스와 엥겔스가 내용미학을 추구하면서도 예술형식에 관계된 특수한 문제들에 과도한 민감성을 표현하지 않았다는 사실을 부인할지도 모른다. 독자들은 마르크스와 엥겔스가 이러한 문제들을 조잡하게 그리고 그다지 많은 관심을 갖지 않은 채 다루었다는 사실에 찬성하지 않을 것이다. 게다가 이러한 주장을 관철시키기 위해 독자들은 진정한 예술가라기보다는 오히려 변호사이자 정치인이었던 라살레의 희곡이 마르크스와 엥겔스에게 강한 영향력을 발휘했다는 사실을 인용할 것이다.

엥겔스는 그저 평범한 작품이었던 민나 카우츠키와 마가렛 하크니스의 소설에 대해 진지한 찬사를 보낼 수 있었다. 그 후 이러한 찬사 덕분에 이 소설들은 비평사에서 나름대로의 자리를 확보하게 되었다. 그렇다면 우리는 이상의 주장을 받아들일 수 있는가? 결국은 그렇지 않을 것이다. 마르크스와 엥겔스의 미적 감성은 셰익스피어, 세르반테스, 괴테, 발자크에 대한 그들의 반응이 지니는 열정과 지속성을 통해서, 그리고 엥겔스의 입센에 대한 반응과 마르크스의 그리스 극작가들에 대한 반응 ― 매우 독창적인 필치에 의한 ― 을 통해서 보다 확실하게 판단할 수 있다.

우리는 또한 마르크스가 러시아 태생 작가들 중에서 푸쉬킨과 고골리 그리고 시체드린Mikhail Saltykov-Shchedrin, 1826~1889의 작품들을 즐겨 읽고 사랑했다는 폴 라파르그의 회고로부터도 무언가 얻을 점이 있을 것이다. 프란츠 메링Franz Mehring은 마르크스가 스코트W. Scott와 필딩H. Fielding이 마음에 들었다고 한다. 마르크스와 엥겔스에 대한 그릇된 선호가 빚는 특정한 비난에 대해 언급할 때는 그들이 라살레에 대해 찬사를 배가시킴으로써 원래 엄격해야 했을 비평의 충격을 완화시키려 애썼다는 점과 라살레가 그들과 친분관계에 있었다는 사실에 주목해야만 한다.

게다가 이따금 라살레가 보여준 참신성은 호평을 받을 만했다. 그리고 이것은 하크니스와 카우츠키에 대한 엥겔스의 입장에도 그대로 적용된다. 그들은 분명히 이와는 다른 차원에서 쉽게 사장된 작품들에 대해서는 신랄한 비평을 가했다.

게오르그 뷔히너Georg Büchner, 1813~1837의 『당통의 죽음』이 이미 그들에게 익히 알려져 있었다고 가정할 경우(이 작품은 반세기 후에야 비로소 비평가들에게 '발견되었다') 마르크스와 엥겔스는 이데올로기적, 인식적 그리고 근본적으로 인간적인 가치들만큼이나 그 형식적 가치들에 대해서도 가장 날카로운 분석을 행할 만한 가치가 있는 대상에 접할 수 있었을 것이다. 하지만 애석하게도 그런 일은 일어날 수 없었다. 그들의 세계관에 가장 근접한 세계관을 가진 작가들은 대체로 그 지고한 예술적 도전에 응하여 일어서지 않았으며, 적어도 리얼리즘의 유력한 영역인 드라마와 소설 분야에서는 이 말이 사실이었기 때문이다.

그래서 마르크스와 엥겔스는 영속적인 예술적 가치들을 포괄적인 규모로 다루면서도 보다 구시대의 작품들만을 접할 수 있었다. 마르크스는 스스로 그라쿠스 형제에 관한 드라마, 즉 우리가 라파르그를 통해 들었던 고대 로마 시대의 혁명적 일화를 직접 글로 써 보고 싶었다. 요컨대 마르크스와 엥겔스는 가능한 범위 내에서 자신들의 미적 기쁨을 만끽했을 뿐이며, 가능한 범위 내에서 정치적으로 공감하고 사회발전적인 드라마와 소설을 논의했을 뿐이었다.

그러나 우리는 그들의 미적 민감성에 대한 합당한 인식을 바탕으로 그들이 형식적 해석보다는 내용미학의 문제에 보다 많은 관심을 기울였다는 결론에 도달해야만 한다. 그들은 형식 — 내가 어떤 예술 작품의 일차적 구성 속성으로 생각하는 — 을 일종의 수단으로 생각했다. 다시 말해서 그들은 형식이 만일 투명하고 필연적 가치이며 적절히 처리될 경우에는 내용 (그 자체의 문제들을 갖는)을 꿰뚫어 밝게 비출 수 있는 것으로 서술했다.

때때로 — 문체에 관해 혹은 라살레의 드라마에 관해 기술하면서 — 그들은 형식을 반투명의 가치, 즉 민감한 대중이나 비평적인 분석 앞에서는 항상 분명히 드러나는 구성적 속성이나 결점을 갖고 있는 것으로 간주했다.

확실히 내용미학에서 몇몇 새로운 문제들에 대한 그들의 관심은 그들에게서 기대되었던 공평하고 균형 있는 접근의 희생을 요구했다. 하지만 이러한 희생은 근본적으로 인간적인 가치에 관한 그들의 반복적인 관심에 의해 어느 정도 상쇄된다. 더욱이 그들은 이러한 가치가 기본적 특징과 자유, 완성을 향한 지칠 줄 모르는 소망을 통해서 미적 실현에 동조하는 모든 사람들의 관심을 현재적, 잠재적으로 조화로운 형식 가치의 궁극적 원천으로, 즉 인류의 소외와 탈소외의 문제로 거슬러 올라가도록 해 준다고 보았던 것이다.

마지막으로, 앞서 암시되었던 점, 즉 마르크스와 엥겔스가 예술 · 인식적, 이데올로기적 차원에서 뿐 아니라 양식적인 차원에서도 독창성에 대해 보여 주었던 높은 관심에 관해 한 마디 짚고 넘어가지 않을 수 없다. 이러한 관심은 일찍이 그래버W. Gräber에게 보낸 엥겔스의 문체에 관한 마르크스의 반응 속에서 나타난다. 그리고 그것은 휴머니즘을 하나의 연합체, 즉 "그 속에서는 각각의 자유로운 발전이 전체의 자유로운 발전의 조건이 되는 연합체"로 묘사하고 있는 「공산당 선언」과 그 기본원칙을 모든 개인의 완전하고도 자유로운 발전으로 삼는 공산주의를 보다 고도의 사회유형이라고 정의내리는 『자본론』 속에서 강조되고 있다.

또한 앞서 논의되었던 것처럼, 그들의 미래에 대한 시각은 모든 사람들이 빠짐없이 각기의 특수한 예술적 소질을 실현시킬 수 있을 것이라는 — 모든 사람이 지배할 — 전망을 포함하고 있다. 요컨대 이전 사회에서 자신들의 삶을 희롱당해 왔던 절대 대다수 사람들 사이에서 각 개인의 능력을 표출시켜 그것을 성숙하게 할 수 있는 것은 오로지 공산주의뿐이라고 말한다. 그리고 미적 행위의 가장 독창적인 최상의 결과들을 낳고 각 개인의 재능을 가장 자유롭게 표현할 수 있도록 해 주는 것도 다름 아닌 공산주의라고 본 것이다.

그러나 만일 개별적 양식이 마르크스와 엥겔스가 예술적 업적에 귀속시켰던 주요 가치들 사이에 존재하는 것이라면 그것은 주요 테마들 사이에서 — 적어도 다른 주요 테마들을 제시하기 위해 명시된 조건들 위에서 —

어떻게 수용될 수 있을까? 마르크스와 엥겔스는 그에 관한 자신들의 사상을 미학적 범주로서 전개시키지는 않았다. 그들은 독창성의 존재가 전체 미학 작품에 어떠한 영향을 미치는가, 독창성은 기존의 주요 가치들과 어떻게 상호연관 되는가에 대해 구체적으로 언급하지 않았다.

여기서는 이 문제에 관한 그들의 사상을 면밀히 고찰할 여유가 없다. 그리고 그렇게 하기에는 갖추어진 자료가 너무 부족하다. 마르크스와 엥겔스의 미학사상에서 또 다른 영역이 인식되고 재구성되거나 보충되고 외삽 外揷, extrapolation될 수 있을 것이지만, 여기서는 다만 그 중요성 — 더불어 그 빈틈 — 만이 인정될 수 있을 따름이다.

* * *

마르크스주의 미학사상은 변증법적 유물론과 사적 유물론의 맥락 속에서 자라고 또 가능하지만, 여기서는 마르크스와 엥겔스의 기본적인 철학서들을 미학사상의 토대가 된다고 여겨진 일부만 포함시켰다.

이 책의 제1부는 예술의 계통발생적allogenetic 측면들, 즉 외부적 관계들을 다루고 있으며, 또 일부는 예술의 개체발생적idiogetic 측면들, 즉 예술의 상대적 자율성과 특수성을 다루고 있다. 이는 후자의 측면들이 일반적으로 간과되어 왔거나 뒷전으로 밀려나 있었기 때문에, 여기서는 마르크스적 미학사상의 이러한 측면들을 적절히 보여주려고 한다. 그리고 제2부는 서양의 문학예술과 사상에 대한 마르크스와 엥겔스의 논평을 실었다.

기본 텍스트들은 이 분야에서 마르크스와 엥겔스의 주요 테마로 인정되는 것들을 채택했지만, 이 주요 테마들 중에는 주의와 관찰이 부족했던 것들이 있을지도 모른다. 이 점 독자들의 양해를 구한다.

그리고 마르크스적 세계관을 보다 충실히 이해하려면 마르크스와 엥겔

스의 철학서들을 읽고, 이에 대한 가장 권위 있는 해석가들인 레닌Lenin, 그
람시A. Gramsci, 루카치G. Lukacs의 철학서들도 읽어보아야 할 것이다.

끝으로 이 책이 마르크스주의 미학과 문학예술에 관한 일차적 자료로서
의 임무를 어느 정도 수행했으면 하는 마음 간절하다. 부족한 부분은 판을
거듭할 때마다 보충하도록 하겠다.

2015. 3
경운동에서 김대웅

■ **참고문헌**

　　칼 마르크스Karl Marx, 1818~1883의 미학사상에 대한 매우 광범위한 해석
문헌들은 이미 있었다. 이에 반해 프리드리히 엥겔스Friedrich Engels, 1820~1895
의 미학사상에 대한 저작들은 다소 부족한 편이다. 우선 미학사상과 관련
된 마르크스와 엥겔스의 텍스트들은 30년대 초 러시아에서 최초로 편집되
었다Ob iskusstvje, ed. Anatoil Lunacharsky, Mikhail Lifshitz, Franz P. Schiller, Moscow, 1993. 사
실상 상당수의 중요한 초고들이 세상에 알려지기 시작한 것은 수십 년밖
에 되지 않는다. 이 편집서는 학자들이 적절한 주의를 요하도록 해준 출
발신호였으며, 문학과 예술에 대한 플레하노프Plekhanov, 메링Mehring, 라파
르그Lafargue 및 기타 후계자들의 저작들과 구별되는 마르크스주의 창시자
들의 미학사상에 대한 인식의 척도가 되었다(이에 대해 유익한 논의로는 Z.
G. Apresian, "An Appraisal of the Work Done in the 1930's on the Foundation of
Marxist Esthetics", Soviet Studies in Philosophy, pp.39 – 50을 보라).

　　마르크스와 엥겔스의 여러 텍스트들(주해가 달린 것)은 1930년대 초 소
비에트의 잡지와 미국 및 영국의 좌파 작가들과 비평가들이 읽던 〈공산주
의 외국어 출판사〉의 『국제문학』International Literature, Moscow에 선보이기 시작
했다. 1933년 러시아판 전집은 프랑스(1936), 독일(1937), 스페인(1946) 그
리고 영국(1947)에서 발간된 선집들을 토대로 구성되었다. 그러는 동안
1938년에 러시아어 개정판이 간행되었고, 제2차 세계대전 이후 미하일 리
프쉬츠가 최초로 독일어판 전집Uber Kunst und Literatur, East Berlin, 1948을 편집했
으며, 러시아어 증보판 제2권을 편집했다Moscow, 1957. 이후 1967~68년 사이
에 동베를린에서 발간된 만프레트 클림Manfred Kliem의 저작이 간행되었다.

마르크스 엥겔스 문학예술론

그것은 이전에 간과했던 텍스트들을 보충해 주고 있다. 그러나 이것은 미하일 리프쉬츠의 1948년도 판에 들어 있는 중요한 것들 가운데 몇 가지를 빠뜨리고 있을 뿐만 아니라, 리프쉬츠의 편찬기획과도 조금 다르다.

위의 자료들에 대한 부록으로 마르크스와 엥겔스의 미학적 견해, 해설, 청년기의 시작詩作들이 소위 『마르크스 · 엥겔스 전집』MEGA : Marx-Engels Gesamtausgabe, Frankfurt am Main, 1927, I Abt., Bd. I에 실려 있다. 이 전집의 번역판 일부는 로버트 페인Robert Payne의 마르크스 전기와 『칼 마르크스의 비화』The Unknown Karl Marx : New York, 1971에 실려 있다(마르크스와 엥겔스의 청년기 저작들은 오귀스트 코르뉘Augueste Cornu의 Karl Marx et Fridrich Engels : la vie et leurs oeuvres Paris, 1954~62에서 거의 완벽하게 해석되었다). 1840년대 이전의 마르크스 미학에 관한 단편들은 편지들을 통해서만 엿볼 수 있다. 이것은 그의 초기 연구노트들이 분실되었기 때문이다. 하지만 그 이후 남은 것들은 1856년 막시밀리앙 뤼벨Maximilien Rubel에 의해 연구가 진행되었다("Les cahiers de lecture de Karl Marks", International Review of Social History, Ⅱ. iii(1957), pp.392~418과 V. i (1960). pp. 39~76). 끝으로 『프라일리그라트의 마르크스 · 엥겔스와의 서신교환』Freiligraths Briefwechsel mit Marx und Engels, ed. M. Hackel Berlin, 1968을 필히 거론해야 한다.

다음에 열거한 책들은 마르크스와 엥겔스의 미학사상에 대한 주요 해설서들이다(주요 편집서들을 소개한 논문들도 포함시켰다).

Peter Demetx, *Marx, Engels, and the Poets* Chicago, 1967: Ger. ed., Stuttgart, 1959; 비평서로는 L. Baxandall, *Partisan Review*, Winter 1968, pp.152~156을 보라.

Georgij M Fridlender, *K, Mars I F. Engels I woprosi litjeraturi*(Moscow, 1962)

Andrei N. Jezuitow, *Woprosi rjealizma w estjeke Marxa I Engelsa*(Moscow, 1963)

Georg Lukács, *K. Marx und F. Engels als Literaturhistoriker*(Berlin, 1938)과 *Beitrage der Geschichte der Aesthetik*(Berlin, 1954), pp.191~285

Pavel S. Trofimov, *Otsherki istorii marksistokoj estetiki*(Moscow, 1963), pp. 5~108

Hans Koch, *Marxismus und Aesthetik*(Berlin, 1962)

Henri Lefèbvre, *Contribution a l'esth tique*(Paris, 1953)

Adolfo Sánchez Vázques, *Art and Society : Essays in Marxist Aesthetics*(New York, 1974 : Span. ed., Mexico City, 1965)

Mikhail Lifshitz, *The Philosophy of Art of Karl Marx*(New York, 1938 ; Russ. ed., Moscow, 1933)

Max Raphael, Proudhon, *Marx, Picasso*(Paris, 1933), pp. 123~185

W. C. Hoffenschefer, *Iz istorii marksistskoj kritiki*(Moscow, 1967), chaps, Ⅴ, Ⅵ.

Franz P. Schiller, *Engels kak literaturnij kritik*(Moscow, 1933)

Vera Machackova, *Der junge Engels und die Literatur*(Berlin, 1961)

* * *

아래의 참고문헌들은 마르크스주의 미학이론에 관계되는 영어판 책들을 편집해 놓은 것이다. 그렇다고 여기에 열거된 책들이 모두 마르크스주의적이라고는 할 수 없다. 하지만 마르크스주의 문학 · 예술 이론에 중대한 기여를 했다고 간주된 책들은 참고로 실어 보았다.

이 참고문헌은 어느 정도 리 박산달의 『마르크스주의와 미학』Marxism and Aesthetics : A Selective Annotated Bibliography, New York : Humanities Press, 1968을 바탕으로 삼고 있다. 거기에는 논문들과 팸플릿들에 대한 참고도 실려 있는데, 여기서는 한데 모았다. 그리고 이것들의 한국어 번역본도 같이 소개해 보았으며, 마르크스주의 문학예술론에 관한 논문들도 연구에 참고가 되도록 마지막에 소개해 보았다.

비록 포괄적인 참고문헌이 되도록 최선의 노력을 기울이지는 못했더라도, 마르크스주의 미학에 관한 문제를 다룬 유용한 책들의 목록을 제공하는 것이 이 참고문헌의 목적이기 때문에 독자들이 양해해 주길 바란다.

Aaron, Daniel, *Writers on the Left*, New York : Avon, 1965.

Adereth, M., *Commitment in Modern French Literature*, New York : Schocken, 1968.

Adorno, *Theodor and Eisler, Hanns, Composing for the Films*, New York, 1947.

Adorno, Theodor, *Prisms, London : Neville Spearman*, 1967. (『프리즘』, 홍승용 옮김 문학동네, 2004)

――――, *Philosophy of Modern Music*, New York : Seabury Press, 1971(『신음악의 철학』, 방대원 역, 까치, 1986).

――――, *Negative Dialectic*, New York : Seabury Press, 1972.(『부정변증법』, 홍승용 역, 한길사, 1999)

――――, *The Jargon of Authenticity*, Evanston : Northwestern University Press, 1973.

――――, *Aesthetic Theory*(『미학이론』, 홍승용 역, 문학과지성사,1984)

Althusser, Louis, *Lenin and Philosophy and Other Essays*, New York : Monthly Review Press, 1972(『레닌과 철학』, 이진수 역, 백의, 1997).

Antal, Frederick, *Florentine Painting and its Social Background* : V and Early X V Centuries, London : Kegan Paul, 1948.

――――, *Fuseli Studies*, London : Kegan Paul, 1956.

――――, *Hogarth and his Place in European Art*, New York : Basic Books, 1962.

――――, *Classicism and Romanticism*, London : Kegan Paul, 1966.

Apresyan, Z., *Freedom and the Artist*, Moscow : Progress, 1968.

Aptheker, Herbert, ed., *Marxism and Alienation* : A Symposium, American Institute for Marxist Studies, Monograph Series No. 2, New York : Humanities Press, 1965.

Aron, Raymond, *Marxism and the Existentialist*, New York : Harper and Row, 1969. (『마르크스주의와 실존주의자들』, 이택휘 역, 한벗, 1982).

Art and Society : A Collection of Articles, Moscow : Progress, 1968.

Arvon, Henri, *Marxist Esthetics*(Ithaca: Cornell University Press, 1973.(『마르크스주의와 예술』, 오병남 역, 서광사, 1981)

Auerbach, Erich, *Mimesis*, Princeton : Princeton University Press, 1970.(『미메시스』, 정명환 역, 민음사, 1979).

Bakhtin, Mikhail, *Ravelais and His World*, Cambridge : M. I. T. University Press, 1968.(『프랑수아 라블레의 작품과 중세 및 르네상스의 민중문화』, 이덕형 역, 아카넷, 2001)

Balázs, Béla, *Theory of the Film* : Character and Growth of a New Art, London : Peter Smith, 1952 ; New York : Dover, 1970 ; rev. ed. New York : British Book Center, 1971. (『영화의 이론』, 이형식 역, 동문선, 2003)

Baller, E., *Socialism and the Cultural Heritage*, Moscow : Novosti Publishers, 1968.

Barthes, Roland, *Critical Essays*, Evanston : Northwestern University Press, 1972.

──────, *Mythologies*, New York : Hill and Wang, 1972(『현대의 신화』, 이대기호학연구소 역, 동문선, 2002).

──────, *On Racine*, New York : Hill and Wang, 1964(『라신에 관하여』, 남수인 역, 동문선, 1998).

──────, *Writing Degree Zero and Elements of Semiology*, Boston : Beacon, 1970(『기호의 제국』, 김주환 · 한은경 공역, 민음사, 1996).

Baxandall, Lee, *Marxism and Aesthetics* : A Selective Annotated Bibliography, New York : Humanities Press, 1968.

──────, ed., *Radical Perspectives in the Arts*, Baltimore : Penguin, 1972(『예술의 새로운 시각』, 정경임 편역, 지양사, 1982).

_____, *Marx and Engels on Literature and Art* by Lee Baxandall and Stefan Morawski, 1973.

Benjamin, Walter, *Illuminations*, New York : Schocken, 1966.

마르크스 엥겔스 문학예술론

————, *Understanding Brecht*, London : New Left Books, 1973.

————, *Charles Baudelaire : A Lyric Poet in the Era of High Capitalism*, London : New Left Books, 1973. (『보들레르의 작품에 나타난 제2제정기의 파리: 보를레르의 몇가지 모티브에 관하여 외』 (발터 벤야민 선집 4), 김영옥, 황현산 역, 2010)

Berger, John, *Art and Revolution*, New York : Pantheon, 1969(『사회주의 리얼리즘』, 김채현 역, 열화당, 1988).

————, *Moment of Cubism*, New York : Pantheon, 1969.

————, *Toward Reality : Essays in Seeing*, New York : Knopf, 1962(『본다는 것의 의미』, 박범수 역, 동문선, 2000).

————, *A Painter of Our Time*, New York : Simon and Schuster, 1959.(『우리 시대의 화가』, 강수정 역, 열화당, 2005)

————, *Success and Failure of Picasso*, Baltimore : Penguin, 1965(『피카소의 성공과 실패』, 김윤수 역, 미진사, 1985).

Blake, Fay M., *The Strike in the American Novel*, Metuchen, N. J. : Scarecrow Press, 1972.

Bloch, Ernst, *Philosophy of the Future*, New York : Herder and Herder, 1970(『철학 입문』, 문학과사회연구소 역, 청하, 1984).

————, *Man on His Own : Essays in the Philosophy of Religion*, New York : Herder and Herder, 1971.

————, *On Karl Marx*, New York : Herder and Herder, 1971.

————, *The Spirit of Utopia*, New York : Seabury Press, 1973.

Blumenfeld, Y., *Seesaw : Cultural Life in Eastern Europe.*, New York : Harcourt, 1968.

Bramsted, Ernest K., *Aristocracy and the Middle Classes in Germany : Social Types in German Literature 1830~1900*, Rev. ed. Chicago : University of Chicago Press, 1964.

Brecht, Bertolt, *Brecht on Theatre*, ed., John Willett, New York : Hill and Wang, 1964.

————, *The Messingkauf Dialogues*, London ; Methuen, 1965.

Breton, André, *What Is Surrealism?*, London : Criterion Miscellany, 1936 ; Paths to
   the Present, ed., Eugene Wever, New York : Dodd, Mead, 1960.

————, *Manifestoes of Surrealism*, Ann Arbor : University of Michigan Press, 1969.
   (『초현실주의 선언』, 황현산 역, 미메시스, 2012)

Bronowski, Jacob, *William Blake : A Man Without a Mask*, London, 1944.

Browder, Earl, *Communism and Culture*, New York, 1941.

Bukharin, Nikolai, *Historical Materialism : A System of Sociology*, New York, 1925 ;
   London : Russell and Russell, 1965.

————, *Culture in Two Worlds*, New York, 1934.

Burgum, E. B., *The Novel and the World's Dilemma*, New York : Oxford University
   Press, 1947.

Castro, Fidel, *The Revolution and Cultural Problems in Cuba*, Havana, 1962.

Calverton, Victor F., *The Newer Spirit : A Sociological Criticism of Literature*, New
   York, 1925 ; New York : Octagon Press, 1972.

————, *The Liberation of American Literature*, New York, 1932 ; New York :
   Octagon Press, 1972.

————, *Where Angels Fear to Tread*, facs. ed., Freeport, N. Y. : Books for Libraries,
   1941.

Candwell, Christopher, *Studies and Further Studies in a Dying Culture*, New York :
   Monthly Review Press, 1972 ; originally published as Studies in a Dying Culture,
   London, 1938 ; Further Studies in a Dying Culture, London, 1949.

————, *The Concept of Freedom*, London : Lawrence and Wishart, 1965.

————, *Romance and Realism : A Study in English Bourgeois Literature*, Princeton :
   Princeton University Press, 1970.

————, *Illusion and Reality : A Study of the Sources of Poetry*, London, 1937 ; New
   York : New World Paperback, 1963.

Caute, David, *Communism and the French Intellectuals*, 1914~1960, New York :

Macmillan, 1964.

——, *The Fellow Travellers : A Postscript to the Enlightenment*, New York : Macmillan, 1972.

——, *The Illusion : An Essay on Politics, Theater, and the Novel*, New York : Harper and Row, 1971.

Ching, Chiang, *On the Revolution of the Peking Opera*, Peking : Foreign Language Press, 1968.

College English : Special Issue on Marxist Criticism, Vol. 34, No. 2, November, 1972, Eds. Ira Shor and Dick Wasson.

Counts, George S. and Lodge, Nucia, eds., *The Country of the Blind*, Boston, 1949.

Cruse, Harold, *The Crisis of the Negro Intellectual*, New York : Morrow, 1967.

Davydov, Yuri, *The October Revolution and the Arts*, Moscow : Progress, 1967.

Day – Lewis, Cecil, *A Hope for Poetry*, London, 1934.

——, *Revolution in Writing*, London, 1935.

Day – Lewis, Cecil, ed., *The Mind in Chains. Socialism and the Cultural Revolution*, London, 1937.

Delany, Sheila. *Counter – Tradition : A Reader in the Literature of Dissent and Alternatives*, New York : Basic Books, 1971.

——, *Chaucer's House of Fame : The Poetics of Skeptical Fideism*, Chicago : University of Chicago Press, 1972.

Deutscher, Issac, *Heretics and Renegades*, London, 1955 ; New York : Bobbs – Merrill, 1969.

——, *Ironies of History : Essays on Contemporary Communism*, New York : Oxford University Press, 1966 ; San Francisco : Ramparts Press, 1971.

——, *Marxism in Our Time*, San Francisco : Ramparts Press, 1971.

Duncan, Hugh D. *Annotated Bibliography on the Sociology of Literature*, Chicago, 1947.

Egbert, D. D., *Socialism and American Art : In the Light of European Utopianism, Marxism, and Anarchism*, Princeton : Princeton University Press, 1952, Paperback, 1967.

―――, *Social Radicalism and the Arts : Western Europe*, New York : Knopf, 1970.

―――, Stow Pearsons and T. D. Seymour Bassett, eds., *Socialism and American Life*, 2 vols. Princeton : Princeton University Press, 1952.

Ehrenburg, Ilya, Chekov, *Stendhal and Other Essays*, London : MacGibbon and Kee, 1961.

Ehrmann, Jacques, ed., *Literature and Revolution*, Boston : Beacon, 1967.

Eisenstein, Sergi, *Notes of a Film Director*, Moscow : Foreign Languages Publishing House, 1946.

―――, *Film Form and Film Sense*, New York : Meridian, 1957 ; Film Form, New York : Harcourt, Brace, Javanovich, 1969, Film Sense, New York : Harcourt, Brace, Javanovich, 1969. (『영화의 형식과 몽타쥬』, 정일몽, 집문당, 1990)

―――, *Film Essays and a Lecture*, New York : Praeger, 1970.

Ewen, Frederic, *Bertolt Brecht : His Life, His Art and His Times*, New York : Citadel, 1967.

Fan, L. H., ed., *The Chinese Cultural Revolution : Selected Documents*, New York : Grove Press, 1968.

Farrell, James T., *A Note on Literary Criticism*, New York : Vanguard, 1936.

―――, *Literature and Morality*, 1947.

―――, *Reflections at Fifty*, New York : Vanguard, 1954.

Fast, Howard, *Literature and Reality*, New York, 1950.

―――, *The Naked God : The Writer and the Communist Party*, New York : 1957.

Finkelstein, Sidney, *Art and Society*, New York : International, 1947.

―――, *Jazz : A People's Music*, New York : 1948.

―――, *How Music Expresses Ideals*, New York : International, 1952 ; rev. ed. 1970.

―――, *Realism in Art*, New York : International, 1954.

——, *Composer and Nation : The Folk Heritage of Music*, New York : International, 1960.

——, *Existentialism and Alienation in American Literature*, New York : International, 1965.

——, *Sense and Nonsense of McLuhan*, New York : International, 1968.

——, *Who Needs Shakespeare?*, New York : International, 1973.

Fischer, Ernst, *The Necessity of Art*, London : Pelican, 1963(『예술이란 무엇인가』, 김성기 역, 돌베개, 1984).

——, *Art Against Ideology*, New York : Braziller, 1969.

Fitzpatrick, Sheila, *The Commissariat of Enlightenment : Soviet Organization of Education and the Arts under Lunacharsky*, October 1917~1921, Cambridge : Cambridge University Press, 1970.

Flores, Angel, ed., *Literature and Marxism : A Controversy by Soviet Critics*, New York, 1938.

Fokkema, D. W., *Literary Doctrine in China and Soviet Influence*, 1956~1960, The Hague : Mouton, 1965.

Fox, Ralph, *Aspects of Dialectical Materialism*, London, 1934.

——, *The Novel and The People*, London, 1937 ; New York : International, 1945.

Garaudy, Roger, *Literature of the Graveyard*, New York, 1948.

——, *Marxism in the Twentieth Century*, New York : Scribner, 1970.

——, *Crisis in communism*, New York : Grove Press, 1972.

Gilbert, James B., *Writers and Partisans : A History of Literary Radicalism in America*, New York : John Wiley, 1968.

Gold, Mike, *Mike Gold : A Literary Anthology*, ed. M. Folsom, New York : International, 1972.

Goldmann, Lucien, *The Hidden God*, New York : Humanities Press, 1964 ; London : Routledge and Kegan, 1964(『숨은 신』, 송기형 · 정과리 역, 인동, 1980).

——, *The Human Sciences and Philosophy*, London : Janthan Cape, 1969 ; New

York : Grossman, 1969(『인문과학과 철학』, 김현 외 역, 문학과지성사, 1980).

──, *Immanuel Kant*, New York : Humanities Press, 1972.

Goldman, Merle, *Literary Dissent in Communist China*, Cambridge : Harvard University Press, 1967.

Gorky, Maxim, *Fragments from My Diary*, London : P. Allan, 1924. (혁명의 순간들』, 임정남 역, 풀빛, 1985).

──, *Culture and the People, Freeport*, New York : Books for Libraries, facs. ed., 1939.

──, *Creative Labour and Culture*, Sidney, 1945.

──, *Literature and Life*, London, 1946.

──, *On Literature*, Moscow : Foreign Language Publishing House, 1960 ; Seattle : University of Washington Press, 1968.

──, *The Autobiography of Maxim Gorky*, New York : Macmillan, 1962 ; London : Peter Smith. (『어린시절』(막심 고리끼의 자전적소설 1부), 이항재 역, 1987 / 『세상속으로』(막심 고리끼의 자전적소설 2부) , 이강은 역,1987 / 『나의 대학』(막심 고리끼의 자전적소설 3부), 이준형 역, 이론과실천, 1988)

──, *Untimely Thoughts : Essays on Revolution*, Culture and the Bolsheviks, 1917~18, New York : Paul Eriksson, 1968. (『시의적절치 않은 생각들 : 혁명과 문화에 대한 소고』, 이수경 역, 지만지, 2010)

──, *Reminiscences*, New York : Humanities Press, 1968 ; New York : Viking Press, 1973.

Gramsci, Antonio, *Modern Prince and Other Writings*, London, 1957 ; New York : International, 1969.

──, *Prison Notebooks*, London, 1970 ; New York : International, 1971.

Harap, Louis, *A Brief Bibliography of Marxism and the Arts, Marxism and Culture* No. 1, issued by Educational Department, Cultural Division, Communist Party, State of New York, n. d.

Hauser, Arnold, *The Social History of Art*, New York : Knopf, 1951 ; 4 vols, New

York : Vintage, 1957(『문학과 예술의 사회사』, 백낙청 · 염무웅 · 반성완 역, 창작과 비평사, 1981).

─────, *The Philosophy of Art History*, New York : Knopf, 1958(『예술사의 철학』, 황지우 역, 돌베개, 1983).

─────, *Mannerism : The Crisis of the Renaissance and the Origin of Modern Art*, 2 vols, New York : Knopf, 1965(『예술과 소외』, 김진욱 역, 종로서적, 1981).

Henderson, Philip, *Literature and a Changing Civilization*, London, 1935 ; Folcroft, Pa. : Folcroft Press, 1935.

─────, *The Novel Today : Studies in Contemporary Attitudes*, London, 1936 ; Folcroft, Pa. : Folcroft Press, 1936.

─────, *Poet and Society*, London, 1939 ; Folcroft, Pa. : Folcroft Press, 1939.

─────, *William Morris : His Life, Work, and Friends*, New York : McGraw-Hill, 1967.

─────, *Marlowe*, New York : British Book Center, 1967.

Hoffman, Frederick J., Charles Allen and Carolyn F. Ulrich, *The Little Magazine : A History and a Bibliography*, Princeton : Princeton University Press, 1947.

Hoggart, Richard, *Auden : An Introductory Essay,* New York : Hillary Press, 1965.

─────, *The Uses of Literacy : Aspects of Working Class Life*, London : 1957 ; New York : Oxford University Press, 1957 ; Boston : Beacon, 1961 ; New York : Oxford University Press, 1970.

─────, *Speaking to Each Other* : Vol. 1, About Society ; Vol. 2, About Literature, New York : Oxford University Press, 1970.

─────, *On Culture and Communication*, New York : Oxford University Press, 1972.

Horkheimer, Max, *Critical Theory*, New York : Herder and Herder, 1972. (『비판이론』, 이종하 역, 북코리아, 2011)

Horkheimer, Max and Adorno, Theodor, *Dialectic of Enlightenment*, New York : Herder and Herder, 1972 ; London : Penguin, 1973. (『계몽의 변증법』, 김유동 역, 문예출판사, 1995)

Howard, *Dick and Klare*, Karl, eds., The Unknown Dimension : European Marxism since Lenin, New York : Basic Books, 1972.

Jackson, T. A., *Dialectics : The Logic of Marxism and Its Critics*, New York : International, 1936 ; New York : B. Franklin, 1971.

―――, *Charles Dickens : The Progress of a Radical*, London, 1937 ; New York : International, 1938 ; New York : Haskell, 1971.

―――, *Old Friends to Keep : Studies of English Novels and Novelists*, London, 1950.

James, C. L. R., *The Old World and the New : Shakespeare, Melville, and Others*, Detroit : Facing Reality Publications, 1971.

Jameson, Fredric, *Marxism and Form : Twentieth Century Dialectical Theories of Literature*, Princeton : Princeton University Press, 1972(『변증법적 문학이론의 전개』, 여홍상 · 김영희 역, 창작과비평사, 1984, 2014 / 『맑스주의와 형식 : 20세기의 변증법적 문학이론』(여홍상 , 김영희 역, 창비, 2014)

―――, *The Prison House of Language : A Critical Account of Structuralism and Russian Formalism*, Princeton : Princeton University Press, 1972(『언어의 감옥』, 윤지관 역, 까치, 1985).

Jarvie, Ian C., *Toward a Sociology of the Cinema*, London, 1970.

Jerome, V. J., *Culture in a Changing World*, New York, 1947.

Kampf, *Louis and Lauter*, Paul, eds., The Politics of Literature : Dissenting Essays on the Teaching of English, New York : Random House, 1970.

Kautsky, Karl., *Thomas More and his Utopia*, New York, 1927 ; New York : Russell and Russell, 1959.

―――, *Foundations of Christianity*, New York, 1953. (『그리스도교의 기원 』, 이승무 역, 동연, 2011)

Kettle, Arnold, *Introduction to the English Novel*, 2 vols, London : Hutchinson, 1955 ; New York : Harper and Row, 1960.

―――, ed. *Shakespeare in a Changing World*, New York : New World Paperback,

1964.

———, *Communism and the Intellectuals*, London : Lawrence and Wishart, 1965.

Khrushchev, Nikita, *The Great Mission of Literature and Art*, Moscow, 1964.

Klingender, Francis D., ed., *Hogarth and English Caricature*, London, 1944.

———, *Marxism and Modern Art*, New York : International, 1945.

———, *Goya in the Democratic Tradition*, London, 1948 ; New York : Schocken, 1968.

———, *Art and the Industrial Revolution*, London, 1947 : East Orange, N. J. : Thomas Kelly, 1968.

———, *Animals in Art and Thought to the End of the Middle Ages*, Cambridge, Mass. : M. I. T. Press, 1971.

Knight, Frida, *Beethoven*, New York : International, 1973.

Konrad, N. I., *West-East : Inseparable Twain*, Moscow : Central Department of Oriental Literature, 1967.

Kott, Jan., *Shakespeare Our Contemporary*, New York : Doubleday, 1964.

———, *The Eating of the Gods : An Interpretation of Greek Tragedy*, New York : Random House, 1973.

Kozintsev, Grigori, Shakespeare, *New York : Hill and Wang*, 1966.

Labriola, Antonio, *Socialism and Philosophy*, Chicago, 1907.

———, *Essays on the Materialistic Conception of History*, Chicago, 1908.

Lachs, John, *Marxist Philosophy : A Bibliographical Guide*, Chapel Hill : University of North Carolina Press, 1967.

Lafargue, Paul, *Social and Philosophical Studies*, Chicago, 1906.

———, *The Right to Be Lazy and Other Studies*, Chicago, 1909 ; New York : Solidarity, 1969.(『게으를 수 있는 권리』, 조형준 역, 새물결, 2013)

———, *Origin and Evolution of the Idea of the Soul*, Chicago, 1922.

———, *Socialism and the Intellectuals*, New York : Labor News, 1967.

Lang, Berel and Williams, *Forrest, Marxism and Art*, New York : David McKay, 1972.

Lang, Ian, *Jazz in Perspective : The Background of the Blues*, London : Workers Music Association, 1947.

Larkin, Oliver, *Art and Life in America*, New York, 1949.

Lawson, John Howard, *Film : The Creative Process*, New York : 1964.

Lenin, V. I., *On Tolstoy*, Moscow : Foreign Languages Publishing House, 1950.

───, *On Culture and Cultural Revolution*, Moscow : Progress, 1966.

───, *On Literature and Art*, Moscow : Progress, 1967(『레닌의 문학예술론』, 이길 주 역, 논장, 1988).

LeRoy, Gaylord, *Marxism and Modern Literature, American Institute for Marxist Studies*, No. 5, New York : Humanities Press, 1967.

LeRoy, Gaylord C. and Beitz, Ursula, eds., *Preserve and Create : Essays in Marxist Literary Criticism*, New York : Humanities Press, 1973.

Leger, Fernand, *Functions of Painting*, New York : Viking, 1973.

Leyda, Jay, *Kono : A History of the Russian and Soviet Film*, New York, 1960.

Lifschitz, Mikhail, *The Philosophy of Art of Karl Marx*, New York, 1938. (『칼 마르크 스의 예술철학』, 이용대 역, 화다, 1988)

───, Lindsay, Jack, *After the Thirties : The Novel in Britain and its Future*, London, 1956.

───, *The Anatomy of Spirit*, London, 1937.

───, *John Bunyan : Maker of Myths*, London, 1937 : Clifton, N. J. : Augustus M. Kelley, 1937 ; Port Washington, N. Y. : Kennikat Press, 1969.

───, *Perspectives for Poetry*, London, 1944.

───, *Song of a Falling World : Culture During the Break-up of the Roman Empire, A. D. 350~600*, London : Dakars, 1948.

───, *Marxism and Contemporary Science*, London : D. Dobson, 1949.

───, *Charles Dickens*, London, 1950 ; New York : Philosophical Library, 1950.

───, *A World Ahead*, London, 1950.

───, *Byzantium into Europe*, London, 1952 ; New York : Humanities Press, 1952.

마르크스 엥겔스 문학예술론

─────, *George Meredith, His Life and Works*, London, 1956.

─────, ed., *Russian Poetry 1917~1955*, Bodley Head : London, 1957.

─────, *Death of the Hero : French Painting from David to Delacroix*, London : Studio, 1960.

─────, *William Morris, Writer*, London, 1971.

─────, *A Short History of Culture : From Prehistory to the Renaissance*, New York : Citadel, 1963.

─────, *Leisure and Pleasure in Roman Egypt*, London : Muller, 1965.

─────, *The Clashing Rocks : A Study of Early Greek Religion and Culture and the Origins of Drama*, London, 1965.

─────, *J. M. W. Turner : A Critical Biography*, New York : New York Graphic Society, 1966.

─────, *Meetings with Poets*, London : Muller, 1968.

─────, *C zanne, His Life and Art*, Greenwich : New York Graphic Society, 1968.

Lowenthal, Leo, *Literature and the Image of Man : Sociological Studies of the European Drama and Novel, 1600~1900*, Boston : Beacon, 1957(『문학과 인간 상』, 유종호 역, 이대출판부, 1984).

Lu Hsun, *Selected Works*, Peking, 1957~60.

─────, *A Brief History of Chinese Fiction*, Peking, 1959.

Lukács, Georg, *Studies in European Realism*, London : Merlin, 1950 ; New York : Grosset and Dunlap, 1964.

─────, *The Historical Novel*, London : Merlin Press, 1962 ; Boston : Beacon Press, 1963 ; New York : Humanities Press, 1965 ; Middlesex : Penguin, 1969(『역사소 설론』, 이영욱 역, 거름, 1987).

─────, *Thomas Mann*, London : Merlin Press, 1964 ; Essays on Thomas Mann, New York : Grosset and Dunlap, 1965.

─────, *The Meaning of Contemporary Realism*, London : Merlin, 1962 ; Realism in Our Time, New York : Harper and Row, 1964(『현대리얼리즘론』, 황석천 역, 열음

사, 1986).

――, *Goethe and his Age*, London : Merlin, 1968 ; New York : Grosset and Dunlap, 1969.

――, *The Theory of the Novel*, Cambridge : M. I. T. Press, 1971(『소설의 이론』, 반성완 역, 심설당, 1985).

――, *Writer and Critic*, New York : Grosset and Dunlap, 1971.

――, *Solzhenitsyn*, Cambridge : M. I. T. Press, 1971.

――, *Marxism and Human Liberation*, New York : Dell, 1973.

Lunacharsky, Anatoli V., *On Literature and Art*, Moscow : Progress, 1965.

Macdiarmid, Hugh., *Selected Essays*, Berkeley : University of California Press, 1970.

Maguire, Robert A., *Red Virgin Soil : Soviet Literature in the 1920s*, Princeton : Princeton University Press, 1968.

Mao Tse‐Tung, *On Literature and Art*, Peking : Foreign Languages Press, 1960. (『모택동의 문학예술론』(문예이론총서 6) , 이욱연 역, 논장, 1989)

Marcuse, Herbert, *Eros and Civilization*, Boston : Beacon, 1955. (『에로스와 문명』, rlad;sghls 역, 나남, 2004)

――, *Soviet Marxism*, New York : Columbia University Press, 1958.

――, *Reason and Revolution : Hegel and the Rise of Social Theory*, Boston : Beacon, 1960(『이성과 혁명』, 김현일 · 윤길순 역, 중원문화사, 1985).

――, *One‐Dimensional Man*, Boston : Beacon, 1964. (『일차원적 인간』, 박병진 역, 한마음사, 2009)

――, *Negations : Essays in Critical Theory*, Boston : Beacon, 1969. (『1차원적 인간/부정』, 차인석, (삼성세계사상 33), 1997)

――, *An Essay on Liberation*, Boston : Beacon, 1969. (『해방론』, 김택 역, 울력, 2004).

――, *Five Lectures*, Boston : Beacon, 1970.

――, *The Philosophy of Aesthetics*, New York : Humanities Press, 1972.

――, *Counterrevolution and Revolt*, Boston : Beacon, 1972. (『예술과 혁명』, 박종

렬 역, 풀빛, 1982).

Margolies, David, *The Function of Literature*, New York : International, 1969.

Marxism and Art: Essays Classic and Contemporary, by Maynard Solomon (Editor), Theodor W. Adorno (Contributor), Mikhail Bakhtin (Contributor), Bela Balazs (Contributor), Walter Benjamin (Contributor), Ernst Bloch (Contributor), Bertolt Brecht (Contributor), Andre Breton (Contributor), Nikolai Bukharin (Contributor), Christopher Caudwell (Contributor), Friedrich Engels (Contributor), Sidney Finkelstein (Contributor), Ernst Fischer (Contributor), Antonio Gramsci (Contributor), Karl Kautsky (Contributor), Antonio Labriola (Contributor), Vladimir Ilyich Lenin (Contributor), Georg Lukacs (Contributor), Anatoly Lunacharsky (Contributor), Rosa Luxemburg (Contributor), Andrew Malraux (Contributor), Herbert Marcuse (Contributor), Karl Marx (Contributor), Franz Mehring (Contributor), William Morris (Contributor), Georgi Plekhanov (Contributor), Max Raphael (Contributor), Harry Slochower (Contributor), George Thomson (Contributor), Leon Trotsky (Contributor), Alick West (Contributor) & 29 more, 1984.

Matlaw, Ralph E., ed. *Belinsky, Chernyshevsky, and Dobrolyubor : Selected Criticism*, New York : Dutton, 1962.

Mayakovsky, Vladimir, *How Are Verses Made?*, London : Jonathan Cape, 1970.

Mayer, Hans, *Steppenwolf and Everyman : Outsiders and Conformists in Contemporary Literature*, New York : Thomas Y. Crowell, 1971.

————, *Portrait of Wagner : An Illustrated Biography*, New York : Herder and Herder, 1972.

Mehring, Franz, *Karl Marx : The Story of his Life*, London : Allen, 1936 ; New York : Humanities Press, 1957 ; Ann Arbor : University of Michigan Press, 1962.

————, *The Lessing Legend, abridged version*, New York, 1938.

Mészáros, István, ed., *Aspects of History and Class Consciousness*, London : Routledge and Kegan Paul, 1971(『역사와 사회의식』, 김대웅 역, 인간사, 1983).

Meyerhold, Vsevelod, *On Theatre*, New York : Hill and Wang, 1969.

Morris, William, *On Art and Socialism : Essays and Lectures*, London, 1947.

――――, *Selected Writings and Designs*, ed. Asa Briggs, Baltimore : Penguin Books, 1962.

――――, *Political Writings*, New York : International, 1973.

Morton, A. L., *The English Utopia*, London, 1952.

――――, *The Everlasting Gospel? A Study in the Sources of William Blake*, London, 1958.

Mozhnyanun, Sergei, ed., *Problems of Modern Aesthetics*, Moscow : Progress, 1969.

North, Joseph, ed., *New Masses : An Anthology of the Rebel Thirties*, New York : International, 1972.

Parkinson, G. H. R., *Georg Lukacs: The Man, His Work and His Ideas*, Vintage; 1970. (『게오르그 루카치』, 현준만 역, 이삭, 1984)

――――, ed., Georg Lukacs, London : *Weidenfeld and Nicolson*, 1970.(『루카치의 미학사상』, 김대웅 역, 문예출판사, 1986).

――――, *Marx and Marxisms(Royal Institute of Philosophy Supplements)*, Cambridge University Press(July 1, 1982)

Piscator, Erwin, *Political Theatre 1920~1966*, London : Arts Council of Great Britain, 1971.

Plekhanov, Georgi, *Anarchism and Socialism*, Chicago, 1912.

――――, *Essays in the History of Materialism*, London, 1934.

――――, *History of Russian Social Thought*, New York : Howard Fertig, 1938.

――――, *Art and Social Life*, London : Lawrence and Wishart, 1953.

――――, *Unaddressed Letters. Art and Social Life*, Moscow, 1957. (『주소없는 편지』, 사계절 역, 사계절, 1987)

――――, *Fundamental Problems of Marxism*, New York : International, 1969(『마르크스주의의 근본문제』, 민해철 역, 거름, 1987).

마르크스 엥겔스 문학예술론

Prusek, Jaroslav, *Chinese History and Literature : A Collection of Studies*, New York : Humanities Press, 1970.

Raphael, Max, *Prehistoric Cave Painting*, New York, 1945.

———, *Prehistoric Pottery and Civilization in Egypt*, New York, 1947.

———, *The Demands of Art*, Princeton : Princeton University Press, 1968.

Raskin, Jonah, *The Mythology of Imperialism*, New York : Random House, 1971.

Read, Herbert, *Phases of English Poetry*, Folcroft, Pa. : Folcroft Press, 1928.

———, *Sense of Glory : Essays in Criticism*, Facs. ed. ; Freeport, N. Y. : Books for Libraries, 1930.

———, *Form in Modern Poetry*, Folcroft, pa. : Folcroft Press, 1932.

———, *Art and Industry : The Principles of Industrial Design*, London : Peter Smith, 1934 ; rev. ed. Bloomington : Indiana University Press, 1961.

———, *Art and Society*, London, 1936 ; rev. ed., New York : Schocken, 1968.

———, *In Defense of Shelley and Other Essays*, Facs. ed. ; Freeport, N. Y. : Books for Libraries, 1936.

———, *Poetry and Anarchism*, London, 1938 ; Folcroft, pa. : Folcroft Press, 1938 ; New York : Gordon Press.

———, *Nature of Literature*, Freeport, N. Y. : Books for Libraries, 1938.

———, *The Politics of the Unpolitical*, London, 1943.

———, *Coleridge as Critic*, New York : Haskell, 1949.

———, *Wordsworth*, New York : Hillary, 1949.

———, *Philosophy of Modern Art*, Facs. ed. ; Freeport, N. Y. : Books for Libraries, 1950.

———, *Icon and Idea : The Function of Art in the Development of Human Consciousness*, London : Faber, 1955 ; New York : Schocken, 1965.(『도상과 사상』(열화당 미술책방 21) , 김병익 역, 열화당, 2002)

———, *The Grass Roots of Art : Lectures on the Social Aspects of Art in the Industrial Age*, London : Faber, 1955 ; New York : World, 1961. (예술의 뿌리(해

외 미학선 45) , 김기주 역, 현대미학사, 1998)

————, *Forms of Things Unknown*, London : Faber, 1960.

————, *Art of Sculpture*, Princeton, N. J., 1961. (『조각이란 무엇인가』(열화당 미술 책 방 014) , 이희숙 역, 열화당, 2001)

————, *To Hell with Culture and Other Essays on Art and Society*, New York : Schocken, 1962.

————, *Concise History of Modern Sculpture*, New York : Praeger, 1964. (『서양 현 대조각의 역사(간추린)』(시공아트 8) , 김성희 역, 시공아트, 1998)

————, *Contemporary British Art*, Santa Fe : William Gannon, 1964 : rev, ed. Middlesex : Penguin Books, 1965.

————, *The Origins of Form in Art*, New York : Horizon, 1965.

————, *Henry Moore*, New York : Praeger, 1966.

————, *Poetry and Experience*, New York : Horizon Press, 1967.

————, *Concise History of Modern Painting*, New York : Praeger, 1969. (『현대회화 의 역사』(까치글방 60), 김윤수 역, 까치, 1991)

————, *Cult of Sincerity*, New York : Horizon Press, 1969.

————, *Art and Alienation : The Role of the Artist in Society*, New York : Vintage, 1969.

————, *Anarchy and Order*, London : Faber, 1954 ; Boston : Beacon Press, 1971.

————, *Reason and Romanticism*, New York : Haskell, 1972.

————, *The Meaning of Art*(Faber & Faber Limited, 1931,1972). (『예술의 의미』, 박 용숙 역, 문예출판사, 2007)

Revai, Josef, *Literature and People's Democracy*, New York, 1950.

Richmond, Kenneth, *Poetry and the People*, London, 1947.

Rubinstein, Annette T., *The Great Tradition in English Literature : From Shakespeare to Shaw*, New York, 1953 ; Shakespeare to Jane Austen, New York : Citadel, 1962.

Samarin, Roman and Nikolyukin, Alexander, eds., *Shakespeare in the soviet Union :*

A Collection of Articles, Moscow : Progress, 1966.

Sartre, Jean-Paul, Saint Genet, Actor and Martyr, New York : Braziller, 1963.

———, Search for a Method, New York : Knopf, 1963.

———, Situations, New York : Braziller, 1965. (『상황극』, 박형범 역, 영남대출판부, 2008)

———, What Is Literature?, New York : Washington Square Paperback, 1966(『문학이란 무엇인가』, 정명환 역, 민음사, 1998).

Schlauch, Margaret, Chaucer's Constance and Accused Queens, New York : AMS Press, 1927 ; Staten Island : Gordian, 1970.

———, Gift of Languages, New York : Dover, 1942, London : Peter Smith.

———, Modern English and American Poetry : Techniques and Ideologies, London : C. A. Watts, 1956.

———, English Medieval Literature and Its Social Foundations, New York : Oxford University Press, 1956 ; New York : Cooper Square, 1971.

———, Antecedents of the English Novel : 1400~1600, London : Oxford University Press, 1963.

———, The English Language in Modern Times(Since 1400), Warsaw, 1959 ; 2nd ed., New York : Oxford University Press, 1964.

———, Language and the Study of Language Today, New York : Oxford University Press, 1967.

Schwarz, Boris, Music and Musical Life in Soviet Life, 1917~1970, New York : Norton, 1972.

Scott, H. G., ed., Problems of Soviet Literature, Moscow, 1935.

Siegel, Paul N., Shakespearean Tragedy and the Elizabethan Compromise, New York : New York University Press, 1957.

———, Shakespeare in his Time and Ours, South Bend : University of Notre Dame Press, 1968.

Siegmeister, Elie, Music and Society, New York, 1938.

Silber, Irwin, ed., *Voices of National Liberation*, Brooklyn : Central Book, 1970.

Sinyavsky, Andrei, *For Freedom and Imagination*, New York : Holt, Rinehart and Winston, 1971.

Slochower, Harry, *Three Ways of Modern Man*, New York : 1937.

————, *Thomas Mann's Joseph Story : An Interpretation*, New York : 1938.

————, *No Voice Is Wholly Lost*, New York, 1945 ; Literature and Philosophy Between Two Wars, New York, 1964.

————, *Mythopoesis*, Detroit, 1970.

Smirnov, A. A., *Shakespeare : A Marxist Interpretation*, New York, 1936.

Socialist Realism in Literature and Art, Moscow : Progress, 1971.

Solomon, Maynard, *Marxism and Art*, New York : Knopf, 1973.

Southall, Raymond, *Literature and the Rise of Capitalism*, London : Lawrence and Wishart, 1973.

Spender, Stephen, *The Destructive Element*, London, 1935 ; West Orange, N. J. : Saifer, 1970.

————, *Forward from Liberalism*, 1937.

————, *Life and the Poet*, London, 1942.

Stalin, Joseph, *Marxism and Linguistics*, New York, 1951. (『사적 유물론과 변증법적 유물론/ 마르크스주의와 언어』, 정성균 역, 두레, 1989)

Strachey, John, *Literature and Dialectical Materialism*, London, 1934.

————, *The Coming Struggle for Power*, London, 1935.

————, *End of Empire*, New York : Praeger, 1964.

Suvin, Darko, ed., *Other Worlds, Other Seas : Science Fiction from the Socialist Countries*, New York : Random House, 1970.

The Philosophical Forum : Special Issue on Georg Lukacs, Boston : Boston University Press.

Thomson, George, *Aeschylus and Athens : A Study in the Social Origins of Drama*,

London, 1941 ; New York : Grossett and Dunlap, 1969.

―――, *Studies in Ancient Greek Society : The Prehistoric Aegean*, London : Lawrence and Wishart, 1949 ; 3rd ed., New York : Citadel, 1965.

―――, *Marxism and Poetry*, New York : International, 1946.

―――, *Studies in Ancient Greek Society : The First Philosophers*, London : Lawrence and Wishart, 1955. (『고대사회와 최초의 철학자들』, 조대호 역, 고려원, 1992)

―――, *Greek Lyric Meter*, Cambridge : Cambridge University Press, 1961.

Tri - Quarterly : Special Issue on Literature and Revolution, No. 23/24, Winter/Spring, 1972.

Trotsky, Leon, *Literature and Revolution*, New York : Russell and Russell, 1957 ; Ann Arbor : University of Michigan Press, 1960. (『문학과 혁명』, 공지영 外역, 한겨레, 1989)

―――, *On Literature and Art*, New York : Pathfinder Press, 1970.

Van Ghent, Dorothy, *The English Novel : Form and Function*, New York, 1961.

Vygotsky, Lev, *The Psychology of Art*, Cambridge : M. I. T. Press, 1970.

Werth, Alexander, *Musical Uproar in Moscow*, London, 1949.

West, Alick, *Crisis and Criticism*, London : Lawrence and Wishart, 1937.

―――, *A Good Man Fallen Among Fabians*, London, 1950.

―――, *The Mountain in the Sunlight*, London, 1958.

White, George Abbott and Newman, Charles, eds., *Literature in Revolution*, New York : Holt, Rinehart, and Winston, 1972.

Williams, Raymond, *Culture and Society*, London : Chatto and Windus, 1958(『문학과 사회』, 이대출판부, 1988).

―――, *Modern Tragedy*, London : Chatto and Windus, 1966(『현대비극론』, 임순희 역, 학민사, 1985).

―――, *The English Novel from Dickens to Lawrence*, London : Chatto and Windus, 1970.

──, *Marxism and Literature*, Oxford University Press, 1978. (『마르크스주의와 문학』, 박민준 역, 지식을만드는지식, 2013)

Wilson, Edmund, *The Wound and the Bow : Seven Studies in Literature*, New York : Galaxy, 1941.

──, *The Triple Thinkers*, New York : Oxford University Press, 1948.

──, *A Literary Chronicle : 1920~1950*, New York : Doubleday Anchor, 1952.

──, *To the Finland Station : A Study in the Writing and Acting of History*, New York : Doubleday, 1953. (『근대혁명사상사』, 강봉식 역, 을유문화사, 1962). / 『핀란드역까지』, 김정민, 정승진 공역, 실천문학사, 1987)

──, *Axel's Castle : A Study in the Imaginative Literature of 1870~1930*, New York : Scribner, 1961(『악셀의 성』, 이경수 역, 홍성사, 1980).

──, *The Shores of Light : A Literary Chronicle of the Twenties and Thirties*, New York : Vintage, 1961.

Women and Art : Special Issue on Marxism and Art, Winter, 1971.

Zelinsky, Kornely, *Soviet Literature*, Moscow : Progress, 1970.

Zhdanov, A. A., *Essays on Literature, Philosophy and Music*, New York, 1950.

* * *

『형식주의와 마르크스주의: 문예 비평적 고찰』(현상과인식 5) (토니 베네트 지음, 임철규 옮김, 현상과인식, 1980)

『마르크스의 사상형성과 초기 저작』(현대의지성 79) (정문길 지음, 문학과지성사, 1994)

『마르크스주의 미학과 정치학』(온누리신서 11) (플로리언 파센 지음, 김성기 옮김, 온누리, 1985)

『마르크스주의의 리얼리즘 모델』(문학사회학 세미나 1) (게오르그 비스츠레이 지음, 인간사, 1985)

『마르크스냐 프로이드냐』(세계의 대사상신서 3) (에리히 프롬 지음, 김진욱 옮김, 문

학세계사, 1985)

『카프카와 마르크스주의자들』(까치 심포지움 8) (임철규 편역 지음, 까치, 1986)

『마르크스에서 헤겔로』(현대의지성 30) (게오르그 리히트하임 지음, 김대웅 외 옮김, 문학과지성사, 1987)

『마르크스 레닌주의 미학의 기초이론 1』(일월총서 92) (소련과학 아카데미 지음, 신승엽 옮김, 일월서각, 1988)

『맑스주의 문학예술논쟁』(돌베개인문사회과학신서 43) (맑스 지음, 조만영 옮김, 돌베개, 1989)

『마르크스 레닌주의 미학입문』(에르하르트 욘 지음, 사계절, 1989)

『마르크스 엥겔스의 문학예술론』(문예이론총서 4) (김영기 옮김, 논장, 1989)

『맑스주의 문학개론』(나라사랑신서 7) (임범송 지음, 나라사랑, 1989)

『마르크스 – 레닌주의 미학원론』(오프스야니코프 지음, 이승숙 옮김, 이론과실천, 1990)

『중국 마르크스주의 문예이론』(픽코위츠 Paul G. Pickowicz 지음, 청년사, 1991)

『칼 마르크스의 사상』(현대의지성 62) (진석용 지음, 문학과지성사, 1992)

『마르크스주의와 미셸 푸코의 대화』(베리 스카트 지음, 이유동 외 옮김, 문학풍경, 1999)

『문학과 문화이론』(레이먼드 윌리엄즈 저 , 박만준 역, 서울, 경문사, 2003 / 지만지 2013)

『문화적 맑스주의와 제임슨 : 세계 지성 16인과의 대화』(프레드릭 제임슨 지음, 신현욱 옮김, 창비, 2014)

『예술과 사회』(Adolfo Sanchez Vasquez 저 ; 양건열 역 이론과 실천 1993

『마르크스 레닌주의 미학원론』(Michail Owsjannikow 著 ; 이승숙, 진중권 共譯 이론과 실천 1990)

『마르크스 레닌주의 미학의 기초이론 Ⅰ – Ⅱ』(소련과학아카데미 편; 신승엽 외역 일월서각 1988)

『비평과 이데올로기 : 마르크스 문학 이론의 한 연구』(테리 이글튼 지음 ; 윤희기 옮김, 인간사랑 2012)

『미학강의. 1 = 2』 (M.S. 까간 지음, 진중권 옮김, 새길, 2010)

『마르크스주의 미학강좌』 (Avner Zis 著 ; 연희원, 김영자 共譯, 녹진 1989)

『마르크스주의와 예술 : 역사적 전개와 그 한계』 (앙리 아르봉 저 ; 오병남, 이일환 공

　　역. 서광사, 1981)

『마르크스주의 미학강좌』 (Avner Zis 저; 연희원, 김영자 공역. 녹진, 1989)

『마르크스주의 미학과 정치학』 (Florien Vassen 편저; 김성기 역. 온누리, 1985)

『맑스 · 엥겔스 문학예술론』 (만프레트 클림 편; 조만영, 정재경 공역. 돌베개, 1990)

『맑스주의 문학개론』 (임범송 외저. 나라사랑, 1989)

『마르크스 앵갤스 문학예술론』 (Karl Marx, Friedrich Engels 공저; L. Baxandall, S. 모

　　라브스키 공편; 김대웅 역. 한울, 1988)

『변증법적 문예학 : 마르크스주의 문학이론과 문학사회학 』 (플로리안 파센 저 ; 임호

　　일 역. 지성의샘, 1997)

『형식주의와 마르크스주의 : 문예비평적 고찰』 (Tony Bennett 저; 임철규 역. 현상과인

　　식, 1983)

『마르크스 레닌주의 미학원론』 (Michail Owsjannikow 저; 이승숙, 진중권 공역. 이론

　　과 실천, 1990)

『마르크스 레닌주의 미학의 기초이론, I , II 』 (소련과학아카데미 편; 신승엽 외역. 일월

　　서각, 1988)

『마르크스 엥겔스의 문학예술론』 (Karl Marx, Friedrich Engels 공저; 김영기 역. 논장,

　　1989)

『맑스 이야기 그리고 한국문학』』 (이호림 지음, 아이엘앤피, 2011)

『맑스와 마음의 정치학 ; 생산양식과 주체양식의 변증법』 (심광현 지음, 문화과학사 ,

　　2014)

■ 학위논문과 학술논문

맑스主義와 文學批評. 上 / 죠지 쉬타이너 [저] ; 金洙暎 역, 現代文學. 9,3('63), pp.306 –
　　318, 현대문학, 1963.

맑스主義와 文學批評. 下 / 죠지 쉬타이너 [저] ; 金洙暎 역, 現代文學. 9,4('63), pp.459 –
　　465, 현대문학, 1963

프레드릭 제임슨의 서사이론 연구 / 김수경 학위논문 서울대학교 대학원 2009

사회주의 리얼리즘론과 마르크스주의의 관계: 레온 트로츠키의 문학예술론을 중심으로 /
　　김학균 학위논문 경희대학교 대학원 2003

마르크스주의 문예이론에서 총체성과 주체의 문제 / 양종근 학위논문 경북대학교 대학
　　원 2002

문학재현에 있어서의 생산론 연구 : Terry Eagleton을 중심으로 / 정윤길 학위논문 동국
　　대학교 대학원 2000

파리의 마르크스 : 1844년의 수고와 노트 / 마르셀로 무스토 국내학술기사 마르크스주의
　　연구= Marxism 21. 제8권 제1호 (2011년 봄호) pp.99 – 119 경상대학교 사회과학연구
　　원 2011.02.20

F. 제임슨의 변증법적 문학이론 / 허상문, 人文硏究 = The Journal of the humanities. 제
　　56호 (2009. 6), pp.1 – 26 嶺南大學校 人文科學硏究所 2009.06.30

마르크스주의 문학비평가의 임무 / 안진수, 한국문예창작. 제6권 제1호 통권 제11호
　　(2007년 6월), pp.341 – 372, 한국문예창작학회, 2007.06.30

루카치의 생명력 : 「게오르크 루카치」, 김경식 著 〈書評〉 / 홍승용 評

국내학술기사 진보평론. 제8호 (2001. 여름,) pp.458 – 462, 현장에서미래를

맑스주의 미학의 아포리아? / 김경식, 진보평론,. 제7호 (2001. 봄) pp.291 – 312, 현장에
　　서미래를

마르크스주의 문학이론과 이데올로기론 /허상문,신영어영문학. 제10집(1998.2),
　　pp.189 – 214, 홍익출판사, 1998.

「변증법적 문예학 : 마르크스주의 문학이론과 문학사회학」, 플로리아 파센 [저] ; 임호일

옮김 〈書評〉 / 안문영 [평]

역사, 해석, 유토피아; 프레드릭 제임슨 / 오민석, 문학사상., 271('95.5), pp.304 - 314, 문
  학사상사

마르크스주의 문학이론의 현대적 변용 : 반영이론과 생산이론을 중심으로 / 허상문, 영남
  저널. 5('94.2), pp.1 - 33, 영남영어영문학회

사회주의 미학 이해를 위한 지침서 ; 「마르크스 - 레닌주의 미학의 기초이론」,소련 과학아
  카데미 編,신승엽 外 譯〈書評〉 / 李英旭 評 月刊中央. 158('89.3), pp.602 - 604 中央日
  報社

예술작품 분석에 대한 이론적 고찰 : 프로이트의 예술심리학적 접근과 마르크스의 예술
  사회학적 접근을 중심으로 / 안재영, 한국예술치료학회지. 제3권 제1호 (2003년 5월),
  pp.221 - 236, 한국예술치료학회, 2003

마르크스주의 미학에서의 반영이론 / 양건열, 選美術. 51('91.12), pp.97 - 102, 선갤러리

발자크와 졸라 : 졸라의 발자크 그리고 마르크스주의 문학 비평 / 김태훈, 불어문화권연
  구 = Revue d'etudes francophones. 제22호 (2012년), pp.39 - 75, 서울대학교 인문학
  연구원 부설 불어문화권연구소, 2012

자본주의의 유년시대에서 예술의 위기와 가능성을 읽다 : 발터 벤야민의 문화예술론과
  마르크스주의 / 양종근, (열린정신)인문학연구. 제9집 1호 (2008년 6월), pp.101 -
  121, 원광대학교 인문학연구소, 2008.

사회주의 리얼리즘론과 마르크스주의의 관계: 레온 트로츠키의 문학예술론을 중심으로/
  김학균, 경희대학교 대학원, 2003

문학재현에 있어서의 생산론 연구 : Terry Eagleton을 중심으로/ 정윤길, 동국대학교 대
  학원, 2000

마르크스주의의 전환과 문학이론 / 김성일, 민족예술. 42('99.1), pp.64 - 69, 한국민족예
  술인총연합

포스트 마르크스주의 문학 비평과 그 경향 / 정해성, 人文論叢. 3('94.12), pp.149 - 179,
  暻園大學校 人文科學研究所

마르크스주의 문학이론과'문학의 위기'론 / 이현석, 현대비평과이론. 2('91.9), pp.159 -
  179, 한신문화사

마르크스주의 체제의 몰락과 민중문학의 과제;민중문학이 수정되어야 한다 / 이동하, 동
　서문학. 203('91.12), pp.60 - 70, 동서문학사

맑스주의 비평의 한 모색; 테리이글턴의 문학비평 / 윤지관, 문학사상. 225('91.7),
　pp.371 - 385, 문학사상사

80년대 리얼리즘 논의와 맑스주의적 예술실천이론의 모색 / 이성훈, 오늘의 문예비평.
　2('91.7), pp.25 - 37, 지평

마르크스주의와 카프(KAPF)문학의 재조명 / 민병인, 「중앙대대학원연구논집」 17, 97.12

마르크스주의 문화연구의 현대적 위상;그 전개와 방향/ 김성기, 「경제와사회」 5, 90.4

문화유물론;맑스주의와 탈구조주의의 갈등; 레이먼드 윌리엄즈의 이론을 중심으로 / 송
　승철, 「오늘의문예비평」 14, 94.9

문화연구와 맑스주의 / 원용진, 「한국사회와언론」 5, 95.2

마르크스주의의 전환과 문학이론 / 김성일, 「민족예술」 42, 99.1

형식주의와 마르크스주의 ; 바흐찐의 문학이론 / 김욱동, 「외국문학」 14, 88.5

한국문학에 있어서의 마르크스주의의 충격 ; 프로문학에 관하여 / 김윤식, 「서강대 동아
　연구」 7, 86.3

맑스주의 미학의 제문제; M. 까간의「미학강의」를 중심으로 / 김창주, 「창작과비평」 68,
　90.6

헤밍웨이는 마르크스주의 작가 / 류영두, 「상명여대어문학연구」 4, 96.2

역사 서술과 문학 비평; 마르크스의 「루이 보나빠르뜨의 브뤼메르 18일」을 중심으로 / 여
　홍상, 「현대비평과이론」 10, 95.10

맑스주의 비평의 한 모색; 테리 이글턴의 문학비평/ 윤지관, 「문학사상」 225, 91.7

마르크스주의 체제의 몰락과 민중문학의 과제; 민중문학이 수정되어야 한다 / 이동하,
　「동서문학」 203, 91.12

80년대 리얼리즘 논의와 맑스주의적 예술실천이론의 모색 / 이성훈, 「오늘의문예비평」 2,
　91.7

마르크스주의 문학이론과'문학의 위기'론 / 이현석, 「현대비평과이론」 2, 91.9

사무엘 존슨 문학 비평 '다시 읽기'; 코울리지, 마르크스, 데리다 이후 / 정정호, 「중앙대
　인문학연구」 22, 94.12

마르크스주의 문학이론과 이데올로기론 / 허상문, 「영남대인문연구」 33, 97.8

마르크스주의 문학이론의 현대적 변용 : 반영이론과 생산이론을 중심으로 / 허상문, 「영
　　남저널」 5, 94.2

마르크스주의 미학에서의 반영이론 / 양건열, 「선미술」 51, 91.12

이데올로기 비판으로서의 문학과 예술 / 하영진, 대구 : 경북대학교 대학원, 2012.2

마르크스 엥겔스 문학예술론